Matthias Jung

Archaische Illusionen

Forschungsbeiträge aus der Objektiven Hermeneutik, Band 12.

Herausgegeben von *Ulrich Oevermann, Roland Burkholz, Christel Gärtner und Oliver Schmidtke*

Matthias Jung

Archaische Illusionen

Die Vernutzung von Wissenschaft durch das Fernsehen
am Beispiel der SWR-Produktion
»Steinzeit. Das Experiment«

Humanities
Online

Bibliografische Information der Deutschen Nationalbibliothek
Die Deutsche Nationalbibliothek verzeichnet diese Publikation in der Deutschen Nationalbibliografie; detaillierte bibliografische Daten sind im Internet über http://dnb.ddb.de abrufbar.

Frankfurt am Main
info@humanities-online.de
www.humanities-online.de

Erste Auflage 2016
ISBN 978-3-941743-61-8

Gesetzt aus der Linotype Centennial
Umschlaggestaltung: Uwe Adam
Printed in Germany

Dieses Buch ist auch als E-Book (PDF) erhältlich:
www.humanities-online.de

Inhaltsverzeichnis

1. Einleitung ... 7

2. Mediensoziologische Rahmung der Analyse ... 15

2.1 Begriffsklärung »Fernsehkommunikation« ... 15
2.2 Begriffsklärung »Dispositiv des Fernsehens« ... 17
2.2.1 Facetten des Dispositivbegriffes ... 17
2.2.2 Die Struktureigenschaften des Mediums Fernsehen und ihre Konfiguration zu einem Dispositiv ... 21
2.2.2.1 Verbindung optischer und akustischer Informationen ... 22
2.2.2.2 Rezeptionssituation und Miniaturisierung ... 26
2.2.2.3 Sachferne Mechanismen zur Herstellung und Aufrechterhaltung von Aufmerksamkeit ... 33
2.2.2.4 Selbstinszenierungslogik und Vergemeinschaftungsangebot ... 43
2.2.2.5 Zusammenfassung ... 55
2.3 Begriffsklärung »filmische Dokumentation« ... 55

3. Sequenzanalysen ausgewählter Passagen des Sendungstranskriptes ... 69

3.1 Vorüberlegungen ... 69
3.2 Anmerkungen zu der Transkription ... 76
3.3 Sequenzanalyse des Anfangs der ersten Folge ... 78
3.4 Der »Machtkampf« zwischen Olliver und Martin ... 122
3.5 Die Schlusssequenz der letzten Folge ... 161

4. Hintergründe, Einschätzungen, Kritik 1: Das »Steinzeitexperiment« aus der Sicht von Beteiligten ... 173

4.1 Die Beurteilung des Experimentes durch einen beteiligten Wissenschaftler ... 173
4.2 Ein Fazit aus Probandensicht ... 212
4.3 Das Begleitbuch zu der Fernsehreihe ... 218
4.3.1 Titel und Einleitung ... 218
4.3.2 Die »Gründungslegende« des Weilers ... 228
4.3.3 »Wunderbare Spekulationen« ... 234

4.3.4 Der dem Experiment zugrunde liegende Regelkatalog 238
4.3.5 Das Fernsehen als »Befehlshaber« 247
4.3.6 Zu der Schlussszene 257
4.3.7 Zusammenfassung 259

5. Hintergründe, Einschätzungen, Kritik 2: Das »Steinzeitexperiment« in der journalistischen Berichterstattung . 261

5.1 Leerlaufende Daueironisierung: »Spiegel« (Martin Wolf) und »Spiegel online« (Christian Buß) 262
5.2 Anwalt des empörten Gebührenzahlers: »Bild-Zeitung« (Christoph Wüllner) 299
5.3 Argumentlose Sympathie: »Süddeutsche Zeitung« (Claudia Tieschky) 309
5.4 Das »Steinzeitexperiment« als Rollenspielersatz: »Frankfurter Allgemeine Zeitung« (Heike Hupertz) 324
5.5 Zusammenfassung der Analysen der journalistischen Kommentare 336

6. »Die wussten genau, was sie tun, und wir wissen des halt net.« Zusammenfassung und Fazit 339

Literatur 351

Danksagung 375

1. Einleitung

Trotz der Fülle an wissenschaftlichen Veröffentlichungen über das Fernsehen weist seine mediensoziologische Thematisierung eine Unwucht auf. Fokussiert auf die Produktionsbedingungen, die gesendeten Inhalte sowie die Rezeption, droht ihr das aus dem Blick zu geraten, was eigentlich im Mittelpunkt stehen müsste, nämlich die Amalgamierung der Inhalte mit den spezifischen Struktureigenschaften des Mediums in Gestalt des faktisch Gesendeten. Die Sendungen sind nicht nur Epiphänomene der Produktion oder Stimuli für bestimmte Rezeptionsweisen, sondern eigenlogische Gebilde, weshalb sie wie (aber nicht: als) Kunstwerke in ihrem Werkcharakter erschlossen werden müssen. Ihre geduldige Analyse allein ermöglicht eine Erdung der häufig freifliegenden, zwischen Dämonisierung und mystifizierender Überhöhung schwankenden, aus konstruktivistischen Vorannahmen und kulturkritischen Impulsen sich speisenden Theoriebildung. Die Grundlage der in diesem Buch entfalteten Argumentation bilden daher detaillierte Analysen von Sequenzen der Sendungen zu dem 2006 vom SWR veranstalteten »Steinzeitexperiment«, in welchem eine Gruppe von Probanden die Lebensumstände in einer Siedlung des Spätneolithikums, das heißt ungefähr der Zeit des 4. Jahrtausends v. Chr., praktisch nachzuvollziehen versuchte. Erst ein mikrologischer Blick vermag die Eigentümlichkeiten der Präsentation von Inhalten durch das dem Zuschauer die Rezeptionszeit vorschreibendem Medium Fernsehen zu erhellen, denn diese Eigentümlichkeiten entgehen im Normalfall dem Bemerktwerden durch den Zuschauer, ist seine Aufmerksamkeit doch durch das Bemühen, dem Verlauf zu folgen, weitgehend absorbiert. Kann er aber die Rezeptionszeit selbst bestimmen, etwa durch wiederholtes Anschauen oder die Analyse einer Transkription, tritt das Befremdliche des Übermittelten zumeist offen zutage, und das umso deutlicher, je mehr der Blick sich nicht auf die manifesten Inhalte richtet, sondern auf das Unscheinbare, das Freud als den »Abhub der Erscheinungswelt« (Freud 1940, 20) charakterisiert.[1]

1 Bezogen auf Giovanni Morelli, der eine auf dem Vergleich des Unscheinbaren beruhende Methode zu Identifizierung originaler und kopierter Gemälde entwickelt hat, bemerkt Freud: »Ich glaube, sein Verfahren ist

Eine Methode, deren Anspruch es ist, genau diesem Abhub gerecht zu werden, ist die Objektive Hermeneutik, mit welcher die hier vorliegenden Analysen durchgeführt wurden. Sie stehen damit in der Tradition einer Reihe von Studien zu Filmen und Fernsehsendungen, denen dieser methodische Zugang zugrunde liegt,[2] in denen aber auf die medienwissenschaftliche Forschung nicht oder nur kursorisch Bezug genommen wird,[3] wie sie selbst von den Medienwissenschaften kaum rezipiert worden sind. Dieses Ignorieren ist umso bedauerlicher, als sich die unterschiedlichen Ansätze wechselseitig erhellen und ergänzen. Wie sie zusammengeführt werden könnten, wird in Kapitel 2 zumindest skizziert.

Die Untersuchung hat also an den gesendeten Produkten selbst anzusetzen, die nicht auf ihre Inhalte zu reduzieren und weder schlichte Rezeptionsstimuli sind noch bloßer Effekt von Machtverhältnissen, welche sich in den Produktionsbedingungen niederschlagen. Überhaupt erst vermittelt über die Rekonstruktion der Bedeutungsstrukturen des Gesendeten gewinnen Studien zu Produktion und Rezeption ihren Bezugspunkt, ohne Rückbindung an die Bedeutung der Produkte hängen sie gleichsam in der Luft und geraten leicht in kulturkritische Fahrwasser. Zu Recht bezeichnet Angela Keppler, deren Fernsehanalysen von dem allgemeinen Befund einer Produktions-, Inhalts- und Rezeptionslastigkeit ausdrücklich auszunehmen sind, die Produkte als die »konstitutive Schnittstelle« (Keppler 2006, 9) von Produktion und Rezeption. Die Produkte sind aber nicht gleichzusetzen mit den Inhalten, die Besonderheit von Fern-

mit der Technik der ärztlichen Psychoanalyse nahe verwandt. Auch diese ist gewöhnt, aus gering geschätzten oder nicht beachteten Zügen, aus dem Abhub – dem ›*refuse*‹ – der Beobachtung, Geheimes und Verborgenes zu erraten« (Freud 1946, 185). Zu Gemeinsamkeiten von Freud, Morelli und dem »Sherlock Holmes«-Erfinder Arthur Conan Doyle, die übrigens sämtlich Ärzte waren, vgl. Ginzburg 2002.

2 Vgl. z.B. Behrend 2012; Gärtner 2001; Lenssen/Aufenanger 1986; Mingot 1998; Oevermann 1983; Oevermann/Tykwer 1991; Tykwer 1992; Suciu 2008; eine Ausnahme stellt in dieser Hinsicht Schmidtke/Schröder 2012 dar.

3 Ein Beispiel: Obgleich in den objektiv-hermeneutischen Fernsehanalysen die dem Zuschauer von dem Medium permanent angesonnene Vergemeinschaftung präzise rekonstruiert wird, gibt es keine Verweise auf das einschlägige Modell der »parasozialen Interaktion« von Donald Horton und Richard R. Wohl (1986), und in der umfangreichen deutschsprachigen Literatur, die an dieses Modell anschließt, werden die Beiträge aus der Objektiven Hermeneutik nicht zur Kenntnis genommen.

sehsendungen liegt vielmehr in dem Ineinandergreifen von Inhalten und mediumspezifischen Struktureigenschaften, die in der Medienforschung und insbesondere der Mediensoziologie traditionell vernachlässigt werden.[4] In der Gliederung des 1967 erschienenen Buches »Fernsehen in Deutschland« (Longolius 1967) kommt dieses Defizit anschaulich zum Ausdruck. Den klassischen Schwerpunkten der Fernsehforschung folgend, ist es in drei Abschnitte unterteilt, welche »Die Sender«, »Die Programme« und »Die Zuschauer« betitelt sind. Das Interesse gilt der Organisation des Fernsehens, den Inhalten sowie der Rezeption – aber die Struktureigenschaften des Mediums, die sein Dispositiv ausmachen und es von anderen Medien unterscheiden, fallen durch das Raster des als relevant Wahrgenommenen.[5] Bestimmte Struktureigenschaften werden zwar erkannt und expliziert, ohne dass sie aber, von noch zu diskutierenden dispositivanalytischen Ansätzen abgesehen, zu einer integralen Theorie des Fernsehens zusammengeführt würden. Dabei ist die Wechselwirkung von Struktureigenschaften und Inhalten bei Fernsehprodukten durchaus keine neue Erkenntnis. Schon Marshall McLuhans berühmtes Diktum »Das Medium ist die Botschaft« (McLuhan 1968, 13–28) zielte genau auf die Tatsache, dass die Struktur des Mediums nicht nur eine nachträgliche, die Bedeutung der gesendeten Inhalte modifizierende Rahmung ist, sondern von vornherein die Gestaltung der Inhalte massiv beeinflusst, weshalb eine rein inhaltsanalytische Betrachtung notwendig zu kurz greift.[6] Auch bei Neil Postman (2006) als einem anderen Klassiker der Medientheorie steht das

4 Die von Keppler vorgeschlagene Methode der Fernsehanalyse gründet daher auf der Annahme, »dass das Wie der Präsentation medialer Kommunikationen jederzeit konstitutiv für den Gehalt dieser Kommunikationen ist – und sucht daher den Inhalt filmischer Produkte in der gesamten Dramaturgie ihrer Darbietung auf« (Keppler 2010, 113).

5 Die Konzentration auf diese drei Schwerpunkte ließe sich auch anhand weiterer Publikationen aufzeigen. So tragen die drei Bände eines von Dieter Prokop herausgegebenen Readers zur Massenkommunikations- bzw. Medienforschung die Titel »Produktion« (Prokop 1972), »Konsumtion« (Prokop 1973) und »Produktanalysen« (Prokop 1977), die Bände der aktualisierten Neuauflage sind betitelt »Konzerne, Macher, Kontrolleure« (Prokop 1985a), »Wünsche, Zielgruppen, Wirkungen« (Prokop 1985b) und »Analysen, Kritiken, Ästhetik« (Prokop 1986).

6 Zum inhaltsanalytischen Vorgehen bei der Analyse von Fernsehsendungen vgl. Berghaus 1974.

Verhältnis von Struktur und Inhalt im Zentrum, er bestimmt diese Struktur als »Unterhaltung«, die das Fernsehen »zum natürlichen Rahmen jeglicher Darstellung von Erfahrung gemacht hat« (Postman 2006, 110). Der Sache nach ist das zwar zutreffend und wichtig, weil es deutlich macht, dass »Unterhaltung« kein gesendeter Inhalt neben anderen (wie etwa »Bildung«) ist, diese Bestimmung ist aber in ihrer Reduktion auf ein bloßes Rahmungsphänomen unzulänglich, denn genau die Notwendigkeit einer Zurichtung von Inhalten als unterhaltend durch das Fernsehen bedarf einer Erklärung. Darin bildet sich modellhaft auch ein Charakteristikum der Theoriebildung Postmans ab, der zwar auf der einen Seite blickscharf ist, was das Konstatieren von Eigentümlichkeiten angeht,[7] ohne dass er aber auf der anderen Seite adäquate Erklärungen solcher Phänomene formulieren würde.

Als wenig hilfreich erweisen sich hier die Beiträge einer im weitesten Sinne »postmodernen« Medientheorie, wie sie sich mit den Namen Jean Baudrillard, Paul Virilio und Vilém Flusser verbindet. Für sie kennzeichnend ist neben einer Relativierung der Unterscheidung von Realität und fiktionalen Welten das Postulat eines in der von den elektronischen Medien konstituierten »virtuellen Realität« aufgehenden und sich in ihr verlierenden Menschen, der selbst Teil dieser Sphäre der Virtualität wird. So behauptet Baudrillard (1990, 263): »Alle unsere Maschinen sind Bildschirme, wir selbst sind Bildschirme geworden und das Verhältnis der Menschen zueinander ist das von Bildschirmen geworden«, und Virilio sekundiert: »Eingesperrt in unsere katodischen Vitrinen werden wir zu Tele-Akteuren eines lebendigen Kinos« bzw. »Ein Film zu werden scheint also unser gemeinsames Schicksal zu sein« (Virilio 1990, 273). Im Mittelpunkt dieser Diagnosen steht das »Virtuelle«, von dem Baudrillard sagt, es sei »weder real noch irreal, weder immanent noch transzendent, weder innen noch außen; es verwischt all diese Bestimmungen« (Baudrillard 1990, 261)[8]. Das aber gilt nur für die unklare und mehrdeutige Verwendung des Begriffes des Virtuellen, Baudrillard

7 Verwiesen sei nur auf die prägnante Darstellung von Besonderheiten einer politischen Diskussion im Fernsehen (Postman 2006, 111–114).

8 Ganz ähnlich Norbert Bolz (1991, 104): »Neue Medien und Computertechnologien haben uns in diese Zone der Indifferenz von Sein und Schein, Wirklichkeit und Bild katapultiert. Die Welt der Simulakra absorbiert den Schein und liquidiert das Reale«.

projiziert, so könnte man sagen, sprachpragmatische Schwammigkeiten auf die Realität, deren Existenz damit zugleich dementiert wird. Die Bedeutung von »virtuell« und die Differenz zu »real« einerseits und »fiktional« andererseits lassen sich durch Betrachtung des Sprachgebrauches verdeutlichen.[9] So spricht man beispielsweise bei PCs von »virtuellen Laufwerken« im Unterschied zu realen Laufwerken (wie Festplatten, Disketten- und CD-Laufwerken) und meint damit die Unterteilung der Festplatte in Partitionen. Die Unterscheidung von real und virtuell bezieht sich darauf, dass aus Gründen der Anwendungsfreundlichkeit die Festplattenpartitionen in der Präsentation auf der Benutzeroberfläche so dargestellt werden, *als ob* sie reale Laufwerke wären – wenn man so will, handelt es sich um graphische Laufwerksimulationen. Die Gleichordnung der virtuellen mit den realen Laufwerken ist Ausdruck eines vereinheitlichenden und damit vereinfachenden Gliederungsprinzips für verschiedene Speichermöglichkeiten. Für sich genommen ist dieser Vorgang wenig geheimnisvoll und bietet keinen Ansatz für eine Mystifizierung des Virtuellen, das sich vollständig in den Begriffen des Realen und Fiktionalen beschreiben lässt: Die Speichermöglichkeiten sind real, ihre graphische Repräsentation ist aber unter Umständen eine Fiktion, indem sie die Differenzen der verschiedenen Speichermöglichkeiten tilgt und diese im Dienste der Benutzerfreundlichkeit alle gleichermaßen als Laufwerke anspricht. Das Virtuelle ist die vereinfachende Simulation eines Realen, auf das es aber bezogen bleibt. Seine Mystifikation hebt an mit der Rede von »virtueller Realität«, so als ob diese ein Drittes zwischen Realem und Fiktionalem wäre bzw. eine Sphäre, in der beides ununterscheidbar zusammenfließt. Sprechendes Beispiel ist die »virtuelle Sexualität«, die, wie Reimut Reiche aufzeigt, sich bei näherer Betrachtung »in Internet-unterstützte Partneranbahnung und in Internet-gestützte Masturbation« (Reiche 2001, 240) auflöst. Derartige Mystifikationen sind nur denkbar vor dem Hintergrund einer Theorie, der es an einem genuinen Konzept menschlicher Praxis mangelt, und dies markiert wohl eine grundsätzliche Differenz zwischen der Medienphilosophie auf der einen Seite und der Mediensoziologie auf der anderen. Die Software nämlich, die virtuelle Repräsentationen hervorzubringen in der Lage ist, verdankt sich in jedem Fall der Arbeit von Programmierern, die mehr oder

9 Die Ausführungen zum Virtualitätsbegriff folgen Überlegungen von Oliver Schmidtke; vgl. Jung/Schmidtke i.Vorb.

weniger gelungene Lösungen für praktische Handlungsprobleme der Nutzer entwickeln. Die beschworene Virtualität ist damit als in die Handlungspraxis der Programmierer und in die der Nutzer eingebettet zu verstehen, aber diese Einbettung wird in der Rede von der »virtuellen Realität« ausgeblendet, und dem handelnden Subjekt wird a priori abgesprochen, zwischen der Realität und ihren virtuellen Simulationen stabil unterscheiden zu können.[10] Empirisch mag dies vorkommen, es ist dann aber ein Problem dieser Praxis, das nicht die generelle Unterstellung rechtfertigen kann, die Suggestivität des Virtuellen wäre so überwältigend, dass die Subjekte gar nicht mehr anders können, als ihr zu erliegen. Nicht nur wird damit deren Autonomie vollständig getilgt, darüber hinaus manövrieren sich die Theoretiker des Virtuellen in eine argumentationslogisch schwierige Lage, denn sie müssten begründen, weshalb ausgerechnet sie die von ihnen behaupteten Zusammenhänge zu durchschauen und der suggestiven Virtualität zu entkommen vermögen.[11]

Im Bereich der Medientheorie hat vor allem Keppler auf diese »Praxisvergessenheit« von Theorien hingewiesen, nach denen die Realität letztlich eine bloß medial konstituierte und konstruierte ist. Drei einfache und klare Argumente hält sie dieser Auffassung entgegen (Keppler 2006, 24): Erstens könne das, woraus die technischen Medien physisch bestehen, nicht zugleich deren Konstruktion sein,

10 Das Ausblenden der Dimension sozialer Praxis fundiert auch Flussers Postulat einer Kontinuität von Realem und Virtuellem, da es sich bei beidem letztlich um »Punkteschwärme« handele: »Übrig bleibt, daß alles digital ist, daß also alles als eine mehr oder weniger dichte Streuung von Punktelementen, von Bits, angesehen werden muß. Dadurch wird es möglich, den Begriff ›real‹ in dem Sinne zu relativieren, daß etwas desto realer ist, je dichter die Streuung ist, und desto potentieller, je schütterer sie ist. Was wir real nennen und auch so wahrnehmen und erleben, sind jene Stellen, jene Krümmungen oder Ausbuchtungen, in denen die Partikel dicht gestreut sind und sich die Potentialitäten realisieren« (Flusser 1991, 212).

11 Die das handelnde Subjekt tilgende Mystifikation technischer Möglichkeiten wird durchaus auch von Medienverantwortlichen betrieben, wie ein von Martin Emele berichtetes Beispiel zeigt: »Und wie heißt es dann auch im Kommentar des Terra X-Films: ›Der Computer rekonstruiert uns die Zitadelle des Königs Priamos‹. Der ›deus ex machina‹ wandelt sich hier zum willkommenen Ersatz für historische Durchdringung. Der Computer rekonstruiert natürlich gar nichts. Und in welcher ›Zitadelle‹ bitte lebte ein König Priamos?« (Emele 1997, 193).

zweitens setze diese Position unzulässigerweise die Auffassung der Realität mit der aufgefassten Realität gleich, und drittens finde der Gebrauch von Medien in einer Praxis statt, die ihrerseits nicht eine mediale Konstruktion sein kann.[12]

Anspruch der vorliegenden Studie ist es, die Forderung nach einer immanent an den gesendeten Produkten ansetzenden Analyse ernst zu nehmen. Nach der Exposition der medientheoretischen Rahmung der Analyse, die der Verständigung darüber dient, was unter »Fernsehkommunikation«, dem »Dispositiv« des Fernsehens sowie der Pragmatik einer filmischen Dokumentation zu verstehen ist (Kapitel 2), stehen im Mittelpunkt die exemplarischen sequenzanalytischen Auswertungen von Ausschnitten der SWR-Produktion »Steinzeit. Das Experiment«. Betrachtet werden der Beginn der ersten und das Ende der letzten Sendung sowie die Darstellung eines Streites zweier Probanden (Kapitel 3). Sodann werden die Ergebnisse dieser Analyse zu Berichten über das Experiment ins Verhältnis gesetzt. Ziel dieser Konfrontation ist zum einen das Gewinnen von Kontextinformationen, mit denen Fragen beantwortet werden sollen, die sich im Verlaufe der immanenten Analyse aufgedrängt haben, zum anderen soll aber auch nachgeprüft werden, ob und inwiefern in diesen Texten die rekonstruierten Strukturgesetzlichkeiten des Mediums in ihren Auswirkungen auf das gesendete Produkt thematisiert werden. Zunächst sind Berichte von am Experiment Beteiligten zu diskutieren, eines in die Vorbereitung involvierten Wissenschaftlers, eines Probanden sowie des verantwortlichen Wissenschaftsredakteurs, der auch die Begleitpublikation zu der Reihe verfasst hat (Kapitel 4), im Anschluss daran werden Artikel aus dem »Spiegel«, der »Bild-Zeitung«, der »Süddeutschen Zeitung« und der »Frankfurter Allgemeinen Zeitung« daraufhin betrachtet, ob es ihnen gelingt, mit journalistischen Mitteln die Sendungen für die Leser exemplarisch aufzuschließen und auf den Begriff zu bringen (Kapitel 5). Den Abschluss des Buches bildet eine Zusammenfassung und Kontextuierung der Befunde (Kapitel 6).

12 Zur Eigenlogik der Praxis und ihrer Resistenz gegenüber medialen Konstruktionen vgl. auch Keppler 1994, 12–19.

2. Mediensoziologische Rahmung der Analyse

2.1 Begriffsklärung »Fernsehkommunikation«

Ist es angemessen, im Hinblick auf Massenmedien im Allgemeinen und das Fernsehen im Besonderen von »Kommunikation«[1] zu sprechen? Klaus Merten stellt fest: »Wollte man puristisch verfahren, dann müßte der Begriff der ›Massenkommunikation‹ in der Tat aus der wissenschaftlichen Diskussion entlassen werden« (Merten 1977, 145), hebt dann aber zu einer systemtheoretischen Restituierung dieses Begriffes an. Einen solchen Ansatz, in welchem »Welt, Menschheit und Gesellschaft nur noch als Funktionen von Kommunikation« (Kob 1984, 3) erschienen, lehnt Janpeter Kob ab und begründet in einem kurzen, facettenreichen Aufsatz, wie irreführend die Rede von »Massenkommunikation« ist.[2] Er nimmt Bezug auf Gerhard Maletzkes einflussreiche Definition[3] und zeigt auf, dass zwei der von Maletzke genannten fünf Kriterien, das der »Einseitigkeit« und das der Vermittlung an ein »disperses Publikum«, es eigentlich verbieten, von »Massenkommunikation« zu sprechen. »›Einseitig‹ kann keine Kommunikation sein, selbst die schlichteste Vorstellung von ihr muß Wechselseitigkeit implizieren: ›einseitige Kommunikation‹

1 Zu vergleichbaren Unschärfen in der kommunikationswissenschaftlichen Verwendung des Begriffes »Interaktion« vgl. Jäckel 1997.

2 Kob verweist auf die Differenz zum angelsächsischen Sprachgebrauch, in welchem der Begriff der »Communication« neutraler als in der deutschen Sprache gebraucht wird: »Dort meint er nicht etwa nur die bewußte Herstellung zwischenmenschlicher Kontakte, sondern bezeichnet jede, auch etwa technische Form von Verbindung, wie Kraftübertragung, Kabelverbindung usw. Unser Begriff der Kommunikation ist dagegen wesentlich eingeschränkt auf menschliche Beziehungen [...]« (Kob 1984, 4).

3 »Unter Massenkommunikation verstehen wir jene Form der Kommunikation, bei der Aussagen öffentlich (also ohne begrenzte und personell definierte Empfängerschaft) durch technische Verbreitungsmittel (Medien) indirekt (also bei räumlicher oder zeitlicher oder raumzeitlicher Distanz zwischen den Kommunikationspartnern) und einseitig (also ohne Rollenwechsel zwischen Aussagendem und Aufnehmenden) an ein disperses Publikum (im soeben erläuterten Sinne) vermittelt werden« (Maletzke 1963, 32).

ist eine typische contradictio in adjecto. Das ›disperse Publikum‹ ist andererseits nur eine Folge jener Einseitigkeit: man weiß eben nicht, mit wem man kommuniziert, und somit verbietet eigentlich auch dieses Merkmal die Verwendung des Begriffes Kommunikation« (Kob 1984, 8).[4] Auch diverse Differenzierungen des Publikums, das so »dispers« wie von Maletzke postuliert gar nicht sei, ändere grundsätzlich nichts daran, dass keine Individuen oder konkreten Gruppen von Individuen adressiert werden, sondern »Zielgruppen«.[5] Darüber hinaus, so eine methodologische Forderung Kobs, vernachlässige die Einengung der analytischen Perspektive auf Kommunikation die Eigenlogik der via Massenmedien verbreiteten Produkte, die in ihrem »Werkcharakter« (Kob 1984, 10) ernst genommen werden müssten. Sprechakttheoretisch reformuliert, kritisiert Kob das Ignorieren der propositionalen Gehalte dieser Produkte zugunsten der sich mit ihnen verbindenden illokutionären und perlokutionären Akte. Etwas unterbelichtet bleibt in seiner zutreffenden Diagnose indes die faktische Vermitteltheit der Produkte durch die Struktureigenschaften der jeweiligen Medien.[6]

Bezogen auf das Medium Fernsehen (und Massenmedien generell) vermeiden wir es im Folgenden, von »Kommunikation« zu sprechen, da hier Mitteilungshandeln und Rezeption entkoppelt sind – »Interaktion wird durch Zwischenschaltung von Technik ausgeschlossen« (Luhmann 2009, 10) – und damit keine gemeinsame soziale Praxis von Kommunikator und Rezipient gegeben ist, die wir als konstitutiv für Kommunikation ansehen. Dieser Praxisbegriff ermöglicht zugleich die Einrichtung eines genuin soziologischen Verständnisses von Kommunikation und eine trennscharfe Abgrenzung gegenüber anderen Phänomenen. Die so getroffene Unterscheidung soll der analytischen Klarheit dienen, sie bedeutet nicht per se eine Abwer-

4 In diesem Sinne äußert sich auch Baudrillard (1978, 91): »Die Massenmedien sind dadurch charakterisiert, daß sie anti-mediatorisch sind, intransitiv, dadurch, daß sie Nicht-Kommunikation fabrizieren – vorausgesetzt, man findet sich bereit, Kommunikation als Austausch zu definieren, als reziproken Raum von Rede und Antwort [...]«

5 Merten spricht von »strukturierte[n] Publika, die sehr wohl hinsichtlich bestimmter demographischer Variablen unterscheidbar sind« (Merten 1977, 144).

6 Kobs Nivellierung der Bedeutung dieser Struktureigenschaften zeigt sich auch in der Bewertung der Adressierung des Zuschauers in den elektronischen Medien als bloßes »Stilmittel« (Kob 1984, 6).

tung der Massenmedien – im Gegenteil legt gerade deren Subsumtion unter den Kommunikationsbegriff nahe, ihre Hervorbringungen als defizitär gegenüber der alltagspraktischen Face-to-Face-Kommunikation als dem konstitutionslogischen Normalfall der Kommunikation zu begreifen, »als ›niedere‹ Version einer ›eigentlichen‹ Form« (Hippel 1998, 10). Eine basale terminologische Trennung, so ungeschmeidig und umständlich sie zuweilen erscheinen mag, hat den Vorzug, die Eigenlogik des massenmedialen Handelns in den Fokus rücken zu können.

Die anlässlich der Diskussion von Ausführungen Kobs konstatierte Verkennung der Charakteristika der jeweiligen Massenmedien ist ein grundlegender Zug der Medienforschung, insbesondere der Mediensoziologie. Genau die maßgeblichen Struktureigenschaften der Medien, die als Bezugspunkt einer Analyse von Produktion, Inhalten und Rezeption eigentlich immer schon vorgängig bestimmt sein müssten, werden weitgehend ignoriert, und wenn sie doch einmal thematisch sind, mangelt es in der Regel an einer schlüssigen Integration in eine Gesamttheorie des Fernsehens. Im Folgenden sollen diese Struktureigenschaften, die in ihrem Wechselverhältnis das Dispositiv des Mediums bilden, dargestellt und diskutiert werden. Zuvor bedarf aber noch der nicht unmissverständliche Begriff des Dispositivs einer Erläuterung.

2.2 Begriffsklärung »Dispositiv des Fernsehens«

2.2.1 Facetten des Dispositivbegriffes

Überblickt man die nachfolgend anzuführenden Beiträge zu den Besonderheiten des Fernsehens als Medium, dann erstaunt, dass zwar einerseits alle Aspekte des hier vorgeschlagenen Dispositivs bekannt sind, eine modellbildende Synopse, die sie in ihrer Interdependenz aufeinander bezieht, aber bislang kaum geleistet wurde. Wie ist dieser Befund zu erklären? Die Elemente des Dispositivs sind in sich ausgesprochen heterogen, sie sind wahrnehmungsphysiologischer, technischer und sozialer Natur, und die einschlägigen Texte untersuchen im Normalfall nur je eines, von dem aus die anderen allenfalls als Randbedingungen erscheinen, wodurch das Implikationsverhältnis der Elemente leicht ausgeblendet wird. Die wenigen

Versuche, sie theoretisch zu integrieren, bedienen sich des Konzeptes des »Dispositivs«, dessen Vorzüge Knut Hickethier folgendermaßen umreißt: »Das Produktive des Dispositivbegriffes liegt darin, daß er bislang getrennt betrachtete Aspekte wie Kinotechnik, kulturelle Traditionen der Wahrnehmung und psychische Verarbeitungsprozesse, fotographische Abbildungsverfahren und gesellschaftliche Konventionen in einen Zusammenhang stellt« (Hickethier 1996, 19). Misslich ist aber, dass dieses Konzept seine Popularität der Verwendung im Kontext der Theorie Michel Foucaults verdankt, welche die notwendige Verankerung von Dispositiven in Machtkonstellationen betont.[7] Nicht nur stellt sich das konkrete Ensemble unterschiedlicher Elemente, die ein Dispositiv ausmachen, als »Durcheinander« (Deleuze 1991, 153) dar, auch die Definition des Begriffes ist durchaus schillernd. So unterscheidet Foucault drei Bedeutungen: Neben der Bezeichnung dieses Ensembles meint »Dispositiv« auch die Natur der Verbindung seiner Elemente sowie »eine Art von [...] Formation, deren Hauptfunktion zu einem gegebenen historischen Zeitpunkt darin bestanden hat, auf einen *Notstand* (urgence) zu antworten« (Foucault 1978, 120).[8] Ein erster Versuch, den Dispositivbegriff für die Analyse audiovisueller Medien fruchtbar zu machen, stammt von Jean-Louis Baudry (1994), der im Platonischen Höhlengleichnis die Beschreibung der Situation des Zuschauers im Kinosaal antizipiert sieht. Baudry (1994, 1052 Anm. 3) differenziert zwischen dem Dispositiv, das die Filmprojektion und das sie rezipierende Subjekt enthält, und dem technischen »Basisapparat«, der umfassender verstanden wird und neben den technischen Voraussetzungen im engeren Sinne auch das Dispositiv der Projektion einschließt. Es ergibt sich damit die überraschende Konstellation, dass der Basisapparat umfassender als das Dispositiv konzipiert wird und nicht umgekehrt ein Element desselben bildet.

Vier geschichtlich unterscheidbare dispositive Anordnungen, die als Etappen auf dem Weg zu einer Vervollkommnung des Audiovisuellen[9] zu verstehen seien, zeigt Siegfried Zielinski auf: Erstens »die

7 »Das Dispositiv ist also immer in ein Spiel der Macht eingeschrieben [...]« (Foucault 1978, 123).

8 Der Uneindeutigkeit des Dispositivbegriffes entsprechend, bezeichnet »Dispositivanalyse« auch keine Methode, sondern sehr allgemein einen »Forschungsstil« (Bührmann/Schneider 2008, 16).

9 »Audiovision wird zum Amalgam für eine Vielzahl – ehemals getrennter –

Erzeugung von Illusionen der Bewegung in Raum und Zeit mit Hilfe eines heterogenen Ensembles von Bildermaschinen mit variierenden Techniken«; zweitens das Kino als Perfektionierung der Illusion »von Raum- und Zeitbewegungen im Öffentlichen«; drittens das Fernsehen als »Institutionalisierung eines kontinuierlichen fremdgesteuerten Flusses von Bewegungsillusionen für ein disperses Publikum in der Privatsphäre«; viertens schließlich »die fortgeschrittene Audiovision, als komplexer Baukasten von Geräten, Speichern und Programmen zur Reproduktion, Simulation und Verschmelzung von Seh- und Hörbarem, die tendenziell zu einem Netz zusammengeschlossen werden können« (Zielinski 1989, 14). Kino und Fernsehen erscheinen in diesem Verständnis nur als mehr oder weniger flüchtige Episoden auf dem Weg zu einer »totalen« Audiovision.

Entwürfe zu einer Rekonstruktion der Besonderheiten speziell des Dispositivs des Fernsehens[10] hat Hickethier (1991; 1995) skizziert. Den mit dem Dispositivkonzept verbundenen Vorteil sieht er darin, Aspekte wie »Technik, Institutionen, Programme, Rezeption und Subjektverständnis« (Hickethier 1995, 63), die in der gängigen Massenkommunikationsforschung getrennt verhandelt werden, als Geflecht von Beziehungen analysieren zu können. Er zeigt auf, wie das Dispositiv des Fernsehens sich aus einer Verbindung von Elementen älterer Dispositive, des Kinos und des Hörfunks, herausbildete, wie zunächst vorhandene Optionen allmählich geschlossen wurden und wie sich das Dispositiv schließlich zu der heute geläufigen Gestalt petrifizierte (Hickethier 1995, 66). In seiner Darstellung wird deutlich, dass ein Dispositiv auch eine Art Äquilibrium seiner Elemente bedeutet; fällt ein Element weg oder wird durch ein anderes ersetzt, verändert sich damit auch das Dispositiv in seiner Gesamtheit und muss sich neu einpendeln. Auch geringfügig erscheinende Änderungen oder Verschiebungen können daher für das Dispositiv als Ganzes folgenreich sein. Etwas plakativ könnte man sagen, dass, anders als eine bloß summarische Auflistung der Elemente eines Dispositivs zunächst vermuten lässt, ihr Zusammenspiel ein qualitativ Neues ergibt. Was das Dispositivkonzept zu leisten vermag, ist die Zusammenschau der Elemente und der analyti-

medialer Kommunikationsformen und stellt die vorläufige Erfüllung jenes Projekts der Besetzung der Köpfe und Herzen mit kulturellen Industriewaren dar, das im 19. Jahrhundert begonnen wurde« (Zielinski 1989, 11).

10 Zum Dispositiv des Rundfunk vgl. Lenk 1996.

sche Zugriff auf ihre Wechselwirkungen. »Dispositiv« erweist sich damit als ein sehr zweckmäßiger Terminus, was seine Konnotationen durch die Fundierung in der Foucaultschen Machttheorie als umso problematischer erscheinen lässt.[11] So naiv es einerseits wäre, die Machtstrukturen zu leugnen, um deren genealogische Freilegung es Foucault zu tun war, so naiv wäre es andererseits, Macht allein zu dem archimedischen Punkt der Erklärung zu machen, denn dies birgt die Gefahr, die Phänomene nicht erst einmal für sich in ihrer Eigenart zu bestimmen, sondern sie von vornherein im Sinne eines verschwörungstheoretischen Generalverdachtes aus Machtverhältnissen zu deduzieren. Hinzu kommt der schillernde Charakter des Foucaultschen Machtbegriffes, dessen Uneindeutigkeit ihn dafür prädestiniert, als universelle Erklärungsschablone »aus dem Hut gezaubert« zu werden. Jürgen Habermas (1985, 317) hat die beiden Dimensionen herausgearbeitet, zwischen denen Foucaults Machtbegriff oszilliert: Zum einen wird er bei der Analyse konkreter Phänomene deskriptiv verwendet, zum anderen fungiert er aber auch als konstitutionstheoretischer Grundbegriff. Unter der Hand wird so die Plausibilität des empirischen Begriffes, die sich an seiner Fähigkeit bemisst, Phänomene analytisch aufzuschließen, auf den Grundbegriff übertragen. Dieser die Suggestivität steigernde Trick in der Theoriearchitektonik kann aber nicht darüber hinwegtäuschen, dass wie jede reduktionistische Theorie auch die Foucaults nicht in der Lage ist, ihre eigene Geltung reflexiv einzuholen. Die Reduktion auf eine subjektlos gewordene Macht bedeutet auch, dass diese

11 Auch Hickethiers Konzept des Fernsehdispositivs nimmt ausdrücklich Bezug auf die Machttheorie Foucaults: »Wenn diese Form der Anordnung von Apparat und Zuschauer (bzw. Zuhörer) im Folgenden als dispositive Anordnung verstanden wird, dann ist damit auch angedeutet, daß in ihm zugleich mehr als die bloße Anordnung steckt. Denn im Dispositiv ist, um mit Foucault zu sprechen, ein Machtverhältnis eingeschrieben, werden die Grundkonstellationen für die gesellschaftliche Wahrnehmung bestimmt« (Hickethier 1991, 429). – »Diese spezifische Form der Anordnung des Mediums innerhalb eines [...] Kommunikationsprozesses stellt sich als ein Dispositiv dar. Gesellschaftliche Macht schreibt sich in solche Ordnungen und Anordnungen eines Mediums ein, wirkt sich bis in die Binnenstruktur des Angebots aus, präformiert im Zusammenspiel mit anderen Faktoren auch die Wahrnehmungsstruktur der Mediennutzer, prägt sie langfristig, indem sie Nutzungsweisen und Wahrnehmungsformen habitualisiert und internalisiert« (Hickethier 1993, 172).

Theorie als Konstitutionstheorie menschlicher Sozialität ungeeignet ist, kann doch deren Konstitutivum, das regelgeleitete Handeln, in Foucaults Begriffen nicht gefasst werden.[12] Bezeichnenderweise ist es Foucault daher auch nicht möglich, zwischen Regel und Norm zu unterscheiden, weshalb er von Regeln spricht, wenn in der Sache eigentlich Normen gemeint sind.[13]

Wird im Folgenden der Begriff »Dispositiv« verwendet, so geschieht dies in einem deskriptiv-analytischen Verständnis ohne machttheoretische Implikationen. Die Exposition der Elemente des Dispositivs des Fernsehens folgt einer Sparsamkeitsmaxime, gemäß der ein Sachverhalt nicht mit dem Rekurs auf Machttheorien zu erklären ist, wenn er auch immanent erklärt werden kann.

2.2.2 Die Struktureigenschaften des Mediums Fernsehen und ihre Konfiguration zu einem Dispositiv

Die Funktion des hier zu entfaltenden Dispositivs des Fernsehens ist die einer Heuristik für die materialen Analysen des Sendungstranskriptes, eine systematische theoretische Begründung und Rechtfertigung kann an dieser Stelle nicht geleistet werden. Überraschen mag, dass unter den anzuführenden Elementen des Dispositivs ein in der öffentlichen Diskussion allgegenwärtiges Phänomen, dessen Wirkmächtigkeit nicht bestritten werden soll, fehlt: Der »Quotendruck«, das heißt die Vorgabe, eine möglichst hohe Einschaltquote dadurch zu erzielen, dass erstens viele Zuschauer das Programm einschalten und zweitens sie bei diesem verharren, ohne ab- oder umzuschalten.[14] Er resultiert wesentlich aus der seit Einführung des dualen Rundfunksystems in Deutschland 1984 entstandenen Konkurrenz zahlreicher, auch privatrechtlicher Fernsehsender. Bezogen auf das Fernsehen handelt es sich aber um ein abgeleitetes Phänomen, das die Wirkungen seines Dispositivs zwar erheblich verstärken kann, aber nicht ursächlich für es ist.

12 Habermas formuliert diesen Umstand folgendermaßen: »Foucault erlaubt sich einen ganz und gar unsoziologischen Begriff des Sozialen« (Habermas 1985, 285).
13 Zur Unterscheidung von Regel und Norm vgl. Oevermann 2003.
14 Eine Übersicht zu Typen des Umschaltverhaltens mit weiterführenden Literaturangaben findet sich in Niemeyer/Czycholl 1994, 51.

2.2.2.1 Verbindung optischer und akustischer Informationen

Die eigentümliche Suggestivität des Fernsehens beruht auf der Verbindung optischer und akustischer Informationen unter der Bedingung einer dem Zuschauer vorgeschriebenen Rezeptionszeit. Dieser Kombination ist die Gefahr inhärent, dass die jeweils gegebenen Informationen nicht gleichsinnig sind und sich nicht wechselseitig ergänzen, der Text also nicht das Bild kommentiert oder das Bild den Text illustriert, sondern unterschiedliche oder sogar widersprüchliche Informationen transportiert werden. Das Phänomen dieser »Bild-Text-Schere« (Wember 1976, s.u.) ist auch eine Folge der fast zwanghaft erscheinenden Gleichzeitigkeit der Übermittlung sowohl optischer wie akustischer Signale durch das Fernsehen, ohne dass diese auch einmal für sich stehen könnten. Es herrscht ein horror silentii, eine Angst sowohl vor Ruhe als auch vor Unbewegtheit, der besonders greifbar wird in der Praxis, Sprech- bzw. Kommentarpausen mit Musik zu unterlegen. Durch diese musikalische Untermalung sollen vermutlich jene Zuschauer »bei der Stange« gehalten werden, die dem Fernsehapparat nur ein beiläufiges Interesse widmen und ihn zum Beispiel bei ihren Routinetätigkeiten im Haushalt alternativ zum Radio einschalten. Wenn dem so wäre, würden für eine Rezipientengruppe, welche die gesendeten Inhalte ohnehin kaum zur Kenntnis nimmt, diese Inhalte auf außerordentlich folgenreiche Weise zugerichtet. Die von diesem akustischen Analogon zu dem häufig konstatierten Bebilderungszwang ausgehende Botschaft könnte man wie diesen selbst mit den Worten paraphrasieren: »Hier passiert etwas, hier ist etwas los, hier darf man keine Sekunde verpassen!«.

Wichtige Hinweise zu der Verbindung optischer und akustischer Informationen finden sich in Helmut Greulichs (1979) Anmerkungen zu den fernsehtypischen Manipulationen, hinter denen nicht ein strategischer Wille zur Täuschung des Zuschauers stehe, sondern die Überzeugung der Verantwortlichen, die Inhalte den Erfordernissen des Mediums anpassen zu müssen. Zunächst einmal sei eine »Bevorzugung des Sichtbaren« (Greulich 1979, 69) vor der Darlegung von Hintergründen und Zusammenhängen festzustellen, es komme aber nicht nur auf die Sichtbarkeit allein an, vielmehr müsse auch etwas »passieren«, das Sichtbare müsse den Eindruck von Bewegung und

Lebendigkeit vermitteln. Bewegung wiedergebende Szenen seien »für den Zuschauer attraktiver als redende Köpfe, die schwierige historische oder politische Zusammenhänge erläutern« (Greulich 1979, 69). Diese Attraktivität bezieht sich aber nur auf höchst oberflächliche Reize, die ein mehr oder weniger unwillkürliches Hinsehen provozieren, nicht aber auf möglicherweise interessante Inhalte; Greulich argumentiert empiristisch verkürzend, wenn er die Erklärung komplizierter Zusammenhänge als für den Zuschauer unattraktiv deklariert. Die Dominanz des Visuellen zeitige als Folgen zum einen teilweise abenteuerliche Versuche, die Texte den Bildern anzupassen, zum anderen, wenn denn einmal das Akustische führend ist, eine abundante Illustrierung des Gesagten mit Bildern. Greulich spricht von »einer Art von Vollzugszwang, alles zu bebildern, koste es, was es wolle« (Greulich 1979, 70).[15] Eine (insbesondere bei Dokumentationen) strukturell bedingte Manipulation liege in der extremen Selektion und Raffung des realen Geschehens.[16] Von diesen

15 Die fast naiv anmutende Selbstverständlichkeit, mit der die Unmöglichkeit akzeptiert wird, sich diesem Bebilderungszwang innerhalb des Mediums widersetzen zu können, artikuliert der Fernsehmoderator und -produzent Günther Jauch: »Beim Fernsehen bin ich ja immer auf die Bilder angewiesen. Und das ist das Gefährliche am Fernsehen: Der Zwang, immer die Bilder haben zu müssen, die man zugegebenermaßen ja nicht immer hat« (zitiert nach Weischenberg 1997, 46). Gerade weil alles Gesagte auch bebildert werden muss, wird so getan, also ob jeder Sachverhalt auch tatsächlich bebildert werden könnte. Die Grenze der Bebilderbarkeit hat Bernward Wember auf den Punkt gebracht: »Die Hintergründe und Zusammenhänge kann man nicht einfach abfilmen. Die geschichtlichen Ursachen liegen nicht auf der Straße, so, daß man die Kamera nur draufhalten braucht« (Wember 1976, 68). Klaus Kreimeier zufolge besteht die Gefahr, die von diesem notwendig auf Bilder von Oberflächenphänomenen zurückgreifenden Bebilderungszwang ausgeht, weniger in der Illustrierung von Sachverhalten mit eigentlich unpassenden Bildern als eher in der damit einhergehenden Entrückung der politischen Realitäten in eine ihre Mystifizierung begünstigende Unsichtbarkeit (Kreimeier 1990, 146f.). Gerade investigativer Journalismus ist aber kaum angemessen zu bebildern (Weischenberg 1997, 56). Kehrseitig dazu beförderten die dargebotenen »immergleichen Bilder von Staatsempfängen, Kabinettsrunden, Bundestagssitzungen, Pressekonferenzen oder Parteitagen« die »Vernutzung dokumentarischer Qualitäten im Dienste der Allegorisierung von Politik« (Kreimeier 1997, 36).

16 »Ein weiteres Moment der Verzerrung (bis hin zur Verfremdung) ergibt sich aus der Notwendigkeit, reale Abläufe zu kürzen und zu dramatisie-

allgemein für filmische Dokumentationen geltenden produktionsbedingten Einschränkungen unterscheidet Greulich fernsehspezifische Präsentationsmittel, »die einer unverfälschten Wiedergabe von Realität entgegenstehen« und die der Kleinheit des Bildschirms sowie der Rezeptionssituation geschuldet sind: Ein »Zwang zur Großaufnahme« und »das Bemühen um faszinierende Montagen« (Greulich 1979, 71), welche die Aufmerksamkeit der Zuschauer aufrechterhalten und ein Um- oder Ausschalten verhindern sollen.[17]

Gemeinsamkeiten und Unterschiede von Printmedien, Hörfunk und Fernsehen in ihren Auswirkungen auf die Rezeption hat Peter Kaupp (1979) untersucht. Vorzug gedruckter Medien sei, dass sie dem Leser nicht die Wahrnehmungszeit diktieren, was ihm die Möglichkeit eröffne, »Intensität und Ablauf der Lektüre selbst zu regeln, das heißt zu wiederholen, auszuwählen und das Interesse auf bestimmte Aspekte zu konzentrieren« (Kaupp 1979, 121). Dies gestatte eine Darstellung auch komplexer Sachverhalte und ihre differenzierende und vertiefende Rezeption. Die Vorzüge des den zeitlichen Ablauf vorgebenden Hörfunks gegenüber den Printmedien lägen in der schnelleren Weitergabe von Informationen, gegenüber dem Fernsehen in dem geringeren technischen Aufwand und der leichteren Nutzung durch mehrere Personen gleichzeitig (Kaupp 1979, 122f.). Das Fernsehen als Ton und bewegtes Bild verbindendes Medium habe den Effekt, dass der Rezipient sich an Beiträge intensiver und länger erinnere als an nur Gesehenes oder nur Gehörtes, außerdem entfalte es eine ungleich größere Suggestivität als der Hörfunk, was sich unter anderem darin äußere, dass dem Fernsehen

ren, obwohl sie ursprünglich weder kurz noch dramatisch waren« (Greulich 1979, 71).

17 Auch Pierre Bourdieu verweist auf zwei Aspekte einer Dramatisierung der Inhalte durch das Fernsehen: Zum einen dadurch, dass etwas überhaupt als Gegenstand der Berichterstattung ausgewählt werde (was für sich genommen nicht fernsehspezifisch ist), und zum anderen durch die eigentümliche Aufbereitung dieser Inhalte. »Das Fernsehen verlangt die *Dramatisierung*, und zwar im doppelten Sinn: Es setzt ein Ereignis in Bilder um, und es übertreibt seine Bedeutung, seinen Stellenwert, seinen dramatischen, tragischen Charakter« (Bourdieu 1998, 25). Durch die bloße Auswahl bereits werden die Inhalte bedeutungsvoll, weil sie exemplarischen Charakter bekommen: »Die Ereignisse, die man zeigt, gewinnen durch das Allgemeine, das sie repräsentieren, ihre Bedeutung« (Prokop 1995, 409).

»ein größeres Maß an Objektivität« zubilligt werde – ein »verhängnisvoller Irrtum« (Kaupp 1979, 125).[18] Gewiss kann das Fernsehen als eine Kombination von Elementen des Radios und des Kinos verstanden werden, doch ist aus dieser Kombination ein eigenlogisches Gebilde hervorgegangen. In welchem Maße sich die Programmgestaltung des Fernsehens in den Anfängen noch an Radio und Kino orientierte, zeigt Joan Bleicher auf: »Vom Konkurrenzmedium Kino übernahmen die Programmacher des Versuchsprogramms von 1950 bis 1952 zentrale Bestandteile der Programmstruktur: Nachrichten, Vorfilm – zumeist Kulturfilme und Kurzfilme – und den Spielfilm als eigentlichen Programmhöhepunkt. Der ›große Bruder Hörfunk‹ wiederum diente als Ideenlieferant für weitere Programmformen wie beispielsweise den ›Bunten Abend‹« (Bleicher 1993, 114).[19] Die Diskrepanz zwischen der Hervorhebung der Eigenständigkeit des Mediums Fernsehen und seiner faktischen Orientierung am Kinoprogramm (Hickethier 1990, 34) verliert ihre Erklärungsbedürftigkeit, wenn man sich vergegenwärtigt, dass die Eigenständigkeit auf der strukturell-dispositiven Ebene zu verorten ist, nicht auf der Ebene der gesendeten Inhalte.

18 Reiche hat einen der Kombination von Optischem und Akustischem noch vorgelagerten Aspekt der Attraktivität des Mediums Fernsehen herausgearbeitet, nämlich eine Affinität der visuellen Stimulierung durch das digitale Bild zu einer prägenital-sexuellen Stimulierung: »Der Grund könnte in dem subkutanen sexuellen Glücksversprechen liegen, den das pulsierende digitale Bildmedium als solches mit sich bringt, jenseits der Präsentation manifest sexueller Bilder. Für die subliminale Wahrnehmung erzeugt die unendliche Null-Eins-Reihe des digitalen Bildes ein unendliches Fort-Da, die andauernde Wiederkehr des verlorenen Objekts. Im Gegensatz dazu konstellieren die gleitenden Bilder des konventionellen Bild-Narrativs in Verbindung mit dem Anfang und dem Ende der Handlung einen geschlossenen Raum von Versprechen, Erregung, Erfüllung, Täuschung und Abschied« (Reiche 2001, 266).

19 Zu den Übereinstimmungen im Programmschema von Kino und Fernsehen mit der Abfolge aktueller Bericht – Kulturfilm – Spielfilm und den Kontinuitäten zwischen dem Fernsehen der NS-Zeit und dem der frühen 1950er Jahre vgl. auch Hickethier 1990, 24.

2.2.2.2 Rezeptionssituation und Miniaturisierung

Ein Grund für das permanente Buhlen um Aufmerksamkeit seitens des Fernsehens liegt in der besonderen Situation der Rezeption, die typischerweise in den Privatwohnungen der Zuschauer und nicht in einem öffentlichen Raum stattfindet. Aus der (verglichen mit der Leinwand bei einer Filmvorführung im Kino) geringen Größe des Bildschirmes und der daraus resultierenden Miniaturisierung des Gesendeten ist die Befürchtung zu erklären, das Interesse der Zuschauer könnte abgelenkt und durch anderes gebunden werden. Beides, die private Umgebung und die Miniaturisierung, bedingen eine sozialer Kontrolle weitgehend entzogene Rezeption – es ist für den Zuschauer viel leichter, das Gesehene ins Lächerliche zu ziehen und sich über es zu mokieren, als dies im Kino der Fall wäre, wo dieselben Inhalte ungleich größer und damit respektgebietender erscheinen und eine Haltung der Ernsthaftigkeit schon durch die Anwesenheit der anderen Besucher geboten ist.[20] Kann man außerdem bei einem Kinobesucher voraussetzen, dass er sich mit einer gewissen Rezeptionsbereitschaft ins Kino begeben hat, wobei auch das soziale Arrangement der Rezeption in einem öffentlichen Raum der Herstellung von Muße und Aufmerksamkeit dienlich ist, muss der Fernsehzuschauer dies selbst leisten, will er sich nicht auf die diversen Möglichkeiten der Ablenkung, die ihm seine private Umgebung bietet, einlassen.[21]

20 Allerdings hat der in den 1980er Jahren zu konstatierende Trend zum kleinteiligen »Schachtelkino« mit entsprechend kleinen Leinwänden dem Kinobesuch viel von diesem Beeindruckenden und Respektgebietenden genommen. Es verwundert daher nicht, dass in den 1990er Jahren aus der Konkurrenzsituation zum Fernsehen heraus die Bedeutung des komfortablen Großraumkinos wiederentdeckt wurde. Zur Entwicklung der deutschen Kinolandschaft in den 1990er Jahren vgl. Neckermann 2000.

21 Aus demselben Grund der Entlastung durch eine von dem sozialen Setting eingerichteten Disziplinierung suchen auch Menschen zum wissenschaftlichen Arbeiten öffentliche Bibliotheken auf, selbst wenn sie auf deren Bestände gar nicht angewiesen sind und, was die Arbeitressourcen angeht, auch zuhause arbeiten könnten. Das Phänomen, dass – befördert auch durch den forcierten Verkauf von Speisen und Getränken – sich Kinozuschauer zunehmend einem öffentlichen Raum unangemessen verhalten und das Anschauen von Kinofilmen an den Fernsehkonsum im Privatbereich assimilieren, ist kein Gegenargument gegen die hier vorge-

Die Differenz des Fernsehschauens im eigenen Wohnzimmer zu einer öffentlichen Aufführung hat Karl M. Mingot (1993) herausgearbeitet. Er verweist auf die unterschiedlichen pragmatischen Rahmungen, die unter anderem darin Ausdruck fänden, dass bei dem heimischen Fernsehkonsum die typischen Eröffnungs- und Beschließungsrituale fehlen, die eine Kinovorführung auszeichnen (Mingot 1993, 154). So fokussierten etwa das Dimmen der Beleuchtung und das Öffnen des Vorhangs vor der Leinwand die Aufmerksamkeit des Kinobesuchers auf die nun folgende Vorführung.[22] Außerdem fehle der disziplinierende Effekt des von dem Besucher einer öffentlichen Aufführung zu entrichtenden Eintrittspreises, der die Bereitschaft vergrößere, das Aufgeführte ernst zu nehmen und mit Aufmerksamkeit zu verfolgen.[23] Das ersatzlose Wegfallen dieser Aspekte befördere eine Praxis der beiläufigen, ungerichteten Rezeption: »Die fernsehspezifische Rezeptionspragmatik begünstigt es, die Fernsehbeiträge dort, wo sie wenig interessant sind oder aus anderen Gründen die Aufmerksamkeit nicht zu fesseln vermögen, unaufmerksam zur Kenntnis zu nehmen, und damit unkritisch bzw. unter Nicht-Ausschöpfen der eigenen Befähigung zur kritischen Immunisierung zu rezipieren« (Mingot 1993, 154). Verfehlt sind nach Mingot Ansätze, die nur nach der Wirkung einzelner Sendungen fragen, denn diese Frage verkenne die Bedeutung der einbettenden Struktur, zu deren Rekonstruktion eben nicht nur die Sendungen, sondern beispiels-

nommene Unterscheidung der Rezeptionssituationen und ihrer Implikationen. Bruce A. Austins (1988) Distinktion von »movie attendence« und »moviegoing« aufgreifend, lassen sich zwei Typen von Kinogängern nach ihrer dominanten Motivation unterscheiden: Solche, die eine genuine Filmorientierung besitzen, und solche, für die der Kinobesuch als soziales Ereignis im Mittelpunkt steht. (Zur Soziologie des Kinopublikums vgl. auch Prommer 2010.) Die dispositive Struktur des Fernsehens gründet Heinz-Bernd Heller zufolge vor allem in der »Verschränkung von öffentlicher Produktions-/Distributionssphäre und Rezeption im Privaten« (Heller 1994, 100).

22 Reiche (2001, 236) dagegen hebt das der Regression förderliche Sitzen im warmen Kinosessel hervor, und vermutlich ist gerade wegen der Kombination disziplinierend-fokussierender und regressionsfördernder Elemente das Dispositiv des Kinos für eine Filmrezeption in Muße so geeignet.

23 Zwar muss auch der Fernsehzuschauer für das Angebot der öffentlich-rechtlichen Sendeanstalten bezahlen, aber er zahlt pauschal für die Nutzung des Angebotes und nicht für einzelne Sendungen.

weise auch Ansagen und Programmhinweise analysiert werden müssten (Mingot 1993, 155).[24]

In einer der Tradition der »Cultural Studies«[25] verpflichteten Analyse der Fernsehrezeption spricht Andreas Hepp (1998) statt von »Rezeption« von »Aneignung«, womit die aktive, gestaltende Rolle des Zuschauers akzentuiert wird, der nicht nur als passiver Rezipient zu verstehen sei.[26] Bezugspunkt seiner Kritik ist die von

24 Ulrich Oevermann merkt zu der Ausblendung der strukturellen Ebene in den klassischen Wirkungsanalysen an: »Das ZDF zeigte sich [...] sehr erstaunt, als wir ihm für eine Untersuchung als erstes die Analyse der Abendansage vorschlugen. Die Abendansage war für die Vertreter des Fernsehens keine Sendung, also konnte auch keine Wirkung davon ausgehen« (Oevermann 1983, 287, Anm. 10).

25 Zu dieser Tradition vgl. Bromley et al. 1999; Hepp 1999.

26 Zum Begriff der Aneignung im Kontext der Medienrezeption vgl. Faber 2001. Ralf Bohnsack verfehlt die Pointe von »Aneignung«, wenn er zur Voraussetzung derselben erklärt, es müsse den Rezipienten gelingen, »mit ihrem eigenen konjunktiven Erfahrungswissen an das medial vermittelte Wissen anzuschließen – wenn also beispielsweise in einem Film Situationen einer Alltagspraxis inszeniert werden, in denen sich Handlungsprobleme und Handlungsorientierungen einer Praxis dokumentieren, die Homologien, also strukturelle Ähnlichkeiten, zu selbst erfahrenen Situationen der eigenen Praxis der Rezipient(inn)en aufweisen« (Bohnsack 2009, 130). Tatsächlich muss eine Aneignung nicht vermittelt sein über ein »Verstehen« im Sinne einer Dechiffrierung der objektiven Bedeutung des Angeeigneten, sondern sie bietet die Chance, einen »Anschluss« an die eigene Lebenspraxis gerade durch ein Missverständnis in Form einer radikalen Umdeutung dieser Bedeutung herzustellen. Angela Keppler und Martin Seel haben darauf aufmerksam gemacht, dass ein Konzept von Aneignung, verstanden als »eigensinnige Nutzung des Medienangebots« (Keppler/Seel 2008, 228), schon bei Adorno angelegt war: »Entschließt man sich schon dazu, gleichsam die Selbstkontrolleure beim Wort zu nehmen und die Filme mit dem Wirkungszusammenhang zu konfrontieren, so wird man subtiler zu verfahren haben als jene älteren Content-Analysen, die notwendig allzusehr von der Intention der Filme ausgingen und die Variationsbreite zwischen jener und der Wirkung vernachlässigten. Sie ist aber in der Sache selbst präformiert. Liegen tatsächlich, nach der These von ›Fernsehen als Ideologie‹, verschiedene Schichten von Verhaltensmodellen in den Filmen übereinander, so impliziert das, die offiziellen, intendierten Modelle, die von der Industrie gelieferte Ideologie, müßten keineswegs automatisch das sein, was in die Zuschauer eindringt; suchte die empirische Kommunikationsforschung sich endlich Probleme, bei denen etwas herauskäme, so wäre jenes der Bevorzugung wert« (Adorno 1977d, 356).

Michael Charlton und Klaus Neumann-Braun vorgeschlagene Unterscheidung von vier Phasen des Rezeptionsprozesses (Charlton/Neumann-Braun 1992, 89–100):

1. die soziale Einbettung der Rezeption,
2. die thematische Voreingenommenheit gegenüber den Inhalten,
3. Strategien der Rezeptionssteuerung,
4. Aneignung und Vermittlung zwischen Mediengeschichte, Biographie und eigener Lage.

Hepp kritisiert eine künstliche Trennung von Rezeption und Aneignung, die eine Nachträglichkeit der Letzteren gegenüber einer »reinen« Rezeption impliziere, während tatsächlich beides immer schon lebensweltlich vermittelt sei.[27] Bei genauerer Betrachtung stellt sich freilich heraus, dass die ersten drei der von Charlton und Neumann-Braun angeführten Phasen nicht eigentlich solche der Rezeption, sondern der Einrichtung einer Rezeptionsmöglichkeit sind – man könnte eher monieren, in dem Phasenmodell verdampfe eine »eigenständige« Rezeption zwischen der Erfüllung der hierfür notwendigen Voraussetzungen einerseits und den Aneignungsprozessen andererseits. Hilfreich wäre eine präzisere Abgrenzung der mit »Rezeption« und »Aneignung« verbundenen Bedeutungsfelder, da beide Begriffe in umgangssprachlicher Verwendung nahezu synonym gebraucht werden können; außerdem wären theoretische Modelle denkbar, in denen die Aneignung als Teil der Rezeption konzeptualisiert wird, wie auch solche, in denen das Inklusionsverhältnis genau umgekehrt ist und die Rezeption als in eine umfassendere Aneignung eingebettet erscheint. Und auch wenn man schließlich eine realzeitliche Aufeinanderfolge der von Charlton und Neumann-Braun unterschiedenen Phasen bestreiten mag, haben sie doch als analytische Unterscheidungen einen heuristischen Wert.

Das Fernsehen ist nach Hepp ein »häusliches« Medium nicht nur wegen der in den eigenen Privaträumen vollzogenen Rezeption, son-

27 »Die Differenzierung einer Aneignungsphase von einer Kernphase der Rezeption suggeriert, daß bei der Rezeption eines Kommunikats eine ›eigentliche‹ oder ›objektive‹ Bedeutung desselben von den Rezipienten ›aufgenommen‹ werden würde. In einem sich anschließenden Prozeß würde dann diese […] ›objektive Bedeutung‹ angeeignet und damit zu einem Teil der eigenen Bedeutungswelt gemacht« (Hepp 1998, 31).

dern auch, »weil es selbst ein Material zur Konstitution des Rahmens Häuslichkeit darstellt« (Hepp 1998, 51). Das feststehende Programmschema mit allseits bekannten Sendezeiten der in dieses Schema eingepassten Sendungen gebe dem häuslichen Leben der Zuschauer eine Strukturierung vor.[28] An Überlegungen von Günther Anders[29] anschließend, zeigt Hepp die der Anwesenheit des Fernsehapparates geschuldeten Veränderungen in der Einrichtung des heimischen Wohnzimmers auf: Die typischerweise um einen Tisch herum sich versammelnde Familie hat ihren Kreis zu dem Fernsehapparat hin geöffnet, der Apparat wird damit zu einer Art Familienmitglied.[30]

28 Ähnlich auch Mingot (1993, 154): »Nach dem Muster einer diffusen sozialen Beziehung gebaut, verschränkt es [das Programmschema, M.J.] sich mit den mit der Fernsehrezeptionspragmatik der Privatsphäre gegebenen Rezeptionsmöglichkeiten«.

29 Nach Anders löst der Fernsehapparat den Familientisch ab, er ist als eine Art »negativer« Familientisch anzusprechen: »Nicht den gemeinsamen *Mittelpunkt* liefert er, vielmehr ersetzt er diesen durch den gemeinsamen Fluchtpunkt der Familie. Während der Tisch die Familie zentripetal gemacht und die um ihn Sitzenden dazu angehalten hatte, die Weberschiffchen der Interessen, der Blicke, der Gespräche hin und her spielen zu lassen und am Tuche der Familie weiterzuweben, richtet der Bildschirm die Familie zentrifugal aus« (Anders 1956, 106). Ähnlich auch die Überlegungen von Martin Warnke zur Kulturgeschichte der Couchecke, die »in den funktionalen Leerraum des Wohnzimmers« (Warnke 1979, 675) einzog, nachdem aus diesem Funktionen wie Arbeiten, Schlafen und Essen sukzessive ausgeschieden waren. Ohnmächtig gegenüber dem Fernsehgerät, gehe die Couchecke, »die sich in diesem Jahrhundert als Symbol einer abgeschirmten, intimisierten Privatexistenz ausgebildet und durchgesetzt hat« (Warnke 1979, 687), in der fernsehvermittelten Außenwelt auf. Und Karl Sierek konstatiert: »Egal, ob der Fernsehschirm sich innerhalb eines Wohnungsverbandes – also im Wohn-, Schlaf- oder einem eigenen Fernsehzimmer – befindet oder im öffentlichen Raum aufgestellt ist, er steht immer *innerhalb* eines vorhandenen Ensembles, das verschiedenste Funktionen und nicht nur die des Bildersehens erfüllt« (Sierek 1993, 78f.). Genau diese eigentlichen Funktionen der verschiedenen Räumlichkeiten sind es, die durch die absorbierende Suggestivität des Fernsehens unterlaufen werden.

30 Dass das Fernsehen faktisch die Position einer Person einnehmen kann, zu der wie zu einem Familienmitglied eine funktional diffuse Sozialbeziehung besteht und die bei Abwesenheit auch entsprechend vermisst wird, zeigt das Experiment der mehrwöchigen Fernsehabstinenz einer Familie (Bauer et al. 1976).

Auf der Grundlage seiner empirischen Untersuchungen unterscheidet Hepp (1998, 208) zwei Stile der Aneignung: Den spielerischen Aneignungsstil, der typisch für die Fernsehrezeption von Kindern sei und den Ratespiele (wie das Raten von Werbung), ein spielerisches Herziehen über das Gesehene sowie dessen Imitation und ein daran anschließendes Phantasieren charakterisierten, sowie den dispersen Aneignungsstil, typisch für den abendlichen Fernsehkonsum Erwachsener, denen das Fernsehen Zerstreuung und die Möglichkeit eines inneren Rückzugs biete.

Auf einen überraschenden Unterschied zwischen der gemeinsamen Rezeption im Kino und in Privaträumen weist Keppler hin: Während die im Kino vergesellschafteten Individuen durch die Situationsrahmung zu einer müßigen und zugleich konzentrierten Rezeption des Filmes angehalten würden, habe das gemeinsame Fernsehschauen im privaten Bereich den gegenteiligen Effekt, denn hier fänden sich vergemeinschaftete Individuen zusammen, und Teil der Reproduktion des Gemeinschaft sei es, das Gesehene zu kommentieren, was die Herstellung von Muße behindere: »Bei einer gemeinsamen Betrachtung einer Fernsehserie zum Beispiel im Fan- oder Freundeskreis wird das kontemplativ-sichversenkende Moment ganz zwangsläufig zurücktreten zugunsten einer distanzierteren Kommentierung« (Keppler 1994, 53 Anm. 35).

Ohne die Konsequenzen für die Aufbereitung und Zurichtung der gesendeten Inhalte zu thematisieren, aber gleichwohl phänomenologisch prägnant umreißt schließlich Knut Hickethier die Eigenheiten der fernsehtypischen Rezeptionssituation in Abgrenzung zu der des Kinos:

> »Die Einbindung des Fernsehgeräts in den privaten häuslichen Bereich schafft ein anderes soziales Gefüge für die audiovisuelle Wahrnehmung, läßt stärker Ablenkungen zu, führt zu einer anderen Freiheit des Zuschauers gegenüber dem Angebot. Die geringere Bildgröße (im Vergleich zur Kinoleinwand) läßt zumeist auch einen Teil des Umraums mit in den Blick des fernsehenden Zuschauers treten. Da der Zuschauer nicht mehr wie im Kino an einen Veranstaltungsort in der Öffentlichkeit gebunden ist, kann er sich legerer in seiner Kleidung und seinem Verhalten geben, ist in seiner zeitlichen Ausrichtung flexibler und möchte zu unterschiedlichen Zeiten das Medium nutzen« (Hickethier 1996, 20).[31]

31 Auf mögliche Folgen der Miniaturisierung des Gesendeten hat Adorno

Diese Miniaturisierung nährte auch die Vorbehalte der nationalsozialistischen Machthaber gegenüber einer Verwendung des Fernsehens als Propagandainstrument.[32] Ihnen war das Fernsehen wegen der nur schwer kalkulierbaren Rezeptionssituation in den privaten Räumen nicht recht geheuer, denn sie hätte in Verbund mit der technisch bedingten Verkleinerung der Herrschenden ihrem Lächerlichmachen Vorschub leisten können, was dem gewünschten Propagandaeffekt zuwider gelaufen wäre und womöglich ein zersetzendes Potential entfesselt hätte.[33] Um wenigstens die Kontrolle

schon 1953 hingewiesen: »Die visuellen Bilder sind sehr viel kleiner als die im Kino. Diese Kleinheit wird vom amerikanischen Publikum bemängelt: man sucht die Bildfläche zu vergrößern, aber es scheint fraglich, ob in mit Möbeln ausstaffierten Privatwohnungen wie im Kino die Illusion der Lebensgröße erreicht werden kann. Vielleicht lassen sich die Bilder auf Wände projizieren. Aufschlußreich ist jedenfalls das Bedürfnis. Einstweilen dürfte das Miniaturformat der Menschen auf der Fernsehfläche die gewohnte Identifikation und Heroisierung behindern. Die da mit Menschenstimmen reden, sind Zwerge. Sie werden kaum in demselben Sinn ernst genommen wie die Filmfiguren« (Adorno 1977a, 508f.). Die einer Charismatisierung abträglichen Effekte der Miniaturisierung artikulieren sich anschaulich in einer von McLuhan kolportierten Bemerkung der Schauspielerin Joanne Woodward. Als sie in einem Interview zu dem Unterschied zwischen einer Filmschauspielerin und einer Fernsehdarstellerin befragt wurde, antwortete sie: »Als ich beim Film war, hörte ich die Leute sagen: ›Da kommt Joanne Woodward.‹ Jetzt sagen sie: ›Da kommt jemand, den ich doch kenne!‹« (McLuhan 1968, 347).

32 Peter Hoff bemerkt, dass das Fernsehen für die Angehörigen des Propagandaministeriums »nicht als Medium, sondern ausschließlich als Gegenstand ihrer Arbeit« (Hoff 1991, 219) von Interesse war. Als Ausweis der Fortschrittlichkeit wurde es daher »noch im technischen Experimentalstadium an die Öffentlichkeit gezerrt« (Hoff 1991, 215), und auch die baldige Wiederaufnahme des NS-Fernsehprogramms nach Kriegsbeginn ist kein Indikator für die Bedeutung, die dem Fernsehen als Propagandainstrument zugesprochen wurde, von propagandistischem Nutzen war vielmehr der Verweis darauf, dass überhaupt das Programm auch in Kriegszeiten fortgesetzt werden konnte (Hickethier 1990, 31).

33 »Auf dem Bildschirm des Fernsehempfängers wurde auch der ›Führer‹ zum zufälligen Besucher, den man durch ›Abschalten‹ ausschalten, aussperren konnte – für die faschistische Propaganda undenkbar. Es war die ›subversive‹ Natur des neuen Mediums Fernsehen, das die ›erhabenen Gegenstände‹ dem Individuum zur beliebigen Nutzung ausliefert, was das faschistische Propagandamanagement von einer Nutzung für die eigenen Zwecke abhält« (Hoff 1991, 233). Zu amüsierten Zuschauerreaktionen

über die Rezeptionssituation zu behalten, richtete der NS-Rundfunk in Berlin öffentliche »Fernsehstuben« ein, deren Besuch kostenlos war. »Offenbar schwebte den Machthabern des nationalsozialistischen Deutschlands als Modell für die Zukunft nicht der private häusliche Empfang, sondern ein öffentliches, kinoähnliches Fernsehen als Medium der Zukunft vor« (Plake 2004, 17). Die von diesen Fernsehstuben ausgehende Faszination des Neuen ließ aber schnell nach, sie wurden Berichten der Reichspostdirektion zufolge von den Besuchern vor allem »als eine billige Wärmequelle« (Hoff 1991, 223) frequentiert. Bevorzugtes Propagandainstrument war das Radio, denn die Geräte waren preiswerter in der Herstellung und vielseitiger einsetzbar. Obgleich das Fernsehen während der Olympischen Spiele 1936 mit bis zu acht Stunden täglicher Sendezeit und Live-Übertragungen der Wettkämpfe eine erhebliche Aufmerksamkeit auf sich zog, standen einer massenhaften Verbreitung der hohe Anschaffungspreis der Empfangsgeräte sowie die insgesamt noch wenig ausgereifte Technik entgegen. Der Kriegsbeginn schließlich unterbrach aus wirtschaftlichen und militärischen Gründen die weitere Entwicklung des Fernsehens (Diller 1980, 153–156).[34]

2.2.2.3 Sachferne Mechanismen zur Herstellung und Aufrechterhaltung von Aufmerksamkeit

Da aus der Sicht der Fernsehverantwortlichen nicht darauf vertraut werden kann, dass die Mehrheit der Zuschauer sich qua Ich-Leistung zu einer aufmerksamen Rezeption diszipliniert, werden sachferne Mechanismen zur Herstellung und Aufrechterhaltung von Aufmerksamkeit eingesetzt, die eine Verselbständigung der dem Fernsehen eigenen Suggestivität und ihre Ablösung von den zu übermittelnden Inhalten begünstigen.

Eine bedeutende und vielrezipierte Analyse dieser Mechanismen hat Bernward Wember vorgelegt. Er geht anhand detailliert untersuchter Beispiele, die der Berichterstattung des ZDF über den Nordirlandkonflikt aus den Jahren 1969 bis 1973 entstammen, der

auf die Miniaturisierung der Nazi-Prominenz vgl. auch Hörisch 2004, 357.

34 Zur Geschichte des Fernsehens in der Zeit des Nationalsozialismus vgl. ausführlich Winker 1994; Zeutschner 1995.

Frage nach, wie Fernsehsendungen faktisch beschaffen sind, die dezidiert der Information verpflichtet sein sollen, genauer, wie die inszenatorischen Mittel zur Aufrechterhaltung der Aufmerksamkeit des Zuschauers mit den technischen Gegebenheiten verzahnt werden. Zunächst einmal beschreibt er das von ihm als »Augenkitzel« (Wember 1976, 22) bezeichnete Phänomen – damit ist ein Wechsel visueller Reize gemeint, der einerseits nicht zu stark, andererseits aber auch nicht zu schwach sein dürfe, da beides vom Auge als unangenehm empfunden werde. In eine Gestaltungsmaxime überführt, bedeutet es, dass das Fernsehbild unausgesetzt in Bewegung sein muss, diese Bewegung aber ein bestimmtes Maß nicht übersteigen soll. Deshalb würden Bilder mit viel Bewegung länger gezeigt als solche mit weniger Bewegung. Interessanterweise wurden Sendungen, die nach dem Ergebnis von Wembers Analyse objektiv weitgehend informationslos sind, von den Zuschauern als informativ bewertet, und Wember führt dies hypothetisch auf den »Augenkitzel« zurück: »[...] dabei ist der abgebildete Inhalt nicht so wichtig. Hauptsache, es bewegt sich was. Dies scheint mir ein erster Hinweis zu sein für den positiven Informations-Eindruck. Der Eindruck könnte auf Augenkitzel beruhen – mit Information hat das noch nichts zu tun« (Wember 1976, 24).[35] Er führt fünf Indizien dafür an, dass ohne Rücksicht auf den jeweiligen Inhalt des Gesendeten die Bewegung zum Selbstzweck werde: den Vorzug vieler kurzer Einstellungen vor wenigeren längeren; Fragmentierung und Vermischung ähnlicher oder gleicher Einstellungen; »Zerschnitzelung« ruhiger Einstellungen; Hervorhebung der Bewegungen von Gegenständen; Kamerabewegungen um ihrer selbst willen (Wember 1976, 31). Im Übrigen sei die Betonung von Bewegung neben Perspektive, Vergrößerung, Schärfe etc. nur ein Mittel für eine grundsätzlich angestrebte künstliche Intensivie-

35 Kehrseitig dazu zeigen Untersuchungen, dass Sachhaltigkeit von den Rezipienten durchaus nicht als angenehm empfunden wird: »Immer dann also, wenn Texte und Bilder nichts Neues, bereits Bekanntes oder Nebensächliches präsentieren, fanden die Zuschauer das gut und angenehm. Wenn aber Konzentration und Arbeit verlangt wurde, weil Texte und Bilder nicht bloß wiedererkannt und eingeordnet werden mußten oder ohnehin bloßen Reizcharakter (B. Wembers ›Augenkitzel‹) hatten, dann wurde das als unangenehm empfunden. Damit ist bestätigt, was schon mehrfach festzustellen war: Die subjektive Befriedigung der Zuschauer hat nicht unbedingt mit Information zu tun bzw. muß nicht unbedingt förderlich für den Wissenserwerb sein« (Köck 1990, 143).

rung des Gezeigten (Wember 1976, 36). Ausdrücklich betont er, diese Eingriffe seien nicht auf einen manifesten Manipulationswillen der Verantwortlichen zurückzuführen, vielmehr handele es sich um naheliegende und aus der Sicht der sich ihrer Bedienenden bewährte Gestaltungsroutinen.[36] Naheliegend seien sie allerdings nur unter den herrschenden Produktionsbedingungen:

> »Die Ursachen liegen sehr viel grundsätzlicher in der Organisation des Fernsehsystems, in den Produktionsmechanismen. Die sogenannten Sachzwänge, die schaffen den Druck, der ein nur vordergründiges, ein kurzfristiges Arbeiten ermöglicht. Aber wie ist es eigentlich möglich, daß sich im Fernsehsystem einer pluralistischen Demokratie solche Produktionsmethoden eingeschlichen haben, die sich informationsbehindernd auswirken?« (Wember 1976, 66).

Als eine Ursache für den Eindruck der Zuschauer, von einer Sendung informiert zu werden, obgleich dies nach Ausweis der Analyse des Sendungstranskriptes gar nicht der Fall sein kann, führt Wember den »Induktionseffekt« an. Die Induktionsleistung ist eine Funktion der Wahrnehmungsverarbeitung des Zuschauers, die wie selbstverständlich die fragmentierten und zeitlich aufeinanderfolgenden Elemente zu einem sinnvollen Ganzen zusammenfügt.[37] Man mag in ihr eine Analogie zu dem »principle of charity« bei der Verarbeitung sprachlicher Informationen sehen, die von der Gewissheit getragen wird, dass auch schadhaften oder unvollständigen Äußerungen ein von dem Sprecher intendierter Sinn zugrunde liegt, weshalb dessen Äußerungen stillschweigend korrigiert und ergänzt werden.[38]

36 »Es sind filmische Gewohnheiten, die sich im Laufe der Zeit eingeschlichen haben, eben weil die Sache so verführerisch ist und weil das mit dem Augenkitzel so gut funktioniert« (Wember 1976, 32).

37 »Die einzelnen Bewegungen stecken sich gegenseitig an, es entsteht automatisch der Eindruck einer sinnvollen Bewegungseinheit. Auch wenn die vielen Einzelteile ursprünglich überhaupt nichts miteinander zu tun haben – man bekommt doch den Eindruck einer sinnvollen Einheit« (Wember 1976, 42).

38 Ganz im Sinne des »Induktionseffektes« weist Hans-Ulrich Schlumpf darauf hin, dass der Zuschauer einen Schnitt wie selbstverständlich mit Sinn auflädt und als bedeutungsvoll interpretiert: »Der in Einstellungen gedrehte sowie der fertig geschnittene Film baut sich also von Schnitt zu Schnitt, von Einstellung zu Einstellung auf. Wie wir gesehen haben, ist jeder Schnitt ein Schluß, eine Folgerung, eine Assoziation, eine Behauptung, eine Geschichte, und damit Teil jener Fiktion, die sich der Macher oder die Macherin des Films erdacht haben« (Schlumpf 1987, 57). Einen

Der bekannteste von Wember eingeführte Begriff ist die »Bild-Text-Schere«, welche ein Missverhältnis von optischem und akustischem Geschehen beschreibt. Die, um im Bild zu bleiben, Schenkel dieser Schere klaffen häufig weit auseinander und vermitteln gleichzeitig unterschiedliche oder sogar widersprüchliche Informationen, so dass es dem Zuschauer nicht möglich ist, beides zu integrieren

anderen Aspekt dieses Effektes führt Walter Dadek aus: »Die im Filmstreifen aneinandergesetzen Aufnahmen von Körpern und Raumansichten verbinden sich in der Vorführung auf der Leinwand dank der starken wechselseitigen Induktionen zur Bildwirkung eines einheitlichen, optisch zusammenhängenden Raums. Dieser Bildeffekt ist unabhängig von Art und Herkunft der Einstellungen. Er tritt selbst dann ein, wenn die abgebildeten Stücke in der Wirklichkeit keinerlei reale räumliche Beziehung haben« (Dadek 1968, 147). Bekanntestes Element des Induktionseffektes ist der sogenannte Kuleschow-Effekt, wie er in dem folgenden Experiment zutage trat, von dem Vsevolod Pudovkin berichtet: »Kuleshov and I made an interesting experiment. We took from some film or other several close-ups of the well-known Russian actor Mosjukhin. We chose close-ups which were static and which did not express any feeling at all quiet close-ups. We joined these close-ups which were all similar, with other bits of film in three different combinations. In the first combination the close-up of Mosjukhin was immediately followed by a shot of a plate of soup standing on a table. It was obvious and certain that Mosjukhin was looking at this soup. In the second combination the face of Mosjukhin was joined to shots showing a coffin in which lay a dead woman. In the third the close-up was followed by a shot of a little girl playing with a funny toy bear. When we showed the three combinations to an audience which had not been let into the secret the result was terrific. The public raved about the acting of the artist. They pointed out the heavy pensiveness of his mood over the forgotten soup, were touched and moved by the deep sorrow with which he looked on the dead woman, and admired the light, happy smile with which he surveyed the girl at play. But we knew that in all three cases the face was exactly the same« (Pudovkin 1958, 168). Dieses Effektes hat sich Alfred Hitchcock in »Rear Window« (»Das Fenster zum Hof«) bedient: »Genauso nehmen wir eine Großaufnahme von James Stewart. Er schaut zum Fenster hinaus und sieht zum Beispiel ein Hündchen, das in einem Korb in den Hof hinuntergetragen wird. Wieder Stewart, er lächelt. Jetzt zeigt man anstelle des Hündchens, das in dem Korb nach unten getragen wird, ein nacktes Mädchen, das sich vor einem offenen Fenster dreht und wendet. Man nimmt wieder dieselbe lächelnde Großaufnahme von James Stewart, und jetzt sieht er aus wie ein alter Lüstling« (Hitchcock in: Truffaut/Scott 1999, 179). Tatsächlich handelt es sich im Film allerdings nicht um identische Aufnahmen von Stewart, sondern um jeweils sehr ähnliche.

und die Gehalte des Gesehenen und Gehörten für sich und in ihrer Wechselwirkung zu verstehen. Er kann sich nur auf einen der beiden Informationskanäle konzentrieren: »Entweder man hört zu, dann verkommt das Sehen zum Glotzen. Oder man ist von den Bildern gefesselt, dann verkommt der Text zur plätschernden Geräuschkulisse« (Wember 1976, 62).

Hickethier wendet sich gegen eine grundsätzliche Ablehnung der Differenz von Wort und Bild und bezeichnet, bezogen zumindest auf Nachrichtensendungen, die »Bild-Text-Schere« als »Scheinproblem« (Hickethier 1997, 15), da es ohnehin keine Übereinstimmung von Bild und Ton geben könne, was gerade die Besonderheit des audiovisuellen Erzählens im Unterschied zu einem bloß verbalen Erzählen ausmache. Worauf es ankommt, ist freilich nicht eine Übereinstimmung im buchstäblichen Sinne, die in der Tat nicht vorstellbar ist, sondern eine wechselseitige Ergänzung und Erhellung von Bild und Wort. Solche Überlegungen wurden bereits in Zusammenhang mit der Einführung des Tonfilmes angestellt. Rudolf Arnheim forderte 1932 als Prinzip des Tonfilmes anstelle eines Parallelismus die Kontrapunktik von Bild und Ton – nur diese sei aufschlussreich, während »das Miteinander von Ton und Bild auf eine bloße, abschwächende Verdoppelung herausläuft« (Arnheim 2004, 377).[39] Steffen-Peter Ballstaedt (1990, 35) unterscheidet drei Modi der audiovisuellen Integration: durch Redundanz (Parallelität von Bild und Text), durch Komplementarität (wechselseitige Ergänzung) und durch Inferenz (Integration von Bild und Text durch Schlussfolgerungen). Auch die »Bild-Text-Schere« könne für den Zuschauer durchaus instruktiv sein, aber nur unter der Voraussetzung eines erheblichen Vorwissens, das diese Schere zu schließen vermag. Ansonsten gelte für sie:

> »Diese potentiell große Informationsdichte für Auge und Ohr stellt eine medieninhärente Gefahr dar, die durch bestimmte Produktionsbedingungen wie Aktualitätszwang, kurze Sendezeit, Visualisierungszwang verstärkt wird. Bei großer Informationsdichte bricht der mentale Apparat des Menschen nicht zusammen, aber er wird eine

39 Ähnlich äußerte sich 1934 auch Pudovkin, der von der »Asynchronität« als dem eigentümlichen Gestaltungsprinzip des Tonfilmes sprach: »Die Einheit von Ton und Gestalt muß durch eine gedankliche Wechselwirkung erreicht werden, in deren Ergebnis [...] eine präzisere Gestaltung der Natur steht als bei ihrer oberflächlichen Kopierung« (Pudovkin 2004, 382).

Strategie der Auswahl einsetzen, wie er dies über die Aufmerksamkeit bei der alltäglichen mehrmodalen Informationsaufnahme auch tut. Hören und Sehen vergeht dem Rezipienten eigentlich nie, aber je mehr Informationen man in Text und Bild anbietet, desto weniger kann man beeinflußen, was von ihnen in welcher Weise verarbeitet wird« (Ballstaedt 1990, 43).

In Anlehnung an die von Thomas Kuchenbuch eingeführte Unterscheidung von filmbildlichem und filmsprachlichem Diskurs untersucht Keppler anhand der Analyse von Beiträgen in politischen Fernsehmagazinen (Keppler 1985) nicht nur synchrone Übereinstimmungen und Diskrepanzen von Bild und Ton, sondern die Entwicklung beider in ihrem je eigengesetzlichen Diskurs. Ihre Ergebnisse lassen sich als Erweiterung der »Bild-Text-Schere« in diachroner Perspektive verstehen. Träger der zu übermittelnden Information ist demnach allein der filmsprachliche Diskurs, während der filmbildliche keinen eigenen Sinnzusammenhang zu entfalten in der Lage ist: »Die Montage der Bilder folgt keinem eigenen Duktus, die rhythmische Folge wird vorwiegend vom Motiv der Reizerneuerung bestimmt. Kameradynamik und Bildrhythmus verselbständigen sich, lösen sich vom aufgenommenen Sujet, werden zu Mitteln der Spannungsdramaturgie und Aufmerksamkeitsappelle« (Keppler 1985, 42). Die Bilder seien der Sprache untergeordnet, und ihre Funktion liege wesentlich darin, dem gesprochenen Kommentar eine »abstrakte Lebendigkeit« (Keppler 1985, 111) zu verleihen, das heißt eine der Sache inszenatorisch aufgenötigte und keine, die aus ihr selbst hervorginge.

Ergänzt und präzisiert hat Wember seine Analyse der Informationsleistungen des Fernsehens in einer späteren Arbeit (Wember 1993). Als den die Produktion von Fernsehsendungen dominierenden Faktor nennt er die »Umschaltangst« (Wember 1993, 32); ein Ausfluss dieser Angst ist der oben angeführte horror silentii, der eine ununterbrochene Übermittlung optischer und akustischer Informationen bedingt, ganz unabhängig von einer sachlichen Notwendigkeit und auch unter Inkaufnahme von Interferenzen. Wember führt als Versuch der Bewältigung der »Umschaltangst« eine Tendenz zur Fragmentierung an, das heißt eine Tendenz zu immer kürzeren, den »Augenkitzel« steigernden Einheiten. Dieser Fragmentierung sei das an den Zuschauer gerichtete und faktisch nicht eingelöste Versprechen immanent, die Verbindung der Fragmente, ihre Systematik, den Gesamtzusammenhang zu enthüllen, und dieses Versprechen solle sie davon abhalten, umzuschalten.[40] »Insofern erfüllt das System der Fragmente eine geradezu geniale Doppelfunktion: Fragmente sind die Verweigerung des Ganzen, und zugleich sind sie die permanente Hoffnung auf das Ganze hinter den Fragmenten. Und da jeder alles haben will, das Ganze sehen und erleben will, ist das System der Fragmente die ideale Methode, um Zuschauer zum Dranbleiben zu bewegen. Das Ganze jedoch wird nie gezeigt« (Wember 1993, 32).

Auch dieses »System der Fragmente« habe sich quasi naturwüchsig herausgebildet und sei nicht Produkt einer absichtlich vorangetriebenen oder gar von Manipulationswillen getragenen Entwicklung.[41] Wember erweiterte nach der Einführung der »Bild-Text-Schere« (Wember 1976) das mediensoziologische Vokabular um die »Bauch-Kopf-Schere«, die eine Reduktion der Realität, über die berichtet wird, auf emotional Ansprechendes und Nachvollziehbares meint, womit eine Ausblendung der dahinterstehenden Faktoren einhergehe, »weil sie eben nicht unmittelbar erlebt und abgebildet werden können« (Wember 1993, 33). Die zum Erfassen der Realität erforderliche »lebendige Balance von Emotionalität und Rationalität« (Wember 1993, 33) sei damit nicht gegeben, das Fernsehen beschränke sich auf die Phänomene, die emotional ansprechen – bzw., so könnte man ergänzen, es bereitet Phänomene, welche diese Qualität nicht haben, entsprechend auf, etwa durch die Mechanismen von Personalisierung und Privatisierung (vgl. Oevermann/Tykwer 1991, 305). Empfindungen und subjektive Einschätzungen stehen im Mittelpunkt der Berichterstattung, die Realitäten, die eigentlich ihren Gegenstand bilden sollten, werden dem Zuschauer zumeist nur durch diese Subjektivismen gefiltert zugänglich gemacht. Von dem Fernsehen

40 Bezogen auf die Fotographie hat Kracauer die Logik der Fragmentierung als die Tendenz zur Erweckung einer Ahnung von Endlosigkeit beschrieben: »Dies folgt aus dem Nachdruck, den sie auf Zufallskomplexe legen, die kein Ganzes, sondern Fragmente darstellen. Gleichviel, ob es sich um Porträts oder Bilder von Vorgängen handelt, ein Foto hält dem Medium nur dann die Treue, wenn es den Gedanken an Vollständigkeit ausschließt. Sein Rahmen markiert eine vorläufige Grenze; sein Inhalt verweist auf andere Inhalte außerhalb des Rahmens; seine Struktur bezeichnet etwas, das sich nicht umfassen läßt – physisches Sein« (Kracauer 2006, 46).

41 »Es ist noch nicht einmal bewußt konzipiert oder gezielt entwickelt worden. Das System der Fragmente hat sich mit einer fast urwüchsigen Eigendynamik von selbst entwickelt im Zuge einer medialen Evolution […]« (Wember 1993, 32).

unternommene Korrekturversuche erschöpften sich nach Wember aber in einer rationalistischen, abstrakten Negation, ohne dass es zu einer Vermittlung des Emotionalen und des Rationalen käme. Als Beispiel nennt er die in Reaktion auf die gehäuften Übergriffe Rechtsradikaler auf Ausländer Anfang der 1990er Jahre gesendeten Spots, in welchen Fernsehprominente ihre Missbilligung dieser Ereignisse kundtaten:

> »Angesichts der aktuellen rechtsradikalen Gewalt gegen Ausländer versuchen mehrere Fernsehsender mit einer Vielzahl von gutgemeinten Aufklärungsspots hastig dieses Defizit von rationaler Aufklärung und sachlichem Hintergrundwissen im Schnellverfahren nachzuliefern. Diese notdürftig zusammengeschusterten Spot-Versuche [...] machen die Defizite der bisherigen Informationsvermittlung deutlich. Die auf die Schnelle produzierten rationalen Aufklärungs-Aufsager prominenter Köpfe demaskieren die ganze Absurdität der bisher praktizierten Bauch-Kopf-Schere: Im gleichen Maße, wie bisher emotionale Oberflächlichkeit geliefert wurden, kommen jetzt mit der gleichen medialen Schizophrenie reine Rationalitätsversuche für die erhoffte Schnellaufklärung auf den Schirm. Die Naivität kurzatmiger Wirkungslogik kann gar nicht drastischer demonstriert werden« (Wember 1993, 34).[42]

Vor dem Hintergrund seiner konzisen Analysen der Struktureigenschaften des Mediums Fernsehen überrascht der Optimismus Wembers, mit dem er Alternativen zu dem von ihm Kritisierten aufzeigt.[43] Seine Überlegungen erinnern, ungeachtet des Gestus eines pragmatischen »Anpackens«, an technokratische Machbarkeitsphantasien, die suggerieren, die über die Inhalte dominierende Eigenlogik des Mediums könnte durch eine Modifizierung der Inhalte überwunden werden. Bezeichnenderweise beschließt er seinen Text mit den Wor-

42 Zum Engagement des Fernsehens gegen Rechtsradikalismus vgl. Schröder/Tykwer 1994, zu dem dieses Engagement fundierenden Gesinnungskomplex Oevermann 1998.

43 »Warum sollte es nicht möglich sein, unkonventionelle Elemente in folgender Richtung zu machen: mitten in diese riesigen Faktenfriedhöfe mit ihren Fragmentbergen plötzlich provokante Interpretationen hineinzugeben, freche und geistreiche Skizzierungen von Zusammenhängen, parteiische Entwürfe von denkbaren Hintergründen ... [...] Je provokanter und geistreicher dies geschieht, um so größer wäre die Chance, Zuschauer zum Nachdenken über die aufgezeigten Zusammenhänge zu ermuntern, zum Widerspruch herauszufordern« (Wember 1993, 35).

ten: »Notwendig scheint mir innovative Kritik und tabufreies Experimentieren mit neuen Formen für ein faszinierendes und gefährdetes Medium. Eine endlose Sisyphusarbeit, sicherlich! Aber wie sagt Albert Camus: ›Wir müssen uns Sisyphus als einen glücklichen Menschen vorstellen‹« (Wember 1993, 35). Abgesehen davon, dass die Frage, ob man, wie von Camus (1959, 101) behauptet, sich Sisyphos tatsächlich als einen glücklichen Menschen vorzustellen hat, durchaus zu diskutieren wäre, würde ein subjektives Glücklichsein nichts an der objektiven Sinn- und Folgenlosigkeit des ihm aufgezwungenen Tuns ändern. Insofern ist das von Wember gewählte Bild entgegen seinen Intentionen eine durchaus passende Beschreibung des Versuches, gegen die Struktureigenschaften des Fernsehens anzugehen. Wembers Optimismus ließe sich die ernüchternd-resignative Einschätzung von Greulich entgegenhalten, der seinerzeit Redakteur der Sendereihe »betrifft: fernsehen« war, in deren Rahmen Wembers Beitrag »Wie informiert das Fernsehen?« gesendet wurde:

> »Wer da also glauben sollte, die Übungen in Selbstkritik hätten uns über ihre Wirkungslosigkeit hinweggetäuscht, hat weit gefehlt. Rückblickend betrachtet war betrifft: fernsehen eine schmerzhafte, zehn Jahre währende Totgeburt. [...] Hinzu kam der Frust darüber, daß betrifft: fernsehen natürlich als Feigenblatt benutzt wurde, ein ganz und gar ineffektives, versteht sich, weil es bei 4 x 45 Minuten pro Jahr in einem Gesamt-Programm, das sich immer mehr Blößen gab, keine Schamstellen verdecken konnte« (Greulich 1994, 143).[44]

44 Zu Wembers Optimismus vgl. auch die folgende Anmerkung Hellers (1990, 19): »Noch in Bernward Wembers Untersuchungen [...] spricht aus der harschen Kritik an den deformierenden und entstellenden Bilderwelten des Fernsehens die ungebrochene Überzeugung von einer zu errettenden filmischen Unmittelbarkeit und Authentizität, in der die Wirklichkeit selbstevident zur Erscheinung kommen müßte«. Dagegen wirft Gerhard Lampe Wember vor, er missachte die Geschichte des Fernsehens und blende aus, »daß es durchaus Ansätze gab, eine dem Medium adäquate Ästhetik zu entwerfen und zu erproben. Denn die Bemühungen Klaus Wildenhahns, Filmbeiträge des Fernsehmagazins ›Panorama‹, bei dem er in den frühen 60er Jahren arbeitete, von der üblichen Textbebilderung zu lösen und zu einer eigenständigen Kleingattung zu emanzipieren, zählen zu solchen Ansätzen einer mediengerechten Bildsprache« (Lampe 1990, 156). Allerdings waren die Versuche Wildenhahns offensichtlich folgenlos – nicht dass es derartige Versuche gab, sondern dass sie sich nicht durchsetzen konnten und, wie Lampe (1990, 167) selbst schreibt, als gescheitert anzusehen sind, ist bezeichnet für den Präsentationsstil,

In den Zusammenhang der sachfernen, aufmerksamkeitsheischenden Mittel gehört auch der narrative Charakter des Fernsehens.[45] Der Nachweis narrativer Strukturen ist nicht für sich schon ein Einwand, denn sie können durchaus im Dienste einer prägnant verdichtenden, gegenstandsadäquaten Gestaltung stehen. Zu kritisieren sind sie aber dann, wenn sie der Verzerrung und Verfälschung des Gegenstandes Vorschub leisten, und ein gängiges Mittel hierzu ist die Imputation von Sinn durch die Konstruktion von Zwangsläufigkeit unter der Ausblendung von Kontingenz und Möglichkeitsspielräumen: »This refusal of randomness creates consequence out of sequence« (Fiske 1987, 129).[46] Besonders deutlich wird dies in Magazinsendungen, bei denen Zwischenmoderationen eine Verbindung zwischen den heterogenen Beiträgen stiften sollen und sich dabei häufig im rein Lexikalischen erschöpfen (Schumacher 1988, 138f.).[47] Dieser Befund steht nicht in Widerspruch zu der von Postman gegeißelten Zusammenhanglosigkeit einzelner Beiträge, die ihren sprechenden Ausdruck in der zugleich überleitenden wie zäsurierenden Floskel »Und jetzt ...« findet[48] – man könnte sagen, in

den das Medium aus sich heraustreibt. Zu Wildenhahns Arbeiten für das Fernsehen vgl. auch Lampe 2000; Netenjakob 1984.

45 Zum Topos des »bardischen« Fernsehens vgl. Fiske/Hartley 1978, 85–100.

46 Daher votiert Fiske dafür, dass Nachrichtensendungen nicht nur ihren Objektivitätsanspruch aufgeben, sondern auch das Bemühen um narrative Schließungen. Sie sollten stattdessen »wie die Seifenoper ihre multiplen Erzählungen offen, ungelöst lassen« (Fiske 2000 214).

47 Ebenfalls bezogen auf Magazinsendungen weist Keppler darauf hin, dass auch die monadisch abgeschlossene Konzeption der durch herbeigezwungene Moderationen verknüpften einzelnen Beiträge eine angemessene Darstellung unterlaufe: »Gegenstandsadäquatheit heißt aber auch, die Entstehungsbedingungen der filmischen Arbeit mitanzuzeigen, das heißt unter anderem auch, Lücken zuzugeben und den Fragmentcharakter des Übermittelten zu bewahren. Gerade dies tun Magazinfilme nur in den seltensten Fällen. Bildführung, argumentativer Aufbau und die an mündlich erzählte Geschichten erinnernde sequentielle Folge von Ankündigung, Bericht und Coda stellten auf der Ebene der Darstellung Zusammenhänge her, die die zwangsläufige Bruchstückhaftigkeit des Gesagten und Gezeigten verwischen« (Keppler 1988b, 120).

48 »Mit ›Und jetzt...‹ wird in den Nachrichtensendungen von Radio und Fernsehen im allgemeinen angezeigt, daß das, was man soeben gehört oder gesehen hat, keinerlei Relevanz für das besitzt, was man als nächstes hören oder sehen wird, und möglicherweise für alles, was man in Zukunft einmal hören oder sehen wird, auch nicht« (Postman 2006, 121).

dem »Und jetzt…« wird diese Zusammenhanglosigkeit ausdrücklich artikuliert, in den bemühten Zwischenmoderationen dagegen zu kaschieren versucht. Nach Keppler stellt der narrative Charakter auch nichtfiktionaler Fernsehprodukte eine Strategie dar, mit der verhindert werden soll, dass der belehrende Aspekt den unterhaltenden dominiert: »Aufklärung und Belehrung soll möglichst so vermittelt werden, daß der Rezipient nicht merkt, daß er belehrt wird. Aus diesem Grund werden Informationen in Geschichten verpackt, die Welt wird integriert in die unauffälligen und vertrauten Konventionen der Erzählung« (Keppler 1988a, 236).

2.2.2.4 Selbstinszenierungslogik und Vergemeinschaftungsangebot

In dem Bemühen um Herstellung von Aufmerksamkeit, die von den dargestellten Gegenständen abgelöst ist, liegt auch die Wurzel der beiden befremdlichsten Mechanismen des Fernsehdispositivs, der Selbstinszenierungslogik und des Vergemeinschaftungsangebots. Selbstinszenierung meint eine Vernutzung der gesendeten Inhalte zum Zwecke einer Selbstdarstellung des Mediums, das deshalb kein bloßes Medium mehr ist und sich selbst zum Gegenstand der eigenen Berichterstattung macht. Diese die Informationsübermittlung konterkarierende Selbstinszenierung ist wiederum Bedingung der Möglichkeit einer Behandlung des Zuschauers als Mitglied einer großen Fernsehgemeinde, mithin einer Vergemeinschaftung, der aber keine gelebte und gefüllte Praxis entspricht. Die für die Vergemeinschaftungsprätention charakteristische unmittelbare Adressierung des Zuschauers, wie sie besonders in seiner Begrüßung und Verabschiedung zum Ausdruck kommt, geschieht zwar auch im Hörfunk, wirkt aber hier bei Weitem nicht so bezwingend wie im Fernsehen, weil die visuelle Komponente fehlt, die für das Vorgaukeln einer authentischen Praxis entscheidend ist – der Zuschauer wird eben nicht nur angesprochen, sondern der ihn Ansprechende scheint ihm dabei auch noch in die Augen zu blicken.

Die These der fernsehspezifischen Selbstinszenierungslogik und dem mit ihr einhergehenden Vergemeinschaftungsansinnen geht maßgeblich auf Analysen von Ulrich Oevermann (1983; 1996a; 2001,

Treffend karikiert wurde dies in der stereotypen Überleitung der Fernsehreihe »Monty Python's Flying Circus«: »And now for something completley different«.

61–71; Oevermann/Tykwer 1991) zurück. Knapp zusammengefasst, besagt das Selbstinszenierungstheorem das Folgende: Das Fernsehen setze die ihm zur Verfügung stehenden technischen Möglichkeiten nicht primär für die Übermittlung von Informationen oder die Präsentation unterhaltsamer Inhalte ein, sondern losgelöst von den konkreten Inhalten und der Verpflichtung zu ihrer adäquaten Übertragung dränge es sich als vermittelnde Instanz vor diese. Es dokumentiere und übertrage nicht Aspekte der äußeren Realität, vielmehr erzeuge es entweder überhaupt erst die Realität, die übertragen wird, oder mache sich selbst zum Gegenstand der eigenen Berichterstattung. Der Zuschauer werde wie selbstverständlich als Mitglied einer Fernsehgemeinde und ihrer zahlreichen Subgemeinden angesprochen, er werde permanent begrüßt und verabschiedet, als hätte er teil an der authentischen Praxis einer realen Vergemeinschaftung. Damit prätendiere das Fernsehen, Kern einer Gemeinschaftsbildung zu sein, ohne dass dem aber tatsächlich eine entsprechende Praxis korrespondiere. Wichtige Stilmittel der Selbstinszenierung seien erstens die Veraußeralltäglichung des Alltäglichen, gerade auch was die zu Sonderleistungen stilisierten fernsehinternen Arbeitsroutinen angeht,[49] zweitens die unablässige Erzeugung von sachlich unnötiger Spannung und dem Anschein von Lebendigkeit, damit der Zuschauer sich nicht abwendet, sowie drittens die Mechanismen von Personalisierung und Privatisierung, mit denen Empfindungen und Impressionen in den Mittelpunkt der Berichterstattung gestellt werden, nicht Tatsachenschilderungen und auf sie bezogene Beurteilungen. »Das Fernsehen unterdrückt also durchgehend die Übermittlung eigenlogischer Realitätsprotokolle zugunsten der Selbst-Inszenierung seiner Operationsweise und nicht umgekehrt die Präsentation der eigenen Pseudo-Praxis zugunsten der zu übermittelnden Sache« (Oevermann 1996a, 217).

Diese Rekonstruktion einer pathologischen, weil die Regeln der Sozialität parasitär nutzenden Ansprache des Zuschauers zum Zwecke der Prätention von Gemeinschaftlichkeit kritisiert Keppler:

> »Problematisch ist dabei weniger, dass die direkte mündliche Kommunikation hier den Vergleichsmaßstab für die mediale Kommunikation abgibt, sondern vor allem, dass die spezifischen technischen und

49 In Kepplers Worten: »die exzessive Selbstreferentialität des Mediums, das häufige Ausstellen der eigenen Verfahren« (Keppler 2003, 294).

> sozialen Bedingungen medialer Kommunikation gar nicht als dieser Kommunikation eigene – und somit nicht automatisch defizitäre – berücksichtigt werden. So wird an keiner Stelle reflektiert, dass es filmische Bewegungsbilder sind, mit denen der Zuschauer konfrontiert ist, und eben nicht reale Personen, die ihren Adressaten das Recht auf Antworten, Rückfragen etc. verweigern« (Keppler 2006, 102).

Die von Oevermann in der Nachfolge Theodor W. Adornos formulierte Entfremdungsdiagnose sei in ihrer Pauschalität nur unter der Voraussetzung plausibel, dass der Zuschauer im Normalfall nicht weiß, um was es sich bei dem Fernsehen handelt, und daher naiv auch eine reziproke Kommunikationspraxis unterstellt. In dieser Kritik bildet sich die Verwirrung, welche die Anwendung des Kommunikationsbegriffes auf das Medium Fernsehen zeitigt, anschaulich ab. Massenmediale Kommunikation ist eben keine, und wenn man das Mitteilungshandeln des Fernsehens umstandslos als Kommunikation verbucht, ebnet man genau die Differenzen ein, auf deren Explikation es ankäme. Indem Keppler an dieser Stelle auf dem Kommunikationsbegriff beharrt, unterläuft sie die objektive Pathologie des Gesendeten normalisierend durch den Nachvollzug der Perspektive des Zuschauers – dass diesem die Pathologie in ihrer Unscheinbarkeit entgeht, widerlegt weder ihr Vorhandensein noch ihre Wirkmächtigkeit. Bereits Postman hat diese Normalisierungsneigung des Rezipienten beschrieben: »Die beunruhigendste Konsequenz der elektronischen und optischen Revolution ist diese: daß uns die vom Fernsehen vermittelte Welt natürlich erscheint und nicht bizarr. Daß uns das Gefühl für die Seltsamkeit dieser Veranstaltung abhandengekommen ist, ist ein Zeichen von Anpassung« (Postman 2006, 101 f.). Kepplers Paraphrase der Rezipientenperspektive bedeutet darüber hinaus einen Widerspruch zu dem von ihr geforderten methodischen Vorgehen, das an den Produkten selbst anzusetzen hat – erst auf der Grundlage einer Analyse des Gesendeten ist eine von Produktion und Rezeption sinnvoll, und »daher stellt die Analyse der Produkte des Fernsehens den Schlüssel einer jeden adäquaten Erforschung dieses Mediums dar« (Keppler 2006, 43). Hier aber argumentiert sie eigentümlich kurzschlüssig, indem sie sich die Zuschauersicht zu eigen macht, ohne diese noch auf die objektive Bedeutung der gesendeten Produkte zu beziehen.

Der Sache nach sehr klar wurde die Selbstinszenierungslogik des Fernsehens von Adorno gesehen, der sich in zwei kürzeren Texten mit den Besonderheiten dieses Mediums auseinandersetzte. Es sind dies die beiden 1953 in der Zeitschrift »Rundfunk und Fernsehen« erschienenen Aufsätze »Prolog zum Fernsehen« (Adorno 1977a) und »Fernsehen als Ideologie« (Adorno 1977b), denen sich noch ein posthum gedrucktes Radiogespräch mit Gerd Kadelbach und Hellmut Becker aus dem Jahr 1963 anschließen lässt, in dem über die Möglichkeiten des Einsatzes des Fernsehens in der Erwachsenenbildung diskutiert wurde (Adorno 1988). Während dieses Gespräch, das den Titel »Fernsehen und Bildung« trägt, sich ebenso wie »Fernsehen als Ideologie« vorrangig mit inhaltlichen Aspekten befasst, stehen im »Prolog zum Fernsehen« die Implikationen der Struktur des Mediums im Mittelpunkt. Um einen »Prolog« handelt es sich, weil das Fernsehen in Deutschland seinerzeit noch nicht flächendeckend verbreitet war, denn der Sendebetrieb wurde erst 1952 aufgenommen. Die in dem Text formulierten Einsichten gewann Adorno auf der Grundlage von Studien in den Vereinigten Staaten, und man könne sie zwar nicht bruchlos auf das deutsche Fernsehen übertragen, »aber sie bezeichnen allgemeine Tendenzen der Kulturindustrie« (Adorno 1977a, 507 Anm. 1). Das Fernsehen stehe einerseits in der Kontinuität der kulturindustriellen Entwicklung, sei aber als Synthese von Radio und Film andererseits etwas qualitativ Neues, auch wenn die Inhalte weitgehend die alten sind. Als das eigentlich Neue und Bedenkliche nennt Adorno »die fatale ›Nähe‹ des Fernsehens« (Adorno 1977a, 511), die eine Erosion der Trennung der Sphären von Öffentlichkeit und Privatheit begünstige. Das Einbrechen des Fernsehens in die private Umgebung der Zuschauer, deren beständige Vereinnahmung und Adressierung als Mitglieder einer Gemeinschaft, der faktisch keine gemeinschaftliche Praxis entspricht, beschädige das Bewusstsein der Konsumenten, und zwar nicht durch dramatische Vorkommnisse, sondern im Gegenteil dadurch, dass eine unscheinbare, aber pathologische Situation beständig als Normalität präsentiert wird. Das Medium benutze die Unmittelbarkeiten des privaten Umgangs und unterstelle diese ununterbrochene Distanzlosigkeit, eine »Parodie auf Brüderlichkeit und Solidarität« (Adorno 1977a, 510), als Selbstverständlichkeit. Der Zuschauer werde angesprochen wie jemand, der mit dem Ansprechenden in eine gemeinsame soziale Praxis eingebunden ist, ohne aber irgendwelche Einflussmöglichkeiten auf diese Praxis zu haben

– ihm bleibt höchstens die abstrakte Negation des Abschaltens.[50] Diese Struktur bedinge eine Infantilisierung der wie Unmündige behandelten Zuschauer, und genau darin liege das qualitativ Neue am Fernsehen: »Die Situation verdummt, auch wenn der Inhalt des Angeschauten nicht dümmer ist, als womit die Zwangskonsumenten sonst gefüttert werden« (Adorno 1977a, 512). Aus der Tatsache, dass diese Logik des Fernsehens von den Zuschauern im Normalfall nicht bemerkt wird, resultiere erstens ihre Gefährlichkeit und zweitens das methodische Problem ihrer empirischen Überprüfung. Ungeeignet wäre eine direkte Befragung, da sie nur erfasse, was den Konsumenten bewusst ist und worüber sie Auskunft geben können. Aus diesem Grund würden sie »entweder Rationalisierungen oder abstrakte Aussagen wie die, daß der Fernsehapparat sie ›unterhalte‹, vorbringen« (Adorno 1977a, 512). Als Alternativen schlägt Adorno projektive Tests vor, insbesondere aber »psychoanalytisch orientierte Individualstudien an Gewohnheitsfernsehern« (Adorno 1977a, 513). Zugleich betont er, die der Verdummung, Entmündigung und Infantilisierung Vorschub leistende Struktur des Mediums sei nicht Produkt einer strategisch manipulierenden Instanz, »weil Fernsehen als Ideologie nicht Sache des bösen Willens, vielleicht nicht einmal der Inkompetenz der Beteiligten ist, sondern vom objektiven Ungeist erzwungen wird« (Adorno 1977b, 531).[51]

Der prominenteste Beitrag einer Analyse des dem Fernsehzuschauer von dem Medium unterbreiteten Vergemeinschaftungsangebotes stammt von Donald Horton und R. Richard Wohl (1986; vgl. auch Horton/Strauss 1957). Ihr Konzept der »parasozialen Interaktion« bezieht sich auf die bei dem Zuschauer systematisch erzeugte Illusion, er befinde sich mit den Akteuren in einer authentischen Face-to-Face-Interaktion. Wirkungsvollste Mechanismen dieser Illusion seien die unmittelbare Adressierung der Zuschauer durch Blickkontakt[52] und direkte Ansprache: »This simulacrum of conver-

50 Diesen Aspekt hat auch Richard Sennett hervorgehoben: »Auf das, was der Fernseher verlautbart, kann man nichts erwidern, man kann ihn nur abstellen – eine unsichtbare Handlung« (Sennett 1968, 358).

51 Zu Adornos Ambivalenz gegenüber der Dimension des objektiven Geistes, wie sie sich hier in der Formulierung »objektiver Ungeist« ausspricht, vgl. Jung 2004.

52 Eine neuere Erfindung, welche die Illusion einer persönlichen Ansprache noch steigert, weil der Sprecher nun permanent dem Zuschauer in die Augen zu sehen scheint, ist der »Teleprompter«, »der dem scheinbar

sational give and take may be called para-social interaction« (Horton/Wohl 1986, 186). Obwohl dies ein allgemeines Phänomen des Mitteilungshandelns der Massenmedien sei, gelte es vor allem für das Fernsehen, weil es die soziale Wahrnehmung der Rezipienten in besonderem Maße anspreche.[53] Der Anschein der Reziprozität werde hergestellt und bewahrt, obgleich eine solche trivialerweise nicht gegeben sei: Weder kann der Zuschauer auf das Interaktionsgeschehen praktisch folgenreich Einfluss nehmen, es vollzieht sich ganz unabhängig von seinem Handeln, noch können die im Fernsehen erscheinenden Akteure wissen, wie der Zuschauer reagiert, und ihr Handeln auf ihn abstimmen. »Whoever finds the experience unsatisfying has only the option to withdraw« (Horton/Wohl 1986, 186). Horton und Wohl zufolge ist das Verhalten der Zuschauer in parasozialen Interaktionen nicht als pathologisch zu qualifizieren, es liege im Bereich der normalen Nutzung des Mediums – pathologisch werde es erst dann, wenn parasoziale Interaktionen an die Stelle orthosozialer Interaktionen treten, was aber nicht der Normalfall sei: »It is only when the para-social relationship becomes a substitute for autonomous social participation, when it proceeds in absolute defiance of objective reality, that it can be regarded as pathological« (Horton/Wohl 1986, 196). Dieses die Unterscheidung von Normalität und Pathologie an Häufigkeitsverteilungen festmachende Argument vermag nicht zu überzeugen – die Struktur des Fernsehens als solche ist pathologisch, insofern sie sich parasitär die lebensweltlichen Kommunikationsformen zunutze macht, ohne aber selbst Lebenswelt zu sein, was wiederum die lebensweltliche Kommunikation selbst beschädigt. Das Verhalten des Zuschauers in parasozialen Interaktionen ist der subjektive Reflex dieser objektiven Pathologie, und die angemessene Reaktion wäre eine Verweigerung durch Abschalten. In dem Maße, in welchem er diese objektive Pathologie für sich normalisiert, handelt er selbst pathologisch, wenn auch in einem undramatischen und weitgehend unauffälligen Ausmaß. Auf Seiten des Zuschauers lässt sich die parasozi-

so unfehlbar-detailreichen Gedächtnis und der stets spontan-natürlich wirkenden Redegewandtheit und -sicherheit auf die Sprünge hilft« (Kammann 1989, 166).

53 »In television, especially, the image which is presented makes available nuances of appearance and gesture to which ordinary social perception is attentive and to which interaction is cued« (Horton/Wohl 1986, 185).

ale Interaktion wohl am besten als Übertragungsphänomen im psychoanalytischen Verständnis beschreiben. »Übertragung« meint die Reinszenierung der Eigenschaften infantiler Beziehungsmuster in aktuellen Beziehungen (Freud 1943). Dieser Vorgang ist nicht als solcher pathologisch, Übertragungsprozesse sind, freilich mit sehr unterschiedlichen Intensitäten, Bestandteil einer jeden Beziehung, und ein Ziel der psychoanalytischen Therapie kann gerade darin bestehen, bestimmte Formen der Übertragung überhaupt wieder zu ermöglichen. In dem therapeutischen Setting artikulieren sich Übertragungen in gesteigerter Weise, und der Therapeut macht sie sich zunutze, ohne dass sie auf ein derartiges Setting beschränkt wären. Bei den frühen Beziehungsmustern, auf welche rekurriert wird, handelt es sich stets um solche *funktional diffuser* Beziehungen, als deren Prototypen Eltern-Kind- sowie Gattenbeziehungen fungieren: »Diese sind das affektive Urmodell und bisweilen sogar das determinierende Klischee aller späteren diffusen Sozialbeziehungen, die wir als ganze Personen eingehen wie Freundschafts- und Liebesbeziehungen« (Amann 2003, 206).[54] Problematisch werden Übertragungen unter anderem dann, wenn sie Diffusität in nicht-diffuse, also spezifische oder *rollenförmige* Sozialbeziehungen hereintragen und damit ein angemessenes rollenförmiges Handeln behindern. Aufgabe gruppendynamischer Trainingsgruppen etwa ist es, den Teilnehmern ihre jeweiligen »Übertragungsanfälligkeiten« dadurch zu Bewusstsein zu bringen, dass Übertragungen während des Trainings aktuell erzeugt und damit bearbeitungsfähig werden.[55] Bezogen auf die parasoziale Interaktion sind Übertragungen pathologisch, denn hier ist die Grundlage für eine Sozialbeziehung von vornherein nicht gegeben, und die Übertragung dient nur der Produktion von Illusionismen.

Die Initiatoren parasozialer Interaktionen auf Seiten des Fernsehens werden von Horton und Wohl mit dem Terminus »Personae«

54 Zu der grundlegenden soziologischen Unterscheidung von funktional diffusen und funktional spezifischen (oder rollenförmigen) Sozialbeziehungen vgl. Oevermann 1996b, 110–112. Diese Unterscheidung reicht allerdings nicht aus, um sämtliche Beziehungen der humanen Sozialität zu erfassen; ergänzend zur Eigenlogik traditionaler (oder »positionaler«) Sozialbeziehungen vgl. Jung 2014.

55 Die Bedeutung von Übertragungsphänomenen in gruppendynamischen Prozessen hat Andreas Amann (2002; 2003) ausführlich dargelegt; zur Genese des Übertragungskonzeptes vgl. Amann 2002, 126–154.

belegt. Sie sind weder Schauspieler, die Rollen verkörpern, noch sind es reale, im Fernsehen erscheinende Personen wie zum Beispiel Politiker, sondern ihre Existenz »is a function of the media themselves. These ›personalities‹ usally, are not prominent in any of the social spheres beyond the media. They exist for their audience only in the para-social relation« (Horton/Wohl 1986, 186f.). Typische »Personae« in diesem Verständnis sind Show- und Quizmaster, Moderatoren, Nachrichtensprecher und Ansager, und es überrascht nicht, dass diese ausschließlich fernsehvermittelten Existenzen zugleich auch die Protagonisten der Selbstinszenierung des Mediums sind.[56] Parasoziale Interaktionen können sich zu parasozialen Beziehungen zu den »Personae« verstetigen.[57]

Die Ausführungen von Horton, Wohl und Anselm Strauss beschreiben das Phänomen der parasozialen Interaktion, ohne damit den

56 Ausdrücklich heben Horton und Wohl die Bedeutung der Technik bei der Konstitution parasozialer Interaktionen hervor: »In addition to the management of relationships between the persona and performers, and between him and his audience, the technical devices of the media themselves are exploited to create illusions of intimacy« (Horton/Wohl 1986, 189). Zum Konzept der »Personae« vgl. auch Hippel 1996.

57 Als Darstellung des systematischen Aufbaus von »Personae« in frühen Reiseberichten des deutschen Fernsehens und des Kontrastes zu dem Selbstverständnis eines Dokumentarfilmers lassen sich die folgenden Ausführungen von Hickethier lesen: »Im Zentrum [...] stand der Berichtende und in den Korrespondentenberichten hat sich heute noch ein Relikt dieser ganz auf die Person des Reisenden ausgerichteten Darbietungsform erhalten. Anders als viele Dokumentarfilmer wurden deshalb Leute wie Peter von Zahn, Rüdiger Proske, Werner Becker [...] populär und berühmt, weil sie selbst immer auf dem Bildschirm präsent waren. Als Peter von Zahn ab Oktober 1955 mit einer eigenen Fernsehreihe ›Bilder aus der Neuen Welt‹ [...] ins Programm kam, begann er mit einem Bericht darüber, wo er und wie er als Korrespondent wohnte: er ging von der Privatheit des Fernsehempfangs aus und beschrieb seine private Umgebung. Die Kritik begrüßte diesen Einsteig und empfand die Form des Berichtens als ein Verbinden von dokumentarischer Kamera und Plauderns zu den Filmaufnahmen als fernsehspezifisch. [...] Die filmischen Berichte in der Dokumentarfilmtradition setzten dagegen auf ein anderes, letztlich konträres Konzept: Nicht die Welt kam über den Erzählenden ins Studio als das verlängerte Wohnzimmer des Zuschauers, sondern der Zuschauer wurde, durch den Kamerablick als der Fortsetzung des Zuschauerblicks, mit hinaus in die Welt genommen. Er ging quasi durch den Apparat hindurch selbst mit hinaus auf die Reise« (Hickethier 1990, 40f.).

Anspruch zu verbinden, auch eine erklärende Theorie zu formulieren. Aus heutiger Sicht mutet es erstaunlich an, dass die Autoren keine solche Theorie ausgearbeitet haben, doch liegen die Gründe hierfür anscheinend in dem frühen Tod von Wohl, auf den diese Überlegungen maßgeblich zurückgehen (vgl. Hippel 1992, 135 Anm. 1). Aber auch von anderen Mediensoziologen wurde dieser Ansatz nur bedingt weitergeführt. Die Isoliertheit des Konzeptes ist nicht zuletzt darauf zurückzuführen, dass es quer zu den diskursdominierenden Theorietraditionen stand.[58] Schon Horton und Strauss haben auf die Unmöglichkeit hingewiesen, parasoziale Interaktionen mit den gängigen inhaltsanalytischen Verfahren zu untersuchen (Horton/Strauss 1957, 579), weshalb sie sie strukturanalytisch mit anderen Formen der Interaktion kontrastieren.[59] Zu der Operationalisierung der Annahmen dieses Konzeptes für empirische Untersuchungen bemerken Alan M. Rubin, Elisabeth M. Perse und Robert A. Powell (1985, 155): »Parasocial interaction has received widespread speculation but limited empirical investigation since its introduction 30 years ago«, und so gilt ihr Interesse der Entwicklung einer Skala, welche parasoziale Interaktionen zu messen in der Lage ist (Rubin et al. 1985, 167).[60] Eine auf deutsche Fernsehzuschauer bezogene Fortschreibung dieser Untersuchungen hat Uli Gleich (1996; 1997)

58 »Als interaktionistische Theorie läßt es sich gegen die Annahmen eines behavioristischen ›Wirkungsansatzes‹ lesen, sofern dieser mit der These eines passiven Publikums verbunden ist, steht aber gleichzeitig eher unverbunden neben dem seit vielen Jahren vorherrschenden ›uses-and-gratifications-approach‹. Zwar wurde von manchen Vertretern des letzteren Ansatzes versucht, die Theorie der parasozialen Interaktion einzubinden, dies geschah jedoch auf eine Weise, die vom ursprünglichen Konzept wenig übrigließ« (Hippel 1992, 137f.). Zum »Uses and Gratification Approach« vgl. die Übersicht von Palmgreen (1984) sowie deren Diskussion in Merten 1984; Ronge 1984; Schönbach 1984.

59 »The character of parasocial interaction is shown by contrasting it more explicitly with two other modes of interaction: first, the immediate, face-to-face, and reciprocal mode of ordinary conversation, to be referred to here as *personal* interaction, and, second, the mode, here termed *vicarious* interaction, exemplified in the response of the audience to a theatrical drama« (Horton/Strauss 1957, 579).

60 Die Rolle der Produktionstechnik bei der Einrichtung parasozialer Interaktionen wird auch von Rubin et al. (1985, 156) betont: »The relationship is magnified by production techniques, such as close-up shots and camera zooms, which promote a sense of intimacy«.

durchgeführt, und nach seinen Ergebnissen gehen parasoziale Interaktionen einher »mit höherem Alter, geringerer Bildung und ausgeprägterem TV-Konsum« (Gleich 1997, 262).[61] Allerdings seien der Vertrautheit mit dem Fernsehpersonal auch Grenzen gesetzt, denn seine Angehörigen, mit denen die Zuschauer parasozial interagieren, würden von diesen mehrheitlich nicht etwa als »Freunde«, sondern eher als »gute Nachbarn« konzeptionalisiert (Gleich 1996, 132).[62] Peter Vorderer zufolge sind parasoziale Beziehungen die wesentliche Voraussetzung dafür, dass der Zuschauer sich vom Fernsehen unterhalten fühlt,[63] und mit der Intensität dieser Beziehungen steige auch der Unterhaltungswert des Gesendeten (Vorderer 1998, 705). Die auf der »PSI-Skala« basierenden Forschungen bedeuten nach Klemens Hippel (1992, 144) eine entscheidende Akzentverlagerung hin zu den subjektiven Gehalten, welche die Zuschauer mit parasozialen Interaktionen verbinden, während Horton, Wohl und Strauss primär eine »theoretische Grundlegung der Fernsehkommunikation« (Wulff 1993, 42) skizzieren wollten.[64]

61 Zur gesteigerten Bedeutung der parasozialer Interaktionen im Leben alter Menschen vgl. Fabian 1993.

62 In jedem Fall orientieren sich die parasozialen Interaktionen an den für funktional diffuse Sozialbeziehungen typischen Interaktionen und nicht an denen, die für rollenförmige Sozialbeziehungen typisch sind. Auf diesen Umstand hat Hans Jürgen Wulff mit der Bemerkung hingewiesen, »daß die Beziehungen zu den Personae Beziehungen aus der Intim- oder Familiensphäre nachgebildet sind, also nicht auf solchen formalisierten Beziehungen fußen, wie man sie zu Bürgermeister und Polizist, Postbote und Pastor unterhält« (Wulff 1993, 45).

63 »Parasoziale Beziehungen zwischen Fernsehzuschauern einerseits und Fernsehakteuren andererseits [...] bilden dabei eine Schnittstelle im Verhältnis zwischen Rezipient und Medium, an denen sich Emotionen und Stimmungen von Zuschauern festmachen, durch die sie ausgelöst und modifiziert werden. Insofern stellt das Erleben einer parasozialen Beziehung zu einem Fernsehakteur geradezu eine prototypische Unterhaltungserfahrung dar. Konkreter: Sie erscheint in vielen Fällen als eine notwendige, mitunter sogar als die wichtigste Bedingung dafür, sich (gut) zu unterhalten« (Vorderer 1998, 690f.).

64 Zu der »PSI-Skala« von Rubin, Perse und Powell bemerkt Hippel (1992, 141): »Geradezu fatal sind Fragen wie ›I would like to meet my favorite newscaster in person‹, die die Besonderheit von parasozialer Interaktion von vornherein ausschließen, indem sie den Wunsch nach sozialer Interaktion thematisieren (ganz zu schweigen davon, daß sie den Unterschied von Fan-von-jemandem-Sein und parasozialer Interaktion mit ihm nicht

Eine systemtheoretisch angeleitete Beschreibung parasozialer Interaktion stammt von Tilmann Sutter. Seiner Analyse nach unterbreiten die Medienangebote dem Rezipienten »sinnstrukturelle Vorgaben«, die ihnen als Orientierung für »kommunikative und subjektive Aneignungsprozesse« dienen, aber diese Prozesse nicht bestimmen, was den Effekt »hohe[r] Freiheitsgrade« des Verstehens habe (Sutter 2001, 36). Das mag als Diagnose zutreffend sein, als Apologie des Missverstehens und der Beliebigkeit der Rezeption ist es aber problematisch, wenn es um die gerichtete Übertragung von Informationen geht – der emanzipatorische Gehalt der Beliebigkeit[65] als solcher ist jedenfalls kaum als besonders hoch einzuschätzen.

Lothar Mikos hat vorgeschlagen, parasoziale Interaktion nicht nur dann am Werk zu sehen, wenn im Fernsehen erscheinende Personen den Zuschauer unmittelbar adressieren, er sieht in ihr vielmehr ein »konstitutives Moment von Medienkommunikation« (Mikos 1994, 86) überhaupt. Auch im Bereich des fiktionalen filmischen Erzählens seien derartige Adressierungen vorhanden, da sich die handelnden Figuren immer auch an ein Publikum wendeten: »Diese Adressierung kann wie im Fall der narrativen Genres implizit sein, die Zuschauer werden über die szenischen Arrangements angesprochen und nur selten direkt von den Akteuren« (Mikos 1994, 86). Die direkte Ansprache durch Quizmaster, Moderatoren etc. wäre demnach nur ein Sonderfall der ansonsten in der Latenz sich vollziehenden Formen parasozialer Interaktion. Unbestritten sind auch diese Phänomene einer Analyse zugänglich zu machen, doch ist es fragwürdig, sie unter »parasoziale Interaktion« zu fassen, denn deren präzise Definition verliert durch eine solche Bedeutungserweiterung an Kontur und Trennschärfe.

Dies gilt auch für einen anderen, von Gary Bente und Margitta Backes (1999) angeregten Versuch der Ausweitung dieses Konzeptes: Neben der Interaktion des Zuschauers mit einem im Fernsehen Agierenden sei auch der Umgang mit dem Fernsehapparat als

berücksichtigen). Viele Fragen werden von vornherein so gestellt, daß parasoziale Interaktion als Ersatz für Interaktion erscheint«. Ein Überblick über empirische Studien zur parasozialen Interaktion, die auf der »PSI-Skala« basieren, findet sich in Gleich 1996, 122f.

65 »Es entfaltet sich eine eigenständige soziale Wirklichkeit, die durch massenmedial verbreitete Kommunikation angeregt, aber nicht determiniert wird« (Sutter 2001, 38f.).

parasozial zu bezeichnen, losgelöst von der Personenwahrnehmung. Der Apparat substituiere den menschlichen Kommunikationspartner: »So erfüllt das Fernsehen beispielsweise Funktionen der Stimmungsregulation, wie sie außerhalb der Medienrezeption eigentlich nur im persönlichen Kommunikationskontakt zu erfahren sind« (Bente/Backes 1996, 184). Diese Argumentation verkennt allerdings die Bedeutung, die bereits Horton und Wohl dem technischen Arrangement bei der Konstitution parasozialer Interaktion zuerkannt haben.

Zu dem Begriff »parasoziale Interaktion« merkt Hepp an, er sei aufgrund seiner Konnotationen etwas unglücklich gewählt:

> »Das Charakteristische dieses Phänomens ist entsprechend nicht das Fehlen eines sozialen Aspekts, sondern vielmehr das Fehlen ›echter Reziprozität‹, wie es für Face-to-Face-Kommunikation kennzeichnend ist. Die Etablierung situativer und kommunikativer Elemente, die eine scheinbare Reziprozität zu den Medienakteuren herstellen, machen dieses Handeln also nicht zu einem ›para-sozialen‹, sondern zu einem ›para-*interaktiven*‹ (Hepp 1998, 65).

Zu Recht richtet er das Augenmerk darauf, dass, wohl als handlungstheoretische Erblast, es versäumt werde, die einzelne Handlung eines Akteurs als soziale zu begreifen, auch wenn sie sich nicht unmittelbar an ein Gegenüber richtet – als eine regelgeleitete Handlung ist sie per se sozial, und deshalb wäre eine Kennzeichnung als »parainteraktiv« in der Tat treffender. Wir würden darüber hinausgehend von einem »parakommunikativen« Handeln sprechen im Sinne des dieser Untersuchung zugrunde liegenden Begriffes von Kommunikation, der »Fernsehkommunikation« und überhaupt die »Kommunikation« der Massenmedien nicht einschließt und nur einen Vorgang bezeichnet, der auf einer gemeinsamen sozialen Praxis basiert oder eine solche konstituiert.[66]

66 Der von dem Fernsehen permanent entfaltete, handlungspraktisch nicht zu füllende Vergemeinschaftungssog lässt sich mit der narrativen Verfasstheit des Gesendeten in Zusammenhang bringen, denn es sind die »Personae«, die sich zur Herstellung parasozialer Interaktionen narrativer Mittel bedienen und auf diese Weise zu Agenten der »bardischen« Funktion des Fernsehens werden. Auf diesen Aspekt hat Sarah R. Kozloff aufmerksam gemacht: »In ›Regarding Television‹, John Fiske and John Hartley refer to television's ›bardic‹ function as the conveyor of a culture's values and self-image. I would maintain, however, that it is also ›bardic‹ in that, despite its technological sophistication, it frequently seeks to imi-

2.2.2.5 Zusammenfassung

Die Elemente des fernsehspezifischen Dispositivs, das die Eigenlogik dieses Mediums in Abgrenzung insbesondere von Radio und Kino ausmacht, seien kurz in ihrem Bedingungsverhältnis resümiert. Die durch eine *Kombination optischer und akustischer Informationen freigesetzte Suggestivität* teilt das Fernsehen zwar mit dem Film, doch wird im Falle des Fernsehens durch die typische *Rezeptionssituation* in privaten Räumlichkeiten und die mit ihr einhergehende *Miniaturisierung* des Gezeigten eine beiläufige, unaufmerksame und unkonzentrierte Rezeption begünstigt, die sich nicht auf den Gehalt des Gesendeten richtet, sondern flüchtige Reize goutiert. Um die in diesem Modus rezipierenden Zuschauer von einem Ab- oder Umschalten abzuhalten, werden *sachferne Mittel zur Herstellung und Aufrechterhaltung von Aufmerksamkeit* eingesetzt, deren auffälligste die *Selbstinszenierung* des Mediums auf Kosten der übermittelten Inhalte sowie die dem Zuschauer unterbreiteten *Vergemeinschaftungsangebote* sind, denen keine authentische Praxis korrespondiert. Diese Elemente sind für sich genommen in der medientheoretischen Diskussion nicht neu, und ihre theoretischen Rekonstruktionen liegen mehr oder weniger elaboriert vor; dennoch mangelt es bislang an einem sie integrierenden Modell, und die hier vorgeschlagene Heuristik versteht sich als ein erster Vorschlag hierzu.

2.3 Begriffsklärung »filmische Dokumentation«

Vor der Analyse ausgewählter Passagen der Fernsehreihe über das »Steinzeitexperiment« ist schließlich eine Verständigung darüber erforderlich, was der Maßstab sein kann, anhand dessen sie zu beurteilen ist. Dieser Maßstab wird durch den Anspruch vorgegeben, eine Dokumentation zu sein. Über die Frage, wie eine filmische Dokumentation beschaffen sein muss, gibt es in den Film- und Medienwissenschaften seit Jahrzehnten eine umfangreiche Debatte, die als Absetzbewegung von der während der Anfänge des Medi-

tate the most traditional and simplest of storytelling situations« (Kozloff 1987, 60).

ums Film dominanten Ansicht zu verstehen ist, ein dokumentarischer Film bilde im Unterschied zu einem fiktionalen eine unabhängig von ihm existierende Realität ab. Schon dass diese nicht in ihrer Totalität und Komplexität dargestellt werden könne, sondern die Kamera stets nur einen kleinen Ausschnitt des Geschehens wiedergebe, mache deutlich, in welchem Ausmaß Willkürentscheidungen der Filmschaffenden das Ergebnis beeinflussen, auch wenn dem nicht die Intention zugrunde liege, den zu dokumentierenden Gegenstand manipulierend verfälschen zu wollen. Eine Dokumentation ohne gestaltende Eingriffe sei schlechthin nicht vorstellbar, was es zu Bewusstsein zu bringen gelte, damit der Dokumentarfilmer sich diesem Handlungsproblem stellen und es bearbeiten kann. Sehr grob lassen sich bezüglich des Dokumentarfilmes also Abbildtheorien auf der einen und Gestaltungstheorien[67] auf der anderen Seite unterscheiden. Für eine weitere Differenzierung ist der Protokollbegriff hilfreich, wie er im Methodenmodell der Objektiven Hermeneutik entwickelt wurde (vgl. Oevermann 2000, 83–88). Für ihn ist die Unterscheidung von technisch aufgezeichneten und beschreibenden, also gestalteten, Protokollen grundlegend: Jene sind bezüglich der in der protokollierten Wirklichkeit sich ausdrückenden Bedeutungen indifferent, während diese durch die notwendig bedeutungsselektive Subjektivität des Beschreibenden hindurchgegangen und damit für Verzerrungen anfällig sind. Heißt es aber im Hinblick auf technisch aufgezeichnete Protokolle: »Die Subjektivität eines Protokollanten ist hier nur bei der Bedienung und Ausrichtung des Geräts beteiligt [...]« (Oevermann 2000, 84), so nivelliert, zumindest bezogen auf den Dokumentarfilm, das »nur« die Folgen des basalen Settings, wie es schon in der die Ausschnitthaftigkeit des zu Protokollierenden bestimmenden Kameraausrichtung zum Ausdruck kommt, für die Protokollierungshandlung selbst. Der Dokumentarfilm erweist sich damit als Kombination von Elementen des technisch aufgezeichne-

67 Je nach Ausmaß der gestaltenden Eingriffe schlägt Hickethier (1996, 187–189) die Unterscheidung von Reportage, Dokumentarfilm und Essayfilm vor. In der Reportage versuche der Erzähler den Eindruck eines unmittelbaren »Dabeigewesenseins« zu erzeugen, gleichwohl sei dieser Eindruck »immer nur das Ergebnis spezifischer Präsentations- und Kommentierungsstrategien«; der Dokumentarfilm erscheine als eine durchgestaltete Auseinandersetzung mit dem dokumentierten Gegenstand; der Essayfilm schließlich ordne ihn der Erzählstrategie des Erzählers unter.

ten und des gestalteten Protokolls, die aber kein Konglomerat bilden, sondern sich analytisch leicht unterscheiden lassen: Technisch ist die Aufzeichnung qua Kamera und Mikrofon, gestaltend ist zum einen die Auswahl des Gefilmten, nicht nur im Sinne einer grundsätzlichen Entscheidung über den Gegenstand, sondern auch bezogen auf die mit der Kamera in actu vollzogenen Bewegungen, zum anderen die Nachbearbeitung des Aufgezeichneten durch Auswahl, Montage und Kommentierung.[68]

Die Frage, ob der Dokumentarfilm ein Abbild der Realität bieten soll oder nicht, stand im Mittelpunkt der »Kreimeier-Wildenhahn-Debatte«, die sich an einem Artikel Klaus Kreimeiers (1980) über die Duisburger Filmwoche 1979 entzündete.[69] Der deutsche Dokumentarfilm, so Kreimeier, ziehe sich auf einen weitgehend reflexionslosen Standpunkt der bloßen Wiedergabe des Zerfalls bedrohter Lebensverhältnisse zurück, die als Gegenentwürfe zur Misere der Gegenwart beschworen werden. Dem passivischen Verharren vor dem zu dokumentierenden Gegenstand hält Kreimeier (1980, 18) »Kalkül und Reflexion, überlegtes Eingreifen ins Material und die Fähigkeit zur Ironie« entgegen. Letztere habe eine »gelungene Trauerarbeit« bezüglich dieses Gegenstandes zu ihrer Voraussetzung, wie sie sich in Alexander Kluges Film »Die Patriotin« verwirklicht finde. Klaus Wildenhahn als wichtiger Stichwortgeber müsse in den Arbeiten seiner »Epigonen«, welche die »Abdankung des Filmemachers als Autor« und einen »Kult der Unmittelbarkeit« propagierten, eine »Depravierung seiner Ansätze« sehen. Dokumentarfilme, so Wildenhahn in einer weithin beachteten Abhandlung über den »dokumentarischen« und den »synthetischen« Film, dienten dem Zweck, beim Empfänger »das Streben nach Perspektive, nach gesell-

68 Eigens zu untersuchen wären die Auswirkungen von jeweils neu entwickelten technischen Möglichkeiten (wie zum Beispiel die Erfindung von Tonfilm, Farbfilm und Schulterkamera) auf die Gestaltung von Dokumentarfilmen.

69 Diese Debatte ist damit auch ein Reflex der Rezeption semiotischer Theorien, mit deren Hilfe die Eigenlogik des Dokumentarfilmes als Text gegenüber seinem Inhalt akzentuiert wurde. »Schon der Textbegriff selbst richtet sich gegen die Apologeten des cinema direct, die wie Wildenhahn ein Primat der Realität vor dem Film behaupten. Mit dem Textbegriff rückt stattdessen die Realität des Films selbst in den Blick, die gegenüber der gezeigten Realität an Eigengewicht gewinnt und die Rede vom Dokumentarfilm als ›Fenster zur Welt‹ ersetzen soll« (Hohenberger 2000, 21).

schaftlicher Veränderung« (Wildenhahn 1975, 198) zu verstärken, synthetische Filme dagegen präsentierten den Zuschauern vorformulierte, »von der gesellschaftlichen Perspektive seiner Macher« (Wildenhahn 1975, 195) determinierte Problemlösungen, die eine restaurative Funktion erfüllten. Die Aufgabe der dokumentarischen Arbeit eines Filmemachers liege darin, »daß sie mit der progressiven gesellschaftlichen Bewegung auf das Ziel des Humanismus zuläuft, der heute unter den Bedingungen des Sozialismus zu verwirklichen ist« (Wildenhahn 1975, 193). Kreimeier wirft er in einer Replik vor, »Romantiker« (Wildenhahn 1980, 6) zu sein, wobei er unter Romantik eine Gegenbewegung zu den Impulsen der Aufklärung, der er sich selbst verpflichtet fühlt, versteht, verbunden mit einem entfesselten Subjektivismus.[70] Unter Missachtung der »Abbildungsfunktion der Kunst« verwende der Romantiker das Material nur als Möglichkeit, seinen Subjektivismen Ausdruck zu verleihen, ohne diesem selbst gerecht zu werden, weshalb die Hinwendung zur Romantik »zu einer ästhetischen und damit auch politischen Schludrigkeit« (Wildenhahn 1980, 8) führe. Die romantische Methode fordere eine Zersplitterung des Darzustellenden, die damit verbundene Hoffnung, aus den einzelnen Splittern möge sich ein kohärentes Gesamtbild ergeben, sei oberflächlich ideologisch und Ausdruck des Misstrauens, »in der Welt etwas Beobachtungswertes, Mitteilenswertes vorzufinden. Es sei denn, man versetzt es mit dem subjektiven, willkürlichen, ironischen Gestus des poetischen Produzenten. Das wird zum Postulat. Diese Stelle nun, sage ich, ist die Einlaßpforte, durch die das falsche Bewußtsein des Bürgers rutscht« (Wildenhahn 1980, 8f.). Wildenhahn vertritt hier eine in ihrem Beharren auf der Abbildfunktion merkwürdig antiquiert anmutende Position, die, weil sie auf einer falschen Gegenüberstellung von Abbild und (synthetisierender) Gestaltung beruht, diejenigen Gestaltungsanteile unterschlägt, die auch in die Herstellung eines filmischen Abbildes immer schon eingegangen sind. Einen Gehalt an objektiver Bedeutung spricht er allein dem Abbild zu, nicht aber gestalteten Gebilden – sie werden auf die Subjektivität des Gestalters reduziert, die nur als Quelle der Trübung und Verzerrung wahrgenommen wird, zu deren Kennzeichnung Wildenhahn auch so großkalibrige Vorwürfe wie den des »falschen Bewusstseins« nicht scheut. In dem Missverständnis der

70 Die Romantik spiegele »die Fortexistenz von Glaubensinhalten vor und hält uns so von Erkenntnis und Erfahrung ab« (Wildenhahn 1980, 13).

Romantik als einer Epoche der Irrationalität und zynischen Ausblendung des Elends in der Welt artikuliert sich eine ideologische Vorurteilsbeladenheit, wie sie der Gegenseite gerade zum Vorwurf gemacht wird. Außerdem befremdet, wie Wildenhahn hier mit harschen Worten eine Position kritisiert, die der von ihm selbst einige Jahre zuvor vertretenen durchaus nicht unähnlich ist. Zu den subjektiven Anteilen eines Dokumentarfilmes bemerkte er in einem 1967 veröffentlichten Artikel: »Dokumentarfilm hat nichts mit Objektivität zu tun. Der Filmemacher fängt an, wozu ihn Geduld, Einfühlungsvermögen, Laune, das Essen vom letzten Abend befähigen. Es ist der denkbar subjektivste Prozeß« (Wildenhahn 2000, 44) – als ob ein von Subjekten Gestaltetes keine objektive Geltung haben könnte und letztlich nur Widerschein von Idiosynkrasien bliebe. Schon die habitualisierte Selbstverpflichtung zur Sachhaltigkeit, die notwendige Bedingung des Handelns des Dokumentarfilmers ist, begrenzt die Anteile subjektiver Willkür, unabhängig von der Beschaffenheit seines Abendessens am Vortag.[71] Auch Wildenhahns Anmerkung zu den »Splittern«, die ein Dokumentarfilm darbietet, klingt wie eine Paraphrase des später von ihm vehement Kritisierten: »Jeder Versuch einer Rundung, die nicht natürlich sich einstellt, müßte wie die Pest vermieden werden. Man zeigt eine Sammlung von Splittern her, die man eingesammelt hat« (Wildenhahn 2000, 44).

In seiner Erwiderung auf Wildenhahn, die nicht minder von der Emphase einer Kritik an den bestehenden Verhältnissen getragen wird,[72] verweist Kreimeier zur Korrektur des von Wildenhahn gezeichneten Bildes der Romantik auf den »Ultra-Romantiker« Jean Paul, bei dem Ironie mit der subtilen Beschreibung der Verhältnisse der »Erniedrigten und Beladenen« (Kreimeier 1981, 18) verbunden war. Er rechtfertigt die ihm vorgehaltene »Zersplitterung« als

71 Dass zahllosen Dokumentarfilmern diese habitualisierte Selbstverpflichtung fremd ist, mag zutreffend sein, kann aber als bloß empiristischer Einwand den postulierten strukturellen Zusammenhang nicht widerlegen.

72 »Unser nach wie vor kapitalistisches Herrschaftssystem mit seiner BKA-Kultur hat den ich-schwachen Staatsbürger als Phänotyp hervorgebracht, der gegenwärtig auch die Bewußtseins- und Verhaltensformen in den oppositionellen Strömungen zumindest sehr stark prägt« (Kreimeier 1981, 25). Kreimeiers Buch über Joris Ivens – »Ein Filmer an den Fronten der Weltrevolution« (Kreimeier 1976) – bezeichnet Eva Hohenberger gar als »stalinistisch« (Hohenberger 1983b, 40).

adäquat für die Wiedergabe dessen, »was seit dem Sieg der bürgerlichen Klasse in Schein und Wesen auseinanderfällt« (Kreimeier 1981, 20). Dieses Verfahren sei ein etabliertes und bewährtes Darstellungsmittel der Moderne und damit durchaus nicht neu. Die Arbeit des Realisten bestehe im »Atomisieren und Synthetisieren« (Kreimeier 1981, 21), nicht in einem bloßen Abbilden des Bestehenden.[73] Dabei wäre zu diskutieren, ob die »Zersplitterung« in der Darstellung vorrangig eine Fragmentierung der Realität oder der Erfahrung dieser Realität nachzeichnen soll und ob sich damit auch der ästhetiktheoretische Anspruch verbindet, zwischen der Realität und der Form ihrer künstlerischen Repräsentation müsse ein Art Gestaltgleichheit vorhanden sein. Jedenfalls markiert Kreimeier mit der Formel vom »Atomisieren und Synthetisieren« klar die Bedeutung der gestaltenden Intervention seitens des Filmemachers.

In ein ähnliches Horn wie Kreimeier stoßen andere an der Debatte beteiligte Filmschaffende. Kluge wendet gegen einen simplen Abbildrealismus ein, man müsse schon eine Belohnung erhalten, wenn man sich das ohnehin vor Augen stehende Elend noch einmal in einem Film ansehen soll. Subjektivität sei explizit zu machen, damit ein »Rumpelstilzchen-Effekt«, ihr unkontrolliertes Weiterwirken im Verborgenen, vermieden wird, aber nicht zu eliminieren (Kluge 1981, 31). Realismus sei durch die Arbeit des Begriffes vermittelt und keine begrifflose Wiedergabe dessen, was ist.[74] Wildenhahn werden von Kluge »recht schäbige Diskussionsgewohnheiten« (Kluge 1981, 37) attestiert, und Anstoß an seiner Argumentationsweise nimmt auch Jan Berg, der feststellt, Wildenhahns Geschichtsbild, wie es sich in seiner Deutung der Romantik zeigt, basiere auf ahistorischer Willkür und Assoziation und damit den Modi der »Zersplitterung«, die er bei seinen Gegnern kritisiert (Berg 1981, 47). Peter Krieg zufolge zeige sich die Unsinnigkeit des von Wildenhahn Postulierten schon daran, »daß bei ›strikter Anwendung und voller Durchführung‹ eigentlich

73 »Diese Epoche ist über die ›bürgerliche Zerfallszeit‹, die Ernst Bloch im ›Prinzip Hoffnung‹ konstatiert hat, längst hinausgeschritten, ohne daß deren ›gesprungene Oberfläche‹ gekittet worden wäre; sie ist mehr denn je eine Zeit der ›zerfallenden bisherigen Gruppierungen und Zusammengehörigkeiten‹, die Zeit ›einer nicht nur subjektiv, sondern objektiv möglichen MONTAGE‹« (Kreimeier 1981, 20).

74 »Realismus ist die Arbeit des Begriffs, und diese Arbeit tastet den Horizont und das Motiv ab. Ein Unterscheidungsgrund und ein Horizont: das macht einen Begriff aus« (Kluge 1981, 34).

die meisten Klassiker des Dokumentarfilms gar keine Dokumentarfilme gedreht haben« (Krieg 1981, 53); letztlich propagiere er einen »in mythologische Übergröße« (Krieg 1981, 54) aufgebauschten journalistischen Empirismus. Gleichzeitig wirft Krieg ihm vor, sich als eine Art »Zentralkomitee« zu gerieren, das darüber zu befinden hat, ob ein Film ein Dokumentarfilm ist oder nicht (Krieg 1981, 55).[75]

In der Rückschau wirkt die Kreimeier-Wildenhahn-Debatte erstaunlich anachronistisch – die von technokratischem Weltverbesserungspathos getragenen Beiträge und die Unlebendigkeit der jargondurchsetzten Sprache stehen in Widerspruch zu den emanzipatorischen Interessen, die, um ein Schlagwort von Habermas zu verwenden, einer weiteren »Kolonialisierung der Lebenswelt« (Habermas 1987, 173–293) von Arbeitern und Angestellten durch systemische Zwänge entgegenwirken sollen.[76] Offensichtlich handelt es sich um Positionsmarkierungen antagonistischer theoretischer Lager und weniger um den Versuch der Lösung von Handlungsproblemen, vor die sich der Dokumentarfilmer in seiner Arbeit gestellt sieht. Ästhetische Erwägungen und Kategorien spielen eine nur untergeordnete Rolle im Streit um die Macht der Definition, wie Dokumentarfilme beschaffen sein sollen, damit sie bei der Umsetzung der politischen Ansprüche die gewünschten Effekte erzielen.[77]

Eine seinerzeit vielbeachtete Kritik des Dokumentarfilmes, die den »Mythos der wertfreien Dokumentation« widerlegen wollte, hat Wember 1972 anhand des 1966 gedrehten Filmes »Bergarbeiter im Hochland von Bolivien« vorgelegt. Die Stärke seiner Analyse liegt

75 Als weitere Beiträge zu dieser Debatte vgl. Hörmann/Heimbucher 1981; Mitscherlich 1981a; 1981b; Troller 1981.

76 »Die Papierdokumentation der Diskussionen vermittelt kaum einen Eindruck von den ritualisierten Formen gegenseitigen Mißverstehens, Kommunikationsformen, die der Logik von Stammesfehden eher entsprechen als diskursiver Erörterung bestehender oder zu entwickelnder Medienpraxis« (Berg 1982, 57f.).

77 Verfolgen lässt sich die Diskussion über die angemessene Beschaffenheit eines Dokumentarfilmes auch in der weniger als die Kreimeier-Wildenhahn-Debatte von ideologischen Prämissen überlagerten Diskussion über den ethnographischen Film (vgl. Ballhaus/Engelbrecht 1995; Barbash/Taylor 1997; Friedrich et al. 1984; Hohenberger 1983a; 1985; Husmann 1987; Kreimeier 1983; Oppitz 1989), zugespitzt in der Kritik an dem bemühten Purismus, wie er exemplarisch von Irenäus Eibl-Eibesfeldt (2004, 164–187; vgl. hierzu Schlumpf 1987) und dem IWF (vgl. Taureg 1983; Weise/Wendl 1988) vertreten wird.

in den interessanten und blickscharfen Detailbeobachtungen, die sich zu einem Gesamtbild verdichten, und dem Herausarbeiten von Implikationen, die bei einer normalen Rezeption unbemerkt bleiben. Befremdlich allerdings wirkt neben einer ideologiekritischen Penetranz, die nur schlecht zu der Immanenz der Analyse passt, das akribische Auszählen der Dauer von Sequenzen, welche die Lebensumstände der bolivianischen Bergarbeiter in ihrer Härte darstellen, und solchen, die sie beschönigen. In ihrer Gegenüberstellung[78] werde eine eindeutige Tendenz offenbar: »Bei der Proportionsverzerrung zeigte sich sehr deutlich, daß Hinweise auf eine fortschrittlich technische Entwicklung überdimensional vergrößert werden, während negative Fakten zwar genannt, aber verharmlost dargestellt sind« (Wember 1972, 40).[79] In dem Vorgehen Wembers artikuliert sich das Bestreben, die Interpretation des Gesendeten durch Quantifizierung auf eine solidere Basis zu stellen. Abgesehen davon aber, dass seine Interpretation einer derartigen Evidenzsicherung gar nicht bedarf, ist das Ansinnen, ein Dokumentarfilm müsse die dargestellte Realität proportional wiedergeben, augenscheinlich absurd, denn was könnte das Kriterium für eine angemessene Zuteilung der Zeit sein, die ein Film den unterschiedlichen Aspekten des Dokumentierten einräumt? Bloßes Vorhandensein, die Bedeutung in der Wahrnehmung des Dokumentarfilmers oder ihre Komplexität, weil abstrakte Sachverhalte weniger leicht bildlich darzustellen sind und daher einer im Vergleich längeren erläuternden Kommentierung bedürfen? Das Kriterium der sachangemessenen Gestaltung, an dem sich die Gelungenheit eines Dokumentarfilmes zu erweisen hätte, gibt Wember aus der Hand, indem er eine ideologische Wertbindung auch für seinen eigenen Standpunkt, den »eines demokratischen Sozialismus« (Wember 1972, 16), reklamiert.

Eva Hohenberger (1988) hat eine Differenzierung der verschiedenen bei der Herstellung eines Dokumentarfilmes beteiligen Realitätsebenen vorgenommen. In Abgrenzung von einem naiv-realistischen Verständnis des Dokumentarfilmes als bloße Abbildung und

78 »Allein für die Beschreibung des Sauerstoffgerätes, das dem Arzt in einer modernen Mine zur Verfügung steht, bringt der Film 4 Einstellungen, Dauer 0'16 min. Aber über die erschreckende Kindersterblichkeit sagt er nur zu einer Einstellung einen Satz, Dauer 0'04 min« (Wember 1972, 32).

79 Zu dem Proporzpositivismus Wembers vgl. auch Ruoff 1978, 58.

mithin Verdoppelung der Realität[80] unterscheidet sie die folgenden fünf Ebenen (Hohenberger 1988, 29f.):
Nichtfilmische Realität: Das Reservoir des potenziell Abbildbaren.
Vorfilmische Realität: Der im Moment der Aufnahme von der Kamera eingefangene Ausschnitt aus der Gesamtheit der nichtfilmischen Realität.
Realität Film: Die institutionell-organisatorischen Aspekte der Filmproduktion.
Filmische Realität: Das Ergebnis des Produktionsprozesses, also der fertige Film, der vorgeführt wird.
Nachfilmische Realität: Die Rezeption des Filmes im weitesten Sinne, die wiederum zu einem Bestandteil der nichtfilmischen Realität wird.

So einleuchtend diese Differenzierung ist, birgt die Annahme einer Pluralität von Realitäten doch die Gefahr, die für den Dokumentarfilm entscheidende Relation, das Verhältnis des Filmes zu seinem Gegenstand, zu verdecken. Sie ist es, die es zunächst zu bestimmen gilt und von der aus die Thematisierung der anderen von Hohenberger angeführten Realitäten überhaupt erst erschließende Kraft gewinnt. »Die einzige Realität, auf die es hier ankommt, ist die wirklich existierende, physische Realität – die vergängliche Welt, in der wir leben« (Kracauer 2006, 55) – dieses Diktum Siegfried Kracauers wäre in Ansehung der Differenzierung Hohenbergers insoweit zu relativieren, als diese Realität zwar nicht die einzige für den Film relevante ist, aber eben doch die konstitutionstheoretisch wesentliche. Mit dem begrifflichen Instrumentarium Hohenbergers lässt sich gleichwohl die Konstellation gut erfassen, dass der Dokumentarfilm auf die nichtfilmische Realität abzielt, faktisch aber immer nur die vorfilmische Realität darstellen kann: »Das vorfilmisch Reale ist ja nicht einfach da [...], sondern wird in der Begegnung der Realität Film mit der nichtfilmischen Realität erst hergestellt« (Hohenberger 1988, 36f.), und diesen Aspekt der gestaltenden Zurichtung der nichtfilmischen Realität teile der dokumentarische mit dem fiktionalen Film. Eine Folge dieser Gestaltung durch die Realität Film sei die

80 »Die Abbildproblematik soll hier aufgelöst werden in die Frage, zwischen welchen Realitäten ein Dokumentarfilm vermittelt, und ob es daher genügen kann, nur von der einen Realität zu sprechen, die er zeigt« (Hohenberger 1988, 27).

Implementierung narrativer Strukturen[81], als deren wichtigste man mit Hans Robert Jauss (und an Droysen anschließend) die Fiktion eines vollständigen Verlaufes des Gezeigten, die Fiktion eines ersten Anfangs und definierten Endes sowie die Fiktion der Wiedergabe eines objektiven Bildes der nichtfilmischen Realität der Vergangenheit anführen kann (vgl. Jauss 1982, 419–424).[82] Auch Narrativität könne daher kein Kriterium sein, nach welchem sich fiktionaler und dokumentarischer Film unterscheiden lassen: »Die Zuschreibung von Objektivität aufgrund der filmischen Abbildqualität verkennt jedoch, daß der Film die Abbilder der vorfilmischen Objekte in einen narrativen Zusammenhang bringt, d.h. sie als Erzählmomente auf der Zeitachse anordnet« (Hohenberger 1988, 85). Folglich sei »Realismus« auch keine Kennzeichnung des Verhältnisses des Dokumentarfilmes zu seinem Gegenstand, sondern eine von diesem unabhängige Erzählform (Hohenberger 1988, 103). Oder, wie John Fiske es pointiert formuliert hat, »Realism imposes coherence and resolution upon a world that has neither« (Fiske 1987, 130).[83]

In diesem Sinne bestimmt Manfred Hattendorf (1994, 67) die Authentizität eines Dokumentarfilmes als Resultat der filmischen Bearbeitung, nicht als Beschreibung der Relation von Film und (nichtfilmischer) Realität. Seine Überlegungen zu den Strategien

81 Als grundlegende Texte zur Narrativität vgl. Genette 1994; Stanzel 2001. Die Narrativitätsdebatte in den Geschichtswissenschaften ist kaum noch zu überschauen, eine erste Orientierung geben die Beiträge in Kocka/Nipperdey 1979; Hayden Whites (1991) tropologisches Konzept der Narrativität blieb für die Diskussion narrativer Strukturen im Film weitgehend folgenlos. Zu bildlichen Tropen vgl. Kuchenbuch 2005, 69f., zu Wort-Bild-Tropen vgl. Knilli/Reiss 1971, 101–113, zur Verwendung narrativer Mittel in dokumentarischen und ethnographischen Filmen vgl. Kiener 1999.

82 Als Teilnehmer an dem »»Steinzeitexperiment«« kritisiert Martin Burberg an den Sendungen unter anderem das Hineinpressen des aufgezeichneten Materials in ein narratives Schema, das dem Anspruch des Mediums genügen soll, zusammenhängende Geschichten mit Anfang, Höhepunkt und Schluss zu erzählen. Daraus folge dann auch, dass all das, was sich diesem Schema nicht fügt, vernachlässigt werde oder sogar gänzlich unberücksichtigt bleibe (pers. Mitt. M. Burberg).

83 Nicht minder pointiert äußert sich Keppler: »Filmische Darstellungen können realistisch sein, ohne Realität wiederzugeben, und sie können Realität wiedergeben, ohne realistisch zu sein. ›Realistisch‹ zu sein ist eine Stilmerkmal, das auch von vielen fiktionalen Filmen erfüllt wird« (Keppler 2006, 158f.).

einer Authentisierung vermittels filminterner pragmatischer Markierungen (Hattendorf 1994, 19) hat Jan Pinseler aufgegriffen und ergänzt. Er unterscheidet zwischen den »Authentizitätsstrategien« als filminternen Mitteln, mit welchen der Rezipient dazu aufgefordert wird, das Gesehene als authentisch wahrzunehmen, und den »Authentizitätssignalen« als expliziten Bekundungen des authentischen Charakters des Filmes, sei es im Film selbst oder in seinem Rezeptionskontext (Pinseler 2003, 43). Diese Unterscheidung exemplifiziert Pinseler anhand der ZDF-Reihe »Aktenzeichen XY… ungelöst«, in der, zum Teil mit nachgespielten Abläufen von Verbrechen, flüchtige Straftäter gesucht werden. Die eingesetzten Authentizitätsstrategien bestehen nach Pinseler unter anderem in der Verwendung verwackelter, dunkler und grobkörniger Bilder, dem Andeuten der Tat, ohne sie selbst darzustellen, einer das Geschehen aus Sicht des Täters zeigenden Kamera, der Kombination von Spielszenen mit Reportagebildern oder mit Bildern der tatsächlichen Täter und Opfer, dem Hinzufügen von Musik und Off-Kommentaren.[84] Im Unterschied dazu seien Authentizitätssignale die mit Polizei, Zeugen und Opfern geführten Interviews, das Zeigen von Bildern aus Überwachungskameras, von gestohlenen Gegenständen sowie von Phantombildern, das Zeigen des Tatortes, das Unkenntlichmachen von Zeugen, die Verwendung von Kartenskizzen, die Aufforderung, der Polizei Hinweise zu geben und schließlich die ausgesetzte Belohnung (vgl. Pinseler 2003, 44).[85] Aber auch das Studioarrangement sende Authentizitätssignale aus, die dem Zuschauer den Eindruck vermitteln, er erhalte Einblick in eine geschäftige Zentrale, in welcher die Fäden zusammenlaufen und konzentrierte Betriebsamkeit herrscht.[86] Die Differenzierung zwischen Authentizitätsstrategien

84 Ebenfalls als Authentizitätsstrategie wäre die Trennung von Nachricht und Kommentar in Nachrichtensendungen anzusprechen, denn sie »soll gerade dazu dienen, den Erzählcharakter der Nachrichtensendung unkenntlich zu machen und den Objektivitätsschein zu erhöhen« (Hickethier 1997, 8). Zur Genese der unterschiedlichen Authentizitätsstrategien des Dokumentarfilmes vgl. Wortmann 2003.

85 Gängige Authentizitätssignale von Dokumentationen aus dem Bereich der Archäologie sind Präsentationen von Fundstücken und Ausgrabungsschauplätzen.

86 »Die Telefonistinnen führen den Zuschauern vor Augen, dass, wenn jemand anruft, diese Anrufe auch tatsächlich entgegengenommen werden. Die hin und her laufenden Menschen im Hintergrund vermitteln den

und -signalen und die angeführten Beispiele sind erhellend, doch die zugrunde liegende Prämisse ist wegen ihrer relativistischen Implikationen problematisch: »Der Eindruck von Wirklichkeitstreue kann bekanntermaßen als ›Authentizität‹ bezeichnet werden. Diese wird, so stellt etwa Manfred Hattendorf (1994) fest, wesentlich erzeugt durch die *formale Gestaltung* eines Filmes und nicht durch die Authentizität des abgebildeten Gegenstandes« (Pinseler 2003, 43). Authentizität aber, so wäre dem entgegenzuhalten, ist nicht der Eindruck von Wirklichkeitstreue, sondern vielmehr diese selbst – erzeugt werden (zum Beispiel mithilfe der beschriebenen Mittel) kann eben »nur« der Eindruck von Authentizität, nicht diese selbst.[87] Konfundiert wird hier die Authentizität der Darstellung mit der des dargestellten Gegenstandes. Beides fällt aber nicht zusammen, wie eine einfache Überlegung zeigt, denn auch ein unauthentischer Gegenstand kann authentisch dargestellt werden. Das ist mehr als nur eine sprachliche Nuance: In Hohenbergers, Hattendorfs und auch Pinselers Terminologie wird die Realität, die der Dokumentarfilm zum Gegenstand hat, eskamotiert, die berechtigte Kritik an der naiven und simplifizierenden Vorstellung des Dokumentarfilmes als Abbild dieser Realität verfährt übergeneralisierend konstruktivistisch. Der Dokumentarfilm bietet kein unmittelbares Abbild der Realität, wohl aber ein durch verdichtende Gestaltung vermitteltes. Diese Gestaltung ist es, die über die Gelungenheit des Dokumentarfilmes entscheidet, und die Distinktion zwischen formaler Gestaltung einerseits und Authentizität des Gegenstandes andererseits erscheint wenig hilfreich, wenn nicht sogar systematisch irreführend. Verkannt wird in dieser Argumentation die Bedeutung der *materialen Gestaltung* als der spezifischen gestaltenden Verdichtungsleistung des Dokumentarfilmers, die auf einem (intuitiven oder expliziten) Erfassen der Strukturgesetzlichkeit basiert, welche in dem gewählten Realitätsausschnitt Ausdruck findet. Anders als ein »bloßes« Abbild ist die gestaltend-verdichtende Wiedergabe[88] eines

Eindruck von Aktionen, die viel zu dringend sind, als dass sie unauffällig hinter den Kulissen abgewickelt werden könnten, wie dies sonst in Fernsehsendungen üblich ist. Die Polizisten im Studio schließlich verleihen der ganzen Sendung einen quasi offiziellen Anstrich« (Pinseler 2003, 48).

87 Zu der parodistischen Verwendung von Authentizitätskonventionen des Dokumentarismus vgl. Bäumer 1996.

88 Egon Netenjakob spricht von einer Manipulierung des Bild- und Tonmaterials »zum Exemplarischen hin« (Netenjakob 1978, 15).

gewählten Sujets der Gefahr des Scheiterns ausgesetzt, das gegebenenfalls aufzuzeigen ist, aber keinen Generalverdacht des Misslingens rechtfertigt. Auch narrative Strukturen können Aspekt dieser um Prägnanz und Stimmigkeit bemühten Verdichtung sein, ihr Nachweis kann nicht per se als Einwand angeführt werden – nicht ob sich der Filmemacher narrativer Mittel bedient, ist von Belang, sondern ob sie den dargestellten Gegenstand aufzuschließen vermögen oder ob sie ihn verzerren und verfälschen.[89] Dies wird auch der Maßstab sein, an dem die Dokumentation des »Steinzeitexperimentes« zu messen sein wird. Mit dem Kunstwerk hat der Dokumentarfilm gemeinsam, durch Gestaltung vermittelte Unmittelbarkeit zu sein, welche die Unmittelbarkeit des dokumentierten Gegenstandes in dem Hegelschen Verständnis einer höherstufigen Bewahrung aufhebt, ohne sie einfach nur zu reproduzieren.

Ambivalent ist das Verhältnis des Dokumentarfilmes zu dem Medium Fernsehen.[90] Es hat den Dokumentarfilm nicht einfach nur adaptiert, sondern darüber hinaus auch diverse eigene dokumentarische Formen entwickelt »von der Live-Übertragung über die Nachrichtensendung und den journalistischen Kurzbericht (vor allem in der zum Magazin kompilierten Form) bis hin zum TV-Feature oder gar zur ›faction‹-Produktion des Dokumentarspiels« (Heller 1994, 91). Bereits seit den 1960er Jahren übernahmen »die politischen Magazine und die Kulturredaktionen des Fernsehens die Aufgabe, das Dokumentarische zu pflegen und ihm eine Dauerexil zu gewähren« (Kreimeier 1993, 408), doch die Folgen einer fernsehvermittelten Rezeption von Dokumentarfilmen sind durchaus problematisch:

89 Auch wenn sich Rezipienten desto besser an archäologische Fernsehdokumentationen erinnern, je mehr narrative Elemente diese aufweisen (Glaser et al. 2009; 2012), sagt dies nichts darüber aus, ob diese Elemente den Inhalten angemessen sind oder nicht. Deshalb mutet es etwas naiv an, wenn vor dem Hintergrund dieser Befunde Archäologen geradewegs anempfohlen wird, narrative Mittel einzusetzen, wie dies etwa Marco Kircher tut: »Geschichtenerzählen hat die entscheidenden Vorteile, dass es Publika generieren kann, die vorher noch nicht am Thema interessiert waren, und dass das Publikum auf diese Weise Informationen aufnimmt, ohne dass es ihm bewusst wird« (Kircher 2012, 58).

90 Zur Geschichte dokumentarischer Formen im Fernsehen vgl. Lersch 2008.

> »Die Wirkung von Dokumentarfilmen im Fernsehen wird vor allem durch zwei Faktoren gemindert: Auch das Besondere, wenn man den Dokumentarfilm einmal dazurechnen will, wird durch das Allgemeine, das übrige Programm, nivelliert; das Publikum mag groß sein […], es ist aber unspezifisch, in der Regel nicht interessiert an den Themen und Vermittlungsformen des Dokumentarfilms« (Roth 1982, 153).

Neben dieser Nivellierung durch Programmschema und Indifferenz der Zuschauer führt Heinz-Bernd Heller (1990, 16–18) weitere Faktoren für das prekäre Verhältnis von Dokumentarfilm und Fernsehen an: den ungesicherten Programmstatus dokumentarischer Sendungen, die erzwungene Anpassung an vorgegebene Sendezeitraster (zumeist 30 oder 45 Minuten), die Einschaltquotenorientierung der Sender sowie eine Standardisierung der Produktionsbedingungen, bei denen eine für Dokumentarfilme erforderliche Offenheit für Unerwartetes nicht vorgesehen ist.

Dem korrespondiert, wie Keppler anhand von Informationsfilmen in politischen Magazinen darlegt, eine Standardisierung der Machart von Fernsehdokumentationen, die der »Flexibilität der Präsentationsform« (Keppler 1985, 151) zuwiderlaufe, welche für Dokumentarfilme charakteristisch sei. Es dominiere der gesprochene Text, den Bildern werde eine »nur illustrative und belegende Verwendung« zugestanden, und der Produktion der Magazinbeiträge liege die Vorstellung eines »impliziten Zuschauers« (Keppler 1985, 152) zugrunde, der nur das als glaubwürdig erachtet, was ihm in einer ihm gewohnten Form präsentiert wird.

Vor diesem Hintergrund wird bei der Analyse von Ausschnitten des »Steinzeitexperimentes« besondere Aufmerksamkeit darauf liegen, ob der dokumentarische Anspruch eingelöst wird und wie die mit diesem Anspruch einhergehende Authentizitätsverpflichtung mit den Notwendigkeiten der imputierenden Gestaltgebung vermittelt werden kann.

3. Sequenzanalysen ausgewählter Passagen des Sendungstranskriptes

3.1 Vorüberlegungen

Die SWR-Fernsehreihe »Steinzeit. Das Experiment« umfasste vier jeweils 45 Minuten dauernde Folgen, außerdem gab es drei je 25-minütige Sendungen für Kinder, und nachträglich sind mit zum Teil unveröffentlichtem Material der Dokumentation sowie zusätzlichen Interviews mit den Beteiligten zwei 90-minütige Filme produziert worden, von denen sich einer (»Steinzeit – Das Dorf«) mit den in dem rekonstruierten Weiler lebenden, der andere (»Steinzeit – Über die Alpen wie Ötzi«) mit den die Alpen überquerenden Probanden befasst.[1]

Wollte man die Sendungen innerhalb der Wissenschaftsberichterstattung des Fernsehens klassifizieren, kann man sie wohl im weitesten Sinne unter »Infotainment« subsumieren, das heißt den Versuch einer unterhaltenden, mitunter unkonventionellen Präsentation wissenschaftlicher Erkenntnisse.[2] Eine sich nur auf *ein* wissenschaftliches Thema fokussierende Reihe ist eher ungewöhnlich und verweist auf eine Nähe zu klassischen Dokumentationen, es dominieren ansonsten Magazinsendungen, die zwar im Normalfall einen the-

1 Eine ähnliche Reihe hat das Schweizer Fernsehen mit »Pfahlbauer von Pfyn – Steinzeit live« produziert. Zehn Personen verbrachten Juli und August 2007 in einem nachgebauten jungneolithischen Pfahlbauweiler in Pfyn im Kanton Thurgau, auch hier gehörte eine Alpenüberquerung von zwei Probanden zum Programm. Anders als im Falle des »Steinzeitexperimentes« wurde täglich eine Viertelstunde gesendet, zusätzlich gab es wöchentliche Zusammenfassungen sowie Sondersendungen.

2 Bärbel Freund und Wolfram K. Köck unterscheiden drei Phasen der Wissenschaftsberichterstattung im Fernsehen: In der Phase der Wissenschafts- und Technikeuphorie dominierten »staunende« und »pädagogische« Präsentationen, der Phase einer angewandten Wissenschaft und der Wissenschaftskritik entsprachen Lebenshilfe offerierende Ratgebersendungen und kritische Berichte zu Themen der Ökologie, der Atomenergie, der Gentechnologie etc., auf welche schließlich eine Phase folgte, welche von »Infotainment«-Produktionen bestimmt wird (Freund/Köck 1994, 182f.). Zum Phänomen des »Infotainment« vgl. auch Klöppel 2008.

matischen Schwerpunkt haben, aber aus verschiedenen Beiträgen bestehen.[3]

Die Sendungen erheben den Anspruch, die Dokumentation eines Experimentes zu sein, bei dem 13 Personen – zwei Familien mit je drei Kindern sowie eine Frau und zwei Männer – zwei Monate lang an einem Weiher unweit des Bodensees in einer rekonstruierten jungsteinzeitlichen Ansiedlung des Jahres 3300 v.Chr. lebten; die beiden nicht familial eingebundenen Männer traten zwei Wochen nach Beginn des Experimentes eine Alpenüberquerung an und kehrten nach ca. 30 Tagen zurück. Der aus zwei Häusern und einem Rohbau bestehende Weiler ist einem spätneolithischen nachgebildet, genauer einem der in Südwestdeutschland und in der Westschweiz verbreitenden Horgener Kultur. Zwei Gründe für die Wahl ausgerechnet dieser archäologischen Kultur[4] lassen sich anführen. Zum

3 Zu Magazinsendungen im Fernsehen allgemein vgl. Kreuzer/Schumacher 1988; Schumacher 1994; zur Vermittlung wissenschaftlicher Erkenntnisse in solchen Sendungen vgl. Diederichs 1994; Hanel 1994.

4 Auch wenn, ausgehend von Gustaf Kossinnas berühmtem Diktum »Scharf umgrenzte archäologische Kulturprovinzen decken sich zu allen Zeiten mit ganz bestimmten Völkern oder Völkerstämmen« (Kossinna 1920, 3), in der Ur- und Frühgeschichtsforschung traditionell Regelmäßigkeiten von Befunden und Funden als Hinterlassenschaften einer distinkten Ethnie oder Vergemeinschaftung interpretiert wurden, bezeichnet der Begriff »archäologische Kultur« lediglich deskriptiv diese Regelmäßigkeiten, ohne zu behaupten, dass ihnen auch eine vergangene Kultur im umfassenden Sinne korrespondierte. Gerade in der Neolithikumsforschung besteht das Kriterium für die Unterscheidung der archäologischen Kulturen häufig nur in dem Form- und Verzierungsspektrum der Keramik. Gleichwohl lädt der Terminus »Kultur« dazu ein, ihn doch immer wieder mit Bedeutungen aufzuladen, die über eine Funktion als Hilfsmittel zur Fundaufbereitung hinausgehen, wie das folgende Zitat von Jan Lichardus zeigt: »Zwar ist klar, dass ihre Benennungen als reine Verständigungsbegriffe aufzufassen sind, aber davon bleibt unberührt, dass mit den archäologischen ›Kulturen‹ historische Einheiten beschrieben werden« (Lichardus 1991, 13). Ist in der vorliegenden Studie beispielsweise von der Horgener Kultur die Rede, meint dies nichts anderes als eine klassifikatorische Benennung bestimmter Regelmäßigkeiten in der materiellen Kultur, wie sie sich dem Archäologen darstellt, ohne dass dies eine Aussage über die Selbstzuschreibung ihrer »Träger«, das heißt der Menschen, von denen diese Hinterlassenschaften stammen, enthalten würde. Zum Begriff der »archäologischen Kultur« vgl. Brather 2004, 52–76; Eggert 2012, 305–318; Lüning 1972; Wotzka 1993.

einen weiß man über sie vergleichsweise viel,[5] weil ihr zuzurechnende Siedlungen an Seeufern[6] angelegt wurden, wo die Erhaltungsbedingungen für organische Materialien ungewöhnlich günstig sind. Vom Luftsauerstoff abgeschlossen, konnten sich unter Wasser Objekte erhalten, die in vergleichbaren Trockenbodensiedlungen spurlos vergangen wären: Holzgeräte und Textilien, Teile der Häuser, vor allem die Pfahlsubstruktionen und Fußböden, gelegentlich umgestürzte Wände, aber auch Nahrungsreste, die Rückschlüsse auf die Ernährungsgewohnheiten der Bewohner gestatten. Nun trifft dies auch für andere jung- und spätneolitische archäologische Kulturen zu und vermag die Wahl ausgerechnet der Horgener Kultur als Vorbild nicht hinreichend zu erklären. Ein Weiteres kommt daher hinzu: Es ist dies die Zeit von »Ötzi«. Durch den Fund der Gletschermumie wurde das Wissen um Kleidung und Ausrüstung spätneolithischer Menschen erheblich erweitert, und diese Erkenntnisse werden bei der Anfertigung der Ausstattung der Probanden Berücksichtigung gefunden haben.[7] Die Bezugnahme auf »Ötzi« bedeutet deshalb für sich genommen noch keine unangemessene Personalisierung abstrakter Sachverhalte.[8]

5 Aufgrund der insgesamt doch eher dürftigen Quellenlage und der deshalb fehlenden Identifikationsangebote ging der »Living History«-Boom der vergangenen Jahrzehnte an der Epoche des Neolithikums weitgehend vorbei. Zu »Living History« vgl. grundlegend Anderson 1984; Handler/Saxton 1988 sowie aktuell Hochbruck 2013.

6 Bedeutende Fundstellen der Horgener Kultur, die ungefähr in die Zeit zwischen 3500 bis 2800 v.Chr. datiert werden kann, befinden sich am Federsee in Oberschwaben, am Bodensee sowie am Zürichsee, wo auch der namengebende Fundort liegt.

7 Ohne die außerordentliche Bedeutung des Fundes von »Ötzi« in Abrede stellen zu wollen, ist die folgende Überhöhung aus einer der Sendungen über das Experiment unrichtig: »Ein Sensationsfund für die Archäologen, denn er gab Einblick in eine Epoche, von der man bis dahin wenig wusste: die Jungsteinzeit« (3/5'18–5'26; zu den Transkriptionskonventionen s.u.). Es kann keine Rede davon sein, dass man vor »Ötzis« Entdeckung 1991 wenig über die Jungsteinzeit wusste, die im Gegenteil als vergleichsweise gut erforschte prähistorische Epoche gelten kann.

8 Ursprünglich war vorgesehen, für das Experiment die Lebensumstände zu simulieren, wie sie zur Zeit der im nördlichen Alpenvorland verbreiteten Pfyner Kultur (ca. 3900 bis 3500 v.Chr.) herrschten, was aber »aufgrund der bestehenden Unvollständigkeit steinzeitlicher Inventare entlang eines eng gefassten Zeithorizontes in den Pfahlbausiedlungen einer kleinen Region exakt nicht einzuhalten« (Schöbel 2006/07, 10) war. Zudem wollte

Die pauschale Rede von der »Steinzeit« suggeriert archaische Lebensbedingungen, wie sie sich in zahllosen Klischeedarstellungen finden: unartikulierte, fellbehangene und keulenschwingende Gestalten, die Mammuts jagen und in Höhlen hausen. Dieses Klischeebild tut den Bauern der Jungsteinzeit, deren Lebensbedingungen sich von denen zum Beispiel mittelalterlicher Bauern weit weniger unterschieden als von denen des Homo erectus oder des Neandertalers, bitter Unrecht, und der Titel der Sendereihe, in dem »Steinzeit« nicht weiter spezifiziert wird, nimmt dieses Primitivitätsklischee zumindest in Kauf.

Worin besteht der Experimentalcharakter der Unternehmung? Die sogenannte »experimentelle Archäologie« hat sich in den letzten Jahrzehnten zu einem wichtigen Teilbereich der Archäologie entwickelt, dem viele Erkenntnisse zu Technologie, Werkzeuggebrauch, Hausbau, Wirtschaftsweise etc. zu verdanken sind. Grundsätzlich kann ein Experiment durchgeführt werden, damit Anregungen für mögliche Hypothesen gebildet werden, oder aber zur gezielten Überprüfung bereits bestehender Hypothesen. In jedem Fall ist eine klare Fragestellung und Versuchsanordnung notwendig, ein Bewusstsein davon, was durch das Experiment in Erfahrung gebracht werden soll. Schon aufgrund der Komplexität eines »ganzheitlichen« Versuches wie dem des »Steinzeitexperimentes« sind erste Zweifel daran anzumelden, dass unter diesen Umständen tatsächlich gezielt und geregelt experimentiert werden kann – dafür ist Zeit erforderlich, damit wohldurchdacht verschiedene Versuchsanordnungen durchgespielt, erprobt und gegebenenfalls modifiziert wiederholt werden können. Dagegen werden die Probanden des »Steinzeitexperimentes« erst einmal damit beschäftigt sein, unter für sie ungewohnten Bedingungen unmittelbare Lebensnot zu bewältigen, was denkbar schlechte Voraussetzungen dafür bietet, in Muße Experimente anzustellen. Das führt zu einer grundsätzlichen Überlegung. Die Probanden verfügen trotz eines einwöchigen »Coachings« über keinerlei Routinen, was die Bewältigung des Alltags unter jungsteinzeitlichen

man auch die Ausstattung der Gletschermumie »Ötzi« berücksichtigen, dessen Lebenszeit zwischen 3370 und 3100 v.Chr. anzusetzen ist (Kutschera/Müller 2003), »so dass am Ende der grobe Zeitschnitt ›4. Jahrtausend vor Christus‹ für alle Rekonstruktionsansätze als verbindlich galt« (Schöbel 2006/07, 11). Der Übergang vom Jung- zum Spätneolithikum ist um 3500 v.Chr. zu datieren (vgl. Lüning 1996).

Bedingungen angeht, vor allem bezüglich der Frage, was noch dem »Normalen« als dem Erwartbaren entspricht und ab wann etwas bedrohlich und krisenhaft wird. Sie werden sich zunächst in einer Art Dauerkrise befinden, und es mag für den Zuschauer vielleicht interessant und reizvoll sein, beobachten zu können, wie Menschen an ihre physischen und psychischen Grenzen stoßen und welche Konsequenzen dies zeitigt, im Hinblick auf Erkenntnisse über den Alltag in der Jungsteinzeit ist dies jedoch nicht nur uninteressant, sondern befördert auch ein ins Krisenhafte verzerrtes Bildes dieser Epoche. Die bereitgestellten Geräte sind ohne das Wissen um ihren richtigen Gebrauch wie auch um die Grenzen der mit ihnen möglichen Handlungsvollzüge nur sehr bedingt hilfreich. In dem Setting des Experimentes spiegelt sich daher auch die Problematik einer »going native«-Ideologie, welche prätendiert, die Distanz zu einer fremden Kultur allein durch Identifikation überwinden zu können.[9] Warum aber, so ist zu fragen, bedarf es überhaupt der Rekrutierung von Probanden? Wenn die beteiligten Experimentalarchäologen und Archäotechniker die Durchführung eines derartigen Experimentes als sinnvoll erachten, wäre es eigentlich naheliegend, sie selbst als Probanden zu engagieren – immerhin werden sie als Fachleute, die sich mit archäologischen Kulturen befassen,

9 Vgl. etwa die folgende Artikulation dieser Ideologie von Roland Girtler (1984, 64): »Keineswegs ist aber die Aufgabe der Distanz, die den Forscher zu einem ›going native‹ macht, dazu angetan, die ›Objektivität‹ der Daten zu beeinträchtigen, wie behauptet wird. Vielmehr (...) gelingt es erst auf einem solchen Weg, die Alltagswirklichkeiten der betreffenden Menschen in ihrer ganzen Tiefe zu erfassen. Man nähert sich demnach der sogenannten ›Objektivität‹ so viel eher, als wenn man distanziert beobachtet und Aufzeichnungen macht«. Kritikwürdig ist hier vor allem das programmatische Einreißen der Differenz von lebensweltlich-praktischem Verstehen und methodisch kontrolliertem Verstehen. Die engen Grenzen des »going native« hat Werner Schiffauer in Bezug auf die einschlägigen, sozialkritisch motivierten und publizistisch verwerteten Unternehmungen von Günter Wallraff aufgezeigt: »Man kann nicht davon ausgehen, daß ein Deutscher, auch wenn er sozusagen in die Haut von türkischen Migranten schlüpft, damit schon ähnliche Erfahrungen wie sie macht. Das Verfahren von Wallraff ist die praktische Umsetzung einer Perspektive auf die Fremde, die der Altmeister der Britischen Sozialanthropologie, Sir Evans-Pritchard, mit den Worten: ›If I were a horse...‹ verspottet hat. Sie führt zu einer äußerst brüchigen Identifikation mit dem Fremden« (Schiffauer 1991, 373 Anm. 6).

mehr Wissen um den angemessenen Gebrauch der Geräte haben als Laien, die nur eine kurze Einweisung erhalten. Ihre im Vergleich zu den Archäologen größere Unkenntnis wird die Krisenhaftigkeit des Experimentes steigern, ohne dass damit aber wissenschaftlich aufschlussreiche Einsichten verbunden wären – stattdessen werden Situationen zu gewärtigen sein, in denen bei den Probanden »die Nerven blank liegen«, sie hilf- und ratlos sind, was den Ausbruch von gruppendynamisch bedingten Konflikten befördert. Das wäre aber nur dann von Interesse, wenn das Experiment als sozialpsychologisches und nicht als archäologisches konzipiert wäre. Als Motiv für das ganzheitliche Setting kann man den Verantwortlichen nicht die zynische Annahme unterstellen, die Zuschauer wollten sich voyeuristisch an solchen Konflikten delektieren, sondern den Wunsch, eine steinzeitliche Lebenswelt in ihrer Totalität wiederauferstehen zu lassen und in der Darstellung eine narrative Geschlossenheit zu erreichen.[10] Damit sieht sich das Experiment mit dem für Historienfilme

10 Insofern ist die (prospektive) Einschätzung des »Steinzeitexperimentes« durch den Archäotechniker Wulf Hein differenzierungsbedürftig: »Die wissenschaftlichen Erkenntnisse dürften sich darauf beschränken, dass nach zehn seifenlosen Wochen der Körpergeruch zunimmt. Ansonsten mag sich der Zuschauer mit wohligem Gruseln in den Fernsehsessel kuscheln und den modernen ›Ötzis‹ beim Dauerscheitern zusehen. Denn gleich unter der dünnen Schicht ›Science‹ wird das bedient, was die Quote hoch treibt: blanker Voyeurismus« (Hein 2006, 37). So sehr sich die Prognosen eines zweifelhaften wissenschaftlichen Wertes und eines (anfänglichen) »Dauerscheiterns« auch erfüllt haben, unterscheidet Hein an dieser Stelle nicht zwischen einem buchstäblichen, den Zuschauern von den Fernsehverantwortlichen unterstellten Voyeurismus und einem strukturellen, mit dem Fernsehdispositiv und den aus ihm folgenden Gestaltungsmaximen gesetzten. Das schließt freilich nicht aus, dass der strukturelle Voyeurismus des Fernsehens bei Rezipienten mit entsprechenden Dispositionen faktisches voyeuristisches Handeln befördert. Dagegen wendet sich Klemens Hippel gegen eine Bezeichnung des Zuschauers als Voyeur, da dieser schließlich, anders als ein realer Voyeur, explizit von dem Fernsehen adressiert werde: »Jede erfolgreiche Adressierung weist dem Zuschauer einen Status als zugelassener Teilnehmer zu und schließt damit eine voyeuristische Teilnahme aus, denn das Entstehen eines voyeuristischen Vergnügens setzt voraus, dass der Zuschauer kein Kommunikationsteilnehmer ist« (Hippel 1998, 119). Dieses Argument verdeutlicht, welche Verwirrung die Verwendung des Kommunikationsbegriffes in Bezug auf das Fernsehen stiften kann: Der Zuschauer wird in zunächst paradox erscheinender Weise als Voyeur adressiert, aber dies

typischen Vollständigkeitszwang konfrontiert,[11] der hier allerdings einen dem experimentellen Anspruch zuwiderlaufenden dramaturgischen Eingriff bedeutet.

Kehrseitig dazu stellt sich die Frage, was die Motive der Probanden sind, sich einem solchen Experiment auszusetzen. Auch ohne Kenntnis der Mechanismen, die bei der Auswahl der Teilnehmer am Werke waren, ist es ist sicher keine allzu gewagte Annahme, dass bei der Entscheidung eine gewisse Bereitschaft zur Identifikation mit jungsteinzeitlichen Lebensformen, eine Bereitschaft zum »going native« also, zumindest mitbeteiligt war. Als Grund hierfür kann eine Sehnsucht nach einer archaischen, nicht entfremdeten, gemeinschaftlichen Lebensweise vermutet werden, bei den nicht zu den Familien gehörenden Männern mag außerdem ein Motiv in dem Reiz des Abenteuers liegen.

unter der Bedingung der Anonymität, wie sie in der alltagsweltlichen Kommunikation nur in eigens eingerichteten Sonderfällen vorstellbar, für das Mitteilungshandeln des Fernsehens aber konstitutiv ist. Überspitzt gesagt, wird Hippel hier Opfer der – von ihm durchaus als berechtigt propagierten – Äquivokation von Kommunikation, die zum einen die alltägliche Face-to-Face-Kommunikation meint (und von dieser abgeleitete Praxisformen) und zum anderen den Komplex des Mitteilungshandelns und der Rezeption von Massenmedien. Eine explizite Adressierung einer Person als Voyeur ist in der kommunikativen Alltagspraxis ausgeschlossen, wenn man als Bedingung des voyeuristischen Handelns nicht nur die Passivität, sondern auch die Heimlichkeit und Unbemerktheit versteht, bezogen auf das Fernsehen sind diese Bedingungen aber erfüllt, so dass hier explizite Adressierung und Voyeurismus sich nicht nur nicht ausschließen, sondern geradezu kultiviert werden. »Fernsehkommunikation« ist eben keine gemeinsame Praxis von Kommunikatoren und Adressaten, sie zerfällt vielmehr in die voneinander unabhängigen Praxen der Mitteilung und der Rezeption, weshalb es, wie in Kapitel 2.1 ausgeführt, unglücklich ist, hier von Kommunikation sprechen zu wollen. Problematisch erscheint uns vor diesem Hintergrund auch Norman K. Denzins (1995) Versuch, den Voyeur als eine allgemeine Sozialfigur zu etablieren, ohne dass zwischen den unterschiedlichen Formen der Bearbeitung und Sublimierung der Schaulust noch differenziert wird, sowie Oliver Dimbaths daran anknüpfendes Postulat eines »methodologischen Voyeurismus« (Dimbath 2013) soziologischer Filmanalyse.

11 »Im Gegensatz zur Geschichtsschreibung unterliegt die illusionistische Vergangenheitsbeschwörung des Filmemachers dem Zwang zur Vollständigkeit« (Junkelmann 2004, 25).

Im Folgenden werden drei Sequenzen aus den Sendungen ausführlich analysiert: Der Anfang der ersten und das Ende der letzten Sendung sowie ein sich an dem Einbringen der Getreideernte entzündender Streit zwischen den beiden Familienvätern, der, zu einem »Machtkampf« stilisiert, in der dritten Sendung zu sehen ist.[12]

3.2 Anmerkungen zu der Transkription

Die Sequenzierung folgt der vom SWR herausgegebenen vierteiligen DVD-Ausgabe des »Steinzeitexperimentes« und ist folgendermaßen zu lesen: »1/2'40–3'15« beispielsweise bedeutet »erste DVD/ Minute 2 Sekunde 40 bis Minute 3 Sekunde 15«.[13] Bei der Transkription wurde versucht, einen Kompromiss zwischen Exaktheit einerseits und Lesbarkeit andererseits zu finden. Die linke Spalte erfasst die Dauer der Einstellung, die mittlere gibt das optische Geschehen wieder, die rechte das akustische.[14] Als zweckmäßig hat es sich erwiesen, die Zäsurierung der zu interpretierenden Einheiten nicht anhand der Einstellungswechsel, sondern anhand von Sinneinheiten des gesprochenen Wortes vorzunehmen. Beides koinzidiert zumeist, aber nicht immer, und in diesen Fällen findet sich in der mittleren Spalte der Hinweis »Fortsetzung der Einstellung«. Kritisieren könnte man eine gewisse »Sprachlastigkeit« der Transkription, die auf Kosten der Notation und damit auch der Analysierbarkeit der

12 Die der Auswertung zugrunde liegende Methode ist die der Objektiven Hermeneutik. Zur ihrer Darstellung und Begründung vgl. die allgemeinen Darstellungen in Oevermann 1983; 1991; 1993; 2000; Oevermann et al. 1979; Wernet 2000.

13 Abweichungen in den Angaben der Dauer von Sequenzen zu den Summen der Dauer der einzelnen Einstellungen sind Rundungen geschuldet.

14 Transkriptionskonventionen:

Bild/Kameraeinstellungen:		Ton:	
[D]	Detail	M:	Musik
[G]	Groß	G:	Geräusche
[N]	Nah	(.)	kurze Pause
[A]	Amerikanisch	(..)	deutliche Pause
[HN]	Halbnah	(...)	längere Pause, bis 3 Sek.
[HT]	Halbtotal	[ ]	gleichzeitig gesprochen
[T]	Total	#	Abbruch
[W]	Weit	__	betont gesprochen
		(uv)	unverständlich.

optischen Dimension geht.[15] So wichtig aber diese Dimension ist, kommt bei der Interpretation der Gesamtgestalt des »Steinzeitexperimentes« der Analyse des gesprochenen Wortes insofern ein Primat zu, als, wie eine einfache Überlegung zeigt, die Sendung auch dann, wenn dem Rezipienten nur der Ton zur Verfügung stünde, im Prinzip verständlich wäre, nicht aber, wenn er umgekehrt nur das Bild ohne den Ton anschauen würde. Diese Entscheidung ist jedoch, das sei ausdrücklich hervorgehoben, keine grundsätzliche, sondern eine pragmatisch-forschungsökonomische. Das von Ralf Bohnsack vorgeschlagene Transkriptionssystem[16] hat den Vorteil einer genauen und anschaulichen Synchronisation von Bild und Ton, aber auch hier kann die dichte Sequenz der Bilder eine Überführung in eine sprachliche Beschreibung nicht ersetzen – um überhaupt analysefähig zu werden, bedürfen die Bilder einer Versprachlichung. Das Verständnis der hier verwendeten Transkription ist also ein pragmatisches, sie soll den Leser orientieren und ihm gegebenenfalls ein rasches Auffinden der Sequenzen ermöglichen. Die Charakterisierung der musikalischen Untermalung der Sendungen ist durchaus impressionistisch, es geht lediglich darum, ihre Anmutung näherungsweise zu erfassen, eine detaillierte Analyse würde den Rahmen der vorliegenden Studie sprengen.[17]

15 Bohnsack (2009, 140) hat dies zu Recht an Transkripten von Keppler moniert.

16 Vgl. hierzu Bohnsacks aufschlussreiche exemplarische Analyse der Fernsehshow »Istanbul total«, einer in Istanbul produzierten Sondersendung der Reihe »TV total« mit dem Moderator Stefan Raab (Bohnsack 2009, 177–240).

17 In welchem Ausmaß gerade in Fernsehdokumentationen die filmischen Realitäten und die mit ihnen sich verbindenden Stimmungen durch Musik moduliert werden können, hat Andreas Wagenknecht (2008) gezeigt.

3.3 Sequenzanalyse des Anfangs der ersten Folge

1/0'01–0'11

'6	[W] Langsame Kamerafahrt: Pfahlbauten im Schnee.	M: Streicher, getragen
'5	[T] Langsame Kamerafahrt von einem Pfahlbau weg	M: Streicher, getragen Sprecher: Eine verlassene Siedlung

Dass in der Siedlung keine Menschen mehr leben, ist ihr nicht anzusehen, denn es sind keine Spuren von Zerstörung oder Verfall auszumachen, die auf eine Verlassenheit hindeuten. Zwar sind keine Menschen zu sehen, man würde daraus aber nicht auf die Unbewohntheit der Siedlung schließen, sondern die Bewohner in Anbetracht der unwirtlichen Winterlandschaft im Innern der Häuser vermuten.

1/0'12–0'16

'4	[G] Aufgehängte Lederschuhe baumeln vor einer Wand.	M: Streicher, getragen Sprecher: Wie viele Menschen haben hier gelebt?

Die im Winde leicht sich bewegenden, intakten Schuhe sprechen ebenfalls für eine bewohnte Siedlung, denn bei einer planmäßigen Aufgabe wären sie sicher so wie alle anderen noch brauchbaren und transportablen Gegenstände mitgenommen worden. Durch diese Bilder erscheint die Behauptung, die Siedlung sei verlassen worden, dramatisch, denn offenbar verließen die Bewohner sie fluchtartig und so überstürzt, dass sie sogar die Schuhe zurücklassen mussten. Anlass einer solchen Flucht hätte ein nahender Angriff oder eine bevorstehende Naturkatastrophe gewesen sein können, dann jedoch würde man auch erwarten, Spuren dieser Ereignisse zu sehen. Durch die Diskrepanz zwischen der Ruhe der Bilder und der Andeutung eines dramatischen, fluchtauslösenden Ereignisses bekommt die Szene, unterstützt durch die getragene Musik, etwas Unheimliches. Ein Kriminalfilm oder ein Thriller könnte so beginnen, in dessen Verlauf sich dann die Abgründigkeit der scheinbaren, von den Bildern nahegelegten Idylle manifestiert.

Die Frage »Wie viele Menschen haben hier gelebt?« wirkt im Anschluss an die vorangegangene Verlassenheitsbehauptung etwas befremdlich, denn näherliegend wäre zunächst die Frage, *wer*, welche Menschen hier gelebt haben.[18] Bedenkt man die irritierende Kombination der Verlassenheitsbehauptung mit dem Bild der Schuhe, wäre außerdem die Frage nach den Gründen für das Verlassen der Siedlung dringlicher als die nach der Anzahl der Personen.

1/0'16–0'18

'4	[HN] Innenraum, dunkel, Schüsseln und Gerätschaften auf dem Boden.	M: Streicher, getragen Sprecher: Wie sah ihr Alltag aus?

Der Zuschauer kann einen Blick in das Innere eines der Häuser werfen. Obwohl aufgrund der Kürze der Einstellung keine Details zu erkennen sind, gibt es keine Anzeichen von Verwüstung. Die draußen aufgehängten Schuhe sind, wie sich jetzt zeigt, von den Bewohnern nicht etwa vergessen worden, vielmehr verblieb offensichtlich der gesamte Hausrat in der Siedlung. Alles spricht daher dafür, dass die Bewohner sie plötzlich verlassen mussten, und die Spannung steigt hin zu der Auflösung der Frage, was der Grund für die Aufgabe der Siedlung war. Eingedenk des zu vermutenden dramatisch-außeralltäglichen Ereignisses, das die Bewohner zum Verlassen zwang, wirkt die Frage nach der Beschaffenheit ihres Alltags merkwürdig unpassend.

1/0'18–0'23

'2	(Fortsetzung der Einstellung)	M: Streicher, getragen Sprecher: Wenn diese Häuser sprechen könnten,
'4	[HT] Außenaufnahme eines Pfahlbaus.	Sprecher: was hätten sie zu erzählen?

In raunendem Tone schließt sich eine weitere Frage an, die inhaltlich keinen neuen Aspekt hinzufügt und eigentlich eine Paraphrase der bislang gestellten Fragen ist. Betrachtet man diese Fragen noch einmal im Zusammenhang, so fällt ihre Beliebigkeit auf, denn sie bewe-

18 Überspitzt könnte man sagen, diese Prioritätensetzung entspricht dem Kardinalfehler der quantifizierenden empirischen Sozialforschung, der darin besteht, der Quantität, der Frage nach dem »wie viel«, Vorrang vor der Qualität, also der Frage nach dem »was«, einzuräumen.

gen sich nicht auf einen bestimmten Sachverhalt zu. Man weiß als Zuschauer nicht, ob der Fokus auf dem Alltagsleben der Menschen liegt, die in der Siedlung lebten, oder auf den dramatischen Umständen, aus denen ihre Auflassung resultierte. Die insgesamt wenig kohärenten Fragen dienen einzig dazu, Spannung zu erzeugen,[19] was dem Geiste einer Dokumentation nicht per se widerspricht, doch muss diese Spannung durch den dokumentierten Gegenstand gedeckt sein und aus den dargestellten Inhalten selbst hervorgehen. Hier jedoch ist die Spannung lediglich eine inszenierte.[20]

19 Im Wesentlichen lassen sich zwei Modi der filmischen Spannungserzeugung unterscheiden: Spannung aufgrund der Offenheit einer Problemlösungssituation, befördert noch dadurch, dass dem Zuschauer Informationen vorenthalten werden, und Spannung aufgrund eines »Verhängnisses«, einer dem Zuschauer, nicht aber den Protagonisten bekannten Problemkonfiguration – hier besitzt der Zuschauer ihnen gegenüber einen Wissensvorsprung und ist gespannt darauf, wie sie in von ihnen nicht antizipierbare Schwierigkeiten geraten und diese bewältigen. Beide Modi können im Prinzip auch in Dokumentationen Anwendung finden, sofern sie in Einklang mit dem tatsächlichen Geschehen stehen. (Zum Spannungserlebnis bei der Filmrezeption vgl. Ohler 1994; Wuss 1993; für einen Überblick über Theorien der Spannungserzeugung vgl. Schulze 2002.) Bezogen auf das Fernsehen unterscheidet Gerd Hallenberger (1988, 157) zwischen der für fiktionale Serien typischen »Verlaufsspannung« (*wie* wird ein Kriminalfall gelöst?) und der zum Beispiel für politische Magazine typischen »Ergebnisspannung« (*ob* der geschilderte Konflikt gelöst werden kann).

20 Auffallend sind die Parallelen dieser initialen Sequenz des »Steinzeitexperimentes« zu den von Miriam Sénécheau herausgearbeiteten Gestaltungselementen des Anfangs des Unterrichtsfilmes »Völkerwanderung«, der auf der Fernsehdokumentation »Sturm über Europa« basiert. Die Bildmotive bilden neben Moorleichen »ein Dorf, Pflanzensamen, Skelettreste sowie eine Röntgenaufnahme, meist begleitet von einer traurigen, getragenen Hintergrundmusik« (Sénécheau 2010a, 97); das Dorf wird im Schneegestöber gezeigt. Der Kommentar besteht aus Reihungen (zuweilen elliptischer) Hauptsätze, Fragen, Andeutungen und Krisenbeschwörungen (»Was hatte diese Menschen aus ihrer Heimat vertrieben? Eine Flutkatastrophe, ein stärkerer Feind?« [zitiert nach Sénécheau 2010, 97]). Die gezeigten Moorleichen als »Aufhänger« des Filmes werden dabei zur Illustration von Sachverhalten instrumentalisiert, für die sie sich bei genauerer Betrachtung gar nicht eignen: »1. Sie werden zu ›Angehörige[n] des germanischen Volkes der Kimbern‹ erklärt, obgleich die Datierung der Moorleichen nicht mit der Zeitebene der Filmhandlung übereinstimmt. 2. Die Moorleichen stehen stellvertretend für die angeblich

1/0'24–0'30

'2	(Fortsetzung der Einstellung)	M: Streicher, getragen Sprecher: Aus dem Leben
'4	[G] Kamera fährt an einer bemalten Wand entlang: Strichmännchen, wie zu einer Prozession aufgereiht, Tierköpfe, ein Ofen, Sonne und halbe Mondscheibe.	M: Streicher, getragen Sprecher: unserer Vorfahren, 5000 Jahre zurück (.) in der Zeit.

Es wird nachgetragen, zu welcher Zeit sich das Geschehen, um das es in der Sendung gehen soll, abspielte, ohne dieses selbst näher zu erläutern. Immerhin wird offenbar, dass die Häuser Nachbauten und nicht Zeugen realer historischer (bzw. prähistorischer) Ereignisse sind. Damit liegt eine Inszenierung sowohl auf der Ebene des gesprochenen Textes wie auf der Ebene der durch ihn kommentierten Bilder vor. Gegenstand der Berichterstattung ist nicht etwas, was unabhängig von ihr existieren würde, sondern etwas für sie überhaupt erst Veranstaltetes. Das auf der bemalten Wand zu Sehende trägt zur Erhellung nichts bei, es ist nicht klar, was hier abgebildet ist, außerdem ist die Einstellung zu kurz, als dass der Zuschauer die einzelnen Elemente der Darstellung zu einem stimmigen Ganzen zusammenfügen könnte.[21]

hungernde Gesamtbevölkerung, wobei die Aussagekraft der Funde zu Gunsten der Story überstrapaziert wird« (Sénécheau 2010, 97). Die Parallelen zu dem Beginn der ersten Sendung des »Steinzeitexperimentes« weisen darauf hin, dass es sich um gängige Darstellungsroutinen handelt.

21 Tatsächlich ist dies eine von den Probanden an eine Hauswand gemalte Chronologie der Ereignisse während des Experimentes, die zu Beginn der zweiten und der dritten Folge rückblickend von »Martin« erläutert wird (2/0'10–0'22; 3/0'07–0'30).

1/0'30–0'35[22]

'5	[N] Ein Mann mittleren Alters, der später als »Martin« vorgestellt werden wird. Er befindet sich in einem dunklen Raum und sieht sehr erschöpft aus. Wie bei einem Blick durch eine Videokamera sind innerhalb des Bildes begrenzende Ecken zu sehen, die einen imaginären Rahmen bilden. In der linken oberen Ecke steht: »REC«, daneben blinkt ein rotes Licht. Die Linien und die Buchstaben wirken wie flüchtig gezeichnet. »Martin« spricht in die Kamera.	»Martin«: Montagmorgen siebter August 3200 vor Christus.

Es folgt eine Art Logbucheintrag, der mit der Nennung des Datums beginnt. Dieser Nennung eignet die Paradoxie, dass der Julianische bzw. Gregorianische Kalender in der Jungsteinzeit noch nicht existierte und man folglich damals diese Angabe gar nicht hätte machen können. Welcher Zusammenhang könnte zu dem bislang Gezeigten und Gesagten bestehen? Ist »Martin« einer der ehemaligen Bewohner der verlassenen Siedlung? Will man ein Minimum an Darstellungskontinuität unterstellen, hat man davon auszugehen, und von ihm wird man Aufschluss über die Gründe für das Verlassen der Siedlung und über das Schicksal ihrer Bewohner zu erwarten haben. Gleichzeitig durchbricht aber seine paradoxe Datumsangabe die bisher durch Andeutungen und Ungewissheiten erzeugte Spannung. Es wird nicht über ein tatsächliches prähistorisches Geschehen berichtet, das etwa in archäologischen Befunden Spuren hinterließ, vielmehr versetzten sich Menschen des 21. Jahrhunderts physisch in die Lebensbedingungen von Menschen der Jungsteinzeit. Dann aber kann das Verlassen der Siedlung nur die Beendigung dieses temporären Zustandes bedeuten, die allenfalls dann einen Hauch von Dramatik besaß, wenn dieser Zustand durch unvorhergesehene Ereignisse früher als geplant beendet werden musste. Die Bewohner werden dann aber nicht, wie Text und Bilder suggeriert haben, in

22 Aus Gründen der Übersichtlichkeit werden die Probanden in dem Transkript schon mit ihren (in Anführungszeichen stehenden) Namen bezeichnet, auch wenn sie in der Sendung erst später ausdrücklich vorgestellt werden.

großer Not und unzureichend ausgerüstet durch eine Winterlandschaft irren, sondern sie werden in das 21. Jahrhundert mit all seinen Annehmlichkeiten zurückgekehrt sein. Die aufgebaute Dramatik ist sachlich gänzlich unbegründet, sie dient allein dem Erheischen von Aufmerksamkeit, führt systematisch auf falsche Fährten und ist daher einer Dokumentation in hohem Maße unangemessen. Auch wenn die Bemerkung »Martins« ironisch gemeint sein mag, bringt sie doch objektiv gestaltrichtig das zentrale Problem des Experimentes zum Ausdruck: Allein eine identifikatorische Aneignung von Sachgütern vermag die Distanz zu einer anderen Kultur nicht zu überwinden.

Eigenartig ist das technische Arrangement. »Martin« wird von dem Zuschauer so gesehen, als ob dieser durch eine Videokamera blicken würde, mit einem durch die Ecken angezeigten Rahmen und den optischen Hinweisen darauf, dass die Kamera gegenwärtig aufnimmt. Gleichzeitig weist die Gestaltung der Elemente sie als bloß gezeichnete aus, sie sind damit nicht Bestandteil einer realen Aufzeichnungshandlung, auch wenn es auf den ersten Blick diesen Anschein hat. Was kann das bedeuten? Welche Information für den Zuschauer kann es enthalten? Vielleicht soll auf diese Weise signalisiert werden, nicht die Kameraleute des Fernsehteams, sondern jemand anders bediente diese Kamera, zum Beispiel ein anderer Proband, vielleicht auch der Gefilmte selbst. Aber weshalb soll dieses Wissen für den Zuschauer von Belang sein? Es wird nicht darauf vertraut, dass die Aussage »Martins« für sich genommen genug Informationen für den Zuschauer transportiert, zusätzlich muss noch eine optische Information eingebaut werden, die aber bei Lichte besehen gar keine ist. Es handelt sich um eine technische Spielerei, die nicht nur überflüssig, sondern auch verwirrend ist, weil sie Aufmerksamkeit absorbiert und sich nicht auflösen lässt. Auf diese Weise schiebt sich das Fernsehen vor die Gegenstände, über die es berichtet, es drängt sich auf Kosten einer sachhaltigen Informationsübermittlung gewissermaßen selbst ins Bild.[23]

23 Diese Kamera wird von den Fernsehverantwortlichen als »Tagebuchkamera« bezeichnet; wir verwenden diesen Begriff, der unten noch zu diskutieren sein wird, der Einfachheit halber im Folgenden bei der Kennzeichnung des mit dieser Kamera Aufgezeichneten.

1/0'36–0'38

'3	Ockerfarbener graphischer Hintergrund, der wie eine Felsplatte wirkt; von oben kommt das Wort »Stein«, von unten das Wort »Zeit« ins Bild, jeweils in rissigen Großbuchstaben, die wie aus Stein gemeißelt wirken. Die Wörter stoßen in der Bildmitte zusammen. Am unteren Bildrand bewegt sich von links nach rechts ein Kurvendiagramm durchs Bild.	G: Sturm/Gewitter, das Zusammenstoßen der Wörter wird akustisch akzentuiert

Hat man bislang eine Art Vorspann gesehen, so folgt nun der Titel der Sendung. Der Vorspann hat einerseits aus dem Fragenkatalog bestanden, durch welchen der Zuschauer systematisch in die Irre geführt worden ist, indem die Fragen in Verbindung mit den entsprechenden Bildern ein krisenhaftes Ereignis suggeriert haben, das die Bewohner zur Aufgabe der Siedlung zwang, und andererseits aus der Einstellung, in welcher »Martin« die paradoxe Datumsangabe »Montagmorgen siebter August 3200 vor Christus« formuliert hat. Die mit diesem Vorspann verbundene Intention ist offenkundig, er soll die Zuschauer neugierig auf das Folgende machen. Vielleicht ist ein willkürlich gesetztes Moment der Irritation sogar programmatisch erwünscht, damit Zuschauer geködert werden, was bei einer Dokumentation aber nur dann legitim ist, wenn der Gegenstand selbst die Irritation begründet.

Die Visualisierung des Wortes »Steinzeit« ist, wie nach diesem Vorspann nicht anders zu erwarten, klischeehaft. Die Buchstaben sind so gestaltet, als ob sie aus monumentalen Steinblöcken herausgearbeitet worden wären. Damit wird das schiefe Bild der Steinzeit als einer Epoche, in der sich die Menschen ausschließlich lithischer Materialien bedienten, reproduziert, was insbesondere für die Zeit des Neolithikums unangebracht ist, zu deren Errungenschaften neben einer sophistizierten Steinbearbeitung auch Ackerbau und Viehzucht, Hausbau sowie die Produktion von Holzgeräten, Textilien und Keramik zählen. Für die Machart der Sendung ist dies dekuvrierend, denn es zeigt, wie für die Präsentation eines Experimentes, das doch den Ansprüchen der Wissenschaftlichkeit genügen soll, auf wissenschaftlich schon lange obsolete Klischeebilder zurückgegriffen wird. Das ansonsten unmotiviert erscheinende Kurvendiagramm dient wohl dem Zweck, den wissenschaftlichen Charakter der Veranstaltung zu unterstreichen, das gewählte Mittel jedoch spricht genau diesem Charakter Hohn.[24]

1/0'38–0'44

'6	(Fortsetzung der Einstellung) Von links nach rechts erscheinen Buchstaben wie die einer digitalen Anzeige und bilden den Schriftzug: »Das Experiment«. Das Bild löst sich auf.	M: Synthesizer am Ende der Einstellung G: ein Klackern begleitet das Erscheinen der Buchstaben

Das Ausbuchstabieren von Klischees setzt sich fort. So wie die wuchtigen, wie aus Stein gemeißelt wirkenden Buchstaben für die Steinzeit stehen, so symbolisieren im Kontrast dazu die grazilen Digitalbuchstaben, die mit einer entsprechenden akustischen Untermalung sich aufbauen, den Aspekt der Wissenschaftlichkeit.

1/0'44–1'13

'29	Überblendung: [N] Keramikgefäße und Körbe vor einem Pfahlbau, Regen und Sturm; Kamera fährt und schwenkt über den Hofplatz; man sieht diverse Gerätschaften, die Kamerafahrt endet vor einem Hausrohbau [T]. Einblendung: »Folge 1. Der Härtetest«.	M: Streicher, getragen G: Regen, Gewitter Sprecher: Sommer 2006. Seit Jahrzehnten war kein August so kalt und so nass. Denkbar schlechte Bedingungen für den Start eines Experiments. Eine Gruppe von Menschen versucht, hier zwei Monate lang zu leben wie in der Jungsteinzeit.

Wie es bei einer Dokumentation sein soll, kommentiert das gesprochene Wort die Bilder, es fügt Erklärungen und Kontextuierungen hinzu, die den Bildern selbst nicht zu entnehmen sind. Eigenartig ist allerdings die Struktur des Kommentars. Mit der einleitenden Feststellung »Sommer 2006« wird zunächst eine Datierung des zu sehenden Geschehens vorgenommen, dann wird der Monat, August, nachgetragen und als außergewöhnlich kalt und nass beschrieben, und dann erst erfährt der Zuschauer eher beiläufig, dass zu dieser Zeit das Experiment begann oder, das ist hier nicht zu entscheiden, beginnen sollte. Verglichen mit einer Darstellung wie der folgen-

24 Zum Signalcharakter von Kurvendiagrammen als Ausweis einer vermeintlichen, technisch abgesicherten Objektivität vgl. Rieger 2009.

den: »Der ungewöhnlich kalte und nasse August 2006 bot denkbar schlechte Startbedingungen für das Experiment«, wird der Informationsfluss durch diese häppchenweise erfolgende Explikation unnötig verkompliziert. Wie, zumindest bislang, die Abfolge der einzelnen Einstellungen dem Aufbau von inhaltlich nicht gedeckter Spannung verpflichtet gewesen ist, zeigt sich diese Struktur hier in der sprachlichen Kommentierung einer einzelnen Einstellung. Ein einfacher Sachverhalt wird ohne sachliche Notwendigkeit in einzelne Propositionen gestückelt, die im Stile der sukzessiven Enthüllung eines bedeutenden Geschehens präsentiert werden. Eine solch aufmerksamkeitsheischende Form der Kommunikation findet sich alltagspraktisch typischerweise in Situationen des Wartens, in welchen bei Kindern Aufmerksamkeit durch Spannung hergestellt wird, damit sie nicht unruhig und quengelig werden; gesteigert ist diese Form der Aufmerksamkeitserzeugung in Kindertheatern zu beobachten. Auch in der Werbung ist sie weit verbreitet, und dort ist sie insofern berechtigt, als es der Zweck von Werbung ist, Interesse für ein Produkt jenseits seiner Qualitäten, über die sachlich informiert werden kann, zu wecken. Wird dies Erwachsenen aber dann zugemutet, wenn es ernsthaft um die Weitergabe von Informationen geht, bedeutet das eine Infantilisierung der Rezipienten, denen man nicht zutraut, einem vollständigen, auch nur halbwegs komplexen Satz zu folgen, wenn sie nicht gleichzeitig durch die Andeutung von zu erwartenden Interessantheiten geködert werden. Dazu passt die immer noch ausstehende Auflösung der Frage, ob das Experiment denn überhaupt wie vorgesehen beginnen konnte, ob es Verzögerungen gab oder ob es ganz abgesagt werden musste. Hinsichtlich der berichteten Wetterkalamitäten bleibt außerdem festzuhalten, dass es nicht etwa Februar, sondern doch immerhin August war, wenn auch ein nasser und kalter.

1/1'13–1'22

'9	[G] »Ingo«, der Kamera zugewandt, im Hintergrund Wald.	G: Vogelgezwitscher »Ingo«: Sehr sumpfig, sehr nass, sehr feucht, jeden Tag Regen, nachts, tagsüber (.) also es macht net wirklich Spaß, kammer net sagen.

Zu sehen ist ein etwa 50-jähriger Mann, der bislang noch nicht vorgestellt worden ist; es muss sich, wie aus seiner Kleidung zu schließen ist, um einen der Probanden handeln. Sein »Statement« ist bemerkenswert gelassen und undramatisch. Das Wetter ist unerfreulich, entsprechend ist die Laune nicht die beste, insgesamt aber nimmt er Regen und Sturm offensichtlich mit dem Gleichmut eines erfahrenen Dauercampers hin. Welche Information enthält diese Aussage über die Bilder und den Kommentar des Sprechers hinaus? Eigentlich keine, außer vielleicht der Beruhigung, dass alles so schlimm doch nicht ist.

1/1'22–1'26

'4	[G] »Martin«, der Kamera zugewandt, im Hintergrund Wald.	G: Vogelgezwitscher »Martin«: Was machen wir, wenn's jetzt weiterregnet, was machen wir dann? Wie lange halten wir das durch?

»Martin« hat eine durchaus andere Einschätzung der Krisenhaftigkeit der Situation – vielleicht liegt zwischen den beiden Aussagen auch eine gewisse Zeit, in der sich die Umstände verschlechterten. Wörtlich genommen klingt das Gesagte sehr dramatisch, als ob durch den anhaltenden Regen eine Überschwemmung droht, der man schutzlos ausgeliefert ist, und aus dem »Wie lange halten wir das durch« mag man sogar so etwas wie Verzweiflung heraushören. Tatsächlich besteht die Gefahr aber nur darin, dass das Experiment unterbrochen oder abgebrochen werden muss und die Probanden einige Zeit in Hotelzimmern verbringen oder aber in ihr Alltagsleben zurückkehren werden. Das wäre für die Beteiligten sicher ärgerlich und frustrierend, aber kaum so dramatisch, wie diese Einstellung den Zuschauer glauben machen möchte. Die Dramatisierung verdankt sich allein einer Dekontextualisierung der Äußerung, ihrem Herausreißen aus dem Zusammenhang. Für die Frage, die mit dem Experiment geklärt werden soll, wie nämlich alltägliche Lebensvollzüge in der Jungsteinzeit beschaffen waren, ist eine Diskussion über Fortsetzung oder Abbruch ohnehin nebensächlich, sie liegt auf der Metaebene des Arrangements des Experimentes, nicht seiner Durchführung.

1/1'27–1'43

'17	[T] Blick über den Weiher auf die drei Häuser: starker Regen, Sturm.	M: Orchester, zunächst dramatisch, dann getragen G: Regen, Donner Sprecher: Schon seit einer Woche regnet es in Strömen. (...) Wie lange werden die Steinzeithäuser diesen Wassermassen standhalten?

Das ist eine Frage, die in der Tat für das Experiment, genauer für die Hausrekonstruktionen, von Belang ist. Die Rede von den »Steinzeithäusern« tilgt, dass es Rekonstruktionen sind, denen durchaus etwas Spekulatives anhaftet, denn Ausgrabungen vermochten zwar Aufschluss über die Beschaffenheit des Unterbaus, des Bodens und der Wände der Häuser zu geben, nicht aber über die des Daches. Wie es konstruiert und mit welchem Material es gedeckt war, entzieht sich der Kenntnis der Archäologen. Unterstellt man den Menschen des Neolithikums ein praktisches Wissen, mittels dessen sie in der Lage waren, in Anpassung an ihre Umgebung »wasserdichte« Häuser zu bauen,[25] dann wird deutlich, dass hier die Rekonstruktionen der Archäologen auf dem Prüfstand stehen.[26] Die Frage, wie lange

25 Anders äußert sich Gunter Schöbel, Direktor des Pfahlbaumuseums in Unteruhldingen und wissenschaftlicher Berater des Experimentes, bei einem Ortstermin gegenüber den Probanden: »Also ich denke eben auch, in der Steinzeit waren dichte Dächer auch nicht die Regel« (1/39'29–39'32). Unmittelbar im Anschluss macht er aber die Rekonstruktion des Daches für das Eindringen des Wassers verantwortlich (1/39'46–40'20).

26 Die Tilgung der Differenz von originalen Objekten und den Rekonstruktionen der Archäologen ist ein durchgängiger Zug in den aus dem »Steinzeitexperiment« hervorgegangenen Sendungen. So heißt es in dem Film »Das Dorf« zu den beiden Alpenüberquerern, sie würden ihre Wanderung antreten »in den Schneeschuhen, mit den Rucksäcken, die auch Ötzi benutzt hat« (DD/31'39–31'44), als würden sie buchstäblich mit der Ausrüstung »Ötzis« losmarschieren. (»DD/31'39–31'44« ist folgendermaßen aufzulösen: »Das Dorf/Minute 31 Sekunde 39 bis Minute 31 Sekunde 44«.) Ein ähnlicher Kurzschluss von prähistorischer Vergangenheit und Gegenwart liegt der folgenden Ungenauigkeit zugrunde: »Beide Junggesellen brauchen dringend die Vorräte, wie man sie bei Ötzi gefunden hat: Pemmikan, eine Mischung aus Schweinefett, Fleisch und Trockenfrüchten« (DD/29'30–29'40). Pemmikan ist ein Nahrungsmittel der nordamerikanischen Indianer, eine Mischung aus getrocknetem und zerstoßenem Fleisch sowie Fett, die wegen ihrer langen Haltbarkeit und ihres hohen

die Häuser »standhalten« werden, beschwört eigentlich eine ernsthafte Gefahr des Zusammenbrechens, während es in Wirklichkeit nur darum geht, ob die Feuchtigkeit in einem Maße in die Häuser eindringt, das einen weiteren Aufenthalt in ihnen nicht gestattet. Auch in dieser Äußerung finden sich also sachlich unangebrachte Dramatisierungen.

1/1'44–2'04

'5	[A] Pfahlbau von innen, »Sophia« vor einer Wand, sie spricht zur Kamera.	G: Wassertropfen, Kinder »Sophia«: Hier tropft es, hier überall, also nich nur an einer Stelle, sondern
'3	[N] Dach von innen.	G: Wassertropfen »Sophia«: wirklich überall durchgetropft,
'3	[N] Lehmwand.	G: Wassertropfen »Sophia«: als wenn's hier regnet, so doll hat's hier getropft. »Claudia«: Man sieht ja verschiedene Stellen,
'6	[A] »Sophia« und »Claudia«, die auf den Boden deutet. Kameraschwenk zum Boden.	G: Wassertropfen »Claudia«: wo's einfach auch feucht am Boden is ne, hier ist der Lehm jetzt feucht, da hat's reingetropfst, da vo#
'3	[A] »Claudia« öffnet ihre Hand und hält die Handfläche nach oben. Kameraschwenk nach oben.	G: Wassertropfen »Claudia«: hier tropft's gerade eben wieder

Die Folgen des starken Regens werden von zwei Probandinnen aufgezeigt. Das Dach ist undicht, Wasser tropft von ihm herunter und fließt an den Innenwänden entlang, der Boden wird feucht. Ein wenig wirken die auf die Unzulänglichkeiten des Hauses hinweisenden Frauen wie Hotelgäste, die sich bei dem Geschäftsführer über Mängel beschweren. Jedenfalls zeigt sich hier, wie unpassend die Frage, ob die Häuser »standhalten« werden, angesichts der faktischen Schäden ist.

Nährwertes traditionell insbesondere bei Wanderungen Verwendung gefunden hat. Bei »Ötzi« wurden keine Hinweise auf Pemmikan gefunden, weder bei der Untersuchung des Darminhaltes (Oeggl 1999) noch bei den im Umkreis der Fundstelle entdeckten Lebensmittelresten (Egg/Spindler 2009, 159–161).

1/2’04–2’11

’7	[A] »Olliver« im Hausinnern, etwas hilflos mit den Schultern zuckend.	»Olliver«: Dann funktioniert das nicht, dann ham wir nur nasse Klamotten und dann werden wir krank und dann wissen wir genau, nach drei Tagen# können wer das hier steckenlassen, weil wir krank sind.

Auch diese Äußerung ist aus dem Zusammenhang genommen, der Zuschauer weiß nicht, woraus die Folgerung »Dann funktioniert das nicht« abgeleitet wird, er kann nur vermuten, dass der zuvor geäußerte Satz sinngemäß gelautet hat: »Wenn das mit dem Regen hier so weitergeht…«. »Olliver« spricht als Erster die Folgen an, die ein weiter andauernder Regen haben könnte: Das Haus schützt nicht mehr vor der Feuchtigkeit, die Kleider werden nass, weshalb Erkrankungen der Probanden zu erwarten sind, die eine Fortsetzung des Experimentes gefährden.

1/2’11–2’19

’5	[N] »Sophia« im Hausinnern, der Kamera zugewandt.	»Sophia«: Ich bin ja nun auch nicht mehr die Jüngste, und da tun einem einfach wenn’s so nass ist so die Knochen weh nachts, hier die Hüftknochen,
’3	[G] Dach von innen.	»Sophia«: ich weiß also nicht mehr, wie ich liegen soll, also das is

»Sophia« beklagt sich über feuchtigkeitsbedingte Unannehmlichkeiten, die gewiss unerfreulich sind, aber andererseits doch im Rahmen dessen liegen, auf was man sich realistischerweise einzustellen hat, wenn man sich freiwillig dazu entschließt, einige Wochen unter simulierten »Steinzeit«-Bedingungen zu leben.

1/2’19–2’24

’5	[A] Einige Probanden (v.l.: »Martin«, »Claudia«, »Sophia«, »Ingo«, vor ihnen »Taliesin« und »Mitja«) im Hausinnern vor einer Wand.	»Martin«: Sobald der Erste ne Lungenentzündung hat, gehen wir alle (.) ganz klar.

Die Implikationen dieser Äußerung bleiben dunkel, weil auch hier der Zusammenhang fehlt. Warum soll es »ganz klar« sein, dass im Falle des Auftretens einer Lungenentzündung nicht nur der Kranke das Experiment abbricht, sondern alle Probanden es ihm gleichtun? Aus Angst davor, alle könnten erkranken, oder aus einer Solidarität mit dem Kranken heraus? Möglicherweise ist die Äußerung »Martins« eine an die Adresse der Veranstalter des Experimentes gerichtete Drohung, etwa im Sinne von: »Es liegt jetzt an euch, etwas zu unternehmen, damit die Bedingungen erträglicher werden, und sollte nur einer krank werden, dann brechen wir alle ab«. Vielleicht agitiert »Martin« hier aber auch seine Mitprobanden. Was der Fall ist, teilt sich dem Zuschauer nicht mit, es wäre aber für ihn wichtig zu wissen, um die Situation einschätzen zu können.

Insgesamt ist in der Abfolge der Äußerungen zu den Wetterbedingungen, denen die Probanden ausgesetzt sind, eine klare Dramaturgie zu erkennen, die eine Eskalation suggeriert: »Sophia« und »Claudia« zeigen die undichten Stellen des Hauses auf, »Olliver« thematisiert als Erster die mögliche Konsequenz einer Unterbrechung oder eines Abbruchs des Experimentes, »Sophia« berichtet von bereits eingetretenen körperlichen Beschwerden, »Martin« schließlich kündigt für den Fall einer ernsthaften Erkrankung auch nur eines der Probanden entschieden den Abbruch an. Ob diese Eskalation eine in der Realität war oder ob sie der Montage der verschiedenen Aussagen geschuldet ist, lässt sich ohne Kenntnis der realzeitlichen Sequenzstellen dieser Äußerungen nicht beurteilen.

1/2’24–2’38

’3	[N] »Henning« draußen, mit Fell über Kopf und Rücken, nach vorne gebeugt.	M: dramatische Orchestermusik zu Beginn der Einstellung Sprecher: Es ist eine Reise in die
’3	[N] Anderer (?) Proband mit Fell über dem Kopf.	M: leise Orchestermusik Sprecher: Zeit, in der unsere Vorfahren sesshaft wurden.
’6	[A] Drei Probanden mit Fellen, hantieren, blicken sich um.	M: leise Orchestermusik Sprecher: Wie lebten sie? Ein Fernsehteam und ein Stab von Wissenschaftlern beobachten

'3	[G] Dunkelheit, »Henning« von der Seite, Fell über dem Kopf, nach oben blickend.	M: leise Orchestermusik, am Ende der Einstellung dramatisch anschwellend Sprecher: die Gruppe bei diesem Praxistest.

Die Eskalation wird nicht weiter fortgesetzt, aber auch nicht aufgelöst, vielmehr wird allgemein über das Experiment und über die Zeit, in der es spielen soll, informiert. Damit werden Kontextuierungen nachgetragen, die ganz am Anfang hätten stehen müssen, als mit der andeutungsschwangeren Rede von der verlassenen Siedlung falsche Fährten gelegt worden sind. Sachlich ungenau ist der Satz: »Es ist eine Reise in die Zeit, in der unsere Vorfahren sesshaft wurden« – von der fragwürdigen Metapher der »Zeitreise« ganz abgesehen, wurden zwar mit Beginn des Neolithikums die Menschen in Mitteleuropa zu sesshaften Ackerbauern und Viehzüchtern, doch geschah dies nicht mit der Horgener Kultur, sondern über 2000 Jahre zuvor, ab ca. 5600 v.Chr., zur Zeit der Bandkeramischen Kultur. Die »neolithische Revolution« (Childe 1951) war, so könnte man sagen, zur Zeit der Horgener Kultur schon lange abgeschlossen.[27] Der Kommentar prätendiert, die Probanden hätten in dem Experiment eine Pioniersituation nachzuvollziehen, was faktisch nicht der Fall ist, sich aber in das Dramatisierungsmuster fügt. Bezeichnend ist die Reihenfolge, in der zuerst das Fernsehteam und dann die Wissenschaftler genannt werden. Schon dieses Detail lässt darauf schließen, dass nicht ein wissenschaftliches Experiment, das auch ohne die Anwesenheit eines Fernsehteams stattgefunden hätte, vom Fernsehen dokumentiert wird, im Gegenteil wird das Experiment zunächst und vor allem für das Fernsehen veranstaltet worden sein, was die beteiligten Wissenschaftler zu Erfüllungsgehilfen degradiert. Etwas eigenwillig ist die Bezeichnung »Praxistest«, denn einem solchen werden normalerweise neu entwickelte Produkte zur Untersuchung ihrer Alltagstauglichkeit und der Grenzen ihrer Belastbarkeit unterzogen. Was aber soll hier eigentlich getestet werden? Der einzige sprachliche Referent, der in diesem Satz des Sprechers zur Verfügung steht,

27 Zwar ereigneten sich im Jungneolithikum einschneidende Veränderungen gegenüber dem vorangegangenen Alt- und Mittelneolithikum (vgl. Schier 1993), doch wird hier von dem Sprecher nicht auf diese »innerneolithischen« Prozesse Bezug genommen, sondern auf die Differenz zu den Epochen des Paläo- und Mesolithikums.

ist die »Gruppe«, sie soll dem »Praxistest« ausgesetzt werden. Das ist bezeichnend insofern, als damit nicht Erkenntnisse zum Beispiel zu Nahrungserwerb und Gerätegebrauch, auch nicht physiologische Veränderungen der Probanden hinsichtlich Stoffwechsel, Schlafgewohnheiten oder Krankheitsanfälligkeit im Fokus des Interesses stehen, sondern die »Gruppe« als soziales Gebilde, das heißt die in ihr auftretenden Konflikte und deren Bewältigung. Ein Interesse an diesen Vorgängen wird dem Zuschauer wie selbstverständlich unterstellt, und damit auch ein Interesse an der Identifikation oder Solidarisierung und imaginierten Vergemeinschaftung mit der Gruppe als ganzer bzw. mit einzelnen Probanden oder auch das Kultivieren einer Abneigung gegen sie. Auf diese Weise wird parasozialen Interaktionen der Weg bereitet. Der Zuschauer bekommt Einblicke in Bereiche der Privatheit, die ihn eigentlich nichts angehen und an denen ihm auch nicht gelegen ist, wenn er sich für das Experiment als solches interessiert.

1/2'38–2'44

'3	[A] »Henning« und »Ingo« stehen nebeneinander, in Felle gehüllt, sorgenvoll nach oben blickend.	M: Streicher Sprecher: Oberste Regel: Eingreifen werden wir nur
'3	[T] Halbdunkel, zwei Männer mit Aluminiumleitern vor einem der Häuser.	M: Streicher, Perkussion Sprecher: im Notfall, und der ist jetzt da.

Diese Äußerung impliziert einen Regelkatalog, dessen Regeln nach Priorität abgestuft sind und dessen oberste besagt, ein Eingreifen in das Experiment sei im Notfall, aber auch nur dann, erforderlich. Damit wird mit markigen Worten eine Selbstverständlichkeit benannt: Wenn der Sinn des Experimentes darin besteht, die Probanden Krisenlösungen emergieren zu lassen, ist es auch geboten, nicht unmittelbar dann, wenn Krisen auftreten, zu intervenieren. Wenn aber andererseits eine Gefährdung der Gesundheit der Probanden durch bestimmte Krisen absehbar ist, dann muss interveniert werden. Ob die regenbedingte Feuchtigkeit in den Häusern tatsächlich schon ein Notfall ist oder nicht doch eine der Krisen, welche die Probanden mit ihren Bordmitteln lösen müssten, kann der Zuschauer nicht beurteilen, da ihm eine realistische Einschätzung der Situation nicht möglich ist.

1/2'44–2'50

'3	[T] Mehrere Personen stehen im Halbdunkel vor einem der Häuser.	M: Perkussion Sprecher: Um den Wassereinbruch zu stoppen,
'3	[T] Ein Mann klettert mit einer Plastikplane auf dem Rücken auf einer Leiter das Dach eines der Häuser hinauf.	M: Perkussion Sprecher: verlegen wir Plastikplanen auf dem Dach.

»Wassereinbruch« weckt Assoziationen an einen Dammbruch oder an ein Leck in einer Schiffswand, auch dies eine Dramatisierung der Tatsache eines undichten Daches. Außerdem fragt sich, wie unter den gegebenen Umständen das schon in das Haus eingedrungene Wasser beseitigt werden soll.

1/2'50–2'55

'2	[T] In Felle gehüllte Personen am Fuß der Leiter.	M: Perkussion Sprecher: Im Moment
'2	[G] Hantieren mit einer Plastikplane.	M: Perkussion G: Geraschel der Plane Sprecher: geht es nur um die Gesundheit von
'2	[T] Plane wird auf dem Dach ausgerollt, Kameraschwenk folgt der Bewegung der Plane.	M: Perkussion Sprecher: 13 Männern, Frauen und Kindern.

Das Fernsehen inszeniert sich hier als besorgte und behütende Instanz, die zwar erhebliche Kosten und Mühen in das Experiment investiert hat, sich aber dennoch ohne Zögern der Gesundheit der Probanden annimmt, auch wenn das eigentliche Vorhaben deswegen nicht wie geplant durchgeführt werden kann. Diese Darstellung unterschlägt, dass es jedem der Probanden natürlich freigestellt ist, seine Teilnahme an dem Experiment auszusetzen, wenn er seine Gesundheit oder die seiner Kinder in einem nicht mehr vertretbaren Ausmaß gefährdet sieht. Nicht nur spricht das Fernsehen den Probanden diese Autonomie ab, es stilisiert auch eine Selbstverständlichkeit zu einer von ihm gewährten Sonderleistung der Fürsorge.

1/2'55–2'58

'2	[N] Ein Kleinkind, »Mitja«, aus einer Wandöffnung zur Seite schauend.	M: Perkussion Sprecher: Erst ab morgen
'2	[N] Ein Junge, »Till«, kauend, skeptisch schauend.	M: Perkussion Sprecher: werden wieder Steinzeitbedingungen herrschen.

Entweder hat der Sprecher die Gewissheit, der Regen werde »morgen« aufhören, oder er spricht hier eine versteckte Drohung aus, die den Probanden noch eine Galgenfrist einräumt, bevor sie bei Tageslicht wieder auf sich gestellt sind und sehen müssen, wie sie selbst Lösungen für die anstehenden Probleme finden. Dieser drohende Unterton passt nicht recht zu der Selbststilisierung des Fernsehens als fürsorglich und um das Wohl der Teilnehmer besorgt.

1/2'58–3'05

'3	[T] Dunkelheit, Pfahlbau von außen, Hantieren mit Planen.	M: Perkussion Sprecher: Doch was passiert, wenn das Wetter so bleibt?
'3	[D] Dunkelheit, Regen tropft vom Dach.	M: Perkussion, rhythmische Holzbläserklänge Sprecher: Ist das Experiment zu Ende, bevor es richtig angefangen hat?

Die Frage, was passiert, wenn keine Wetterbesserung eintritt, hätte eigentlich vor der Behauptung der »ab morgen« wieder herrschenden Steinzeitbedingungen gestellt werden müssen. Dann wäre auch ihr drohender Unterton obsolet gewesen, und genau hierin liegt wohl der Grund dieser Umkehr der sinnlogischen Sequenz, denn mit ihr wird wieder eine sachlich nicht gedeckte Spannung erzeugt, dadurch nämlich, dass der Sprecher suggeriert, nach Ablauf einer nur eine Nacht währenden Schonfrist wären die Probanden wieder den »Steinzeitbedingungen« ausgeliefert. Unnötig ist auch die zweite Frage, ob das Experiment durch die äußeren Umstände beendet sei, bevor es richtig habe anfangen können, denn wenn dem so wäre, gäbe es keine vierteilige Dokumentation über seinen Verlauf. Diese Frage mögen sich einige der Beteiligten in der Situation gestellt haben, sie wird aber nicht in diesem Sinne referiert (»Manche befürchten, dass das Experiment zu Ende ist, bevor es richtig angefangen hat.«), sondern von dem Sprecher als eine aktuelle und offene Fraglichkeit artikuliert.

1/3'05–3'18

'10	[W] Dunkelheit, Pfahlbauten, im Vordergrund eine Wasserfläche, in welche Regentropfen fallen.	M: Perkussion G: Donner
'3	Überblendung. Dieselbe Stelle im Hellen: das Ufer eines Weihers, Birken, die Häuser sind noch nicht vorhanden. Einblendung am unteren Bildrand (Digitalschrift): »4 Monate zuvor«.	M: Perkussion G: Vogelgezwitscher, Klackern beim Erscheinen der Einblendung

Wie die ganz zu Beginn der Sendung formulierten und sich um die verlassene Siedlung gruppierenden Fragen keine Auflösung gefunden haben, sondern stattdessen in die Krisensituation des Dauerregens gesprungen worden ist, so werden nun die in Zusammenhang mit dieser Krise aufgeworfenen Fragen ebenfalls nicht beantwortet, und es erfolgt ein weiterer Sprung, ein Rückblick auf die Zeit, in welcher die für das Experiment erbauten Häuser noch nicht vorhanden waren. »Rückblick« ist genau genommen unzutreffend, denn ein solcher setzt einen Hauptfaden der Dokumentation voraus, von dem aus Vorgriffe und Rückblicke unternommen werden. Ein solcher Faden ist aber – zumindest bislang – nicht zu erkennen, der Zuschauer weiß nicht, wo er sich eigentlich befindet, die Dokumentation springt auf schwer nachvollziehbare und unmotiviert erscheinende Weise zwischen verschiedenen Phasen hin und her, oder präziser: Diese Zeitsprünge sind nicht unmotiviert, aber nicht aus der Sache heraus motiviert, sie folgen wie die gestellten und unbeantwortet bleibenden Fragen der Logik des Neugierigmachens. Der Zuschauer wird nicht wie ein Adressat von Informationen behandelt, er muss es sich gefallen lassen, permanent geködert zu werden – in ihm sollen Neugier entfacht und Erwartungen geweckt werden, das Fernsehen geht mit ihm tendenziell wie mit einem Kind um, das ständig agitiert werden muss, damit es nicht das Interesse verliert.

1/3'18–3'46

'4	Dieselbe Einstellung, von rechts kommen zwei Personen ins Bild, Holzlatten auf den Schultern tragend.	M: rhythmisch Sprecher: April 2006. Aufbau der Steinzeitsiedlung.
'3	[HT] Drei Männer laden Holzpfosten und -bretter von einem Lastwagen.	M: rhythmisch G: Arbeitsgeräusche Sprecher: Das Fernsehteam arbeitet
'2	[HT] Hölzer werden mit einer Zugmaschine abtransportiert, Bewegung von der Kamera weg.	M: rhythmisch Sprecher: mit archäologischen Fachleuten
'3	[A] Ein Mann steckt einen Holzpfosten in ein Pfostenloch.	M: rhythmisch G: Arbeitsgeräusche Sprecher: zusammen.
'2	[T] Ein Haus im Rohbau, an dem zwei Männer arbeiten.	M: rhythmisch
'2	[T] Andere Aufnahme des Rohbaus, die Arbeiten sind vorangeschritten; zwei Männer hantieren mit Hölzern, im Vordergrund entrindete Stämme.	M: rhythmisch G: Arbeitsgeräusche Sprecher: 14 Tonnen
'2	[A] Aus einem Sack wird Sand o.ä. auf einen Haufen geschüttet, die Kamera zoomt auf den Vorgang.	M: rhythmisch G: Arbeitsgeräusche Sprecher: Holz und zwölf Tonnen
'2	[N] Sand o.ä. wird mit einer Schaufel durch ein grobmaschiges Netz in eine Maschine gegeben.	M: rhythmisch G: Arbeitsgeräusche Sprecher: Lehm werden verbaut.
'2	[N] Kameraschwenk nach unten, Material mit lehmartiger Konsistenz wird maschinell geknetet.	M: rhythmisch G: Arbeitsgeräusche Sprecher: Mit modernen Maschinen, doch die Häuser
'2	[G] Maschine trägt Lehm auf eine aus Flechtwerk bestehende Hauswand auf.	M: rhythmisch G: Arbeitsgeräusche Sprecher: sind Steinzeit pur.
'2	[G] Die Zwischenräume des Flechtwerks füllen sich mit Lehm.	M: rhythmisch G: Arbeitsgeräusche Sprecher: Keine Nägel, kein Kunststoff,
'2	[N] Ein Mann verstreicht den Lehm auf einer Wand.	M: rhythmisch G: Arbeitsgeräusche Sprecher: kein Beton.

Man fragt sich, warum der Bau der Häuser nicht Teil des Experimentes ist, sondern vorab und mit modernen Maschinen bewerkstelligt wurde.[28] Bezeichnend für den Präsentationsstil ist die Floskel »Steinzeit pur«. Das nachgestellte »pur« ist ein gängiges Stilmittel der Werbesprache, charakteristischerweise auftretend in Wendungen wie: »Geschmack pur« oder »Fahrspaß pur«, besonders penetrant in Kombinationen mit Wörtern gleichen Endlautes wie »Natur pur« und »Kultur pur«. Die Nachstellung soll den Effekt einer Steigerung erzielen, »Geschmack pur« soll den Eindruck erwecken, der Geschmack sei noch purer als ein bloß »purer Geschmack«. Dieser Effekt verdankt sich der Tatsache, dass das nachgestellte »pur« betont gesprochen wird, was der Phrase besonderen Nachdruck verleiht.

1/3’47–4’02

’16	[W] Zeitrafferaufnahme: Man sieht das Haus am Weiher allmählich entstehen.	M: ruhig, mit Harfenglissandi Sprecher: An einem Weiher im Hinterland des Bodensees entsteht in wenigen Wochen eine Siedlung, für die unsere Vorfahren viele Monate benötigt hätten. Die Bauweise wurde anhand von Ausgrabungsfunden rekonstruiert.

Zeitraffer- wie auch Zeitlupenaufnahmen haben ihre eigene Faszination, weil sie Vorgänge erkennbar und nachvollziehbar machen, die dem Auge ansonsten verborgen bleiben. Insofern ist die den Hausbau zeigende Sequenz durchaus instruktiv. Doch erfährt der Zuschauer nichts über die Konstruktionsweise der Häuser – wie wurden Nägel, Kunststoff und Beton funktional adäquat ersetzt? Die zuvor gezeigten Einstellungen waren zu kurz, als dass man sich ein Bild davon hätte machen können. Wenn die Fernsehschaffenden der Ansicht wären, Details der Hauskonstruktion langweilten den

28 Allerdings gehörte die Fertigstellung des dritten Hauses während des Experimentes zu den Aufgaben der Probanden. Die Materialien für das zu deckende Dach mussten sie sich nicht selbst beschaffen, wie der Sprecher anmerkt: »Schilf haben wir ihnen zur Verfügung gestellt. In der Steinzeit mussten unsere Vorfahren erst mehrere hundert Quadratmeter Schilfrohr abernten. Das hätte Wochen gedauert. Genau wie die Herstellung der Seile aus Pflanzenfasern« (4/21’01–21’14).

Zuschauer ohnehin nur und bewegten ihn zum Um- oder Abschalten, wäre dies bezeichnend für das zugrunde liegende Verständnis einer im Fernsehen gezeigten Dokumentation – in einer Art vorauseilendem Gehorsam würde nur das als sendewürdig erachtet, was ein dem Zuschauer unterstelltes Bedürfnis nach rasch wechselnden Reizen befriedigt. Folglich ist dieser Rückblick auf eine Weise gestaltet, die diesem Bedürfnis nicht zuwiderläuft, und außerdem kann sich das Fernsehen mit ihm selbst in Szene setzen, als Instanz nämlich, die bei der Errichtung der Steinzeitsiedlung keinen Aufwand gescheut hat.

1/4'02–4'13

'2	[T] Standbild, Gehege mit Ziege, dahinter Häuser.	M: ruhig G: zu Beginn der Einstellung ertönt ein Klicken wie beim Betätigen des Auslösers eines Fotoapparates Sprecher: Dahinter
'2	[HT] Standbild, drei Ziegen im Gehege.	M: ruhig G: zu Beginn der Einstellung »Fotoauslösergeräusch« Sprecher: die Gehege für die Tiere.
'2	[A] Standbild, Schwein hinter dem Zaun eines Geheges.	M: ruhig G: zu Beginn der Einstellung »Fotoauslösergeräusch« Sprecher: Und, außerhalb des Waldes,
'2	[W] Standbild, Getreidefeld.	M: ruhig G: zu Beginn der Einstellung »Fotoauslösergeräusch« Sprecher: ein Getreidefeld.
'2	[W] Standbild, andere (?) Anbaufläche.	M: ruhig G: zu Beginn der Einstellung »Fotoauslösergeräusch« Sprecher: Ackerbau und Viehzucht.

Auch die Vorstellung der Subsistenzgrundlagen der Probanden ist denkbar dürftig, wozu die akustische Begleitung der Bilder mit dem Geräusch, das den Auslöser eines Fotoapparates zitiert, passt: Sie sind nur ein paar flüchtige Schnappschüsse wert. Auf diesen sind Ziegen und ein Schwein zu sehen, ob aber auch noch andere Tiere – Schafe, Rinder, Hühner – den Probanden zur Verfügung stehen, bleibt so ungeklärt wie die Frage, welches Getreide angebaut wurde. Gab es in der Jungsteinzeit überhaupt schon die heute verbreiteten Nutztiere und Getreidesorten? Das zu wissen, wäre für einen Interessierten durchaus von Bedeutung, und die Thematisierung nähme zudem kaum Zeit in Anspruch.

1/4'13–4'21

'2	[T] Aufsicht auf die Häuser, Zoom von den Häusern weg.	M: ruhig Sprecher: Von einem Experiment in solch
'3	[W] Ende des Zooms, im Vordergrund die Häuser, im Hintergrund moderne Bebauung, dazwischen Wald.	M: ruhig Sprecher: beinahe steinzeitlicher Landschaft
'3	[W] Überblendung: Die moderne Umgebung wird wegretuschiert.	M: ruhig G: Die Überblendung wird von einem Glissando begleitet Sprecher: erhoffen sich Archäologen neue Erkenntnisse.
'2	Zoom auf die Häuser [T], im unteren Viertel erscheint wieder ein Kurvendiagramm.	

Durch die Retuschen wird die Diskrepanz zwischen der jungsteinzeitlichen und der modernen Landschaft in der Umgebung der nachgebauten Häuser verdeckt, sie erwecken jetzt den Eindruck einer isoliert gelegenen Siedlungsinsel. Wie oben vermutet, indiziert das Kurvendiagramm Wissenschaftlichkeit und kündigt dem auf derartige Signale konditionierten Zuschauer einen wissenschaftlichen Exkurs an.

1/4'21–4'26

'4	Das Bild der Häuser [T] wird unscharf, von rechts öffnet sich ein weiteres Bild, das ca. ein Drittel des Bildschirmes einnimmt; in diesem Bild ist [N] ein Mann zu sehen, der der Kamera zugewandt spricht. Oberhalb und unterhalb des Gesamtbildes sind breite schwarze Ränder, auf dem Rand oberhalb des Bildes des Mannes steht: »Dr. Gunter Schöbel«, darunter, schon im Bild, »Archäologe«. Das Kurvendiagramm läuft weiter durch das Bild.	G: Vogelgezwitscher Schöbel: Spannend für uns sind natürlich alle Dinge, die mit dem täglichen Leben zu tun haben und mit dem Menschen,

Es erscheint ein qua Einblendung als Archäologe vorgestellter Dr. Schöbel, während dessen Ausführungen als Wissenschaftlichkeitssignalement ununterbrochen das Kurvendiagramm zu sehen ist.[29] Welcher Erklärungswert soll sich mit ihm für den Zuschauer verbinden? Dass hier ein Wissenschaftler spricht, markiert die Einblendung und wird wohl auch aus seinen Darlegungen hervorgehen. Der Zuschauer wird aber auf das ohnehin Offenkundige noch einmal mit der Nase gestoßen, was in krassem Widerspruch zu der bislang obwaltenden Konfusion steht, welche durch ein Geflecht von Vorverweisen, Rückblenden und nicht weitergesponnenen Erzählfäden bedingt ist.

Die Wissenschaft erhält durch diese Inszenierung den Nimbus des Feierlichen und Herausgehobenen, und dass sie dem Fernsehteam zuarbeitet, steigert wiederum dessen Bedeutung. Man könnte deshalb hier von einer Selbstinszenierung des Fernsehens über Bande sprechen. Schöbel beantwortet eine Frage, die selbst nicht protokolliert ist. Der Zuschauer muss aus dem Gesagten erst einmal die Fraglichkeit rekonstruieren, um diese Äußerung verstehen und einschätzen zu können. Sinngemäß, so ist zu erschließen, hat diese Frage gelautet: »Was ist für sie als Archäologen denn an dem Experiment interessant?«. In seiner Antwort weist Schöbel darauf hin, das Interesse der Archäologen richte sich insbesondere auf die Praxiseinbettung der rekonstruierten Gegenstände, damit, so ist anzunehmen, Aufschlüsse über den Umgang des neolithischen Menschen mit ihnen erlangt werden können. Der unbefangene Zuschauer mag sich darüber wundern, warum denn ausgerechnet das Alltägliche so interessant sein soll, wenn er nämlich davon ausgeht, dass gerade der Alltag monoton und belanglos war. Hätte Schöbel in Antizipation einer solchen Erwartung seine Ausführungen als überraschende Pointe nutzen wollen, dann hätte er sie anders rahmen müssen, etwa durch einen Satz wie: »Es mag vielleicht paradox klingen, aber…«. Er führt das Interesse an dem Alltäglichen als für Archäologen »natürlich« ein, was für jemanden schwer nachvollziehbar ist, der die verbreitete Erwartung teilt, die Archäologie habe es mit Spektakulärem und Außeralltäglichem zu tun. Eigenartig ist ferner die Unterscheidung zwischen »dem täglichen Leben« einerseits und »den Menschen« andererseits, als ob dies analytisch trennbare Sphären wären.

29 Zur Rolle von Archäologen in dokumentarischen Sendungsformaten vgl. Ansorg 2012.

1/4’26–4’32

’4	[N] Das linke Teilbild zeigt Oberkörper und Schultern der Gletschermumie »Ötzi«, die auf einem weißen Tisch liegt; die Kamera fährt an seinem rechten Oberarm entlang.	G: Vogelgezwitscher Schöbel: den finden wir leider ja nur als Skelett oder in seinen Äußerungen,
’3	Überblendung: Es erscheint die graphische Darstellung [T] eines »Felsbildes« mit vier Bogenschützen, denen fünf größere und zwei kleinere vierbeinige Tiere gegenüber stehen, dahinter Fortsetzung der Kamerafahrt entlang »Ötzis« Arm.	G: Vogelgezwitscher Schöbel: in seinen Kunstwerken,

Auf das Stichwort »Mensch« erscheint im linken Bildteil »Ötzi«, die Gletschermumie, was in manifestem Widerspruch zu Schöbels gleichzeitiger Aussage steht, der Mensch der Jungsteinzeit sei den Archäologen nur als Skelett und in den von ihm geschaffenen (und erhaltenen) Ausdrucksgestalten gegeben. Was wohl als Verständnishilfe intendiert ist, stiftet Verwirrung: Nicht allein, dass der Zuschauer neben dem gesprochenen Wort mit zwei verschiedenen Bildern konfrontiert ist, das Bild, welches eigentlich den geschilderten Sachverhalt illustrieren soll, dementiert diesen auch noch. Weit sinnvoller als diese Spielereien, die das anschauliche Beispiel einer »Bild-Text-Schere« darbieten, wäre es, Schöbel einfach mehr Zeit für seine Erläuterungen einzuräumen, damit er die Zusammenhänge in der gebotenen Ausführlichkeit darlegen kann. Stattdessen müssen die Möglichkeiten, die das Medium bietet, selbst um den Preis der Sabotage seiner Funktion als Medium ausgereizt werden. Es dient nicht mehr der sachhaltigen Übermittlung von Inhalten, vielmehr werden die Inhalte zu einer Demonstration der technischen Möglichkeiten des Fernsehens vernutzt oder, mit den Worten von Kracauer (2006, 380): »Der Vermittlungsapparat überwältigt die vermittelten Inhalte«. Dazu passt auch das eingeblendete »Felsbild«, das aus der Cueva de los Caballos der Valltorta-Schlucht in der spanischen Provinz Castellón stammt (was der Zuschauer nicht erfährt) und weder zeitlich noch räumlich mit »Ötzi« oder den spätneolithischen Pfahlbauten in Zusammenhang steht.

Die in der Sequenz »in seinen Äußerungen, in seinen Kunstwerken« genannten Nomen können auf drei verschiedene Weisen miteinander verbunden sein: Es kann sich erstens um eine aufzählende Reihung handeln, zweitens können beide Begriffe synonym gebraucht werden, oder es kann drittens eine Spezifizierung vorliegen. Gegen eine Aufzählung spricht die Beliebigkeit von nur zwei genannten Elementen, für einen Gebrauch als Synonyme aus rhetorischen Gründen im Stile eines Hendiadyoins lassen sich nur schwerlich Evidenzen namhaft machen, da eine Synonymie nicht gegeben, sondern die Bedeutung von »Äußerung« weit allgemeiner als die von »Kunstwerk« ist, drittens aber ist eine Spezifizierung, die das Verhältnis wohl am besten beschreibt, auch nicht gerade plausibel, denn dann wäre zu fragen, wieso die Spezifizierung nur in einer Hinsicht erfolgt, andere Aspekte (wie zum Beispiel »Geräte«) aber unerwähnt bleiben. Sinnvoll wäre dies einzig, wenn sich ein Exkurs über jungsteinzeitliche Kunstwerke anschlösse, was aber in Anbetracht der in Rede stehenden Fraglichkeit, dem Nutzen des Experimentes für die Archäologie, unwahrscheinlich ist. Angesichts der Ungereimtheiten in dieser Sequenz hat es fast den Anschein, dass nicht die Bilder das von Schöbel Gesagte illustrieren sollen, sondern er umgekehrt seine Ausführungen an vorgegebene Bilder anzupassen hatte.

1/4'32–4'41

'2	Das »Felsbild« verschwindet wieder, die Kamerafahrt ist [G] an »Ötzis« Hand angekommen.	M: sphärisch G: Vogelgezwitscher Schöbel: aber wir haben ja keine Zeitmaschine,
'5	Überblendung des Gesamtbildes. [G] Eine Puppe mit den rekonstruierten Kleidern und Gerätschaften von »Ötzi«, die Kamera fährt von der Hüfte aufwärts an ihr entlang, ein lanzettförmiges Steingerät erscheint in der linken Bildhälfte und beginnt sich zu drehen.	M: sphärisch G: Vogelgezwitscher Schöbel: die uns zeigen könnte, wie haben die Menschen eben vor 5000 Jahren gelebt, ich denke, diese Prozesse, die interessieren uns.

Schöbel verwendet das etwas plakative Bild von der Zeitmaschine zur Erläuterung des Umstandes, dass Archäologen nichts anderes übrig bleibt, als Aspekte des vergangenen Lebens aus mehr oder weniger dürftigen Spuren zu rekonstruieren. Konterkariert wird dies durch das optische Geschehen, denn aus der Mumie »Ötzi« wird qua Überblendung wieder der spätneolithische Mensch mit voller Ausrüstung, als ob es eben doch eine Zeitmaschine gäbe. Welcher Sinn sich mit dem rotierenden Steingerät verbindet, ist nicht zu erkennen, vielleicht erschien den Verantwortlichen die Kamerafahrt entlang der »Ötzi«-Puppe als zu langweilig und reizarm für den Zuschauer und daher einer optischen »Aufpeppung« bedürftig. Darüber hinaus stellt sich die Frage, was für ein Gerät dies eigentlich ist – zur Ausrüstung von »Ötzi« gehörte es jedenfalls nicht, auch wenn die Bilder das nahelegen. Eine Bestimmung fällt schwer, weil wegen der Überblendung und der Bewegung keine Details zu erkennen sind, außerdem fehlt ein Maßstab. Die Aufmerksamkeit des Zuschauers wird zwar einerseits auf dieses Gerät gelenkt, ohne dass damit für ihn aber irgendeine greifbare Erkenntnis in Zusammenhang mit den Ausführungen Schöbels verbunden wäre. Insgesamt bietet die filmische Bearbeitung seines Statements ein besonders anschauliches Beispiel für die konfuse Überlagerung und wechselseitige Dementierung von Bild- und Wortinformationen.[30]

Der resümierende Abschluss von Schöbels Äußerung – »ich denke, diese Prozesse, die interessieren uns« – klingt wie die alerte und unverbindliche Aussage von jemandem, der häufig vom Fernsehen befragt wird; wörtlich genommen, provoziert sie die Nachfrage, ob

30 Die Aufbereitung dieser Sequenz lässt sich in die Ergebnisse von Claudia Wegeners Untersuchung zu Veränderungen politischer Magazine der öffentlich-rechtlichen Sendeanstalten seit der Einführung des dualen Rundfunksystems und dem Aufkommen privatrechtlicher Sender einpassen. So wurde die durchschnittliche Länge von Originaltonsequenzen drastisch verkürzt, und gängige Praxis wurde das Kupieren solcher Passagen um die gestellten Fragen und damit ein Eskamotieren des Interviewcharakters (Wegener 2001, 181–185). Erklärt wird dies mit der gestiegenen Bedeutung »visueller Präsentationsformen« zugunsten »von Beitragsformen wie dem Kommentar oder dem Interview, die einen geringeren Spielraum der visuellen Gestaltung zulassen« (Wegener 2001, 209). Das Statement von Schöbel zeigt eindrucksvoll, wie die extreme Verknappung der zugestandenen Zeit mit einer Überfrachtung durch visuelle Effekte einhergehen kann. Durch das Tilgen der Fragen entgeht dem Zuschauer die wichtige Information, ob das Geäußerte eine spontane Äußerung, eine Reaktion auf eine Frage oder ein bloßes Befragungsartefakt ist. In den Sendungen über das »Steinzeitexperiment« sind die Fragestimuli zuweilen bei Interaktionen mit den Kindern protokolliert, wie das folgende Beispiel zeigt, das auch eine Anweisung des Kameramannes enthält:

Schöbel denn nicht weiß, was ihn an dem Experiment interessiert und ob er sich dies erst durch Nachdenken vergegenwärtigen muss. Jedenfalls klingt darin eine unterschwellige Distanzierung von dem Experiment an.

1/4'41–4'49

'8	Das Steingerät verschwindet, die Kamerafahrt ist [G] am Kopf der »Ötzi«-Rekonstruktion angekommen.	M: sphärisch Sprecher: Leben wie Ötzi, der Steinzeitmann aus dem Eis.

Der Sprecher fasst das Wesen des Experimentes plakativ-klischeeträchtig zusammen – statt »Ötzi« mit dem Etikett »der Steinzeitmann aus dem Eis« zu versehen, hätte man ihn auch einfach als »die Gletschermumie aus der Jungsteinzeit« bezeichnen können. Formulierungen wie diese, zu denen sachhaltige Alternativen zur Verfügung stehen, zeigen besonders drastisch den Zwang zum Klischee, zum vermeintlich Eingängigen.

1/37'35–37'51

'13	[A] »Ronja« und »Till« halten gemeinsam einen gefangenen Hecht mit einem Stock ungefähr auf Bauchnabelhöhe.	M: Perkussion (?) G: knisterndes Feuer Männliche Stimme: Ist der ins Netz gegangen? »Ronja« und »Till«: Mhm. Männliche Stimme: Ist das derselbe, der schon mal da vorm Haus rumgeschwommen ist? »Ronja«: Ja. »Till«: Mhm. Männliche Stimme: Da hat er euch ja noch ne lange Nase gezeigt, ne? »Ronja« oder »Till«: Mhm. Männliche Stimme: Jetzt habt ihr ihn. Andere männliche Stimme: Bisschen höher heben das Ding.

1/4'49–4'58

'8	Überblendung. [HT] Gruppenbild der Probanden in »steinzeitlicher« Kleidung.	M: Gitarre Sprecher: Zwei Familien und drei Freunde wollen den Versuch wagen.
'1	Zoom auf die Probanden, gleichzeitig wird das Bild unscharf.	M: Gitarre

Nun wird offensichtlich eine Vorstellung der Probanden erfolgen. In der hier gewählten Formulierung bleibt das Verhältnis der beiden Familien zu den drei Freunden unbestimmt: Sind diese untereinander oder aber (auch) mit den Familien befreundet?

1/4'58–5'06

'4	[A] Familie Burberg.	M: Gitarre G: am Beginn der Einstellung »Fotoauslösergeräusch« Sprecher: Aus einem Dorf bei Marburg Familie Burberg.
'1	Das Gruppenbild der Familie Burberg rückt nach links, in der rechten Bildhälfte [D] Standbild des Kopfes von Claudia.	M: Gitarre G: am Beginn der Einstellung »Fotoauslösergeräusch« Sprecher: Mutter Claudia,
'1	In der linken Bildhälfte [A] Familie Burberg in moderner Kleidung, rechts [D] Standbild des Kopfes von Martin mit Brille.	M: Gitarre G: am Beginn der Einstellung »Fotoauslösergeräusch« Sprecher: Vater Martin,
'1	Rechts [D] Standbild des Kopfes von Till.	M: Gitarre G: am Beginn der Einstellung »Fotoauslösergeräusch« Sprecher: ihre Söhne Till,
'1	Rechts [G] Standbild des Kopfes von Roman.	M: Gitarre G: am Beginn der Einstellung »Fotoauslösergeräusch« Sprecher: Roman
'1	Rechts [G] Standbild des Kopfes von Mitja.	M: Gitarre G: am Beginn der Einstellung »Fotoauslösergeräusch« Sprecher: und Mitja.

Zunächst werden die Mitglieder der Familie Burberg vorgestellt, wobei auf die schon bekannte Technik der Teilung des Bildes zurückgegriffen wird: Links ist die komplette Familie zu sehen, rechts folgen die wechselnden Portraitaufnahmen der einzelnen Personen aufeinander.

1/5'06–5'11

'2	[G] Ein Gefäß wird auf einer Töpferscheibe geformt.	M: Gitarre Sprecher: Martin Burberg ist Töpfer.
'2	[G] Martin, über die Töpferscheibe gebeugt.	M: Gitarre Sprecher: Schon in der Steinzeit ein wichtiges Handwerk.

Etwas bemüht wird hier eine Verbindung des von Martin ausgeübten Berufes zu dem Experiment hergestellt. Allerdings kannte man im Neolithikum noch keine schnell rotierende Töpferscheibe, und ob es zur Zeit der Horgener Kultur als Töpfer spezialisierte Handwerker gab, darf in Anbetracht ihrer ausgesprochen grobschlächtigen Keramik zumindest in Frage gestellt werden. Und selbst wenn es sie gegeben hätte, stünde Martin während des Experimentes vor dem Problem, keine Abnehmer für die von ihm hergestellten Keramiken zu haben, bei denen er diese gegen andere Güter eintauschen könnte. Die von dem Sprecher insinuierte Verbindung ist daher assoziativ und konstruiert, sie dokumentiert aber ein wesentliches Gestaltungsmittel des Fernsehens, nämlich die Herstellung des Anscheins von Kontinuität und Folgerichtigkeit, was nur scheinbar in Widerspruch zu den willkürlichen, Spannung erzeugenden Diskontinuitäten steht. Beides konvergiert in einer Dispensation vom Prinzip der Sachhaltigkeit: Kontinuitäten und Brüche gehen nicht aus der Sache selbst hervor, sondern werden zur Inszenierung von Lebendigkeit und Interessantheit von außen an sie herangetragen.

1/5'11–5'17

'3	[N] Claudia an einem Tisch, ein Tongefäß mit einem Pinsel bemalend, im Hintergrund, wohl an der Töpferscheibe, Martin, zwischen ihnen Mitja.	M: Gitarre Sprecher: Claudia war Krankenschwester
'3	[G] Claudia malt einen Schweinekopf auf das Gefäß.	M: Gitarre Sprecher: und kennt sich mit Kräutern aus.

Das beschriebene Muster reproduziert sich bei der Vorstellung von Claudia, denn dass neben ihrem erlernten Beruf ausgerechnet Kräuterkenntnis als einzige ihrer Eigenschaften genannt wird, legt nahe, als Kräuterkundige wäre sie in besonderer Weise für das Experiment geeignet, als ob man eine Gewährleistung der medizinischen Versorgung der Probanden nicht ohnehin anzunehmen hätte.[31]

1/5'18–5'29

'8	[N] Martin vor einem Regal mit Tongefäßen, dem Kamerateam zugewandt.	Martin: Die meisten Gedanken mache ich mir eigentlich darüber, ob die äh Kinder mit dem Essen zufrieden sind.
'2	[A] Familie Burberg zuhause an einem gedeckten Tisch, sie halten einander an den Händen.	M: Gitarre Familie Burberg: Guten Appetit,
'2	[N] Andere Perspektive auf das Geschehen, auf dem Tisch steht eine große gefüllte Pfanne.	M: Gitarre Familie Burberg: alle essen mit!

Man sieht nach der Bemerkung von Martin die Familie Burberg zuhause bei einer gemeinsamen Mahlzeit. Diese Szene ist für das Experiment unbedeutend, höchstens als Kontrast wäre sie vielleicht erhellend, wenn jetzt die Einnahme einer Mahlzeit unter »Steinzeitbedingungen« gezeigt würde und dabei signifikante Unterschiede – zum Beispiel bezüglich der »Manieren« der Essenden oder auch etwaiger »Verteilungskämpfe« – festgestellt werden könnten. Vermutlich soll die Szene des gemeinsamen Mittag- oder Abendessens das zuvor von Martin Gesagte illustrieren, dafür ist sie aber ungeeignet, denn trotz des strenggenommen unrichtigen Tempus (»ob die Kinder mit dem Essen zufrieden *sind*« statt »ob die Kinder mit dem Essen zufrieden *sein werden*«) kann kaum Zweifel daran bestehen, dass Martin die Essenszubereitung während des Experimentes meint und nicht die nächste gemeinsame Mahlzeit der Familie. Dann aber ist die Illustrierung dieses Sachverhaltes durch die Bilder, welche die Familie beim Essen im heimischen Wohnzimmer zeigen, irreführend. Der Tempusfehler, so könnte man sagen, wird durch die Bilder nicht korrigiert, sondern ausbuchstabiert.

31 In der zweiten Sendung finden Claudias Kräuterkenntnisse Anwendung bei der Behandlung einer Fußwunde von »Ingo« mit Spitzwegerich (2/5'22–6'06), via Einblendung wird außerdem auf »Claudias Steinzeit-Apotheke« auf der Internetseite zu der Reihe verwiesen.

1/5’29–6’03

’2	Kamera fährt auf die Pfanne zu, gleichzeitig wird das Bild unscharf.	Sprecher: Mit den Burbergs
’2	[A] Familie Matthes in »Steinzeitkleidung«.	M: Gitarre G: am Beginn der Einstellung »Fotoauslösergeräusch« Sprecher: befreundet ist Familie Matthes.
’1	Das Gruppenbild der Familie Matthes rückt nach links, in der rechten Bildhälfte [D] Standbild des Kopfes von Britta.	M: Gitarre G: am Beginn der Einstellung »Fotoauslösergeräusch« Sprecher: Mutter Britta,
’1	Rechts [G] Standbild des Kopfes von Olliver.	M: Gitarre G: am Beginn der Einstellung »Fotoauslösergeräusch« Sprecher: Vater Olliver,
’1	Links Familie Matthes in moderner Kleidung, rechts [D] Standbild des Kopfes von Ronja.	M: Gitarre G: am Beginn der Einstellung »Fotoauslösergeräusch« Sprecher: die Kinder Ronja,
’1	Rechts [G] Standbild des Kopfes von Merlin.	M: Gitarre G: am Beginn der Einstellung »Fotoauslösergeräusch« Sprecher: Merlin
’1	Rechts [G] Standbild des Kopfes von Taliesin.	M: Gitarre G: am Beginn der Einstellung »Fotoauslösergeräusch« Sprecher: und der kleine Taliesin.
’20	[A] Olliver mit Schutzhelm in einem Wald, Kameraschwenk zu einem von ihm geführten Pferd, [T] das einen Baumstamm auf einen Weg und dann auf diesem von der Kamera wegzieht.	M: Gitarre G: Arbeitsgeräusche Sprecher: Zuhause in Bad Berleburg. Olliver arbeitet als Holzrücker. Mit seinem Pferd zieht er Baumstämme aus dem Wald, ein riskanter Job. Landwirtschaftliche Erfahrungen hat er durch seine kleine
’5	[HT]: Olliver gießt auf einer Wiese mit Schafen Wasser aus einem Kanister in einen Trog.	M: Gitarre G: Schafe Sprecher: Schafzucht gesammelt. Familie Matthes lebt abgeschieden auf dem Land. Ohne Stromanschluss.

Analog zu der Vorstellung der Familie Burberg verläuft die von Familie Matthes. Auch hier werden Eigenschaften aufgezählt, welche die Familie für ein »Steinzeitexperiment« zu prädestinieren scheinen: Die naturnahe Arbeit des Vaters als Holzrücker, seine Erfahrungen als Schafzüchter, schließlich der fehlende Stromanschluss des Hauses, in dem sie lebt. Das ist jedoch nicht, wie von dem Sprecher suggeriert wird, so zu verstehen, dass Familie Matthes ohne Strom lebt – vielmehr verfügt ihr Haus oder ihr Hof nur nicht über einen Anschluss an das Stromnetz, ein Stromgenerator wird aber sicher vorhanden sein.

1/6'03–6'18

'3	[HT] Britta, Ronja, Merlin und Taliesin in moderner Kleidung in einem Beet beim Sammeln oder Jäten.	M: Gitarre Ronja: (uv) lauter Muscheln Britta: Das kommt vom Kompost
'1	[A] Die Kinder in dem Beet.	M: Gitarre Ronja: Wachsen die da?
'10	[G] Britta vor einer Wand mit Pferdekalender, der Kamera zugewandt.	Britta: Ich muss den ganzen Alltag hier managen, und Olli geht natürlich arbeiten in der Zeit, aber wir wollten jetzt in der Steinzeit einfach ähm den Alltag mal zusammen erleben.

Eine »steinzeitspezifische« Qualifikation von Britta wird nicht ausdrücklich genannt, aber durch das Arbeiten in dem Beet angedeutet. In ihrer (wieder aus dem Zusammenhang genommenen) Äußerung beschreibt sie die Arbeitsteilung der Gatten: Sie selbst ist als Hausfrau für die Alltagsbewältigung zuständig, und ihr Mann geht einer Arbeit außerhalb des Hauses bzw. Hofes nach. Das »natürlich« wendet sich antizipierend gegen den Vorwurf, die Arbeiten seien zu ihren Ungunsten ungleich verteilt. Zum ersten Mal klingt in einer der Äußerungen der Probanden ein Motiv für die Teilnahme an dem Experiment an, und das besteht bezeichnenderweise nicht in etwas, das sich auch nur entfernt mit einem wissenschaftlichen Erkenntnisinteresse in Verbindung bringen ließe, sondern in dem Wunsch, ohne eine durch Arbeitsteilung bedingte Abwesenheit des Partners den Alltag gemeinsam zu verbringen.[32] Zugespitzt könnte

32 Ein ähnliches Motiv artikuliert Claudia in der ersten Folge: ihre Vorfreude auf das »gemeinschaftliche Leben« im Unterschied zu dem alltäglichen

man sagen, für das gemeinsame Erleben des Alltags bedarf es eines außeralltäglichen Settings, wie es das Experiment bietet.[33]

1/6'18–6'23

'4	[A] Sophia in »Steinzeitkleidung«.	M: Gitarre G: am Beginn der Einstellung »Fotoauslösergeräusch« Sprecher: Die gelernte Schneiderin Sophia Peters aus Schleswig-Holstein ist
'2	Das Bild rückt nach links, in der rechten Bildhälfte [G] Sophia, sie spricht der Kamera zugewandt.	M: Gitarre G: am Beginn der Einstellung »Fotoauslösergeräusch« Sprecher: mit beiden Familien befreundet.

Eine der drei als »Freunde« angekündigten Personen wird nun vorgestellt. Die »Freunde« bilden offensichtlich keine Gemeinschaft neben den beiden Familien, sondern sind mit den Familien befreundet. Über Sophia erfährt man, sie sei »gelernte Schneiderin«, was nur bedeuten kann, dass sie diesen Beruf zwar erlernt hat, ihn aber gegenwärtig nicht ausübt. Welchen aber dann? Warum findet ihre aktuelle Beschäftigung keine Erwähnung? Wird der erlernte Beruf nur genannt, weil er als handwerklicher in den Augen der Verantwortlichen »steinzeitrelevant« ist? An dieser Stelle soll die Immanenz des Transkriptes kurz verlassen und es sollen die Angaben zu Sophia einbezogen werden, die auf der vom SWR betriebenen Internetseite zu dem Experiment zu finden sind.[34] Sie sind aufschluss-

Leben als Kleinfamilie (1/12'52–13'11). Wie Britta rückblickend in dem 90-minütigen Film über das Leben im Dorf äußert, wurden ihre Erwartungen zumindest zu Beginn des Experimentes enttäuscht: »Das äh (..) war genau das, was ich mir gedacht hab' vorher das ist das Schlimmste überhaupt: Es regnet, ich sitze mit den Kindern da, und Olli springt draußen rum bei den Tieren, so wie er das hier auch macht, ist draußen, und weg isser« (DD/13'48–14'01); »Und das war für mich so ne Situation wo ich dachte, Mensch, das ist genau so, wie ich's nicht haben wollte. (..) Und das hat mich dann einfach runtergezogen« (DD/14'32–14'42).

33 In der zweiten Sendung erfolgt eine extrem kondensierte Vorstellung der beiden Familien: »Die Töpferfamilie Burberg aus Hessen. Die bäuerliche Familie Matthes aus dem Rothaargebirge« (2/2'20–2'26).

34 http://www.swr.de/steinzeit/html/Die_SteinzeitOma.html.

reich, weil sie ein Licht auf die Mechanismen werfen, nach denen Informationen zur Verwendung in den Sendungen selegiert werden. In dem »Steckbrief« von Sophia auf der Internetseite ist in der Rubrik »Beruf« eingetragen: »Selbstständig, führt ein Tagungshotel, gelernte Kostümbildnerin«. Der Verdacht, dass die bei der Vorstellung der Probanden erwähnten Berufe und Fertigkeiten danach ausgewählt worden sind, ob sie eine Affinität zur Steinzeit aufweisen, bestätigt sich unmittelbar. Nicht nur wird im Falle von Sophia aus der Kostümbildnerin eine Schneiderin, darüber hinaus wird ihre gegenwärtige Tätigkeit als Leiterin eines Tagungshotels verschwiegen. Rekapituliert man die Angaben zu den erwachsenen Probanden im Hinblick auf »steinzeitbedeutsame« Kenntnisse und Fähigkeiten, zeigt sich das folgende Bild: Martin ist Töpfer, Claudia kennt sich mit Kräutern aus, Olliver arbeitet mit Holz und hat Erfahrungen als Schafzüchter, Britta wird bei der Arbeit in einem Beet gezeigt, was wohl gartenbauliche Talente andeuten soll, Sophia schließlich ist Schneiderin. Problematisch ist nicht die Erwähnung dieser Eigenschaften, sondern vielmehr, dass sie einerseits nicht explizit als für das Experiment wichtige eingeführt und andererseits weitere Angaben unterdrückt werden. Vorherrschend ist der Mitteilungsmodus der Andeutung, und es bleibt dem Zuschauer überlassen, die verschiedenen Andeutungen zu ergänzen und zu einem Gesamtbild zusammenzufügen. Gerade in solchen auf den ersten Blick unscheinbaren Details offenbart sich, wie weit die Sendung von dem entfernt ist, was eine sachhaltige Dokumentation gebietet.

1/6'23–6'32

'2	(Fortsetzung der Einstellung)	Sophia: Ja ich bin eindeutig ne andere Generation,
'3	Links [A] Sophia nun in moderner Kleidung.	M: Gitarre G: am Beginn der Einstellung »Fotoauslösergeräusch« Sophia: die könnten ja wirklich alle meine Kinder
'4	[T] Die Probanden in moderner Kleidung im Pfahlbaumuseum Unteruhldingen, auf einem Holzsteg auf die Kamera zulaufend, Sophia als erste, sie geht rechts an der Kamera vorbei.	M: Gitarre G. Die Probandon unterhalten sich. Sophia: und meine Enkelkinder sein, also# und insofern ist das schon en großer Unterschied.

Das von Sophia Gesagte ist in besonders auffälliger Weise aus dem Zusammenhang gerissen und für den Zuschauer uninformativ, weil es in keiner Weise über das hinausgeht, was er visuell ohnehin schon wahrnimmt: Sophia ist wesentlich älter als die anderen bislang vorgestellten Probanden. Interessant wäre zu erfahren, was in der Einschätzung Sophias aus dieser Tatsache für die Durchführung des Experimentes folgt, wie also dieser »große Unterschied« sich in der Praxis auswirken wird. So aber bleibt es bei einer bloßen Verdoppelung des Bildes durch den Ton.

1/6'32–6'49

'8	(Fortsetzung der Einstellung)	M: Gitarre G: Unterhaltungen der Probanden, Wasserplätschern Sprecher: Ende Juli 2006: Das Pfahlbaumuseum in Unteruhldingen am Bodensee. Vorbereitung auf
'7	[D] Ein Mann, der später als »Harm Paulsen« vorgestellt werden wird, bläst in ein qualmendes Büschel aus Holzwolle.	G: Vogelgezwitscher Sprecher: den Steinzeitalltag. Eine Woche lang. »Paulsen«: Bäh (hustet). Sprecher: Fachleute aus ganz Deutschland leiten das Training. »Paulsen«: (uv) so richtig schön vor sich hin

Das Thema wechselt, nun geht es um die Vorbereitung der Teilnehmer auf das Experiment. Damit ist ihre Vorstellung anscheinend abgeschlossen, sie ist aber unvollständig, denn es fehlen noch zwei der angekündigten »Freunde«. Stattdessen folgen jetzt Eindrücke des »Trainings«, genauer der Lektion »Feuermachen«. Der Sprecher ergeht sich in der häppchenweisen Preisgabe der Informationen in Gestalt kurzer Hauptsätze und unvollständiger Sätze, als könnte man den Zuschauern noch nicht einmal einfachste Nebensatzkonstruktionen zumuten. Wären sie tatsächlich überfordert von einem Satz wie: »Im Pfahlbaumuseum in Unteruhldingen am Bodensee wurden die Teilnehmer eine Woche lang von Fachleuten aus ganz Deutschland auf den Steinzeitalltag vorbereitet«? Signifikant für den Präsentationsduktus ist das leicht marktschreierische »Fachleute aus ganz Deutschland« – obwohl man nicht erfährt, was für Fachleute es eigentlich sind, wird betont, sie seien in »ganz Deutschland« rekrutiert worden, als wäre dies bereits Ausweis einer Qualifikation.

1/6'50–6'54

<table>
<tr><td>'1</td><td>(Fortsetzung der Einstellung)</td><td>Sprecher: Harm Paulsen</td></tr>
<tr><td>'3</td><td>[T] Im Vordergrund sitzt, mit dem Rücken zur Kamera, Paulsen, vor ihm bilden die sitzenden Probanden einen Halbkreis.</td><td>G: Vogelgezwitscher
Sprecher: ist ein anerkannter Steinzeitexperte.
Frauenstimme: Das ist auch für die Kinder schön
Paulsen: Ja, das kommt noch</td></tr>
</table>

Dieses Muster wiederholt sich unmittelbar im Anschluss bei der Vorstellung von Paulsen. Zum einen ist die Bezeichnung »Steinzeitexperte« denkbar vage – ist Paulsen ein auf die Steinzeit spezialisierter Archäologe? Wenn ja, warum wird er nicht auch als solcher bezeichnet, wenn nein, was ist er dann? Zum anderen wird versichert, er sei in dieser Position oder Funktion »anerkannt« – aber von was oder von wem? Hat er akademische Zertifikate erworben oder material etwas Bedeutendes zum Erkenntnisfortschritt beigetragen oder ist er einfach sehr bekannt? Wieder greift die Anpreisungslogik der Werbung, eine von der Sache abgelöste Bedeutungshuberei, der kulturindustriellen Staridolatrie verwandt.

1/6'54–7'34

<table>
<tr><td>'16</td><td>[N] Paulsen im Halbprofil, er demonstriert, wie man die Glut in dem Holzwollebüschel anfacht.</td><td>G: Vogelgezwitscher
Paulsen: Jetzt hat er sich ausgebreitet. So und dann auch nicht so (imitiert heftiges Blasen) (Kinderlachen) nein, sondern ganz gezielt, wie die kleine Dampflokomotive, ne, so'n bisschen# (.) ja also mit spitzem Mund, genau zielen ne.</td></tr>
<tr><td>'5</td><td>[G] Ronja, Paulsen zuhörend.</td><td>G: Vogelgezwitscher
Paulsen: Ich wollt mal sagen was wir hier tun, ist eigentlich was ganz Tolles ne, das ist</td></tr>
<tr><td>'3</td><td>[G] Roman, auf dem Bauch liegend, das Kinn auf eine Hand gestützt, zuhörend.</td><td>G: Vogelgezwitscher
Paulsen: eigentlich das, was uns eigentlich vom Tier unterscheidet,</td></tr>
</table>

'6	[T] Paulsen auf einem Baumstumpf sitzend.	G: Vogelgezwitscher Paulsen: ne, also Tiere können auch Geräte machen, das kennt man, aber Feuer machen können sie nicht, ne, also
'2	[N] Olliver und »Henning«, zuhörend.	G: Vogelgezwitscher Paulsen: erst einmal äh so was machen zu können, das ist schon
'11	[N] Roman, auf der Seite liegend, bläst in einen Grasbüschel. Einblendung am unteren Bildrand: »Wie machten die Steinzeitmenschen Feuer?«; durch die Einblendung läuft das Kurvendiagramm. Roman pustet den Grasbüschel um und richtet sich auf.	M: Gitarre G: Vogelgezwitscher Paulsen: äh ne besondere Sache. Hej, nich so doll pusten, nich so doll, musste mehr so gezielt ne.

Sicher unterscheidet sich der Mensch von den Tieren dadurch, dass er Feuer zu erzeugen in der Lage ist, aber dies zu *dem* Unterschied zwischen Mensch und Tier zu stilisieren, ist doch ein wenig überzogen. Viel eher könnte man das Vermögen zu einer syntaktischen Sprache anführen, das die Möglichkeit der Konstruktion hypothetischer Welten und damit die Antizipation auch längerer Handlungsabläufe impliziert. Und der Hinweis, Tiere fertigten Geräte an, weshalb Geräteherstellung und -gebrauch als Unterscheidungskriterium nicht tauge, verleugnet die unterschiedliche Komplexität menschlicher und tierischer Geräte.

1/7'34–7'55

'3	[HT] Die Probanden von hinten, in der Runde sitzend; Paulsen, im Hintergrund, kniet nieder. Einblendung: »www.SWR.de/steinzeit«. Durch die Einblendung läuft das Kurvendiagramm.	M: Gitarre G: Vogelgezwitscher Sprecher: Unter Harms Anleitung
'12	[T] Paulsen auf Knien, über einen am Boden liegenden Grasbüschel gebeugt, pustend, dann den neben ihm liegenden Roman anleitend. Dieser pustet einige Mal, bis der Grasbüschel brennt. Paulsen erhebt sich.	M: Gitarre G: Vogelgezwitscher Sprecher: ist das schwierige Feuermachen fast ein Kinderspiel. Paulsen: Jetzt da rein Martin: Jetzt am besten von der Seite. Paulsen: Jaaa

'5	[HT] Die Probanden applaudieren.	M: Gitarre G: Vogelgezwitscher Paulsen: Klasse! Probanden: (Klatschen, Lachen) Paulsen: Homo Prometheus. Probanden: (Lachen).

Wie man denn eigentlich Feuer macht, welche besonderen Schwierigkeiten dabei zu überwinden sind und worin Paulsens sachkundige Tipps bestehen, wird weder gezeigt noch gesagt, es ist aus den Bildern auch nicht zu erschließen. Der Interessierte wird in dieser Frage auf die Internetseite zu der Reihe verwiesen. Statt Informationen zum Feuermachen präsentiert man eine Momentaufnahme der aufgeräumten Stimmung der Probanden während des »Trainings«. Die Informationsübermittlung tritt zurück hinter die Darstellung von Befindlichkeiten.

1/7'55–8'06

'11	[N] Paulsen, der Kamera zugewandt, im Hintergrund Pfahlbauten.	Paulsen: Dieser Motor Steinzeit muss erstmal laufen, und das ist en ziemlich zäher Motor, man muss ziemlich kurbeln, bis das Ding läuft, und äh ich denke, da werden die noch ne ordentliche Nuss zu knacken haben.

Paulsen spricht hier metaphorisch, aber in der Sache sehr klar das oben benannte Problem von Krise und Routine an. Auch wenn alles Notwendige an Motorteilen und Zubehör vorhanden ist, gestaltet sich der Prozess bis zum Laufen des Motors, das heißt bis zur Ausbildung der notwendigen Routinen, außerordentlich krisenhaft.

1/8'06–8'33

'3	[T] Aufsicht: Die Probanden knacken Nüsse mit Steinen.	M: rhythmisch G: Probanden unterhalten sich
'3	[G] Kinderhände beim Knacken von Haselnüssen.	M: rhythmisch G: Probanden unterhalten sich Sprecher: Wie knackt man Nüsse mit einem Stein?
'3	[G] Kinderhände mahlen Getreide zwischen zwei Steinen.	M: rhythmisch G: Probanden unterhalten sich Sprecher: Wie mahlt man Korn?

'3	[N] Ein Stößel wird in einem Mörser bewegt.	M: rhythmisch G: Probanden unterhalten sich Sprecher: Wie arbeitet man mit einem Mörser?
'4	[N] Merlin (?) schüttet etwas aus einem Korb in ein Gefäß, das auf einer Feuerstelle steht.	M: rhythmisch G: Probanden unterhalten sich Sprecher: Wie kocht man im Tontopf auf dem offenen Feuer?
'2	[N] Ein Stein wird auf eine Feuersteinknolle geschlagen.	M: rhythmisch G: Probanden unterhalten sich Sprecher: Wie wird Feuerstein bearbeitet?
'2	[D] Feuersteinmesser schnitzt Holzspäne ab.	M: rhythmisch G: Probanden unterhalten sich Sprecher: Und wie stellt man aus den scharfen
'2	[D] Feuersteinklinge wird geschäftet.	M: rhythmisch G: Probanden unterhalten sich Sprecher: Steinen Messer her?
'2	[A] Probanden, mit Holz und Reisig hantierend.	M: rhythmisch G: Probanden unterhalten sich
'4	[T] Martin auf einem Dachstuhl stehend und das Dach mit Reisig (?) deckend.	M: rhythmisch G: Probanden unterhalten sich Sprecher: Wie baut man ein Steinzeitdach?

Mit »Nussknacken« hat Paulsen ein Stichwort gegeben, das für eine assoziative Überleitung nicht ungenutzt bleiben kann, wenn der Anschein von Folgerichtigkeit und Kontinuität erweckt werden soll, und prompt werden auf dieses im übertragenen Sinne des Problemlösens gemeinte Stichwort hin die Probanden beim Knacken von Haselnüssen gezeigt.[35] Es schließt sich die Aufzählung einiger technologischer und ergologischer Herausforderungen an, die jeweils für sich von den Probanden wohl zu bewältigen sind, das eigentlich Problematische wird die Fülle der alltäglich zu erledigenden Aufgaben sein, die Prioritätensetzung und der Umgang mit dem Stress, der aus der zu erwartenden Überforderung resultieren wird. Dieser Stress ist es, der den wissenschaftlichen Nutzen des Experimentes stark

35 Mit Blick auf von Peter Ruge (1975, 74) angeführte Beispiele qualifiziert Thomas Kuchenbuch derart gestaltete Übergänge als »Kalauer aus dem Fundus der Fernsehrhetorik« (Kuchenbuch 2005, 306 Anm. 158). In ihrer forcierten Klischeehaftigkeit sind Ruges Empfehlungen tatsächlich groteske Ausblühungen eines verselbständigten Bemühens um Originalität.

einschränkt, denn er ist einer der modernen Probanden – die Menschen des Spätneolithikums dagegen werden über das notwendige Handlungswissen und die entsprechenden Routinen verfügt haben, die diesen Stress nicht aufkommen ließen. Insofern wäre es tatsächlich sinnvoller, Einzelexperimente ohne die einschränkenden Bedingungen durchzuführen, die dem Setting eines »totalen« Experimentes geschuldet sind.

1/8'33–8'49

'12	[G] Britta in moderner Kleidung, der Kamera zugewandt, im Hintergrund See.	G: Vogelgezwitscher Britta: Stellenweise hab ich schon gedacht, wie sollen wir das alles schaffen? Was wir hier jetzt gelernt haben, wenn wir das alles irgendwie (.) machen (.) müssen sollen irgendwie äh pff wie sollen wir da unsern Tag geregelt kriegen?
'4	[G] Martin in moderner Kleidung, der Kamera zugewandt, im Hintergrund See.	G: Vogelgezwitscher Martin: Egal wie man sich vorbereitet, es wird immer en Sprung ins kalte Wasser sein, das ist mir ganz klar.

Genau diese Überforderung antizipieren Britta und Martin hier – nicht die Umsetzung der einzelnen, durch das »Training« erworbenen Fertigkeiten wird ein Problem sein, sondern deren geregelte Integration in den Tagesablauf. Treffend führt Martin das Bild von dem »Sprung ins kalte Wasser« an, denn zu schwimmen lernt man nur, wenn man sich bereits im Wasser befindet, und vorangegangene theoretische Unterweisungen und Trockenübungen haben einen nur begrenzten handlungspraktischen Wert. Dass das Wasser auch noch kalt ist, soll in Martins Metapher den Schock der Übergangssituation verdeutlichen, der sich im Experiment jedoch erst allmählich einstellen wird, denn die Tragweite der fehlenden Routinen wird sich erst im Verlaufe des Experimentes herausstellen.

1/8'49–9'03

'6	[N] Paulsen, der Kamera zugewandt, im Hintergrund Pfahlbauten. Einblendung am unteren Bildrand: »Harm Paulsen, Experimentalarchäologe«.	G: Vogelgezwitscher Paulsen: Es wird dann ein Problem, wenn zwei Leute fehlen. Soweit ich gehört hab die werden abgezogen und dann
'7	[HT] Gruppenbild der Probanden in »Steinzeitkleidung«, »Ingo« und »Henning«, die ganz rechts stehen, werden unscharf.	M: elektronisch, dramatisierend Paulsen: muss die Last der Arbeit in diesem Dörfchen äh auf zwei Leute weniger verteilt werden.
'2	Alle anderen werden unscharf, »Ingo« und »Henning« dagegen wieder scharf.	M: elektronisch, dramatisierend Paulsen: Also das wird schon schwierig.

Nun wird die Vorstellung des »anerkannten Steinzeitexperten« Paulsen auch durch eine Einblendung vollzogen. »Experimentalarchäologe« ist zwar keine geschützte Berufsbezeichnung, doch kann man sich immerhin denken, dass der so Bezeichnete ein Archäologe ist, der Experimente durchführt.[36] Bemerkenswert ist die Formulierung, zwei der Probanden würden »abgezogen«, denn als aus dem militärischen Sprachgebrauch stammende macht sie schlaglichtartig deutlich, dass das Fernsehen wie ein Befehlshaber agiert. Diese Formulierung ist auch deswegen aufschlussreich, weil sie Paulsen unterläuft, nicht aber strategisch geplant ist. Verstärkt wird der Eindruck, den sie hinterlässt, noch durch die Rahmung »wie ich gehört hab« – Paulsen, der ja die Probanden auf das Experiment vorbereiten soll, ist in die Planung nicht eigentlich einbezogen, auch er kennt den projektierten Verlauf nur vom Hörensagen.

36 In dem Begleitbuch wird Paulsen als »Archäotechniker« (Schlenker/Bick 2007, 23) bezeichnet und auf der Internetseite zu der Sendereihe wie folgt vorgestellt: »Eigentlich ist Harm Paulsen Radartechniker von Beruf, aber von Kindesbeinen an hat er sich dafür interessiert, wie Menschen in der Steinzeit gelebt haben. Ihm hat es nicht gereicht, Bücher zu wälzen oder Funde zu kartieren. Er wollte die Steinzeit leben…« (http://www.swr.de/steinzeit/html/_Coaches_Leben_Seite_2.html).

1/9'03–9'25

'6	(Fortsetzung der Einstellung)	M: elektronisch Sprecher: Die Freunde Ingo Schuster und Henning Fenner werden das Dorf nach zwei Wochen verlassen.
'6	Im rechten Bilddrittel [HT] wie zuvor Ingo und Henning, links von ihnen [W] Aufnahmen eines Fluges über Bergpanorama.	M: elektronisch Sprecher: Sie sollen die Alpen überqueren. Auf uralten Transitwegen. In
'3	[W] Gesamtbild: Bergpanorama.	M: elektronisch Sprecher: steinzeitlicher Ausrüstung. Denn schon zu Ötzis Zeiten gab es einen regen Austausch
'7	[G] Füße mit »Steinzeitschuhen« stapfen im Schnee bergauf; Einblendung unterhalb des Bildes: »Mehr zur ›Steinzeit-EU‹ www.SWR.de/Steinzeit«; durch die Einblendung läuft das Kurvendiagramm.	M: elektronisch, dramatisierend Sprecher: zwischen Nord und Süd. Doch der Weg ist weit. Und unberechenbar.

Die »Freunde« Ingo und Henning, deren nähere Vorstellung noch aussteht, werden nicht so wie die anderen Probanden eingeführt, es werden nicht besondere Fähigkeiten oder Fertigkeiten genannt, die für das Experiment von Nutzen sein könnten, vielmehr wird sogleich auf ihre besondere Aufgabe verwiesen, nämlich eine Alpenüberquerung, auf die optisch schon vorgegriffen wird. In der bekannten Logik der häppchenweisen Preisgabe von Informationen kündigt der Sprecher dieses Vorhaben an, und dabei darf eine musikalisch akzentuierte spannungserzeugende Gefahrenbeschwörung nicht fehlen, als ob die beiden Probanden ganz auf sich gestellt wären und nicht von einem Fernsehteam begleitet würden.

Wir brechen die Analyse der Anfangssequenz an dieser Stelle ab, da die ihr zugrunde liegende Struktur in hinreichender Prägnanz zutage getreten ist, und fassen zusammen. Das »ganzheitliche« Setting des Experimentes erweist sich als höchst problematisch und einem geregelten Zuwachs an Erkenntnissen über den spätneolithischen Alltag abträglich. Es stürzt die nur mangelhaft vorbereiteten Probanden in Krisen, welche solche von Menschen des 21. Jahrhunderts sind, die unter ungewohnten Lebensbedingungen zurechtkommen müssen, während die Menschen des Spätneolithikums über die notwendigen Handlungsroutinen verfügt haben werden, mit denen derartige Krisen vermieden werden konnten.[37] Es mag für manche Zuschauer attraktiv sein, die Krisenbewältigungsversuche der Probanden zu verfolgen, ein für die Archäologie relevanter Beitrag zum Erkenntnisfortschritt ist dabei aber nicht zu erwarten. Außerdem spricht die Machart der Sendung dem selbstgesetzten dokumentarischen Anspruch Hohn, denn sie steht nicht im Dienste der Übermittlung eines Geschehens aus der äußeren Realität, sie erzeugt vielmehr überhaupt erst dieses Geschehen.[38] Das Experiment als solches hätte nicht nur ohne das Fernsehen nicht veranstaltet werden können, auch wird das gefilmte Material nach Erfordernissen

37 Gegen Ende der ersten Sendung werden die Folgen der fehlenden Handlungsroutinen von dem Sprecher sinnfällig kommentiert: »Fischen, Mehlmahlen – nichts funktioniert« (1/27'51–27'54). Exemplarisch manifestierte sich das mangelnde Wissen im Umgang mit den drei Kochtöpfen. Bereits am zweiten Tag platzte bei einem im Feuer stehenden Topf ein Stück ab, was zur Folge hatte, dass die Probanden sich in den darauffolgenden Tagen nicht trauten, die Töpfe starker Hitze auszusetzen, weshalb sie ihr Essen nicht kochen, sondern allenfalls ein wenig erwärmen konnten (1/25'05–25'59).

38 Formal entspricht die Sendung dem üblichen Schema von Fernsehdokumentationen und stellt nach der von Volker Kull formulierten Typologie dokumentarfilmischer Repräsentationen eine Variante des erklärdokumentaristischen Filmes dar, die einen autoritär-allwissenden Off-Kommentar um Interviews mit den Beteiligten erweitert, »sodass statt des simplen didaktischen Reduktionismus der erklärdokumentaristischen Filme eine Mehrstimmigkeit verschiedener Perspektiven möglich wird« (Kull 2006, 17). Weitere Typen sind der beobachtende Dokumentarfilm, der von Geschehnissen berichtet, denen eine dramatische Form inhärent ist, und der die Anwesenheit des Filmemachers kaschiert oder verleugnet, sowie der in der Tradition des Cinéma Vérité stehende partizipativ-interaktive Dokumentarfilm, der den explizit hergestellten Kontakt des Filmemachers zu den gefilmten Personen zeigt, der sich häufig konfrontativ und konfliktträchtig gestaltet (für eine differenziertere Typologie vgl. Gregor 1978). Die Gefahr des erklärdokumentaristischen Filmes liegt in der Dominanz des von dem Kommentator gesprochenen Wortes, welches das optische Geschehen (und auch die Interviews) zu Illustrationen degradiert. »Daß Menschen heute beliebig zur Illustration von Schreibtisch-Thesen benutzt werden, ist die herausragende Unart vieler sogenannter Dokumentationen des Fernsehens« (Netenjakob 1978, 14) – oder, in den Worten Kracauers (2006, 277): »Dokumentarfilm-Regisseuren geht es oft so ausschließlich um Dinge intellektueller oder ideologischer Art, daß sie nicht einmal versuchen, sie aus dem Bildmaterial zu entwickeln, das sie zeigen«.

zugerichtet, die keine sachhaltigen sind, denn nicht ein Informationsbedürfnis der Zuschauer soll befriedigt werden, sondern ein ihnen unterstelltes Bedürfnis nach Unterhaltung und Zerstreuung. Stark personalisierend ist die Darstellung der Probanden, sie stehen als Menschen mit ihren Wünschen, Erwartungen und Einschätzungen im Mittelpunkt, nicht die aus dem experimentellen Nachvollzug des Lebens in einer spätneolithischen Pfahlbausiedlung zu gewinnenden Erkenntnisse. Die realzeitliche Sequenz des Geschehens wird in der Sendung aufgelöst, es ist kaum möglich, durch die permanenten Vorgriffe und Rückblenden hindurch einen Hauptfaden auszumachen, von dem aus die Relevanz der verschiedenen Versatzstücke beurteilt werden könnte. Dem Zuschauer werden absichtlich Informationen vorenthalten, er wird auf falsche Fährten geführt, zur Erzeugung und Aufrechterhaltung von Spannung werden Informationen gestückelt und erst nach umständlichen Ankündigungen preisgegeben. Anders gesagt: Bedeutung wird durch inszenatorische Eingriffe hervorgebracht und nicht aus der dokumentierten Realität übernommen, was in eklatantem Widerspruch zu der für Dokumentationen und Nachrichtensendungen[39] geltenden Maxime einer sachangemessenen Informationsübermittlung steht. Auf diese Weise sabotiert das Medium die Inhalte, es inszeniert sich selbst in seiner vermeintlichen Bedeutsamkeit, vernutzt die Inhalte zum Material dieser Selbstinszenierung und degradiert die beteiligten Personen, Probanden wie Wissenschaftler, zu Beiwerk.[40]

3.4 Der »Machtkampf« zwischen Olliver und Martin

Der nachfolgend zu betrachtenden Sequenz aus der dritten Sendung der Reihe ist ein Bericht über die Schwierigkeiten vorausgegangen, welche die Probanden beim Entspelzen des Getreides hatten (3/12'21–14'53), das heißt bei der Entfernung der die Körnerfrüchte

39 Vgl. Oevermann/Tykwer 1991.

40 Auffallend ist, dass bislang nicht auf Bilder von Ausgrabungen rekurriert wurde, die ansonsten beliebte »Authentizitätssignale« sind, wenn es um archäologische Sachverhalte geht. Vielleicht hätte die Gegenüberstellung von Ausgrabungsbefunden und Häuserrekonstruktionen deren Diskrepanz und damit die in die Rekonstruktion eingegangenen spekulativen Anteile zu stark exponiert.

umschließenden Blätter, der Spelzen. Eine Intervention von Harm Paulsen war erforderlich, der mit den Probanden verschiedene Techniken des Entspelzens wie Mörsern, Anrösten oder Aussieben durchspielte. Martin resümiert diese Versuche mit den Worten: »Der Entspelzkurs, das war die absolute# der absolute Reinfall« (3/14'53–14'58), und auch die konsultierten Experten sind weitgehend ratlos.[41]

3/15'19–15'26

'8	[A] Olliver, Martin und Britta vor einem der Häuser. Martin spricht zur Kamera.	Martin: Das geht nicht. Also auch wenn ihr sagt, naja, ihr habt doch das Getreide auf'm Acker, pult's doch raus, nee. Geht nich. Ich weiß nicht, wie's geht.

Martin bestreitet apodiktisch die Lösbarkeit des Problems. Es sei nicht möglich, an die Körner zu gelangen, auch durch »Rauspulen« seien sie nicht zugänglich. Dabei diskutiert Martin hier mit dem Kamerateam, nicht mit seinen Mitprobanden, es geht folglich nicht nur um ein im Rahmen des Experimentes zu lösendes Handlungsproblem, sondern auch um eines, welches das Experimentsetting als solches betrifft.

3/15'26–15'36

'5	[W] Getreidefeld.	M: elektronisch Sprecher: Das Korn auf dem Feld der Sippe ist mittlerweile überreif.
'6	Überblendung, [W] andere Aufnahme des Feldes, langsamer Zoom von dem Feld weg.	M: elektronisch Sprecher: Doch wozu ernten, wenn man es nicht verarbeiten kann?

Die »Überreife« des Kornes verweist auf eine Dringlichkeit, die Ernte kann nicht länger vertagt werden. Für das Verständnis der Situa-

41 So die Anthropologin Ursula Wittwer-Backofen: »Die Experimentalarchäologie steht heute da immer noch in der Anfangsphase und hat beispielsweise auch das Problem der Entspelzung dieser frühen Getreidesorten noch nicht in den Griff bekommen« (3/13'13–13'25). Und Paulsen bemerkt: »Man wird daran einfach noch weiter arbeiten müssen, äh denn das, was man bisher so gemacht hat, ist meines Erachtens noch nicht zufriedenstellend. Daran muss noch gearbeitet werden« (3/15'09–15'19).

tion wäre eine Information darüber hilfreich, in welchem Zeitraum sie geschehen müsste, *wie* dringlich sie also ist.[42] Die aufgeworfene Frage, weshalb man ernten sollte, wenn man das geerntete Getreide dann doch nicht verarbeiten kann, erscheint zunächst plausibel, jedoch könnte man entgegnen, für eine Rettung des Getreides habe das Ernten Priorität, und die Frage der Weiterverarbeitung sei eine erst einmal nachgeordnete, der man sich dann immer noch zuwenden könne.

3/15'36–15'42

'6	(Fortsetzung der Einstellung)	M: elektronisch Sprecher: Was alle bis jetzt übersehen haben: Auf ihrem Acker stehen drei sehr unterschiedliche Sorten Getreide.

Was den Probanden hier als Versäumnis angekreidet wird, ist eigentlich die Folge einer Schieflage des Arrangements, denn faktisch spielen sie hier nicht die Rollen neolithischer Bauern, sondern präneolithischer Sammler, die auf der Suche nach Nahrung überraschende Entdeckungen machen.[43] Die Bauern des Neolithikums dagegen werden sehr wohl gewusst haben, welches Getreide auf ihren Feldern zur Aussaat kam. Außerdem stellt sich die Frage, ob die spätneolithischen Menschen, deren Lebensumstände experimentell nachvollzogen werden sollen, »sehr unterschiedliche« Getreidesorten nebeneinander oder gemischt anpflanzten. Der Zweck einer getrennten Aussaat könnte möglicherweise darin gelegen haben, aufgrund einer ungleichzeitigen Reife der Sorten mehr Zeit für die Ernte insgesamt zu gewinnen.

In der Sequenz des Berichteten ergibt der Hinweis auf die Verschiedenartigkeit der Getreidesorten nur dann einen Sinn, falls sie

42 In der ersten Sendung erhalten die Probanden von Simon Philippson, der als »Mitarbeiter des Projektes« vorgestellt wird, die folgende, höchste Eile suggerierende Einweisung: »Und das muss eigentlich Priorität sein jetzt von euch, dieses Feld zu schützen, erstmal, und zweitens zu ernten. Denkt dran, nutzt das Wetter aus, solange es gut ist. Wenn das Wetter schlä# umschlägt, dann ist diese Frucht verloren. Ich kann's euch nicht deutlich genug machen, die Zeit brennt« (1/29'11–29'28).

43 Entgegen der Darstellung in der Sendung war den Probanden tatsächlich von Anfang an bekannt, welche Getreidesorten sich auf dem Acker befanden (pers. Mitt. M. Burberg).

eine Lösung des Problems des Entspelzens bedeutet. Daher könnte man das Gesagte folgendermaßen paraphrasieren: »Wenn die Probanden nur erst einmal mit der Ernte beginnen würden, dann würde sich ihnen auch eine Problemlösung ergeben«.

3/15'43–16'10

'3	Überblendung, in dem linken Bilddrittel [W] das Getreidefeld, im mittleren und rechten Bilddrittel [D] Ähren; über diesem Bild steht in Digitalschrift »Emmer«, am unteren Bildrand läuft das Kurvendiagramm.	M: elektronisch Sprecher: Auf einem Teil wächst Emmer.
'3	Das rechte Bild [D] zeigt andere Ähren; über dem Bild steht »Einkorn«, am unteren Bildrand läuft das Kurvendiagramm.	M: elektronisch Sprecher: Daneben das Einkorn. Im letzten
'3	Das rechte Bild [D] zeigt nochmals andere Ähren, über dem Bild steht »Nacktweizen«, am unteren Bildrand läuft das Kurvendiagramm.	M: elektronisch Sprecher: Drittel der Nacktweizen. Und den
'7	Überblendung, [T] Martin und Olliver von hinten, in dem Getreidefeld stehend.	G: Wind Sprecher: schaut sich Olli heute zum ersten Mal genauer an. Olliver: Ja das ist noch ok. (..)
'7	[N] Olliver und Martin von der Seite, in ihren Händen liegende Körner betrachtend und sie probierend.	G: Wind Olliver: Das ist doch der Nacktweizen, das weiß ich Martin: [Ach so der Nacktweizen Olliver: (uv)] auf jedem Fall gesagt. Martin: Mhm Olliver: Aber das ist kein Spelzgetreide. Martin: Nee
'3	[D] Ollivers Hände mit Ähre und Körnern.	G: Wind Olliver: Da der fällt so raus, das ist aber super.

Es folgt, wie üblich durch das Kurvendiagramm angezeigt, ein wenig erhellender »wissenschaftlicher« Exkurs zu den drei Getreidesorten. Zwar erfährt man die Namen der Sorten und sieht ihre Ähren in Großaufnahmen, dem Laien teilt sich aber dadurch nicht mit, warum Emmer, Einkorn und Nacktweizen »sehr unterschiedlich« sein sollen. Dass der Nacktweizen im Unterschied zu den beiden anderen Sorten kein Spelzgetreide ist, kann als Allgemeinwissen kaum vorausgesetzt werden. Auch wenn der Zuschauer die Unterschiede im Aussehen der drei Ähren registriert, vermag er sich ihre Bedeutung nicht ohne Weiteres zu erschließen. Klar ist nun immerhin, dass die drei genannten Getreidesorten in unterschiedlichen Arealen und nicht durchmischt angepflanzt wurden. In dem sich anschließenden Dialog zwischen Olliver und Martin ist, soweit man das Gesprochene verstehen kann, Olliver ob dieser Entdeckung fast euphorisch, Martin dagegen recht einsilbig. Der Grund für Ollivers Reaktion erklärt sich durch seine Bemerkung, der Nacktweizen sei kein Spelzgetreide: Das Problem des Entspelzens stellt sich bei ihm nicht, da er auch ohne diesen Arbeitsgang zur Nahrungszubereitung verwendet werden kann.

3/16'10–16'19

'9	Fortsetzung der Einstellung.	M: elektronisch Sprecher: Der Nacktweizen kann ganz ohne Entspelzen zu Brot und Brei verarbeitet werden. Damit müsste ihr Problem eigentlich gelöst sein.

Der Sprecher trägt die für das Verständnis notwendigen Informationen nach, und seine Bemerkung, das Problem der Probanden müsste »eigentlich« gelöst sein, lässt zugleich einen Vorbehalt anklingen, so als wüsste er bereits, dass dies in Wirklichkeit nicht der Fall ist bzw. dass nicht vorhergesehene Folgeprobleme auftreten werden. Auf diese Weise werden die nächsten Schwierigkeiten indirekt schon angekündigt, aber noch nicht genannt, und damit fügt sich diese Stelle nahtlos ein in die Logik einer Spannungserzeugung durch unnötige Ungewissheit, in welcher der Zuschauer gelassen wird. Er mag sich fragen, warum aufgrund der erheblichen Arbeitsleistung, die in das Entspelzen investiert werden musste, im Spätneolithikum nicht überhaupt nur Nacktweizen angebaut wurde. Welche Vorteile hatten Emmer und Einkorn gegenüber dem Nacktweizen, warum wollte oder konnte man nicht auf sie verzichten? Der Nacktweizen ist gerade wegen der fehlenden Spelzen, die das Korn ja schützen, empfindlicher als die Spelzgetreide Emmer und Einkorn im Hinblick auf klimatische Bedingungen und die Gefahr des Schädlingsbefalls, auch ist seine Lagerung schwieriger als die dieser Getreidesorten. Emmer und Einkorn kann man zum Beispiel in Erdsilos lagern, bei dem Nacktweizen ist dies nicht möglich.[44]

3/16'19–16'25

'2	(Fortsetzung der Einstellung)	G: Wind Olliver: Also heut Nachmittag
'4	[G] Martin von der Seite.	G: Wind Olliver: können wir eigentlich hier noch ma wat hingehen. Dass wir schon mal anfangen, hier ist ja schon ne ganze Ecke hier noch [von dem Nacktweizen.

Nach seiner Entdeckung ist Olliver voller Tatendrang, was das Einholen der Ernte angeht. Der von ihm vorgeschlagene Beginn des Ernteeinsatzes noch am Nachmittag desselben Tages ist insofern rational, als die Wetterverhältnisse für diesen Zeitraum noch einigermaßen verlässlich abgeschätzt werden können – für den Folgetag und erst recht für die sich daran anschließende Zeit ist das viel schwieriger.

3/16'25–16'30

'4	(Fortsetzung der Einstellung)	G: Wind Martin: Wir müssen's trocknen,] Olli, vergiss das Trocknen nicht, das Olliver: Ja Martin: nützt alles nichts, das Zeug zu holen, wenn wer's nicht trocknen können. Olliver: Ja

Martin versucht, Ollivers Tatendrang zu bremsen: Hat er zuvor zu bedenken gegeben, es sei sinnlos, das Getreide zu ernten, wenn man

44 Zu den relativen Häufigkeiten von Emmer, Einkorn und Nacktweizen in den Seeufersiedlungen nördlich der Alpen zur Zeit der Horgener Kultur bemerkt Stefanie Jacomet (2009, 51): »The most important wheat species during the second half of the fourth millennium cal B.C. in the lake dwellings north of the Alps were Triticum dicoccum Schübl. (emmer) and T. durum Desf./turgidum L. (tetraploid naked wheat). During the second half of the fourth millennium B.C., emmer becomes more and more important, but the importance of naked wheat does not change too much«.

es nicht entspelzen kann – ein Argument, das durch die Entdeckung des Nacktweizens hinfällig geworden ist –, so beruft er sich nun darauf, dass die Frage der Trocknung der Ernte offen sei, die Voraussetzung dafür ist, das Getreide auch lagern zu können, da es andernfalls verfaulen würde.

3/16'30–16'40

'8	[A] Olliver und Martin in dem Getreidefeld.	G: Wind Olliver: Ich mein auf'm Dachboden ist ja noch Platz, da kammer ja noch was hinschütten, und was wir geerntet haben, das ham wir geerntet, und was dabei rauskommt, das sehen wir dann.
'2	[A] Olliver und Martin von hinten.	G: Wind Olliver: Besser wie's jetzt hier vergammeln zu lassen.

Olliver argumentiert ganz pragmatisch: Wird das Getreide nicht geerntet, verdirbt es auf dem Feld, und deshalb ist es besser, es auch auf die Gefahr des Verfaulens hin zu ernten und dann das Problem der Trocknung anzugehen, als es ungeerntet auf dem Acker verfaulen zu lassen. In dieser Haltung drückt sich ein naturwüchsiger Optimismus aus, und mit der Verbringung des Geernteten auf den Dachboden unterbreitet Olliver einen konkreten Vorschlag, wie das Trocknungsproblem gelöst werden könnte.

3/16'40–16'59

'3	(Fortsetzung der Einstellung)	G: Wind Martin: Das ist schon richtig, nur jetzt hier ähm
'12	[D] Martin von der Seite.	G: Wind Martin: richtig viel Energie reinzustecken und dann vergammelt's hinterher, da hätt ich auch kein Bock drauf, ne. (...) Das fänd ich auch sinnlos.
'4	[N] Olliver und Martin von der Seite.	G: Wind

Martin stimmt Olliver zwar prinzipiell zu, kultiviert aber weiterhin Bedenken. Seine Haltung ist eine zu der Ollivers genau konträre. Weil das Getreide nicht zu trocknen sein könnte, ist er von vornherein gegen die Ernte. Allerdings gilt es bei diesen Charakterisierungen von Martin und Olliver zu bedenken, dass dem Zuschauer eine realistische Beurteilung der Situation schon deshalb nicht möglich ist, weil er die Dringlichkeit der Ernte nicht einschätzen kann. Stehen den Probanden noch Tage oder gar Wochen zur Verfügung oder zählt buchstäblich jede Minute? Im ersten Fall wäre das abwartend-ablehnende Verhalten Martins unter Umständen nachvollziehbar, wenn er nämlich auf diese Weise Fehler vermeiden möchte, die aus einem überstürzten Aktionismus resultieren könnten. Wenn es aber wirklich notwendig wäre, unverzüglich mit der Ernte zu beginnen, dann wäre es ein pessimistisches Verschleppen der erforderlichen Arbeiten. Es ist, mit anderen Worten, nicht zu entscheiden, ob Martin durch die Auswahl des gesendeten Materials und damit auch der Auswahl der dem Zuschauer übermittelten Informationen zu einer Art Miesepeter stilisiert wird oder ob er, zumindest in dieser Phase des Experimentes, sich auch tatsächlich als ein solcher gerierte.

3/17'00–17'13

'13	[G] Martin in »Steinzeitkleidung«, in die Kamera sprechend, im Hintergrund Wald.	G: Vogelgezwitscher Martin: Olli wollte unbedingt diese Ernte vorantreiben. Vorantreiben, vorantreiben, vorantreiben, und ich hab ja von vornherein gesacht, nee, da bin ich nicht dabei, aus diversen Gründen.

Anstatt zu zeigen, wie sich die Diskussion weiter entwickelt, insbesondere, was Olliver auf die von Martin vorgetragenen Bedenken erwidert, folgt eine – wie aus der Verwendung des Imperfekts geschlossen werden kann – nachträgliche Einschätzung Martins, die nahezu gänzlich unaufschlussreich ist, weil sie nur in einer Hinsicht über das hinausgeht, was der Zuschauer aus den gezeigten Szenen des Disputes bereits weiß. Martin gibt an, für seine Ablehnung »diverse Gründe« gehabt zu haben, also noch andere als die bereits bekannten, auf das Problem des Entspelzens und das der Lagerung Bezug nehmenden. Allerdings erfährt man nur, *dass* Martin noch weitere Gründe hatte, aber nicht, *welche* diese waren.

3/17'13–17'23

'10	[G] Olliver in »Steinzeitkleidung«, in die Kamera sprechend, im Hintergrund Wald.	G: Vogelgezwitscher Olliver: Ja ich hätte mir mehr erwartet, mehr ähm Aktivität erwartet irgendwie, mehr Reinversetzen in das ähm in das Steinzeitleben.

Auch Ollivers Kommentar ist hinsichtlich des Streitverlaufes uninformativ. Seine Gleichsetzung von »Aktivität« mit einem »Reinversetzen in das Steinzeitleben« hat man wohl so zu interpretieren, dass in seinen Augen ein Abwarten und Reflektieren, wie es in einer wohlwollenden Lesart als Motiv hinter Martins Zögern unterstellt werden kann, den simulierten steinzeitlichen Lebensbedingungen nicht gerecht wird.

3/17'24–17'35

'5	[T] Martin und Olliver in einem Getreidefeld.	M: elektronisch, dramatisierend Sprecher: Aus der Frage: »Ernten oder nicht?«
'3	[G] Ähren auf dem Feld.	M: elektronisch, dramatisierend Sprecher: ist ein Machtkampf geworden.
'3	[G] Ähren auf dem Feld.	M: elektronisch, dramatisierend

Ein sachliches Problem hat sich in ein persönliches Problem verwandelt, das zu einem Machtkampf eskaliert. Diese Eskalation wird dem Zuschauer aber vorenthalten, er wird darüber nur durch den Sprecher informiert. Ohne Kenntnis des Kontextes würde aus den Bildern, die Olliver und Martin gemeinsam in einem Getreidefeld zeigen, nicht deutlich werden, zwischen wem sich der Machtkampf abspielt. Beide stehen einträchtig nebeneinander, weshalb der Zuschauer auch vermuten könnte, sie schmiedeten gemeinsam Pläne gegen eine nicht anwesende Person. Wörtlich genommen bedeutet »Machtkampf«, dass einer sich die Macht aneignen will, die ihn dazu befähigt, für die Gesamtheit der Probanden wichtige Entscheidungen zu treffen.

3/17'35–17'41

'5	[A] Olliver, Martin und Britta vor einem der Häuser.	G: Kinder Olliver: Wir hätten natürlich schon mal en bisschen wenigstens gestern versuchen können zu retten, das ham wer nicht hingekriegt aus besagten Gründen.

Die Nahaufnahmen des Getreides sollen dem Zuschauer wohl dessen Reife und damit die Notwendigkeit der Ernte vor Augen stellen. Dass in der Tat die Zeit drängt, ist Ollivers Aussage zu entnehmen. Auch wenn nicht explizit gesagt wird, was »gerettet« werden soll, lässt doch der innere Kontext dieser Szene keinen Zweifel daran, dass das Getreide gemeint ist. Am vorangegangenen Tag sind die Bedingungen für eine solche Rettung, auch wenn sie sich nur auf eine kleine Teilmenge erstreckt hätte, offensichtlich günstig gewesen, diese Chance hat man aber nach der Darstellung Ollivers nicht genutzt. Die Gründe hierfür werden den Adressaten von Ollivers Bemerkung als bekannt unterstellt und nicht ausdrücklich genannt. Die Formulierung »aus besagten Gründen« gibt zu verstehen, dass diese Gründe bereits zur Sprache kamen und diskutiert wurden. Es fällt auf, wie indirekt Olliver diesen Sachverhalt anspricht, ohne ein Gegenüber direkt mit Vorwürfen zu konfrontieren. Auch bezüglich der Versäumnisse des gestrigen Tages spricht er von »wir«, was ihn selbst einschließt.

3/17'41–17'47

'6	(Fortsetzung der Einstellung) Martin fasst sich mit dem Zeigefinger an die Schläfe.	G: Kinder Martin: Weil ich das auch nicht wollte. Ich wollte nicht gleich beim ersten Sonnenstrahl, dass alle auf'n Acker toben. Wo-für?

Auch wenn Olliver niemanden direkt angesprochen hat, fühlt sich Martin zu einer Entgegnung aufgerufen. Der Satz »Weil ich das auch nicht wollte« bedeutet in Langform, das Versäumen der Getreiderettung am Vortag ist nicht bloß ein Fehler gewesen, der den Probanden aus Unkenntnis unterlaufen ist, vielmehr hat sich Martin bewusst gegen die Ernte entschieden. Dies heißt nicht zwangsläufig, dass er seine Entscheidung als für alle anderen bindend versteht, sondern zunächst nur, dass zumindest für ihn die Unterlassung eine reflektierte war, auch wenn das bei den anderen nicht der Fall gewesen sein sollte. In dem zweiten Satz dieser Äußerung ist das »gleich beim ersten Sonnenstrahl« offenkundig innerhalb des Satzgefüges »verrutscht« – es bezieht sich nicht auf Martins »Wollen« (zumal dann auch die Verneinung unmotiviert wäre), sondern auf den Ernteeinsatz. Hier nun lehnt Martin einen solchen auch für alle anderen ab, nicht nur für seine Person. Er hat nicht gewollt, dass alle anlässlich des ersten Sonnenstrahles sofort in Aktionismus verfallen und zu ernten beginnen. Insofern artikuliert sich hier durchaus ein paternalistisches, vielleicht auch autoritäres Selbstverständnis, aus dem heraus Martin auch für die anderen Probanden zu sprechen beansprucht. Olliver hat die erste Person Singular vermieden und stattdessen den Plural gewählt, Martin hingegen betont mit dem »ich« seine Individuiertheit. Die Formulierung »auf'n Acker toben« bedeutet eine hektische und angestrengte Betriebsamkeit, Martin antizipiert darin die (tatsächlichen oder bloß imaginierten) Strapazen, die mit der Ernte verbunden sind. Doppeldeutig ist die Rede von dem »ersten Sonnenstrahl« insofern, als damit der erste Sonnenstrahl des Tages oder aber der erste Sonnenstrahl nach einer Schlechtwetterperiode gemeint sein kann. Ohne Kontextwissen würde man eher die erste Lesart für zutreffend halten, im Wissen darum jedoch, dass es um den Zeitpunkt für eine Getreideernte geht, erscheint auch die zweite plausibel.

Eindeutig konfrontativen Charakter hat das betont gesprochene »wo-für?«, das dem Gegenüber, in diesem Falle Olliver, eine Begründung für den Ernteeinsatz abverlangt, was eine Beweislastumkehr darstellt, denn eigentlich sollte ja evident sein, wofür die Ernte benötigt wird, und es hätte derjenige, der sie ablehnt, seine Gründe vorzubringen. Martin hat sich aber in dieser Einstellung bislang nur auf sein »Wollen« berufen, nicht auf Gründe.

3/17'47–17'51

'5	(Fortsetzung der Einstellung)	G: Kinder Olliver: Naja damit wir was zum Essen haben, [das wär ja schon was, schon en Grund, ne?

Olliver antwortet im Tonfall moderat, doch ist diese Mäßigung mit einer subtilen Aggression verbunden, die genau darin besteht, etwas eigentlich Selbstverständliches ausdrücklich aussprechen zu müssen und dies auch entsprechend zu kommentieren. Er nennt also das Naheliegende, die Notwendigkeit des Erntens zur Gewährleistung der Versorgung der Probanden, und fordert mit dem Nachsatz »das wär ja schon was, schon en Grund, ne?« Martin zu einer Stellungnahme auf. Jetzt ist es wieder an ihm, darzulegen, weshalb er trotz des drohenden Versorgungsengpasses gegen ein Einbringen der Ernte ist.

3/17’51–17’53

’2	(Fortsetzung der Einstellung)	G: Kinder Martin: Ja, ja gut, das ist das Essen] für’n Winter, im Winter bin ich nicht hier, fertig ab.

In seiner Replik macht Martin geltend, die Ernte diene dem Anlegen von Vorräten für den Winter und nicht der unmittelbaren Versorgung. Mit diesem Argument rüttelt er an dem für das Experiment konstitutiven »ganzheitlichen« Setting, dem zufolge es Teil der simulierten spätneolithischen Lebensbedingungen ist, auch eine solche Vorratswirtschaft zu betreiben. Indem sich Martin darauf beruft, im kommenden Winter sei das Experiment ohnehin schon beendet, setzt er sich über die Spielregeln hinweg, ohne diesen Regelbruch aber eigens zu thematisieren und zu rechtfertigen. Im Gegenteil zeigt sein abschließendes »fertig ab« an, dass damit für ihn alles gesagt und er nicht willens ist, weitere Begründungen anzuführen. Damit erscheint er in dieser Szene als recht anmaßend, verstärkt noch durch die erneute Verwendung der ersten Person Singular, so als wäre es ihm gleichgültig, was mit den anderen ist, solange er über die Gewissheit verfügt, den Winter nicht in dem Weiler verbringen zu müssen. Von dieser Anmaßung einmal abgesehen, ließen sich durchaus Gründe für die von Martin vertretene Position nennen. Zum Beispiel ließe sich anführen, dass wegen der fehlenden Handlungsroutinen und der nur unzureichenden Vorbereitung der Probanden auf das Experiment realistischerweise Abstriche bei dem von ihnen zu erfüllenden Arbeitspensum gemacht werden müssen, und am wenigsten problematisch sind solche bei Handlungen, die nicht der Lösung anstehender, für die unmittelbare Bewältigung von Lebensnot notwendiger Aufgaben dienen, sondern zukünftiger, den Zeithorizont des Experimentes überschreitender.

3/17'53–17'59

'4	[G] Martin in »Steinzeitkleidung« vor einer Wand, der Kamera zugewandt.	G: Kinder Martin: Ich bin doch nicht so blöd und gehe# und mache mich hier kaputt für ne Ernte, die uns hier noch verrottet.

Der Zuschauer erfährt nicht, wie der Wortwechsel zwischen Olliver und Martin weitergeht, was gerade an dieser objektiv spannenden Stelle bedauerlich ist, deren Spannung sich der Offenheit der Situation verdankt. Stattdessen wird eine andere Szene eingeschaltet, von der man nicht weiß, in welcher zeitlichen Relation sie zu der vorangegangenen steht. Martin ist offensichtlich allein mit dem Kamerateam und nicht in Gesellschaft der anderen, folglich sind die Adressaten des von ihm Gesagten die Fernsehzuschauer, nicht seine Mitprobanden. Seine Aussage weicht von dem zuvor in dem Disput mit Olliver Geäußerten ab, und umso aufschlussreicher wäre es zu wissen, wie sich beides zueinander verhält. Martin bezieht sich mit der Formulierung »auf'n Acker toben« auf die mit der Ernte verbundenen Anstrengungen und lehnt es ab, sich »kaputtzumachen«. Sein eigentliches Argument ist aber ein anderes: Nicht beharrt er darauf, im Winter nicht mehr auf die Ernte angewiesen zu sein, weil das Experiment dann beendet sein wird, vielmehr führt er das Problem der sachgerechten Lagerung des geernteten Getreides an, die offenbar nicht gewährleistet ist, weshalb es zu verrotten und damit unbrauchbar zu werden droht. Inwiefern diese Befürchtung realistisch ist, kann der Zuschauer nicht nachvollziehen, und überhaupt wundert man sich, warum sich Martin nicht schon in dem unmittelbar zuvor gezeigten Disput mit Olliver auf diesen Sachverhalt berufen hat. Daher drängt sich der Verdacht auf, dass diese Begründung Züge einer Rationalisierung trägt: Das Ernten stößt bei Martin auf eine Vorablehnung, für die dann nachträglich Gründe gesucht werden, nicht resultiert umgekehrt die Ablehnung aus einem Abwägen des Für und Wider.[45] Der Rationalisierungscharakter zeigt sich auch in der größeren »Vernünftigkeit« des Hinweises auf die Lagerungsproblematik im Vergleich zu einem bloß trotzigen Beharren auf einer einmal getroffenen Entscheidung (»fertig ab«).

45 Ein verkürztes ideologiekritisches Verständnis des Mechanismus der Rationalisierung wäre allerdings die Annahme, dass die mit ihr vorgebrachten Gründe deshalb falsch sein müssen.

3/17'59–18'12

'14	[A] Martin in »Steinzeitkleidung«, spricht in die »Tagebuchkamera«, im Hintergrund Wald.	G: Vogelgezwitscher Martin: Ich weiß ganz genau, sobald ich nach Hause komme, knallt's, da muss ich arbeiten und zwar was das Zeug hält. Ich muss richtig viel arbeiten, also ich kann mich danach nich aushal# ausruhen, und deswegen werd ich en Teufel tun und mich hier so auspowern

Es erfolgt kein Szenenwechsel zurück zu dem Streit mit Olliver, vielmehr schließt sich eine weitere monologische Aussage Martins in eine Kamera an, diesmal in die »Tagebuchkamera«. Martin nennt ein weiteres Argument für das Unterlassen der Ernte. Nicht nur ist er dann, wenn das Getreide benötigt wird, ohnehin nicht mehr am Ort und nicht nur äußert er Zweifel an der Lagerbarkeit der Ernte, darüber hinaus führt er die von ihm unmittelbar nach der Beendigung des Experimentes zu erbringende berufliche Arbeitsleistung an, für die er Kraftreserven vorhalten muss, und deswegen möchte er sich nicht in sinnlosem Aktionismus »auspowern«. Hier spricht nicht der Proband Martin, sondern Martin Burberg als Individuum, das für einen bestimmten Zeitraum die Rolle des Probanden annimmt und das auch vorausschauend an die Zeit nach dem Experiment denkt. Er verlässt hier die Ebene, auf welcher simulationsimmanent Problemlösungen hervorgebracht werden müssen, und begibt sich auf die Metaebene des Arrangements und der Spielregeln des Experimentes.

Haben diese und die Szene zuvor Reflexionen von Martin über seinen Streit mit Olliver gezeigt, wäre nun die Wiedergabe der Fortsetzung dieses Streites zu erwarten. Es wäre nun an Olliver, auf Martins Behauptung zu reagieren, er sei im Winter nicht mehr da, weshalb es unsinnig sei, das Getreide zu ernten.

3/18'12–18'20

'8	[G] Olliver in »Steinzeitkleidung«, in die Kamera sprechend, im Hintergrund Wald.	G: Vogelgezwitscher Olliver: Ich bin enttäuscht von dir, Martin, hab ich ma ziemlich konkret so gesacht, ne, äh hm dass du nicht mehr bringst so ungefähr, ne.

Nun wird aber nur ein von Olliver in die Kamera gesprochener Bericht über seine Reaktion gegenüber Martin gezeigt, nicht diese selbst. Der Zuschauer sieht also nicht, wie Olliver in der Unmittelbarkeit der Streitsituation zu Martin »Ich bin enttäuscht von dir, Martin« sagt, sondern nur, wie er davon erzählt, dies getan zu haben. Das ist für den Zuschauer ungleich weniger informativ, weil ihm die Nuancen dieses Vorwurfes, wie sie sich beispielsweise in der Intonation ausdrücken, und auch die – mimische oder verbale – Reaktion Martins vorenthalten bleiben. Auch kann er so nicht überprüfen, ob Ollivers Vorwurf direkt im Anschluss an die gezeigte Streitszene erfolgt ist oder ob er ihn zu einem späteren Zeitpunkt und in vielleicht anderem Zusammenhang formuliert hat. Die sachlichen Gründe, die Martin für seinen Entschluss anführen könnte, werden jedenfalls nicht diskutiert, der Zuschauer weiß auch nicht, ob sie überhaupt von den Probanden besprochen wurden. Anstatt den Verlauf des Streites, der den Fernsehverantwortlichen doch immerhin sendenswert erscheint, oder zumindest einen längeren Ausschnitt von ihm verfolgen und sich ein Bild von dem Agieren der Beteiligten machen zu können, muss sich der Zuschauer mit den kurzen Schnipseln begnügen, die man ihm präsentiert und die noch nicht einmal die dramatischen oder entscheidenden Phasen des Streites zeigen, sondern monologische und nachträgliche Einschätzungen. Damit ist hier dasselbe Gestaltungsprinzip wirksam, das bei der Analyse der Eröffnungssequenz mehrfach herausgestellt wurde: Der realzeitliche Verlauf des Geschehens wird durch Rückblenden und Vorverweise unterlaufen, wodurch es dem Zuschauer unmöglich wird, die Dauer des Geschehens sowie die Sequenzstellen der gezeigten Versatzstücke einzuschätzen. Er weiß nicht, ob der Streit zwischen Olliver und Martin nach dem kurzen Wortwechsel beendet war, ob er weiterschwelte und über einen längeren Zeitraum immer wieder zum Ausbruch kam oder ob er eskalierte. Der mit dem schnellen Szenenwechsel erweckte Anschein von Lebendigkeit wird mit massivem Informationsverlust erkauft.

Nimmt man Ollivers Darstellung wörtlich und unterstellt, sie beziehe sich auf seine Reaktion auf Martins Aussage, dann wurden sachliche Gründe nicht weiter erörtert. Olliver gab vielmehr seiner Enttäuschung Ausdruck, als ob Martins Verhalten vor allem auf eine Charakterschwäche zurückzuführen wäre. »Dass du nicht mehr bringst« meint nicht eine bestimmte Bewährungssituation, sondern eine Haltung oder Einstellung, hier ein abstraktes Ideal von Leistungsbereitschaft, dem Martin in den Augen Ollivers nicht genügt. Eine gewisse Ironie mag darin liegen, dass ausgerechnet jemand, der von seiner äußeren Erscheinung her wie ein alternder Punk wirkt,[46] sich zu dem energischen Verfechter einer Leistungsethik aufwirft. Das Erbringen von Leistung erscheint hier als abgelöst von konkret zu bewältigenden Aufgaben und als zu einer Art Habitus geronnen.[47]

Bei genauerer Betrachtung von Ollivers Aussage lässt sich folgern, dass der Satz »Ich bin enttäuscht von dir, Martin« wohl einigermaßen wörtlich so gefallen ist, da Olliver dies seiner Darstellung gemäß »konkret« (wenn auch mit der kleinen Einschränkung »ziemlich«) so gesagt hat, während die Ursache dieser Enttäuschung, »dass du nicht mehr bringst« nur sinngemäß zur Sprache kam (»so ungefähr, ne«).

3/18'20–18'25

'6	[W] Die Probanden stehen redend und gestikulierend vor den Häusern.	M: elektronisch, dramatisierend Sprecher: Inzwischen genügen schon winzige Anlässe für einen heftigen Streit.

Das »inzwischen« ließe sich mit »so weit ist es schon gekommen« umschreiben, es spielt auf eine Eskalation der Auseinandersetzung an. Der Streit steht nicht mehr im Dienste einer Klärung und Problemlösung, er hat sich verselbständigt und bricht schon bei Anlässen aus, bei denen er von der Sache her nicht gerechtfertigt ist. Der Streit ist damit, ein gruppendynamisch häufiges Phänomen, zu einem persönlichen geworden, die Probanden gehen sich als kon-

46 Die Bezeichnung »alternder Punk« ist nicht wertend (und schon gar nicht abwertend) gemeint, sondern beschreibt den Umstand, dass Punk zunächst ein Phänomen der Jugendkultur einer bestimmten Generation war und kein die gesamte Biographie prägender Lebensstil. Ollivers Identifikation als »Altpunk« kann sich im Übrigen nicht nur auf seine Frisur (»Irokesenschnitt«) stützen, bei der Vorstellung der Familie Matthes in der ersten Sendung trug er ein T-Shirt mit dem Schriftzug »Punk's not dead« (1/5'36–5'40), außerdem wird er in dem Film über das Dorfleben mit den Worten vorgestellt: »Der ehemalige Punk ist Landwirt und züchtet Schafe« (DD/7'41–7'43).

47 In dem Film »Das Dorf« wird dies folgendermaßen kommentiert: »Olli setzt sich durch. Für ihn ist klar, sie haben einen Arbeitsauftrag: Leben wie in der Jungsteinzeit. Und den will er erfüllen« (DD/39'22–39'30).

krete Personen »auf die Nerven«, sie agieren in den aktuellen Konflikten etwas aus, was über diese hinausweist, und das macht eine sachbezogene Kooperation, wie sie in Krisensituationen geboten ist, weitgehend unmöglich.

3/18'26–18'37

'11	(Fortsetzung der Einstellung)	G: Vogelgezwitscher Olliver: Aber kumma Martin: Und Olli kann's anscheind nich ab, wenn man ihm unter die Arme greifen will, und Olliver: [Also hör ma zu, hör ma zu Martin: das ist echt en Problem] Olliver: das ist kein Problem (uv) Martin: was er wahrscheinlich hat, [weil er alles alleine machen muss. Olliver: sondern ich hab gesacht], jetzt fängt das Feuer an zu brennen

Ein Ausschnitt aus einem solchen Streit wird exemplarisch gezeigt. Ein Zusammenhang mit der Erntefrage ist nicht auszumachen, unklar ist auch das zeitliche Verhältnis der beiden gesendeten Wortwechsel zwischen Olliver und Martin – aufgrund der Aussage des Sprechers, mittlerweile könnten bereits geringe Anlässe einen Streit auslösen, ist der aktuelle Disput später als der zuvor gezeigte anzusetzen, aber ob Stunden oder Tage zwischen ihnen liegen, erfährt der Zuschauer nicht.

Die Szene wird eröffnet durch eine Äußerung von Olliver (»aber kumma«), die nicht, wie ein scheinbarer Anklang an die bayrische Mundart vermuten lassen könnte, »aber komm mal« bedeutet, sondern »aber kuck mal«, was als Ankündigung einer Erklärung oder einer Differenzierung zu verstehen ist. Diese Äußerung macht deutlich, dass der Zuschauer den Streit nicht in statu nascendi verfolgen kann, sie stammt augenscheinlich aus einem bereits ausgebrochenen Streit. Martin unterbricht Olliver mit einem Satz, der bezeichnenderweise mit »und« beginnt und damit auch auf etwas schon Vorangegangenes Bezug nimmt, das der Zuschauer aus dem weiteren Verlauf erschließen muss. Er kann nicht wissen, was den Streit ausgelöst hat, und es entzieht sich auch seiner Beurteilung, ob der

Anlass wirklich so geringfügig war wie von dem Sprecher behauptet. Offenbar geht es aktuell um Ollivers Weigerung, ihm angebotene Hilfe anzunehmen, was Martin verärgert. Damit kann es sich nicht um eine Weiterführung des Erntedisputs handelt, bei dem ja gerade die aus Ollivers Sicht mangelhafte Bereitschaft der Probanden im Mittelpunkt stand, ihn bei der Ernte zu unterstützen. Allenfalls wäre eine Art Kehrtwendung innerhalb dieses Streites denkbar, wenn nämlich die Probanden Ollivers Vorwürfe beherzigt und die Ernte in Angriff genommen hätten, worauf sich dann aber herausstellte, Olliver hätte die anstehende Arbeit am liebsten im Alleingang erledigt. Ein solch unwahrscheinlicher Verlauf wäre aber in jedem Fall kommentierungsbedürftig. Ollivers Haltung wird von Martin als Problem gekennzeichnet, und Olliver versucht dreimal, sich Gehör zu verschaffen (»aber kumma«, »also hör ma zu«, »hör ma zu«), um dies zu bestreiten, seine sich anschließenden Ausführungen, die sich mit Martins Anklage überlappen, sind aber akustisch unverständlich. Für den Zuschauer enthält diese Szene kaum Informationen: Zwar bezeugt sie, dass es Streit gab, was aber dessen Anlass bildete, worum es eigentlich ging und wie dieser Streit zu bewerten ist, bleibt undurchsichtig. Wieder verständlich ist der Abschluss von Ollivers Äußerung: »sondern ich hab gesacht, jetzt fängt das Feuer an zu brennen«, und damit ist offensichtlich, dass der aktuelle Streit in keinem direkten Zusammenhang mit der Erntefrage steht.

3/18'37–18'39

'2	[HT] Martin, von einer Birke halb verdeckt, hantiert mit dünnen Ästen.	G: Kinder Olliver: Das ist doch Scheiße.

Martins Hantieren mit Ästen lässt vermuten, dass sich der aktuelle Streit um Fragen der Brennholzbeschaffung dreht. Rätselhaft wirkt zunächst Ollivers Satz, da er sich in der Sequenz des Geäußerten nur auf seine zuvor getroffene Feststellung, das Feuer fange an zu brennen, beziehen kann. Warum soll aber dieser Umstand als »Scheiße« qualifiziert werden? Die Rätselhaftigkeit löst sich auf, wenn man annimmt, dass keine direkte Kontinuität zu der zuvor gezeigten Szene besteht und deren Anschein nur durch Montage hervorgerufen wird. Ihr wäre dann aber genau die Erwähnung des eigentlichen Inhaltes dieses Streites zum Opfer gefallen, und darin wird fassbar, welchen Informationsverlust die Verantwortlichen zugunsten einer durch Montage hergestellten Pseudolebendigkeit in Kauf zu nehmen bereit sind.

3/18'39–18'49

'11	(Fortsetzung der Einstellung)	Martin: Na ich habe nicht gesagt, ich helfe dir nicht mehr, Olliver: Naja aber so was haste [angedeutet Martin: Ich werde nicht] ich werde nicht dabeistehen und dich jedes Mal fragen, ob ich dir helfen kann, da werd ich warten, bis du irgendwann sagst, komm helf mir mal, ma kucken ob das klappt.

Diese Äußerung vermittelt immerhin eine Ahnung davon, um was es in dem Streit geht. Martin bot Olliver seine Hilfe an, dieser lehnte sie aber ab und führte stattdessen die begonnene Arbeit allein weiter. Die Angemessenheit des Hilfeangebotes und seiner Ablehnung lässt sich nicht ermitteln, weil man nicht erfährt, bei was Martin Olliver eigentlich helfen wollte. Insofern bleibt offen, ob Ollivers Ablehnung sachlich begründet werden kann und gewisse neurotische Dispositionen bei Martin dafür verantwortlich sind, dass er dies als ungerechtfertigte Zurückweisung deutet, oder ob umgekehrt bei Olliver Neurotizismen das Annehmen von Hilfe verhindern. Martin jedenfalls wird, so seine Ankündigung, zukünftig die Beweislast umkehren: Nicht er wird Olliver seine Hilfe anbieten, dieser soll vielmehr im Bedarfsfall bei Martin um Hilfe nachsuchen. Auch wenn dies zunächst einmal wie ein sachlicher Vorschlag klingt, mit dem weitere Konflikte vermieden werden sollen, enthält er mit dem Nachsatz »ma kucken ob das klappt« doch auch eine polemische Spitze, denn Martin meldet damit Zweifel an, ob Olliver in der Lage sein wird, sich gemäß dieser Problemvermeidungsstrategie zu verhalten.

3/18'49–19'05

'15	[G] Britta in »Steinzeitkleidung«, der Kamera zugewandt, im Hintergrund Wald.	G: Vogelgezwitscher Britta: Ja das war schon ne ziemlich spannende Geschichte zwischen den beiden, weil die eigentlich ja ziemlich gute Freunde sind, und das sich immer mehr hochpushte so, die konnten sich dann teilweise schon gar nicht mehr richtig ansprechen, weil der eine dann in die Luft gegangen ist, wenn der andere was gesacht hat.

Dies ist ersichtlich eine nachträgliche Bewertung des Streites zwischen Martin und Olliver, den Britta in der Rückschau als »ziemlich spannende Geschichte« beschreibt. Obwohl beide eigentlich gut befreundet sind, eskalierte der Streit zusehends, offenbar war gar nicht mehr entscheidend, was jeweils gesagt wurde, allein schon die Tatsache, dass der Eine das Wort ergriff, führte bei dem Anderen zu einem Wutausbruch. Das Spannende könnte in der Ungewissheit liegen, ob sich der Streit zu einem dauerhaften Zerwürfnis von Martin und Olliver verfestigt oder ob sie ihn beilegen und ihre Freundschaft restituieren können. Dies könnte für jemanden interessant sein, der Anteil an den persönlichen Schicksalen der beiden nimmt, für das »Steinzeitexperiment« ist der Streit zweier befreundeter Personen des 21. Jahrhunderts irrelevant, solange dieser nicht die Fortsetzung des Experimentes in Frage stellt. Warum wird einem Konflikt, dessen Anlass unbekannt bleibt, dessen Verlauf nur bruchstückhaft verfolgt werden kann und der für das Experiment selbst belanglos ist, soviel Sendezeit eingeräumt? Wegen eines dem Zuschauer unterstellten Interesses am Spektakel, an Konflikten und dem Verhalten von Menschen in Krisensituationen, und dieses Interesse vermag in den Augen der Verantwortlichen eine gelangweilte Abwendung der Zuschauer zu vermeiden. Sie soll mit einer künstlichen, nicht mit dem Gegenstand selbst vermittelten Spannungserzeugung verhindert werden. Das ist, wie die Dokumentation des »Steinzeitexperimentes« zeigt, nicht einfach nur ein unerfreulicher, mit dem Medium Fernsehen verbundener Nebenaspekt, es ist vielmehr die durchgehende und alles andere einbettende Struktur. Die Inhalte werden nicht gesendet, weil sie für sich genommen als mitteilenswert erachtet würden, sondern weil sie sich durch und für diese

Struktur instrumentalisieren lassen. In genau diesem Sinne vernutzt das Medium Fernsehen seine Inhalte.

3/19'05–19'11

'7	[T] Olliver, Claudia, Sophia und Britta an der Feuerstelle stehend, im Hintergrund Martin. Olliver spricht erregt und gestikulierend.	G: Kinder Olliver: Ja warum nich? Ich sach doch, mach et! Ich würd es nich machen, er fragt mich, und ich geb ihm ne Antwort, wenn er das machen will, dann is dat in Ordnung.

Aufschluss über Anlass und Verlauf des Streites gibt auch diese Sequenz nicht, die ebenfalls nicht direkt an die zuvor gezeigte Streitszene anschließt. Wieder weiß man nicht, worum es geht: Martin, den Olliver wohl meint, möchte etwas tun, was dieser für sich selbst ablehnt; er hat dies Martin mitgeteilt, erklärt aber auch, es sei in Ordnung, wenn Martin dennoch an seinem Vorhaben festhalte. Die Liberalität des Gesagten steht in Widerspruch zu der Erregung, mit der Olliver es vorbringt.[48] Er und Martin kommunizieren hier nur noch über Bande, denn Olliver spricht mit Claudia, Sophia und Britta, die vermutlich in dem Konflikt zu vermitteln und zu schlichten versuchen, aber gleichzeitig spricht er in seiner Erregung auch so laut, dass Martin es hören kann.

3/19'11–19'16

'5	[G] Sophia in »Steinzeitkleidung«, der Kamera zugewandt, im Hintergrund Wald.	G: Vogelgezwitscher Sophia: Zwischen den Männern ist es ja wohl immer etwas kriegerischer, hat man ja schon mal gehört.

Sophias offensichtlich rückblickend formulierter Kommentar ist sehr gelassen, losgelöst von den konkreten empirischen Subjekten sieht sie in dem Konflikt den Ausdruck einer universellen männlichen Konfliktbereitschaft, und sie beruft sich als Geltungsquelle für diese Einschätzung auf die allgemeine Lebenserfahrung. Hinter

48 Ollivers Äußerung: »Ich würd es nich machen, er fragt mich, und ich geb ihm ne Antwort« wird bereits als Cliffhanger im Abspann der zweiten Folge gezeigt (2/43'32–43'34); sie soll illustrieren, dass sich das Ernten »zum Streitthema Nummer 1« entwickelt hat, obwohl sie sich allem Anschein nach gar nicht auf die Erntefrage bezieht.

ihrer Gelassenheit steht anscheinend die Erwartung: »Die kriegen sich auch schon wieder ein«. Besonders spannend, so wie Britta, kann sie den Streit anscheinend nicht finden.

3/19'16–19'23

'7	[G] Claudia in »Steinzeitkleidung«, der Kamera zugewandt, im Hintergrund Wald.	G: Vogelgezwitscher Claudia: Und ich hatte so das Gefühl, ist en bisschen en Hahnenkampf was die gerade haben ne, wer ist jetzt hier der Gockel? (lacht glucksend).

Ebenso sieht auch Claudia den Streit in der Rückschau nicht als dramatisch an, sie ist eher ein wenig amüsiert, wie sich an ihrem glucksenden Lachen zeigt. Sie vergleicht das Gebaren von Martin und Olliver mit einem Hahnenkampf; ein solcher ist eine künstlich geschaffene Kampfsituation, in der eigens für diesen Zweck gezüchtete Hähne mit Metallsporen ausgestattet werden und gegeneinander kämpfen. Der objektiven Bedeutung nach ist dieses Bild gar nicht unpassend insofern, als sich auch die Probanden in der künstlichen Situation einer Experimentalanordnung befinden. Allerdings meint Claudia wohl eher die Auseinandersetzung zweier Hähne um die Dominanz in einer Hühnerschar, auch hier ist das Bild treffend, wenn man bedenkt, dass nach dem Aufbruch von Ingo und Henning zur Alpenüberquerung unter den elf in dem Weiler verbliebenen Probanden Martin und Olliver die einzigen Männer sind. Das Wort »Gockel« gemahnt zudem an ein etwas gespreiztes, um die Inszenierung der eigenen Wichtigkeit bemühtes, eben gockelhaftes Auftreten.

3/19'23–19'29

'6	[G] Olliver in »Steinzeitkleidung«, der Kamera zugewandt, im Hintergrund Wald.	G: Vogelgezwitscher Olliver: Das hat mich auch schlecht draufgebracht, muss ich ganz ehrlich auch sagen, das hab ich en bisschen auch auf die Gruppe übertragen, weil ich dachte, wir müssen mal mehr bringen, das war aber nich machbar.

Olliver bedient sich hier des Jargons einer Kultur, die gerne und ausgiebig über die eigenen Befindlichkeiten reflektiert (»schlecht draufgebracht«, »auf die Gruppe übertragen«). Kürzt man diesen Jargon weg, könnte man das Gesagte folgendermaßen wiedergeben: »Ich habe mich geärgert, und die anderen haben meinen Ärger auch zu spüren bekommen«. Dieser Ärger gründet in dem selbstgesetzten Anspruch, »mehr bringen« zu müssen, er ist somit auch ein gültiger Ausdruck von Ollivers leistungsethischer Arbeitsbereitschaft, die sich von konkret zu erfüllenden Aufgaben gelöst und habitualisiert hat.

3/19'30–19'40

'10	[A] Martin in »Steinzeitkleidung«, spricht in die »Tagebuchkamera«, im Hintergrund Wald.	G: Vogelgezwitscher Martin: Ich bin völlig dagegen, hier ähm jetzt irgendjemanden zum Chef zu küren, der die anderen bevormundet beziehungsweise durch die Gegend schickt.

Martin wendet sich gegen die Bestimmung eines »Chefs«, und in dem gegebenen Zusammenhang kann es nur Olliver sein, dem eine derartige Rolle angesonnen wird. Seinen Namen auszusprechen vermeidet Martin, »irgendjemanden« impliziert eigentlich, mehrere Kandidaten stünden zur Verfügung. Interessanterweise sagt Martin nicht, Olliver strebe eine Cheffunktion an, vielmehr gibt es offenbar Bestrebungen, ihn zu einem solchen zu »küren«, die nur von den anderen erwachsenen Probanden ausgehen können, also von Britta, Sophia und Claudia. Wenn dem so wäre, schlügen sich die Frauen in dem zwischen Martin und Olliver virulenten Konflikt vehement auf Ollivers Seite, und das wäre für den Streitverlauf, wenn man ihm denn überhaupt Bedeutung zumisst, wichtig und durchaus zeigens- oder zumindest berichtenswert. Den kurzen, nachträglichen Anmerkungen der Frauen zu dem Streit ist noch nicht einmal die Andeutung einer solchen Parteinahme zu entnehmen gewesen, und das lässt darauf schließen, dass sie nicht tatsächlich stattfand, gleichwohl hatte Martin den Eindruck, eine Sonderstellung unter den Probanden einzunehmen und die anderen tendenziell gegen sich zu haben. Seiner Vorstellung gemäß würde ein Chef die anderen bevormunden und »durch die Gegend« schicken, und diese Wortwahl zeigt seinen Unwillen, die Legitimität eines Chefs anzuerkennen, denn wäre ein solcher als legitim akzeptiert, könnte man seine Weisungen nicht als Bevormundungen und Willkürakte interpretieren. Was wären Alternativen zum Küren eines Chefs, die Martin anführen könnte? Entweder eine Verteilung der Arbeit auf der Grundlage konsensueller Lösungen oder eine solipsistische Unabhängigkeit eines jeden Einzelnen bei der Wahl der Beschäftigung und deren Dauer, verbunden mit einem Bedachtsein auf den eigenen Vorteil. Letzteres kann Martin realistischerweise nicht ernsthaft unterstellt werden, zumal ein solches Verhalten sicher auch dem des spätneolithischen Menschen nicht gerecht würde.

3/19'40–19'57

'4	[T] Eines der Häuser von innen, Dunkelheit, durch eine Tür fällt Licht.	M: elektronisch, dramatisierend Sprecher: Die Situation ist kritisch. Die Kornvorräte
'4	[HT] Körbe und Tongefäße im Hausinnern.	M: elektronisch, dramatisierend Sprecher: sind so gut wie aufgebraucht. Sie haben bald nichts mehr zu essen.
'6	[HN] Kameraschwenk über den leeren Dachboden eines der Häuser, der wohl als Speicher dienen soll.	M: elektronisch, dramatisierend Sprecher: Wenn sie jetzt die Ernte nicht einholen, ist das Steinzeitexperiment gescheitert. Und das wäre einem
'2	[A] Martin in »Steinzeitkleidung« vor der »Tagebuchkamera«, im Hintergrund Wald.	M: elektronisch, dramatisierend Sprecher: sogar ganz recht.

Will man das Bild interpretieren, dann wäre der durch die Tür ins Dunkle fallende Lichtstrahl eigentlich ein Zeichen für Hoffnung, entsprechend dem sprichwörtlichen »Licht am Ende des Tunnels«. In Widerspruch hierzu steht aber die musikalisch begleitete Krisenbeschwörung des Sprechers, der zufolge das zu erntende Getreide jetzt doch der unmittelbaren Versorgung der Probanden während des Experimentes dienen soll, und nicht, wie zuvor von Martin geäußert, dem Anlegen von Vorräten für die Winterzeit. Jedenfalls wird mit der schon bekannten Vermischung von spätneolithischen Lebensbedingungen und ihrer Simulation im Experiment so getan, als ob der Fortgang des Experimentes von der Ernte abhinge, als müsste man das Experiment abbrechen, wenn es den Probanden nicht gelingen sollte, die Ernte einzubringen. Allein um der Dramatik willen soll dem Zuschauer eine ungeheure und für das Gesamtexperiment folgenreiche Krisenhaftigkeit der Situation vorgegaukelt werden. Und auf wen könnte der letzte Satz anspielen, wem ist zu unterstellen, ein Scheitern des Experimentes wäre in seinem Sinne? Da es sich um eine männliche Person handelt, ist entweder Olliver oder Martin gemeint. Ein mögliches Motiv von Olliver könnte in dem Ärger über den mangelnden Leistungswillen der anderen liegen, eines von Martin in der Unzufriedenheit mit der Entwicklung des Verhältnisses der Probanden zueinander, die mit der Marginalisierung seiner Person und einer sich um Olliver zentrierenden Gefolgschaftsbildung einhergeht. Da Martin bereits im Bild zu sehen ist, wird er derjenige sein, der sich mit Rückzugsgedanken beschäftigt. Bezeichnend ist, dass der Betreffende nicht sofort genannt, sondern seine Nennung angekündigt und erst in einer nachfolgenden Szene, in diesem Falle optisch, vollzogen wird.

3/19'57–20'06

'6	(Fortsetzung der Einstellung) Martin spricht in die Tagebuchkamera	M: Am Ende der Einstellung dramatisch anschwellende Orchestermusik G: Vogelgezwitscher Martin: Joa, also vom Gefühl her würde ich wenn's nur nach mir ginge würd ich abbrechen.
'2	[W] Alpenpanorama.	M: dramatische Orchestermusik

Tatsächlich erweist sich auch diese Ankündigung als sachlich unbegründete Dramatisierung – keineswegs äußert sich Martin dahingehend, dass er ein Scheitern des Experimentes begrüßen würde. Er artikuliert sein gegenwärtiges Befinden und sagt, er würde das Experiment abbrechen, schränkt dies aber ausdrücklich gleich zweifach ein: Zum einen durch das »vom Gefühl her«, was zumindest offen lässt, ob er sich auch »vom Verstand her« so entscheiden würde, zum anderen durch das »wenn's nur nach mir ginge«, worin mitgesetzt ist, dass es eben nicht nur nach ihm geht und er bei seiner Entscheidung zumindest auf seine Frau und seine drei Kinder Rücksicht nehmen muss. Die Situation wird nicht aufgelöst, der Zuschauer erfährt nicht, ob Martin wirklich das Experiment abgebrochen hat, stattdessen ertönt eine dramatische, die Krisenhaftigkeit der Situation beschwörende Musik und es erfolgt nach der Logik des Cliffhangers[49] ein Themenwechsel hin zu der Alpenüberquerung

49 Der Cliffhanger, ein offener, nicht aufgelöster Spannungsbogen am Ende von Fortsetzungsromanen oder von Fernsehserienfolgen (typischerweise bei sogenannten »Seifenopern«) ist ein Gestaltungsmittel, das nicht aus

von Ingo und Henning. Betrachtet man die Einbettung der Äußerung von Martin, die Ankündigung, ein Scheitern des Experimentes wäre ihm ganz recht, und die sich anschließende Musik, dann läuft diese Einbettung auf eine Dramatisierung hinaus, die nicht nur unpassend ist, sondern eine manifeste Verfälschung des realen Geschehens bedeutet.[50]

Nach einem über elf Minuten dauernden Bericht über das Schicksal der beiden Alpenüberquerer (3/20'03–31'26) wendet sich die Sendung wieder den Geschehnissen in dem Weiler zu.

der dargestellten Sache hervorgeht, sondern ihr mehr oder weniger aufgezwungen ist. Dass es sowohl in der immanenten Dramaturgie der vier Folgen des »Steinzeitexperimentes« wie auch in der die Folgen übergreifenden angewandt wird, vermag nicht zu überraschen, ist doch die in der Mikrodramaturgie des Sprechertextes zu konstatierende Logik von Ankündigung und erst dann erfolgender Nennung einer Information eine Spielart des Cliffhangers in nuce. Eine besonders eindrucksvolle Cliffhangerkonstruktion findet sich am Ende der dritten Folge. Der Sprecher sagt: »Im Dorf ist der Herbst gekommen. Die Zeit der Kälte. Und der Jagd«. Auf das Stichwort Jagd hin sieht man ohne weitere Kommentierung Olliver und den ebenfalls »steinzeitlich« gewandeten Harm Paulsen, beide wirken sehr konzentriert und sind offensichtlich im Wald auf der Pirsch. In einem kurzen Zwischenschnitt ist ein Rehbock zu sehen, dann Paulsen, einen Bogen spannend, dann wieder kurz der Rehbock. Dann sieht man wieder Paulsen, der einen Pfeil abschießt, und damit endet die Folge (3/43'31–43'43). Der Eindruck, den diese Szene beim Zuschauer erweckt, ist der, dass Paulsen mit einem Pfeil auf den Rehbock schoss, und die Frage ist nun, ob er das Tier traf oder verfehlte. In der vierten Folge stellen sich die Zusammenhänge ganz anders dar: Der von Paulsen abgegebene Schuss war nur ein auf einen Baum zielender Probeschuss (4/24'55–25'01), erst danach (Einblendung: »der nächste Morgen«) sind Olliver und Paulsen auf der Pirsch zu sehen (4/25'55–27'01). Der Rehbock erscheint, Paulsen legt an, doch das Tier entkommt, und Paulsen lässt den Bogen wieder sinken; die Bilder suggerieren, er habe den Pfeil nur deshalb nicht abgeschossen, weil der Bock die Flucht ergriffen hat. Wiederum später (4/34'21–36'45) stellen Olliver und Henning dem Bock nach, erlegt wird dieser aber von einem Jäger mit einem Gewehr, denn, so der Sprecher, »die Jagd mit Pfeil und Bogen ist heute in Deutschland verboten«. In mehrfacher Hinsicht manipuliert also der Cliffhanger am Ende der dritten Folge durch eine geschickte Montage des Aufgezeichneten die darin dokumentierte Realität.

50 Martins scheinbare Abbrechensandrohung bildet auch den Cliffhanger am Ende der zweiten Sendung (2/43'34–43'39).

3/31'26–31'35

'3	[W] Der Weiler im Dunkeln.	G: fröhliche Gesänge
'7	[W] Schemenhaft sind die Probanden zu erkennen, wie sie um ein Feuer tanzen.	Probanden: (fröhliche Gesänge)

An den Cliffhanger wird nicht, zumindest nicht direkt, angeknüpft, man weiß nicht, ob Martin das Experiment verließ, wie es die Kommentierung seiner von der »Tagebuchkamera« aufgezeichneten Äußerung nahegelegt hat, oder ob er weiterhin mit dabei ist, wie es der objektiven Bedeutung dieser Äußerung entsprechen würde. Man sieht stattdessen Impressionen der offensichtlich ausgelassenen Stimmung der Probanden am Feuer. Der Streit zwischen Martin und Olliver, in den mittelbar auch die anderen Probanden involviert waren, wurde anscheinend gelöst. Denkbar ist eine Versöhnung der Streitenden, dann wäre, wenn dem Zuschauer schon ein Interesse an diesem Streit unterstellt wird, es auch instruktiv zu erfahren, wie sich diese Versöhnung vollzog und welcher modus vivendi für die Zukunft gefunden wurde. Vielleicht besteht die Lösung aber auch darin, dass Martin wirklich ausschied, Olliver »zum Chef gekürt« wurde und dies nun gefeiert wird.

3/31'36–31'52

'3	(Fortsetzung der Einstellung)	Probanden: (fröhliche Gesänge) Sprecher: Nach vier Wochen Steinzeit ist unsere Sippe
'3	[G] Sophia im Dunkeln, mit fröhlichem Gesichtsausdruck singend und klatschend.	Probanden: (fröhliche Gesänge) Sophia: (singt) Sprecher: im Dorf kaum wiederzuerkennen.
'4	[G] Im Dunkeln Roman, neben ihm Claudia, beide singend und klatschend.	Probanden: (fröhliche Gesänge) Roman: (singt)
'5	[A] Martin, dahinter Olliver und Britta, ebenfalls singend und klatschend.	Probanden: (fröhliche Gesänge) Sprecher: Partystimmung am Lagerfeuer statt dicker Luft bei den Männern. Was ist geschehen?

Der Sprecher thematisiert nicht, wie die Entscheidung von Martin ausfiel, obwohl der Cliffhanger doch genau auf die Dramatik dieser Entscheidung hinauslief, sondern den offenkundig bei den Probanden herrschenden Frohsinn. Die Stimmung hat sich in ihr Gegenteil verkehrt, statt »dicker Luft« herrscht »Partystimmung«. Anstatt die Ereignisse, die zu dieser erstaunlichen Veränderung geführt haben, zu erläutern, wird in bekannter Manier eine Erläuterung erst einmal angekündigt: »Was ist geschehen?«.

3/31'53–32'00

'8	[G] Britta in »Steinzeitkleidung«, der Kamera zugewandt, im Hintergrund Wald.	G: Vogelgezwitscher Britta: Ich denke irgendwann sind die an so en Punkt gekommen, wo se dachten, nee, so geht das nich weiter, wir wollen eigentlich Freunde bleiben und wir wollten nicht, dass das hier durch die Steinzeit jetzt kaputtgeht.

Statt einer Darlegung der Entwicklung folgt eine nachträgliche Beurteilung. Den ständigen Perspektivenwechsel würden die Verantwortlichen vermutlich mit dem Bestreben rechtfertigen, möglichst viele Facetten des Geschehens darstellen zu wollen. In Wirklichkeit aber ist dieser Wechsel eher verunklarend als erhellend, da die verschiedenen Perspektiven nicht eine einfache Sachverhaltsschilderung ergänzen, sondern sie ersetzen. Die vorliegende Stelle gibt hierfür ein sprechendes Beispiel: Bevor der Zuschauer überhaupt erfährt, was sich eigentlich ereignet hat, wird ihm eine Kommentierung dieser Ereignisse präsentiert. Brittas Kommentar kann er entnehmen, dass es anscheinend zu einer Versöhnung von Martin und Olliver kam, und sie vermutet ein Besinnen auf ihre Freundschaft, die durch ihre Konflikte im Verlaufe des Experimentes nicht zerstört werden sollte. Das alles markiert Britta aber ausdrücklich als Mutmaßung, nicht als Tatsachenbehauptung. Die von dem Sprecher gestellte Frage, was eigentlich geschehen ist, bleibt nach wie vor unbeantwortet.

3/32'01–32'08

'8	[G] Claudia in »Steinzeitkleidung«, der Kamera zugewandt, im Hintergrund Wald.	G: Vogelgezwitscher Claudia: Es wurde dann schon unterschwellig irgendwie dann auch mal fallen lassen, »das halt ich mit dem nicht mehr länger aus« (lacht) oder Ähnliches.

Eine weitere Kommentierung folgt. Claudia bezieht sich auf die Zeit des offenen Konfliktes zwischen Martin und Olliver, was keinen Aufschluss über dessen Lösung und das »Zusammenraufen« beider gewährt. Der Zuschauer erfährt hier buchstäblich nichts, was über die Bewertung hinausgeht, die in der Sendung vor über zwölf Minuten schon Britta formuliert hat.[51] Anstatt einfach zu sagen oder zu zeigen, wie die Konfliktlösung zustande kam, werden um einer mit ständigen Perspektivenwechseln inszenierten Lebendigkeit willen uninformative Redundanzen präsentiert.

3/32'08–32'22

'14	[G] Britta in »Steinzeitkleidung«, der Kamera zugewandt, im Hintergrund Wald.	G: Vogelgezwitscher Britta: Ich denke, wir Frauen sind das eher angegangen und haben gesacht, hier, ihr müsst da jetzt ma reden, so geht das nich weiter, ne (.) und äh ja damit die Gemeinschaft überhaupt klappt, musste das zwischen den beiden einfach wiederhergestellt werden.

Diese Behauptung von Britta steht in Widerspruch zu dem zuvor von ihr Gesagten (3/31'53–32'00): Ist dort davon die Rede gewesen, dass Martin und Olliver sich auf ihre Freundschaft besannen, die sie durch ihren aktuellen Konflikt gefährdet sahen, und dass durch diese Besinnung ihre Versöhnung eingeleitet wurde, erscheinen nun die Frauen als treibende Kraft hinter dieser Versöhnung. Sie waren es, die auf die Männer einwirkten, eine Veränderung herbeizuführen, und dies durchaus nicht nur um der Wiederherstellung der Männerfreundschaft willen, sondern im eigenen Interesse, damit nämlich »die Gemeinschaft überhaupt klappt«. Hier bleibt offen, ob für Britta der Zweck der Bemühungen um eine Aussöhnung primär in einem weitgehend friktionslosen Funktionieren der Gemeinschaft liegt oder ob sie darin auch die Bedingung für eine Fortsetzung des Experimentes sieht. Vielleicht stellt das Gezeigte nur einen kurzen Ausschnitt einer längeren Äußerung dar, in der auch die Folgen der Beendigung des Streites für das Experiment zur Sprache gekommen

51 »Die konnten sich dann teilweise schon gar nicht mehr richtig ansprechen, weil der eine dann in die Luft gegangen ist, wenn der andere was gesacht hat« (3/18'59–19'05).

sein könnten. Aus demselben Grund ist auch nicht zu entscheiden, ob der Widerspruch zwischen dieser und der vorangegangenen Äußerung Brittas, die vermutlich zwei Ausschnitte derselben Sequenz sind, ihr selbst oder der Montage anzulasten ist. Ihre originalen Ausführungen enthielten womöglich eine erklärende Überleitung, etwa dergestalt, dass sich die Männer des Wertes ihrer Freundschaft erst durch die Intervention der Frauen bewusst wurden.

3/32'22–32'32

'10	[G] Claudia in »Steinzeitkleidung«, der Kamera zugewandt, im Hintergrund Wald.	G: Vogelgezwitscher Claudia: In dieser abendlichen Runde ham wir es wirklich geschafft ähm so en gutes Resultat zu erzielen, dass wirklich am andern Tach, die ham gesungen und geträllert, sich Witze erzählt.

Von einer Aussprache in »abendlicher Runde« ist bislang noch nicht die Rede gewesen, daher überrascht es, wenn eine solche hier wie selbstverständlich angesprochen wird. Bei dieser Aussprache gelang es, eine Wende in dem Verhältnis zwischen Olliver und Martin zu erreichen. Warum, so fragt man sich als Zuschauer, wird diese Aussprache dann weder gezeigt, noch von dem Sprecher über ihren Verlauf und ihr Ergebnis berichtet? So muss man versuchen, die relevanten Informationen aus der Vielzahl der Ausschnitte herauszuklauben.

3/32'33–32'44

'5	[T] Olliver und Martin schlagen im Sitzen singend mit Stöcken auf Getreide ein, das auf Tierhäuten liegt. Neben ihnen Till und Ronja.	Martin/Olliver: (stakkatohafte Gesänge)
'3	[G] Olliver singend und dreschend.	Martin/Olliver: (stakkatohafte Gesänge)
'3	[G] Martin dreschend.	Olliver: (stakkatohafte Gesänge)

Diese Szene mutet insbesondere dann etwas martialisch an, wenn man Bilder der Versöhnung von Martin und Olliver und eines einträchtigen Beisammenseins erwartet. Die einzige erkennbare Verbindung zu dem von Claudia Gesagten besteht in dem Gesang, der aber kein »Geträller« ist und eher an Kriegsgeheul erinnert. Welchen Aufschluss über das Geschehen bieten diese Szenen? Zum einen, dass Martin und Olliver wieder kooperieren, und zum anderen, dass offensichtlich Getreide geerntet wurde, welches hier gedroschen wird.

3/32'44–32'49

'5	[G] Britta in »Steinzeitkleidung«, der Kamera zugewandt, im Hintergrund Wald.	G: Gesänge von Martin und Olliver Britta: Aber jetzt klappt's ja wieder (lacht).

Eine Aussage von Britta beschließt den Bericht über den Streit von Martin und Olliver. Dass es wieder »klappt«, signalisiert die Wiederherstellung eines freundschaftlichen Miteinanders, wie es vor dem Konflikt bestand. Resümiert man dessen Darstellung in der dritten Folge, dann verblüfft, wie wenige verwertbare Informationen dem Zuschauer mitgeteilt worden sind. Er hat eine Ahnung von dem Anlass bekommen und auch von den verschiedenen Motiven, die Martin gegen die Ernte votieren ließen, aber von dem eigentlichen Verlauf des Streites kann er sich kein Bild machen. Zwar hat er Ausschnitte gesehen, aus denen aber nur hervorgeht, *dass* lautstark und lebhaft gestritten wurde, wegen der Montage der Szenen ist es ihm jedoch nicht möglich, nachzuvollziehen, *was* Gegenstand dieser Auseinandersetzungen war. Die Montage evoziert den Anschein von Lebendigkeit und Spektakel, was aber nicht mehr erkennbar an einen wissenswerten Sachverhalt rückgebunden ist. Anders gesagt: Wie an der medialen Aufbereitung des Konfliktes zwischen Olliver und Martin besonders augenfällig wird, werden die Probanden von dem Medium Fernsehen für eine informationslose Inszenierung von Lebendigkeit instrumentalisiert. Erinnert sei, um ein besonders drastisches Beispiel zu wählen, an die Aussage Martins, er würde sich, ginge es nur nach ihm, »also vom Gefühl« her, am liebsten aus dem Experiment zurückziehen – dies ist zu der Behauptung entstellt worden, ein Scheitern des Experimentes wäre ihm ganz recht. Dem Zuschauer bleibt nicht nur der Verlauf des Konfliktes verborgen, sondern auch seine Lösung, denn von ihr erfährt er nur indirekt, vermittelt über die Andeutungen, die in den zusammengeschnittenen Aussagen der Frauen enthalten sind. Es wird nicht in Bild und Ton gezeigt, wie sich die Konfliktlösung vollzog, der Sprecher erläutert sie nicht, und auch die Protagonisten des Streites, Martin und Olliver, kommen zu diesem Thema nicht zu Wort. Vor allem aber bleibt die Klärung der Erntefrage im Dunkeln. Dass schließlich Getreide geerntet wurde, lassen die Bilder des gemeinschaftlichen, von Gesängen begleiteten Dreschens vermuten, und offenbar konnte sich Olliver, der das Einholen der Ernte vehement eingefordert hatte, in diesem Punkt gegen Martin durchsetzen – aber mit welchen Argumenten wurde dieser überzeugt und welche Konzessionen musste Olliver eventuell machen?

Obwohl es also einerseits als notwendig angesehen wird, in der Dokumentation eines Experimentes, in dem es um den Nachvollzug der Überlebensstrategien des spätneolithischen Menschen und der von ihm entwickelten Techniken gehen soll, dem Ergehen der Probanden und ihrem Verhältnis zueinander breiten Raum einzuräumen, werden diese sozialen Aspekte andererseits nicht in einer Weise dargestellt, die es den Zuschauern gestatten würden, auch nur die elementaren Vorgänge und Zusammenhänge zu verfolgen. Zweck der Montage ist es allein, mittels eines künstlich dramatisierten Spektakels und inszenierten Eskalationen die Aufmerksamkeit der Zuschauer zu binden.

3/32'49–33'06

'3	[T] Olliver und Martin, singend und dreschend.	G: Gesänge Sprecher: Auch so
'3	[N] Ronja, dreschend.	G: Gesänge Sprecher: kann man dreschen.
'3	[N] Taliesin, dreschend, dann [N] Merlin, dreschend.	G: Gesänge
'3	[N] Merlin, dreschend.	G: Gesänge Sprecher: Weil sie jetzt
'3	[N] Hände ergreifen Getreidehäcksel.	G: Gesänge Sprecher: täglich ernten, wächst ihr Getreidevorrat stetig.
'3	[A] Olliver wirft Getreidehäcksel in einen Korb, neben ihm Ronja und Till.	G: Gesänge Sprecher: Auch das Wetter wird langsam besser.

Der Sprecher greift das Thema Streit und Versöhnung nicht auf, er kommentiert den Dreschvorgang, und dieser Kommentar provoziert die Frage, wie man denn anders als durch Einschlagen auf die Körner dreschen könnte. Vermutlich spielt er auf die gesangliche Begleitung an, was aber ungenau wäre, weil der Gesang das Dreschen eben nur begleitet, aber keine eigenständige Dreschtechnik darstellt. Die Auflösung des zuvor mit allen inszenatorischen Mitteln hochgespielten Streites zwischen Martin und Olliver fällt denkbar knapp aus: Die Probanden, so erfährt man, ernten jetzt täglich, was wohl so zu verstehen ist, dass sie jeweils nur eine vergleichsweise geringe Menge ernten, diese aber regelmäßig, wodurch ihnen immerhin das Anlegen von Vorräten möglich wird. Mit dem eher sparsamen täglichen Arbeitseinsatz auf dem Feld, so könnte man folgern, ist die Befürchtung von Martin, sich durch die Erntearbeit »kaputtzumachen«, hinfällig geworden. Es stellt sich dann aber die Frage, wie sein anderer, das Problem der sachgerechten Lagerung der Ernte betreffender Einwand, ausgeräumt werden konnte.[52] Olliver hielt die anderen zu einem zügigen Ernteeinsatz an, da das Getreide bereits reif war und die Zeit drängte, weshalb er ja auch ausdrücklich davon sprach, es »retten«[53] zu wollen, außerdem wurde den Probanden bei ihrer Einweisung mit drastischen Worten – »die Zeit brennt« – die Notwendigkeit einer baldigen Ernte vermittelt, da nach einem Wetterumschlag die Frucht verloren sei (1/29'11–29'28) – wie ist das zu vereinbaren mit der nun in Etappen erfolgenden, gemächlichen Ernte *nach* den Wetterkapriolen, deren apokalyptische Ausmaße oft genug beschworen worden sind? Diese offenen Fragen beantwortet der Sprecher nicht, er versichert vielmehr, »auch« das Wetter werde besser; dieses für sich betrachtet etwas unmotiviert wirkende »auch« spielt vermutlich darauf an, dass die Wetterverbesserung mit einer allgemeinen Konfliktbereinigung und Problemlösung koinzidiert.[54]

52 »Ich bin doch nicht so blöd und gehe# und mache mich hier kaputt für ne Ernte, die uns hier noch verrottet« (3/17'53–17'59).

53 »Wir hätten natürlich en bisschen schon mal wenigstens gestern versuchen können zu retten, das ham wer nicht hingekriegt aus besagten Gründen« (3/17'35–17'41).

54 In der letzten Folge heißt es lapidar zur Ernte: »Gerade mal ein Drittel des Getreides auf dem Feld konnten sie retten. Viel zu wenig, um die Sippe durch den Winter zu bringen. Höchstens für drei Wochen wird der Nacktweizen reichen« (4/20'12–20'22). Anscheinend wurden doch Vorräte angelegt, die aber für eine Versorgung im Winter nicht ausgereicht hätten. Beachtung verdient der dramatisierende Indikativ in dem letzten Satz.

3/33'07–33'20

'7	[G] Martin in »Steinzeitkleidung«, in die Kamera sprechend, im Hintergrund Wald.	G: Vogelgezwitscher Martin: Den ein oder anderen Konflikt, den hammer jetzt auch gut gelöst, und (.) es wird irgendwie immer besser, find ich, es wird immer schöner.
'7	[N] Martin in »Steinzeitkleidung«, spricht in die »Tagebuchkamera«, im Hintergrund Wald.	M: rhythmisch Martin: Und gestern oder vorgestern hatt' ich zum ersten Mal das Gefühl, so jetzt jetzt hab ich mich an die Steinzeit gewöhnt.

Ausdruck findet diese Grundstimmung auch in diesen Befindlichkeitsbestandsaufnahmen von Martin, der sich aber nur sehr allgemein äußert und bezüglich der konkreten Regelungen der Konflikte nicht ins Detail geht. Die Formulierung, er habe sich »an die Steinzeit gewöhnt«, drückt prägnant die Überwindung der überforderungsbedingten Krisen und die Ausbildung von Handlungsroutinen aus, die es den Probanden gestatten, sich in die für sie ungewohnten Lebensbedingungen so einzufügen, dass sie eine gewisse Gelassenheit bei der Alltagsbewältigung besitzen. Das freilich betrifft nur die subjektive Ebene ihres Befindens, es sagt nichts darüber aus, wie nahe sie mit ihrem Handeln dem des spätneolithischen Menschen kommen. Als Menschen des 21. Jahrhunderts entwickelten sie angesichts von Krisensituationen in simulierten steinzeitlichen Lebensbedingungen ihre eigenen Routinen.[55]

3/33'20–33'35

'3	[N] Ähren werden mit einer Sichel abgeschnitten.	M: rhythmisch Sprecher: Knapp vier Wochen hat unsere Sippe gebraucht, um
'2	[A] Britta bei der Getreideernte.	M: rhythmisch Sprecher: ganz in der Steinzeit anzukommen.

55 Diesen Aspekt hat Paulsen auf den Punkt gebracht: »Eins nehmen sie mit, und das ist sehr störend: Das ist ihr ganzes Wissen von heute. So. Und diese Steinzeit, die sie dann machen werden, ist keine echte Steinzeit, sondern ich nenn' sie Robinson-Crusoe-Steinzeit. Man wird viele Probleme lösen, wie man sie heute gewohnt ist« (1/15'04–15'20).

'2	[T] Sophia und Claudia tragen einen großen Korb mit Getreide, sie bewegen sich von der Kamera weg.	M: rhythmisch Sprecher: Der Dauerregen und die kalten Nächte sind
'3	[N] Martin schnürt Bündel mit Getreide.	M: rhythmisch Sprecher: vergessen. Allmählich macht ihnen
'3	[T] Martin schultert zwei Bündel, Britta (?) und Claudia (?) gehen an ihm vorbei.	M: rhythmisch Sprecher: der harte Steinzeitalltag sogar richtig Spaß.

Genau diese Differenzierung reißt der Sprecher ein, wenn er sagt, die Probanden seien nach vier Wochen der Eingewöhnung »ganz in der Steinzeit angekommen«. Er unterstellt, das sich nach und nach einstellende subjektive Wohlbefinden wäre ein gültiger Indikator für die »steinzeitliche« Authentizität ihres Handelns. Woran soll sich überhaupt das Urteil darüber bemessen, ob sie »ganz« oder »noch nicht ganz« in der Steinzeit angekommen sind? Ob die Probanden den Dauerregen und die kalten Nächte der Anfangszeit wirklich vergessen haben, ist einstweilen eine bloße Behauptung, die wörtlich genommen im Übrigen auch bedeuten würde, dass sie nicht gelernt haben, mit solch ungünstigen Bedingungen zurechtzukommen, und bei einer erneuten Schlechtwetterperiode genauso hilflos wie zu Beginn wären. Das würde wiederum die Aussage dementieren, sie seien nun »ganz in der Steinzeit angekommen«. Ungenau ist auch die Bemerkung, der »harte Steinzeitalltag« mache ihnen mittlerweile »sogar richtig Spaß«, denn die bei den Probanden Stress verursachende Härte des Alltags zu Beginn des Experimentes war wesentlich den ungewöhnlich schlechten Wetterverhältnissen und den fehlenden Handlungsroutinen geschuldet. Da das Wetter nun günstiger ist und sie Routinen entwickelt haben, ist der Steinzeitalltag für sie eben nicht mehr so hart wie zu Anfang, der Stress hat nachgelassen, und deshalb haben sie jetzt auch »Spaß« an dem Leben unter den simulierten Steinzeitbedingungen. Diese kurze Sequenz verdeutlicht modellhaft, wie oberflächlich und assoziativ der kommentierende Text ist.

3/33'35–33'50

'11	[A] Claudia bei der Getreideernte.	G: Vogelgezwitscher Claudia (off): Also ich liebe einfach diesen Acker da oben und diese einfachen Arbeiten zu machen, ne einfach so dieses Korn einzuholen und dann nach ner Zeit zu sehen, Mensch, da hab ich
'6	[G] Claudia in »Steinzeitkleidung«, der Kamera zugewandt, im Hintergrund Wald.	G: Vogelgezwitscher Claudia: en ganzes Stück weggeschafft, und das ist jetzt wirklich Essen, was wir für uns haben, was wir mit nach Hause bringen.

Diese Aussage von Claudia soll das »Angekommensein in der Steinzeit« illustrieren. Claudia goutiert die nichtentfremdeten, einfachen Arbeiten, die alltäglich zu verrichten und deren Erträge anschaulich sind. Befriedigung verschafft ihr auch das Wissen um die unmittelbare Verwendung des Ergebnisses ihrer Anstrengungen für die Zubereitung der Mahlzeiten. Dass Claudia die Arbeiten auf dem Feld sogar »liebt«, bedeutet eine bemerkenswerte Differenz zu Martins Einschätzung der Erntearbeiten als »kaputtmachende« Knochenarbeit. Entwickelten die Probanden vielleicht Techniken, mit denen das Ernten seinen anfänglichen Schrecken verloren hat? Die für das Experiment ja durchaus interessanten Modalitäten des Vollzuges dieser Arbeiten kommen nicht zur Sprache, stattdessen geht es um das Wohlbefinden der Probanden. Etwas plakativ könnte man sagen, im Fokus steht nicht das, was sie in ihrer simulierten steinzeitlichen Lebensumwelt eigentlich machen, sondern wie sie sich dabei fühlen.

3/33'50–34'26

'28	[G] Britta in »Steinzeitkleidung«, der Kamera zugewandt, im Hintergrund Wald.	G: Vogelgezwitscher Britta: Dann gibt es immer wieder solche Momente, die sind einfach so toll, und die kriegt man sonst nirgendswo wieder, also äh schon alleine, dass das Telefon nicht andauernd schellt, oder du eben nicht Termine hast wo du jetzt hingehen musst, oder Einkaufen gehen musst, wir stehen schon öfters mal hier und denken, Mensch, heute ist Samstag hier ne, wir wissen ja die Tage noch so ungefähr, jetzt wären wir normalerweise hier in unserem Einkaufsstress, dann steh ich doch lieber da oben auf'm Feld und ernte und weiß, das ist jetzt mein Korn, und das nehm ich jetzt mit nach Hause
'7	[HT] Britta sitzend beim Mehlmahlen, der singende Taliesin neben ihr, im Hintergrund Merlin.	G: Vogelgezwitscher, Mahlgeräusche Britta (off): und dann meinen Fladen draus oder meinen Brei, und äh das find ich einfach phantastisch. Taliesin: (uv)

Brittas Rede von »solchen Momenten« bezieht sich auf punktuelle Ereignisse, was eine etwas ungenaue Charakterisierung ist, denn dass das Telefon nicht klingelt und dass man keine Termine hat, beschreibt ein Kontinuum, welches umgekehrt durch punktuelle Ereignisse nicht unterbrochen wird. Denkbar wäre höchstens, Britta meint die Momente, in denen ihr bewusst wird, wie angenehm ein Leben ohne Telefon und Termine ist. Ähnlich wie Claudia preist auch sie die Vorzüge des naturnahen, nichtentfremdeten, einfachen Lebens, doch ist bei ihr, soweit die gezeigten Ausschnitte hierzu Aufschluss gewähren, eine stärkere eskapistische Komponente beteiligt. Auch sie genießt es, in dem Bewusstsein zu ernten, dass der Ertrag ihr und ihrer Familie ganz unmittelbar zugutekommt. Zweierlei ist in diesem Zusammenhang festzuhalten. Zum einen ist der Steinzeitalltag anscheinend doch nicht so hart wie von dem Sprecher behauptet, im Gegenteil gewinnt man aus den Aussagen von Claudia und Britta eher den Eindruck, der Aufenthalt gestalte sich recht idyllisch.

Zum anderen zeigen diese Reflexionen über die behaglichen Aspekte ihrer Lebensumstände in dem Experiment die Distanz ihrer Mentalität zu derjenigen der spätneolithischen Menschen auf, die solche Reflexionen trivialerweise nicht anstellen konnten.

Der Bericht über die zu einem »Machtkampf« stilisierte Auseinandersetzung zwischen Martin und Olliver ist damit zum Ende gekommen. Seine zahlreichen Ungereimtheiten wurden ausführlich besprochen und sollen hier nicht noch einmal rekapituliert werden. Zu fragen bleibt aber, warum diese konfuse und weitgehend informationslose Sequenz überhaupt einer Ausstrahlung für würdig erachtet wurde. Das gefilmte Material wurde derart zugerichtet, dass das Resultat der für Produkte der Kulturindustrie gültigen Gestaltungs- und Dramatisierungsmaxime »Getting into trouble and out again« (Horkheimer/Adorno 1984, 175) zu genügen vermag. Dabei wurde auf altbewährte Dramatisierungsstrategien zurückgegriffen, die eine Eskalation suggerieren bzw. eine reale Eskalation inszenatorisch verstärken sollen – genannt seien nur die der Logik des Cliffhangers folgende Unterbrechung durch den eingeschobenen Bericht über das Ergehen der beiden Alpenüberquerer, die eine Verfälschung des von ihm Gesagten bedeutende Rahmung der Aussage Martins über die Möglichkeit seines Ausscheidens aus dem Experiment sowie die einseitige Bezugnahme auf Gefühle und Befindlichkeiten der Probanden. Das Aufgenommene wurde wie ein bloßes Rohmaterial behandelt, über dessen Auswahl und Zusammenstellung beliebig disponiert werden kann. Dem Begriff einer Dokumentation, erst recht einer, die für archäologisch interessierte Zuschauer informativ sein soll, entspricht diese Sendung in keiner Weise.

Was den »Machtkampf« und seine Folgen angeht, soll abschließend die Immanenz des Sendungstranskriptes verlassen und die Darstellung des Streites in dem 90-minütigen, nach Ausstrahlung der vierteiligen Reihe produzierten Film über die Dorfbewohner (»Das Dorf«) vergleichend einbezogen werden. Die Folgen des Konfliktes erscheinen hier in einem anderen Licht, denn, anders als in der Reihe behauptet, wurde er durchaus nicht bereinigt und schwelte weiter. Martin musste demnach »um seine Selbstachtung« (DD/46'57–46'59) kämpfen, und er tat dies, indem er zu töpfern begann und mit Claudia zum Markt in das sieben Kilometer entfernte Weingarten marschierte, um dort die Keramiken gegen Nahrungsmittel zu veräußern, die es bereits in der Jungsteinzeit gab (DD/49'44–56'52).[56] Weder die Keramikherstellung, immerhin eine genuin neolithische Kulturleistung, noch der Marktgang als möglicherweise interessante Konfrontation der Probanden mit der Gegenwart werden in der Reihe überhaupt nur erwähnt. Die nicht abgesprochenen Aktivitäten des Ehepaars Burberg führten zu Unmut bei den anderen erwachsenen Probanden, keineswegs kehrte mit der Beilegung des Erntekonfliktes allgemeiner Frohsinn ein, und auch die freundschaftlichen Beziehungen stellten sich nicht wieder her. Im Gegenteil gewinnt der Zuschauer den Eindruck, dass der Konflikt sich zu einer dauerhaften Entfremdung der Ehepaare verfestigte.[57] Da für den Film die Ehepaare auch getrennt vor der Kamera interviewt wurden, hat es den Anschein, als ob diese Entfremdung das Experiment überdauert hat und es zu einer Art Zerwürfnis zwischen ihnen gekommen ist. Befremdlich erscheint die eigentümlich naive kulturtheoretische Überhöhung des Konfliktes zwischen Martin und Olliver als typisch auch für das Neolithikum: »Eine wahrscheinlich typische Umbruchsituation in der Jungsteinzeit. Plötzlich gibt nicht nur der, der körperlich stark ist und auf den Acker geht, den Ton an, sondern auch der, der besonderes Geschick hat. Töpfern und Handeln« (DD/56'41–56'53). Nun waren die Kulturtechniken von Ackerbau und Viehzucht einerseits und Keramikherstellung andererseits zu Beginn des mitteleuropäischen Neolithikums gleichermaßen entwickelt, nicht ist das Töpfern eine spätere Erfindung gewesen, aufgrund derer ein Töpfer einen etablierten, zugleich kraftvollen wie etwas tumben Ackerbauern hätte herausfordern können. Und ein Ergänzungsverhältnis von Kraft und Geschicklichkeit ist durchaus auch für das Meso- und das Paläolithikum anzunehmen, wie überhaupt die Rede von der »Umbruchsituation in der Jungsteinzeit« schon deshalb irreführend ist, weil diese »Umbruchsituation« bereits 2500 Jahre vor der Zeit begann, deren Umstände in dem Experiment nachvollzogen

56 »Claudia und Martin nutzen clever die Chance, die unsere Vorfahren vor 5000 Jahren nachweislich hatten: Güter einzutauschen« (DD/51'40–51'46).

57 »Nach dem Töpfertag finden die beiden Freundinnen Britta und Claudia nicht mehr wirklich zueinander. Und das hat Folgen« (DD/61'13–61'21); »Der Alltag im Steinzeitdorf ist nach sechs Wochen mühselig, aber er hat sich eingespielt. Die Stimmung zwischen den zwei Paaren ist angespannt« (DD/68'05–68'11); Britta: »An irgendnem Punkt ham wir gemerkt, wir lachen überhaupt nicht mehr« (DD/70'11–70'13).

werden sollen. Wie auch immer: Festzuhalten bleiben die erheblichen Diskrepanzen in der Darstellung des »Machtkampfes« und seiner Konsequenzen in der Reihe und in dem Film.

3.5 Die Schlusssequenz der letzten Folge

Der Stelle, an welcher unsere Analyse ansetzt, ist dies vorausgegangen: Am Vorabend der Beendigung des Experimentes gab es einen Rehbock als Festessen. Aus Baumrinde und Blättern fertigten die Probanden kleine Boote an, die sie nach Einbruch der Dunkelheit mit jeweils einer brennenden Talgkerze in den Weiher setzten. Wer ein Boot zu Wasser ließ, durfte sich etwas wünschen. »Mit welchen Träumen und Erfahrungen werden sie in ihre Welt zurückkehren?« fragt der Sprecher, es folgen Einschätzungen von Till und Britta. Am nächsten Morgen beginnt der Aufbruch, in dessen Darstellung nachträgliche Kommentare (»6 Monate später«) von Sophia und Martin zur Überlebensfähigkeit der Probanden unter realen Steinzeitbedingungen eingeschaltet sind. Schließlich nehmen sie Abschied von dem Weiler.

4/41'21–41'31

'7	[A] Olliver umarmt Britta von hinten, beide sind einem Haus zugewandt.	M: ruhig
'6	[N] nähere Einstellung derselben Szene.	M: ruhig

Ollivers Umarmung von Britta ist eine gelungene Visualisierung des Abschieds von dem Haus, in dem sie in den vergangenen acht Wochen lebten, und damit auch von dem Experiment: Sie umarmen sich nicht gegenseitig, wie man dies bei der Verabschiedung von einer vertrauten Person erwarten würde, sondern bei der Umarmung sind beide dem Haus zugewandt, von dem sie somit gemeinsam Abschied nehmen. Die Gelungenheit dieses Bildes ist nichtsdestoweniger eingebettet in die unpassende Überbetonung der Gefühle der Probanden. Fast könnte man den Eindruck gewinnen, das Experiment sei primär zur Evokation von Gefühlsregungen unternommen worden, über die dann berichtet werden kann.

4/41'31–41'39

'4	(Fortsetzung der Einstellung)	M: ruhig Sprecher: Das Steinzeitexperiment ist vorbei. 13 Menschen von
'5	[T] Die Probanden löschen mit Wasser das Lagerfeuer, Qualm.	M: ruhig Sprecher: heute haben Erfahrungen gemacht, die sie nicht vergessen werden.

Der Sprecher bestätigt diesen Eindruck unmittelbar. Wenn abschließend eine Bilanz des Experimentes gezogen wird, dann wird als Erstes die psychische Wertigkeit der Erfahrungen der vergangenen Wochen für die Probanden thematisiert. Dass sie diese nicht vergessen werden, besagt für sich genommen nichts über die Qualität der durch das Experiment gewonnenen Erkenntnisse zu Lebensvollzügen im Spätneolithikum. Gelungen wiederum ist das Bild des Lagerfeuerlöschens als Ausdruck der unter den Probanden herrschenden Aufbruchstimmung.

4/41'39–41'45

'5	(Fortsetzung der Einstellung)	M: ruhig Sprecher: Und so manche Theorie der Archäologen ist durch unseren Praxistest hinterfragt worden.

Das mit dem Experiment verbundene wissenschaftliche Interesse erscheint hier tatsächlich als Anhängsel und Nebenprodukt, nicht als der eigentliche Grund dieser aufwendigen Unternehmung. Damit erweist sich das wissenschaftliche Erkenntnisinteresse, auf das zur Legitimation ständig verwiesen wird, nur als Randbedingung der Berichterstattung über das Befinden der Probanden und ihre inszenatorisch aufgeblähten Konflikte. Bezeichnenderweise wird von einem »Hinterfragen« der archäologischen Theorien gesprochen, als ob dies ein Selbstzweck und für sich genommen schon Ausweis des Erfolges des Experimentes wäre, losgelöst von den Ergebnissen dieses »Hinterfragens«.[58] Außerdem klingt darin eine Abwertung

58 So fällt auch beispielsweise das Fazit bezüglich des aus der Alpenüberquerung resultierenden Erkenntnisgewinnes denkbar bescheiden aus: »340 Kilometer über die Alpen. In steinzeitlicher Ausrüstung. Unser Experiment hat gezeigt, es war und ist möglich« (4/32'57–33'06) – als

der Arbeit der Archäologen und kehrseitig dazu eine Selbsterhöhung der Fernsehschaffenden an, in deren Vorstellung ihr »Praxistest« letztlich über die Gültigkeit wissenschaftlicher Theorien entscheidet. Wenn am Ende der Reihe schon Bilanz gezogen wird, würde man als Zuschauer gerne erfahren, welche archäologischen Theorien widerlegt werden konnten und welche riskanten Hypothesen sich vielleicht überraschend als zutreffend herausstellten.

4/41'45–41'58

'14	[W] Die Probanden verlassen das Dorf und bewegen sich auf die Kamera zu, einige laufen an ihr vorbei.	M: ruhig G: sich unterhaltende Probanden Sprecher: Am Ende bleibt vor allem Eines: tiefer Respekt vor der Leistung unserer Vorfahren, 5000 Jahre zurück in der Zeit.

Als Hauptergebnis des Experimentes wird der »tiefe Respekt« vor »der Leistung unserer« spätneolithischen Vorfahren genannt, was den Verdacht nährt, dass ansonsten keine handfesten, wissenschaftlich verwertbaren Ergebnisse zu verzeichnen sind, die man resümierend anführen könnte – es bleibt bei dem selbstgenügsamen kritischen Gestus eines bloßen »Hinterfragens«. Welche »Leistung« soll überhaupt gemeint sein? Die Wendung »5000 Jahre zurück in der Zeit« greift eine Formulierung auf, die in der ersten Minute der ersten Folge bereits verwendet wurde (1/0'24–0'30). In der Wahrnehmung der Verantwortlichen wird diese Wiederholung vermutlich die Anmutung einer am Ende der vier Folgen vollendeten Zyklizität, einer Rückkehr zum Beginn haben. Der tiefe Respekt, der dem Menschen des Spätneolithikums hier gezollt wird, stilisiert seine Überlebensstrategien zu exzeptionellen Sonderleistungen, vor denen man sich nur bewundernd verneigen kann, als wäre schon allein der

ob dies jemals ernsthaft bestritten worden wäre. In dem Film »Über die Alpen wie Ötzi« wird die Alpenüberquerung erst zu einem ungeheureren Wagnis stilisiert (»Noch nie hat ein Mensch von heute es in steinzeitlicher Ausrüstung gewagt, einen verschneiten Dreitausender zu überqueren« [AÖ/57'33–57'39]), dann erfährt der Ertrag dieser Unternehmung eine Überhöhung zu einem »Triumph für die experimentelle Archäologie: Ötzis Schuhe, das weiß man jetzt sicher, sind Schuhe für den Schnee. Hochgebirgstauglich. Also hätte auch Ötzi die Alpen überqueren können« (AÖ/60'39–61'00).

Umstand, dass sich Menschen des 21. Jahrhunderts schwer damit tun, sich in seine Lebensverhältnisse einzufinden, ein Beleg für diese Exzeptionalität. Tatsächlich waren die im 4. Jahrtausend v.Chr. an den Seeufern nördlich der Alpen Siedelnden an ihre Umgebung sehr gut angepasst, und Aufschlüsse über die Beschaffenheit dieser Anpassung sind fraglos interessant. Doch ist diese Anpassungsleistung auch nicht zu mystifizieren, da trivialerweise jeder Mensch ein Kind seiner Zeit und an seine natürliche wie soziale Umgebung angepasst ist.[59]

4/41'58–42'00

'2	Fortsetzung der Einstellung.	M: klingt aus Paulsen (off): Die Menschen von damals die gibt es nicht mehr,

Diese Einleitung einer Bewertung von Paulsen, der im Bild nicht zu sehen ist, von den Zuschauern aufgrund seiner markanten Stimme aber leicht identifiziert werden kann, könnte als implizite Kritik an dem Experiment verstanden werden. Die Menschen des Spätneolithikums leben nicht mehr, nicht nur ihre Selbst- und Weltdeutungen und ihr handlungsleitendes Wissen sind uns unzugänglich, auch ihre Institutionen, die Art ihrer Sozialorganisation etc. An dem Archäologen ist es, die materiellen Überreste, die in sich Produkt kontingenter Faktoren wie der Erhaltungsbedingungen sind und die, wie außergewöhnliche Funde wie »Ötzi« eindrucksvoll vor Augen stellen, im Normalfall nur einen kleinen Ausschnitt der ehemals vorhandenen materiellen Kultur repräsentieren, für eine Rekonstruktion des Vergangenen maximalistisch auszubeuten. Die, in einer treffenden Formulierung von Moritz Hoernes, »Lichtschwäche und Lückenhaftigkeit der von ihnen [den archäologischen Quellen, M.J.] gewährten Lebensbilder« (Hoernes 1923, 344) ist freilich konstitutiv für das archäologische Handeln und kein kompensationsbedürftiger Makel. Der Archäologe hat sich den seinen Quellen inhä-

59 Diese Trivialität wird in der Schlusssentenz des Filmes über die Alpenüberquerung mit erheblichem Pathos aufgeladen: »Die Beiden wissen jetzt, dass auch die Steinzeitmenschen vor gerade mal 200 Generationen ihre Welt beherrscht haben. Und dass sie so wenig primitiv oder rückständig waren wie wir heute. (...) Und sie ahnen jetzt auch, was uns seither verloren gegangen ist: Wissen über die Natur. Und dass das Glück, das gute Leben, der Anstrengung bedarf« (AÖ/86'09–86'36).

renten Beschränkungen zu stellen und abstrakte, aber gleichwohl exakte Bestimmungen und Deutungen der Befunde und Funde zu formulieren, ohne dabei der Versuchung zu erliegen, konkretistische Lebensbilder zu entwerfen.[60] Dann aber, und so wäre das von Paulsen Gesagte als Kritik zu deuten, ist es auch hoffnungslos, durch »going-native«-inspirierte Veranstaltungen wie dem »Steinzeitexperiment« eine vergangene Epoche, von der nur materielle Reste zeugen, wiederbeleben zu wollen.

4/42'00–42'08

'6	[N] Paulsen, im Hintergrund Wald.	Paulsen: und selbst wenn ich ausgrabe, ich finde ihre Reste, ihre Skelette, aber ihre Seele kann ich nicht ausgraben.

Mit der einer Ausgrabung sich entziehenden Seele findet Paulsen ein passendes Bild für die Unwiederbringlichkeit des Mentalen; zu ergänzen wäre dieses Bild um die Dimensionen des objektiven Geistes, der ebenfalls nur mittelbar in dem Ausgegrabenen sich ausdrückt.

4/42'08–42'24

'2	(Fortsetzung der Einstellung)	Paulsen: Das Wissen von damals
'15	[N] Die gelöschte Feuerstelle, Gefäße und Holzscheite um sie herum. Die Kamera zoomt von der Feuerstelle weg, man sieht immer mehr von der Umgebung, schließlich [T] die drei Häuser, im Vordergrund den Weiher.	Paulsen (off): ist sicherlich sehr komplex gewesen, alles in ihren Köpfen war auf ihre Welt ausgerichtet, und nichts davon ist heute übergeblieben. Und wir mit unserer Programmierung auf unsere Zeit, wir können das nicht mehr zurückdrehen.

Hier nun wäre eine entscheidende Differenzierung einzuführen: Die zwischen einem praktischen Nachleben und Nacherleben auf der Grundlage eines »Einfühlens« in den spätneolithischen Menschen und einer wissenschaftlichen Rekonstruktion der vergangenen Lebenswelt. Während das Nacherleben wegen der, wie Paulsen meta-

60 Zum Problem der Visualisierung dieser Lebensbilder vgl. Emele 1994; Mainka-Mehling 2008; Samida 2009; Sénécheau 2006 sowie die Beiträge in Jud/Kaenel 2002; in diesem Sammelband findet sich auch ein Überblick über Rekonstruktionen der Lebensumstände in den Pfahlbausiedlungen (Ebersbach 2002).

phorisch sagt, »Programmierung auf unsere Zeit« ein hoffnungsloses Unterfangen ist, steht der Rekonstruktion prinzipiell nichts im Wege, wie »lichtschwach und lückenhaft« ihre Ergebnisse, die außerdem unter einem grundsätzlichen Fallibilismusvorbehalt stehen, auch ausfallen. Worauf sich der Archäologe bei seiner Rekonstruktionstätigkeit stützen kann, sind nicht nur die materiellen Relikte, deren Bedeutung eben nicht selbstevident und für sich sprechend ist, sondern auch die biologischen und kulturellen Universalien der Gattung Mensch.[61] Die von Paulsen angeführte »Programmierung« ist eine der Praxis, die innerhalb dieser kaum revidiert oder modifiziert werden kann, die Wissenschaft aber als praxis- und handlungsentlastete ist prinzipiell dazu in der Lage, eine solche »Programmierung« zu transzendieren. Gewiss werden ihre Rekonstruktionen im Normalfall abstrakt und fragmentarisch bleiben, zur Überführung in Lebensbilder, wie sie dem Setting des Experimentes zugrunde liegen, bedarf es der Interpolation fehlender Elemente und der Ausformulierung von Details, deren spekulative Anteile die Rekonstruktion als solche wieder entwerten. Der Preis für die Lebensbilder, wie sie das auf Visualisierungen zwingend angewiesene Medium Fernsehen produziert und verwendet, ist ein hoher: Es ist die Aufgabe des Anspruches auf eine seriöse wissenschaftliche Rekonstruktion.[62]

4/42'24–42'58

'9	(Fortsetzung der Einstellung)	Paulsen (off): Also ich würde sagen, Menschen von heute können auf Dauer das Leben von damals nicht leben. Dafür sind wir nicht in der Lage.

Diese Behauptung erlaubt zwei Lesarten. Entweder geht Paulsen davon aus, dass die »Programmierung«, die dem Menschen eine Bewältigung seiner Lebensumstände ermöglicht, unter anderen Umständen aber dysfunktional ist, zumindest in der Praxis schlech-

61 Zur Bedeutung kultureller Universalien für die Rekonstruktion prähistorischer Lebenswelten vgl. Jung 2003, 101 f.

62 Vor diesem Hintergrund befremdet es, wenn ausgerechnet Archäologen beklagen, es sei ihrem Fach nicht gelungen, die Bedürfnisse »der bildersüchtigen Mediengesellschaft« durch Lebensbilder zu befriedigen, »vor allem solche, die auch das Gefühl des Betrachters ansprechen« (Benz/Maise 2006, 18).

terdings unhintergehbar bleibt und den Hiatus markiert, der das menschliche Vermögen zur Adaption und zum mimetischen Anpassen an eine fremde Umwelt begrenzt. Oder aber er stellt zwar eine prinzipielle Anpassungsfähigkeit in Rechnung, doch würde es für ein Überleben zu lange dauern, bis die Anpassungsleistungen erbracht und die in der ungewohnten Umwelt notwendigen Routinen ausgebildet sind.

4/42'58–43'05

'10	(Fortsetzung der Einstellung) Langsame Überblendung, dieselbe Einstellung in einer Winterlandschaft, Schnee, der Weiher ist vereist.	M: erst leise, lauter werdend Paulsen: Und allein diese Tatsache wird schon wahrscheinlich der Grund sein, dass diese Leute, würden sie hier versuchen, den Winter zu überleben, wahrscheinlich im nächsten Jahr nicht mehr leben würden. M: bedrohlich, wird immer rhythmischer
'7	[W] Überblendung: Anderer Blick auf die Häuser, diese sind nur schemenhaft im Hintergrund zu erkennen, im Vordergrund der gefrorene Weiher.	M: rhythmisch, bedrohlich

Ließ schon die von dem Sprecher gebrauchte Wendung von »unseren Vorfahren, 5000 Jahre zurück in der Zeit«, die ganz zu Beginn der ersten Sendung verwendet und kurz vor dem Ende der letzten Sendung wiederholt wurde, auf ein dramaturgisches Bemühen um einen zyklischen Verlauf schließen, bestätigen jetzt die Bilder diese Vermutung, denn durch die Überblendung wird der Zustand des Weilers vor Augen geführt, wie er am Anfang der ersten Sendung präsentiert wurde, nämlich als Teil einer menschenleeren Winterlandschaft. Welcher Zusammenhang besteht aber zwischen diesen Bildern und den gleichzeitigen Ausführungen Paulsens? Die Unwirtlichkeit der Häuser im Winter ist eine Anspielung auf die Jahreszeit, in welcher Paulsen zufolge Menschen der Gegenwart, die unter simulierten Steinzeitbedingungen zu leben versuchen, an ihre Grenzen stoßen würden.

Die Reihe endet mit einer apokalyptischen Beschwörung, in der die Ebenen von Simulation und simulierter Realität verschwimmen. Wenn die Probanden versuchen würden, das Experiment auch im

Winter fortzusetzen, dann würden sie scheitern, was aber nicht ihren Tod zur Folge hätte, sondern nur den Abbruch des Experimentes. Um sie muss man sich als Zuschauer also genauso wenig Sorgen machen wie um den spätneolithischen Menschen, der über das zum Überleben auch im Winter notwendige Handlungswissen verfügte. Die hier in den Raum gestellte Todesdrohung ist sachlich in jeder Hinsicht unsinnig und überflüssig, sie dient der Dramatisierung und greift das zu Beginn der ersten Folge von dem Sprecher angedeutete katastrophische Geschehen wieder auf, das zum Verlassen der Siedlung geführt haben soll. Paulsen kritisiert die dem Experiment zugrunde liegende »going-native«-Vorstellung, indem er die Grenzen des »Einfühlens« in eine vergangene Epoche aufzeigt, und korrekterweise verwendet er auch den Konjunktiv. In Verbindung mit der Suggestivität der Bilder jedoch marginalisiert sich das Hypothetische, die Bilder, so könnte man sagen, schaffen Fakten: Das Bild der Erstarrung, das zum Beispiel der gefrorene Weiher mit den nur undeutlich im Hintergrund zu erkennenden Häusern bietet, verbunden noch mit der unheilschwangeren Musik, dominiert über das gesprochene Wort, das nur wie eine Zutat zu den Bildern wirkt, die aus einer hypothetischen Konstruktion Realität werden lassen.[63] Wie am Anfang wird der Zuschauer nun auch am Ende der Reihe systematisch auf falsche Fährten geführt. Diese Dramatisierung, so durchdacht und effektvoll sie auch sein mag, offenbart das Scheitern des Anspruches, eine Dokumentation zu sein – die Sendungen sind nicht durch die zu dokumentierende Sache vermittelt, die Sache wird vielmehr als Grundlage für den Entwurf einer fiktionalen Realität instrumentalisiert.

4/43'05–43'25

'4	Überblendung: Logo des Steinzeitexperimentes, wieder mit »zusammenstoßenden« Wörtern und Kurvendiagramm.	M: bedrohlich G: »Zusammenstoß« der Wörter wird akustisch akzentuiert

63 Hierin zeigt sich auch, dass hypothetische Welten nur sprachlich konstruiert und explizit als solche markiert werden können, nicht aber bildlich.

'10	[T] In der rechten Bildhälfte ein Gruppenbild der winkenden Probanden, langsamer Zoom von ihnen weg; in der linken Bildhälfte läuft von unten nach oben der Abspann mit den Namen der beteiligten Personen.	M: folkloristisch Olliver (off): Steinzeit war natürlich total krass, weil alles lange dauert, alles, grundsätzlich dauerte alles lange.
'6	[G] Olliver in moderner Kleidung in der rechten Bildhälfte, zum Teil das Gruppenbild überdeckend, der Kamera zugewandt.	M: folkloristisch Olliver: Das war aber nicht schlecht, ganz im Gegenteil, das war sogar eigentlich total gut, weil man hat sich in seine Tätigkeit fallen gelassen.

Olliver beschreibt die »Steinzeit« zunächst in toto als »natürlich total krass«. Abgesehen davon, dass damit die Differenz zwischen der vergangenen Epoche und dem Versuch ihrer experimentellen Restituierung getilgt wird, was ein Indiz für eine aus Ollivers Sicht gelungene Einfühlung in diese Epoche sein mag, würde man diese Beschreibung für sich genommen erst einmal beziehen auf die Unwirtlichkeit der ungewohnten Lebensbedingungen und die Schwierigkeiten bei dem Vollzug von Handlungen, für die noch keine Routinen vorhanden sind. Das »Krasse« jedoch liegt für Olliver nicht in den Handlungen selbst, sondern in ihrer Dauer, worin er aber einen Vorteil sieht, denn es erlaubt ein »Fallenlassen«, ein Versenken in die jeweilige Arbeit. Diese Aussage bestätigt noch einmal Ollivers starke leistungsethische Motivation, der eine Arbeit nicht nur wegen ihres Ergebnisses verrichtet, sondern auch das Arbeiten selbst genießt, und dem es deshalb nichts ausmacht, wenn es viel Zeit beansprucht. Darüber hinaus ist die Platzierung dieser Aussage an einer so exponierten Stelle wie dem Abspann der letzten Sendung eine Bestätigung dafür, dass im Mittelpunkt die psychische Wertigkeit des Experimentes für die Probanden steht, während das archäologisch Interessante nur als in ihrem Denken und Fühlen gespiegelt von Belang ist. Die mit dem Kurvendiagramm angekündigten wissenschaftlichen Exkurse sind eben nur Exkurse, was die Marginalisierung der Wissenschaft gültig zu Ausdruck bringt.

4/43'25–43'32

'8	[G] Sophia in moderner Kleidung in der rechten Bildhälfte, zum Teil das Gruppenbild überdeckend, der Kamera zugewandt.	M: folkloristisch Sophia: Diese einfache, gleichmäßige Lebensführung, die fehlt mir einfach. Danach hab ich Sehnsucht.

Auch bei Sophia geht es um Befindlichkeiten. Die von ihr in ihrem Alltag des 21. Jahrhunderts schmerzlich vermisste Einfachheit und Gleichmäßigkeit des Lebens, wie sie das Experiment ermöglichte, stehen in gewissem Widerspruch zu den Krisenbeschwörungen in den Sendungen und werden sich daher erst in der zweiten Hälfte eingestellt haben, in welcher die Probanden nach den Worten des Sprechers »ganz in der Steinzeit« angekommen sind (3/33'21–33'26). Allerdings fragt sich, ob die hier gerühmte Gleichmäßigkeit über einen längeren Zeitraum nicht doch eher als Eintönigkeit wahrgenommen worden wäre.

4/43'32–43'37

'5	[G] Ingo in moderner Kleidung in der rechten Bildhälfte, zum Teil das Gruppenbild überdeckend, der Kamera zugewandt.	M: folkloristisch Ingo: Bestanden. Immer noch Nichtraucher. Nicht eine Kippe.

Ingos Bemerkung ist noch privatistischer als die vorangegangenen von Olliver und Sophia, bezieht sie sich doch nicht auf den Verlauf des Experimentes, sondern darauf, dass die Vorbereitung auf es für ihn den Anlass bot, das Rauchen aufzugeben. Auch nach Abschluss des Experimentes ist er Nichtraucher geblieben, was ihm anscheinend nicht leicht fällt, weshalb er sich ausdrücklich das Bestehen dieser Bewährungsprobe attestiert. Wie diese Leistung einzuschätzen ist, kann der Zuschauer aber kaum beurteilen, weil er nicht weiß, ob seit dem Ende des Experimentes Tage, Wochen oder Monate vergangen sind und wie lange Ingo schon als Nichtraucher »durchgehalten« hat.[64]

64 Für Ingo war die Teilnahme an dem Experiment und insbesondere an der Alpenüberquerung ein biographisch bedeutsames und hochbesetztes Ereignis. So kommentiert er die bevorstehende Wanderung mit den Worten: »Für mich ist das vielleicht son Stück weit auch en en Weg in ein anneres Leben ja, un# also ohne Rauchen un so« (3/3'35–3'43). (In Parenthese sei angemerkt, dass in dem Film »Das Dorf« diese Aussage

4/43'37–43'49

'12	[G] Ronja in moderner Kleidung, auf einem Bett oder Sofa auf dem Bauch liegend, der Kamera zugewandt.	M: folkloristisch Ronja: Es war schön, sehr schön. Ich würd gern nochmal in die Steinzeit gehen. Das war so schön, da anders zu leben.

Ronjas Resümee ist durch die gehäufte Verwendung von »schön« unmissverständlich, für eine Wiederholung wäre sie jederzeit zu haben, da sie aber keine Begründung für dieses Urteil nennt, ist es wenig aufschlussreich. Eine solche Begründung kann einem zehnjährigen Kind auch sicher nicht abverlangt werden, das Uninformative ihrer Aussage ist daher nicht ihr, sondern den Fernsehverantwortlichen anzulasten, die Ronja für geeignet halten, das letzte Wort in der Sendung und damit über das Experiment zu sprechen.

Diese vier mit dem Abspann gesendeten Kommentare zeigen noch einmal eindrucksvoll, was den Kern dieser als »Dokumentation« angetretenen Reihe über das »Steinzeitexperiment« ausmacht, nämlich ein durch die Subjektivität der Probanden gebrochenes Bild des Experimentverlaufes. So belanglos diese abschließenden Bemerkungen inhaltlich sein mögen, eine Dramaturgie ist auch in ihnen zu erkennen, kommen doch Personen zu Wort, die jeweils repräsentativ für eine Teilgruppe der Probanden stehen können: Olliver für die erwachsenen Familienmitglieder, Sophia für die Frauen, Ingo für die Alpenüberquerer und Ronja schließlich für die Kinder. Damit wiederholt sich auch in dieser Abschlusssequenz das Muster einer wohldurchdachten Aufbereitung des gefilmten Materials, die aber nicht einer sachhaltigen Informationsübermittlung verpflichtet ist und sich verselbständigt hat zu einer Maschinerie der Generierung von Effekten, die beim Zuschauer Spannung erzeugen und aufrechterhalten sollen.

in anderer Weise aus dem von Ingo Geäußerten kompiliert wurde: »Für mich ist das vielleicht son Stück weit en Weg in ein anneres Leben ja, und deshalb würd ich da gern einfach durch, und das ist mir wirklich persönlich ganz wichtig, da vielleicht wirklich bis nach Bozen zu kommen« [AÖ/38'09–38'20]). Und rückblickend äußert er sich folgendermaßen: »Dass ich das geschafft hab für mich persönlich, dass ich mir so en Ziel gesetzt hab und gesagt hab, ich geh da durch, und ich bin durchgegangen, das find ich ist ne ganz ganz wichtige Erfahrung für mich, dass man sich, wenn man sich ein Ziel gesetzt hat und das mental auch will, dass das geht« (4/32'35–32'49).

4. Hintergründe, Einschätzungen, Kritik 1: Das »Steinzeitexperiment« aus der Sicht von Beteiligten

Im zweiten Teil dieses Buches sollen die Ergebnisse der Analyse des Sendungstranskriptes in Beziehung gesetzt werden zu Kontextinformationen sowie zu Bewertungen des Experimentes durch an ihm Beteiligte und durch Journalisten. Bei der Diskussion der verschiedenen Bewertungen ist die Frage leitend, ob und inwiefern sie die rekonstruierten, den Sendungen zugrunde liegenden Strukturgesetzlichkeiten artikulieren und reflektieren.

4.1 Die Beurteilung des Experimentes durch einen beteiligten Wissenschaftler

Eine resümierende Betrachtung des Experimentes im Hinblick auf seinen wissenschaftlichen Nutzen und die während der Zusammenarbeit gewonnenen Erfahrungen mit dem Medium Fernsehen hat Gunter Schöbel (2006/07) verfasst, der in einer oben detailliert analysierten Sequenz aus der ersten Folge (1/4'22–4'42) die Erwartungen an das Experiment von Seiten der Archäologie formulierte. Ihm wurde als Direktor des Pfahlbaumuseums in Unteruhldingen am Bodensee anlässlich eines Museumsfestes im Juli 2004 von Walter Sucher, dem Leiter der Abteilung »Kultur- und Bildungsfernsehen« des SWR, eine »wissenschaftlich fundierte Dokumentation« (Schöbel 2006/07, 7) des alltäglichen Lebens in einem jungsteinzeitlichen Pfahlbau vorgeschlagen; die Museumsmitarbeiter waren in der Folge an den Vorbereitungen beratend beteiligt. Schöbel lässt keinen Zweifel daran, dass er das Unterfangen in der Rückschau als gelungen bewertet: »Alles in allem darf das ›Experiment Steinzeit‹ trotz einzelner kritischer Stimmen aus Wissenschaft und Zielpublikum als ein großer Erfolg für alle Beteiligten und für die vor- und frühgeschichtliche Archäologie in Deutschland bezeichnet werden« (Schöbel 2006/07, 5). Damit wird zwar das Vorhandensein kritischer Stimmen konzediert, doch waren sie nur vereinzelt und, so wird nahegelegt, fallen nicht weiter ins Gewicht. Woran bemisst sich der »große Erfolg«? Für das Fernsehen ist ein Erfolgsindikator neben der Gelungenheit der Dokumentation vor allem der an den Einschaltquoten abzulesende Zuschauerzuspruch. Wie ausführlich darlegt, kann von einer gelungenen Dokumentation nicht die Rede sein, aber auch die Einschaltquoten blieben hinter den Erwartungen zurück.[1] Weniger evident ist, worin für die Probanden der Erfolg bestehen soll über den Stolz darauf, das Experiment auch unter zum Teil widrigen Umständen überstanden zu haben. Finanziell jedenfalls dürfte es sich nicht ausgezahlt haben, zumal die insgesamt eher dem linksalternativen Spektrum zuzurechnenden Probanden ihre durch das Fernsehen gewonnene Bekanntheit nicht in Werbeverträge oder kulturindustrielle Karrieren umgesetzt haben. Was schließlich die beteiligten Archäologen angeht, wäre es naheliegend, den Erfolg in durch das Experiment gewonnenen Erkenntnissen oder auch in einem fernsehvermittelt gestiegenen Interesse an archäologischen Themen zu sehen, das beispielsweise in dem vermehrten Besuch einschlägiger Museen seinen Niederschlag gefunden haben könnte. Erstaunlicherweise subsumiert Schöbel die Archäologie nicht unter »alle Beteiligten«, sondern nennt sie noch einmal für sich. Vielleicht sind mit den Beteiligten nur die konkreten Personen gemeint, doch dann müsste das Fernsehen als die das Experiment überhaupt erst ermöglichende Institution zumindest erwähnt werden. Objektiv kommt darin die Randständigkeit der Archäologie bei dem Experiment zum Ausdruck.

In seinem Resümee stellt Schöbel das Pro und Contra einer Kooperation von Fernsehen und Archäologie gegenüber, graphisch wird diese Gegenüberstellung durch zwei mit ihren Spitzen aneinanderstoßende, von den Textblöcken gebildete Winkel realisiert (Schöbel

1 Die Einschaltquoten der vier Sendungen betrugen 12,5 %, 8,8 %, 8,2 % und 8,0 % (Keefer 2009, 244 Anm. 6). Dazu heißt es im ARD-Jahrbuch 2008 (473): »Die ›Living-History‹-Produktion ›Die Steinzeit‹, die Sozial- und Wirtschaftsgeschichte im Hauptabendprogramm auch für jüngere Zuschauerinnen und Zuschauer erlebbar machen sollte, fand leider nicht den erwarteten Zuspruch«. Zu dem generell schwindenden Interesse an den »Zeitreisen« des Fernsehens bemerkt Fritz Wolf: »Eine Ursache liegt in der mangelnden Innovationsfähigkeit der Fernsehsender, auch und gerade der öffentlich-rechtlichen. Das wenige Neue, das sich durchsetzt, wird im Umfang, durch verschärftes Tempo bei Ausstrahlung und Wiederholung gleich wieder verschlissen und entwertet« (Wolf 2006, 133).

2006/07, 6). Der linke Text ist »Fernsehen ist wichtig«, der rechte »Wir brauchen kein Fernsehen« betitelt. Beide Texte sollen im Folgenden auf ihre Argumente und deren Implikationen hin betrachtet werden.

> »Fernsehen ist wichtig«

Die Überschrift des linken Textes ist so plakativ wie ohne weitere Spezifizierung nichtssagend. Warum und für wen und im Lichte welcher Alternativen soll Fernsehen wichtig sein? Durch die fehlende Kontextuierung wirkt die Überschrift mehr wie eine Beschwörung als wie die Ankündigung einer sachlichen Argumentation.

> »Es ist in der heutigen Gesellschaft kein Geheimnis, dass Informationen zu den meisten Sachverhalten immer stärker mit den modernen Medien vermittelt werden.«

Der Text hebt an mit einem rhetorischen Gestus, der ein »Auf-der-Höhe-der-Zeit-Sein« signalisieren soll. Es werden Standards der Informationsübermittlung angedeutet, hinter die es kein Zurück mehr gibt, und wer dies bestreiten möchte, »outet« sich als gestrig, weil mit der »heutigen Gesellschaft« und den »modernen Medien« gleichermaßen unvertraut. Bedenkt man den Kontext dieser Aussage, dann enthält sie eine latente Botschaft an die Adresse der Archäologen: Sie können sich diesem Prozess nicht entziehen, deshalb kann ihre Aufgabe nicht sein, ihn zu ignorieren oder ihm entgegenzuarbeiten, vielmehr ist es an ihnen, bei der Gestaltung der Informationsübermittlung mit den »modernen Medien« im Sinne einer Qualitätskontrolle mitzuwirken. Wie selbstverständlich wird dabei das Fernsehen als »modernes« Medium verbucht – modern ist es vielleicht in der Perspektive des universalhistorischen Rationalisierungsprozesses, aber in der gegenwärtigen Gesellschaft ist es gewiss nicht neu. Auch wenn seit dem Beginn des Fernsehens in der Bundesrepublik im Jahr 1952 die Anzahl der Programme und der zur Verfügung stehenden Fernsehapparate sowie die vor ihnen verbrachte Lebenszeit der Zuschauer enorm angestiegen ist, hat sich an den Struktureigenschaften des Mediums im Prinzip nichts verändert. Was also erzwingt ausgerechnet jetzt eine Neupositionierung der Archäologen im Verhältnis zu ihm?

> »TV und das Internet bestimmen zunehmend mehr die Art und Weise des Zugangs zu historischen Themen als alle anderen Vermittlungsinstrumente zusammen.«

Dieser Satz wirkt sprachlich etwas ungelenk, weil in ihm die Darstellung eines Anstiegs des prozentualen Anteils von Fernsehen und Internet (»zunehmend mehr«) mit einem Vergleich mit den Anteilen der anderen Medien (»mehr als«) zusammengezogen wird. Gemeint ist wohl, Fernsehen und Internet dominieren als »Vermittlungsinstrumente« bereits jetzt quantitativ, und diese Dominanz nimmt weiter zu.

Unbeantwortet bleibt die Frage, warum das Fernsehen als »modernes« Medium bezeichnet wird, und der Verfasser nimmt nun Bezug auf »TV und das Internet«. Letzteres steht erst seit 1991 der Allgemeinheit zur Verfügung und kann daher mit einigem Recht als modernes Medium angesprochen werden. Als Informationsübermittlungstechnologie dient es im Modus einer ungerichteten Weitergabe (im Unterschied zu einer zum Beispiel via E-Mail an einen bestimmten Adressaten gerichteten) der Bereitstellung auflistbarer und klassifizierbarer Informationen.[2] Die zentrale Differenz zum Fernsehen liegt darin, dass das Medium dem mit diesen Informationen sich Beschäftigenden nicht die Rezeptionszeit vorschreibt, er vielmehr autonom wie bei der Lektüre eines Buches entscheiden kann, wie lange, wie intensiv und wie oft er das Gelesene zur Kenntnis nimmt. Aus diesem Grund wird eine Internetseite auch nicht einen dem Fernsehen vergleichbaren suggestiven Sog entfalten können, der maßgeblich in dem Vorschreiben der Rezeptionsdauer durch dieses optische und akustische Signale kombinierende Medium begründet ist. Seine daraus resultierende Suggestivität ist Ermöglichungsbedingung der fernsehtypischen Selbstinszenierung, der Inszenierung des Mediums auf Kosten der gesendeten Inhalte.[3] Gewiss können vermittelt über das Internet nicht nur Texte und (unbewegte) Bilder, sondern auch Filme und Fernsehsendungen angesehen werden, aber in diesen Fällen wird der den Internetzugang ermöglichende Computer wie ein Fernseher verwendet, und die Rezeptionssituation entspricht dann der dieses Mediums, lediglich der Weg der technischen Übermittlung ist ein anderer. Diese Nutzungsweise ist also

2 Zur Logik der Informationsübermittlung via Internet vgl. die Analyse in Jung/Schmidtke i.Vorb.

3 Vgl. hierzu ausführlich Kap. 2.2.2.

nicht die für das Internet im Unterschied zu anderen Medien charakteristische. Aus diesem Grund läuft die in dem Text formulierte Aufforderung an die Archäologen, »mit der Zeit zu gehen« und sich den veränderten Gegebenheiten anzupassen, ins Leere: Die Voraussetzung dieser Argumentation, eine durch eine veränderte Medienlage neu entstandene Situation, ist nicht gegeben, wenn es nur um die Möglichkeiten und Restriktionen des Mediums Fernsehen gehen soll. Vom Internet ist in der Überschrift gar nicht die Rede, und nur durch seine Einbeziehung kann der appellative Ton des Textes aufrechterhalten werden.

> »Nicht das Museum und die Wissenschaft, sondern die Programmredaktionen oder sogar Hollywood entscheiden aktuell nach Marktanalysen, welche historischen Inhalte wie gegenüber dem breiten Publikum präsentiert werden sollen.«

Selbstverständlich entscheiden auch Museumsverantwortliche und Ausstellungen organisierende Wissenschaftler darüber, welche Themen sie aufgreifen und wie sie diese den Besuchern präsentieren. Zwar haben Fernsehsendungen (mit »Programmredaktionen« sind wohl solche von Fernsehanstalten gemeint) und Hollywood-Produktionen, die sich historischer und prähistorischer Themen annehmen, eine ungleich größere Reichweite als Ausstellungen, das rechtfertigt es aber nicht, Museum und Wissenschaft jegliche Wirkung abzusprechen. Zu fragen ist vielmehr, ob ein »breites Publikum« überhaupt Adressat historischer Spezialthemen sein kann und soll.

> »Dies wird zum Teil zu Recht auch kritisch gesehen. [Fußnote: Zur Konstruktion und Rekonstruktion von Vergangenheit vgl. Härke 1993; Holtorf 2006; Veit 2006, 147.]«

Referent des »dies« kann nur die zuvor angeführte Deutungshoheit wissenschaftsferner Instanzen wie Programmredaktionen und »Hollywood« sein. Es folgt eine Pseudodifferenzierung in Gestalt einer gleich zweifachen Relativierung, nämlich durch das »zum Teil« und das »auch«. Die in der Fußnote angegebene Literatur hat mit dem hier angeschnittenen Thema nur sehr mittelbar zu tun: Der Text von Heinrich Härke thematisiert das Verständnis von Vergangenheit aus dem jeweiligen Gegenwartshorizont heraus, vermittelt über die Ebenen »des einzelnen Forschers, des Faches und der Gesellschaft« (Härke 1993, 5), Cornelius Holtorf versucht, den Radikalen Konstruktivismus für die Archäologie fruchtbar zu machen, Ulrich Veit schließlich zeigt Möglichkeiten eines stärkeren kulturwissenschaftlichen Bezuges der Archäologie auf. Nur am Rande finden sich in diesen Texten Hinweise zu einer »Abschöpfung« des breiten Publikums durch nichtwissenschaftliche Organe und Akteure. Holtorf (2006, 353) erklärt ganz im Sinne eines postmodernen Relativismus, die Deutungen der Archäologen könnten keine größere Plausibilität als diejenigen anderer beanspruchen; Veit (2006, 146f.) benennt Rückwirkungen des populären Bildes der Archäologie auf diese selbst, etwa das Kokettieren von Wissenschaftlern mit einem »Indiana-Jones«-Image oder eine die Unterschiede der Einzeldisziplinen nivellierende Selbstsubsumtion unter den Begriff »Archäologie«; dem Thema der massenmedienvermittelten Popularisierung der Archäologie kommt Härke am nächsten, der diesem Phänomen aber durchaus nicht nur kritisch gegenübersteht.[4]

> »Nicht das Buch oder die Ausstellung, sondern der Bildschirm wird mehr und mehr zum führenden Wissensvermittlungsinstrument. Für diese Entwicklung spricht beispielsweise aktuell die angedachte Einstellung der klassischen ›Brockhausedition‹ in Buchform zugunsten einer Internetpräsentation nach einer Erfolgsgeschichte von über 200 Jahren.«

Die oben festgestellte unsaubere, auf der Zusammenziehung der unterschiedlichen Logiken der Medien Fernsehen und Internet basierende Argumentation setzt sich in dieser Passage fort. Spezifika des Mediums Fernsehen wie die Verbindung optischer und akustischer Signale in einer Verlaufsform, die vorgegebene Rezeptionszeit oder die Selbstinzenierungslogik werden vollständig unterlaufen, und nur deshalb können Internetlexika und Fernsehsendungen als kategorial gleichartig behandelt werden. Ihre scheinbare Plausibilität verdanken diese Ausführungen nur der positivistischen Einschränkung des analytischen Blickes auf die Verwendung von Bildschirmen, die trivi-

4 »Es besteht absolut kein Grund, die Vermarktung der Vergangenheit von vornherein abzulehnen oder auch nur als negative Randerscheinung abzustempeln. Populäre Bücher, Fernsehsendungen und Freilichtmuseen geben jährlich Millionen von Menschen Zugang zur (Vor-)Geschichte und rechtfertigen damit teilweise die hohen Ausgaben öffentlicher Mittel für Bodendenkmalpflege und archäologische Forschung. Klarheit sollte aber darüber herrschen, dass auf diese Weise ein bestimmtes Bild der Vergangenheit für den Konsum geschaffen wird, ob nun durch Fachleute […] oder Außenstehende« (Härke 1993, 6).

alerweise Internet- und Fernsehrezeption gemeinsam ist, ohne dass der strukturellen Differenz beider Medien Rechung getragen würde.

> »Gut gemachte Archäologieinformation ist im TV inzwischen allgegenwärtig und ihr Qualitätsstandard steigt aufgrund der ›Demokratisierung des Wissens‹ und qualifizierter Rechercheure stetig an.«

Beispiele für die angeblich allgegenwärtige »gut gemachte Archäologieinformation« werden nicht genannt, diese Behauptung entzieht sich damit einer Überprüfung. Bemerkenswert ist die Unterscheidung zwischen der Machart, das heißt der Aufbereitung der Information, und ihrem Gehalt – seine Qualität werde sichergestellt durch die Qualifikation der Rechercheure sowie durch die »Demokratisierung des Wissens«, was wohl die allgemeine Zugänglichkeit von Informationen, die früher weitgehend Fachleuten vorbehalten waren, via Internet meint. Hier ist daran zu erinnern, dass in der filmischen Dokumentation des »Steinzeitexperimentes« das Problem nicht in der Substanz der Informationen über das Spätneolithikum lag – deren Verlässlichkeit war durch die beteiligten Archäologen hinreichend gewährleistet –, sondern eben gerade in der Machart der Sendungen, welche diese Substanz nicht angemessen repräsentierte und lediglich als Rohmaterial für eine Sendung verwendete, welche die Anforderungen des Fernsehdispositivs zu erfüllen vermochte.

> »Sicher gibt es immer noch viele falsche und bei genauer Prüfung wenig ›revisionsfeste‹ Filmdarstellungen, da sie manchmal – wer kennt das in Archäologenkreisen nicht [–] durch Telefonbefragungen von Wissenschaftlern ›fachlich‹ aber auch ›kompilatorisch‹ von Redakteuren eilig zusammengetragen wurden.«

Der Verfasser verbleibt auf der Ebene des Informationsgehaltes und räumt ein, in dieser Hinsicht gebe es noch Einiges zu verbessern. Die Archäologen sind nicht an den Produktionen beteiligt, sie werden von den Redakteuren nur eilig als Wissensquellen »angezapft«. Etwas eigenartig bleibt die Entgegensetzung von »fachlich« und »kompilatorisch«. Es ist die Aufgabe von Redakteuren, Forschungsergebnisse zusammenzustellen, aber nicht selbst wissenschaftlich zu forschen – insofern haben ihre Kompilationen, wenn sie denn mit der erforderlichen Sorgfalt angefertigt werden, erst einmal nichts per se Anrüchiges.

> »Echtes Zusammenwirken oder gar eine Musealisierung von Film, der umgekehrten Form von Ressourcen- und Interpretationstransfer bleibt selten. [Fußnote: Das Fernsehmuseum Berlin, vgl. Kubitz und Sasse 2006, zeigt bislang nur sich selbst und weniger den Diskurs mit den Medien Museum und Wissenschaft. Eine museale Bewertung von Film wäre wünschenswert. Die Forschung braucht Öffentlichkeit, vgl. hierzu Scherzler 2005, 153–159. Die Öffentlichkeit braucht aber auch eine sorgfältig dargestellte Forschung, die der im Sekundentakt geschnittene Film nicht immer liefern kann.].«

Archäologische Fachleute sollen bei einschlägigen Fernsehproduktionen von Anfang an eingebunden sein, und es wird ein »echtes Zusammenwirken« im Unterschied zur bloßen Garnierung eines Konzeptes mit Expertenmeinungen gefordert. Was aber verbirgt sich hinter der »Musealisierung von Film«, die noch einen Schritt weitergehen soll und nicht nur ein gleichberechtigtes Mitwirken von Archäologen und Fernsehschaffenden meint, sondern eine Umkehrung des Dominanzverhältnisses zugunsten der Wissenschaftler? Denkbar wäre, dass das Filmschaffen entweder selbst zum Gegenstand musealer Aufarbeitung wird (wie dies beispielsweise im Deutschen Filmmuseum in Frankfurt am Main geschieht) oder aber Filme als Medien in Museen eingesetzt werden, was aber bereits flächendeckend der Fall ist und daher kaum Gegenstand einer programmatischen Forderung sein kann. Die etwas hochtrabende Rede von der »umgekehrten Form von Ressourcen- und Interpretationstransfer« bezieht sich nicht mehr auf das Verhältnis von archäologischem Sachverhalt und dem ihn transportierenden Medium, sondern auf das Verhältnis zweier Medien zueinander, nämlich Museum und Film. Damit ist in dieser Argumentation die Sache selbst auf eigentümliche Weise verdampft.

Das Selbstverständnis des Berliner Fernsehmuseums ist das einer »Art Präsenzbibliothek [...], in der signifikante beziehungsweise repräsentative Sendungen jeder Programmsparte, jedes Genres wieder gesehen und studiert werden können« (Kubitz/Sasse 2006, 81). Es zeigt damit durchaus nicht »nur sich selbst«, wie überhaupt jedes Museum nicht nur sich selbst ausstellen kann und stets ein Museum für eine bestimmte Art von Objekten sein muss. Zwar wäre ein »Meta-Museum« denkbar, das die Arbeit anderer Museen zum Gegenstand macht, aber dies wäre eine Selbstthematisierung des Museums als Institution, nicht als konkretes Bauwerk. Die Forderung, auch der »Diskurs mit den Medien Museum und Wissenschaft« solle Berücksichtigung finden, reizt zu der Frage, wie etwas so Unanschauliches wie ein Diskurs denn überhaupt museal präsentiert werden könnte – zur Darstellung eines Diskurses erscheint das ihm eigene Mittel, die Sprache nämlich, weit geeigneter zu sein als Versuche einer Visualisierung. Auch kommt in der Fußnote die Selbstverständlichkeit zum Ausdruck, mit der Film und Fernsehen gleichgesetzt werden. Der in ihr erwähnte Text von Diane Scherzler enthält Ratschläge für Archäologen, wie sie mit ihren Forschungen eine gesteigerte Präsenz in den Massenmedien erreichen können. Zu diesem Zweck zählt sie Kriterien auf, an denen sich Nachrichten, auch solche aus der Wissenschaft, zu bemessen haben: »Wenn eine Thema viele Menschen betrifft, wenn es in deren räumlicher oder sozialer Nähe stattfindet, wenn es folgenschwer ist, wenn über einen Konflikt berichtet wird, wenn das Thema provoziert, Emotionen wachruft, unterhält oder mit Prominenz zu tun hat, dann sprechen Journalisten von Nachrichtenfaktoren« (Scherzler 2005, 155).[5] Begründet wird dies damit, dass der »gute Journalist« der Öffentlichkeit, nicht der Wissenschaft verpflichtet sei. Einer eigenen Untersuchung wert wären der in dieser Behauptung sich artikulierende, degenerierte Begriff einer autonomen Öffentlichkeit, welche die Journalisten nicht mit sachhaltigen Informationen versorgen, sondern ihre als substanziell unterstellten Bedürfnisse vorauseilend befriedigen sollen, sowie die diesem Begriff korrespondierende, nicht minder degenerierte journalistische Professionalität. Sehr zu Recht beharrt Schöbel darauf, die Öffentlichkeit habe einen Anspruch auf »sorgfältig dargestellte Forschung«, die eben nicht nach Maßgabe der genannten Kriterien entstellt ist. Etwas euphemistisch ist die Aussage, »der im Sekundentakt geschnittene Film« könne eine solche Darstellung »nicht immer« liefern – er kann dies von vornherein niemals leisten.

> »Doch insgesamt wächst, vor allem durch ernsthafte Wissenschaftssendungen, der Anteil gut gemachter Basisinformation und es wird wichtiger, Wissenschaft mit den Möglichkeiten der Fernsehsender zu transportieren.«

5 Zu dem Nachrichtenwert von Ereignissen und den Nachrichtenfaktoren von Meldungen vgl. Galtung/Ruge 1965; Luhmann 2009, 42–51; Östgaard 1965; Schulz 1976; Staab 1990.

Wenn trotz der genannten Restriktionen in zunehmendem Maße qualitätvolle Wissenschaftssendungen produziert werden, könnte man daraus eigentlich den Schluss ableiten, ein gesteigertes Engagement der Archäologen sei gar nicht notwendig. Da das aber in keiner Weise auf der Argumentationslinie dieses Textes läge, muss ein Vorbehalt eingebaut werden, der sich in dem Wort »Basisinformation« manifestiert, die, wie anzunehmen ist, noch der Ergänzung durch Zusatz- oder Spezialinformationen seitens der Wissenschaft bedarf.

> »Es ist durchaus möglich, von den neuen Medien im Rahmen von echten Kooperationen für den eigenen Vermittlungsauftrag zu lernen.«

Es erstaunt nicht, dass der Text mit einem optimistischen Appell endet; der Tonfall wird in diesem letzten Satz fast staatsmännisch und erinnert an den von Theodor W. Adorno (1973) aufgespießten »Jargon der Eigentlichkeit«. Sarkastisch könnte man erwidern, richtig sei das Gesagte insofern, als man aus Kooperationen wie dem »Steinzeitexperiment« als Archäologe zumindest lernen kann, wie man seinen »Vermittlungsauftrag« besser nicht umsetzt. Wieder wird pauschalisierend von den »neuen Medien« gesprochen, und obwohl das Fernsehen gar kein »neues« Medium ist, gilt es als Modernitätsausweis, sich dieses zunutze zu machen.

Zusammenfassend gesagt, ist die Gestalt des Textes appellativer Natur und bietet eine nur wenig konsistente Argumentation. Die Sprache ist floskelhaft, aufgeladen mit wohlklingenden Begriffen (»Ressourcen- und Interpretationstransfer« etc.), die aber kaum etwas zur Klärung der diskutierten Fraglichkeit beitragen. Es handelt sich um ein eloquentes, zuweilen etwas prätentiöses Geplauder mit rhetorischen Kniffen, das in Ableitung und Darstellung der Argumente nicht überzeugen kann.

Vor diesem Hintergrund kann man mit Spannung dem auf der rechten Seite stehenden Text entgegensehen, in dem die konträre Meinung vertreten wird.

> »Wir brauchen kein Fernsehen«

Die Überschrift unterscheidet sich auffallend von der des soeben besprochenen Textes, »Fernsehen ist wichtig«. Da hier zwei konkurrierende Aussagen einander gegenübergestellt werden sollen, wie dies bereits an der graphischen Gestaltung zu erkennen ist, könnte man auch formale Analogien der Überschriften im Sinne von These und Gegenthese erwarten und damit eine Überschrift des fernsehkritischen Teiles, die zum Beispiel lautet: »Fernsehen ist unwichtig« oder »Fernsehen ist überflüssig«. Tatsächlich aber wird mit dem »wir« eine Kollektivität eingeführt, die kein Fernsehen benötigt. Wer kann damit gemeint sein? Berücksichtigt man den inneren Kontext des bislang Analysierten, dann besteht die wohl sparsamste Lesart darin, dass sich dahinter Archäologen verbergen, die mit der Wissensvermittlung an Nichtfachleute befasst sind.

> »Fernsehen ist ein ›inakzeptables Vermittlungsmedium ohne jeden Nutzen‹ [Fußnote: Spitzer 2005.] (Manfred Spitzer) und nach Meinung Anderer sogar ein ›Nullmedium‹ [Fußnote: Zitiert nach Reinhard 2004, 349.] (Magnus Enzensberger).«

Auf wen das »wir« in der Überschrift referiert, wird nicht aufgelöst, stattdessen werden einleitend kurze Zitate von Manfred Spitzer und Hans Magnus Enzensberger angeführt. Das in diesen Zitaten Behauptete ist ohne Kenntnis der Begründungen kaum nachzuvollziehen, es kann jeweils entweder das pointierte Resultat seriöser Analysen oder aber Ausdruck bloßer Polemik sein. Offen bleibt hier auch, ob sich Spitzer und Enzensberger allgemein auf das Medium Fernsehen oder aber auf seine Verwendung für die Vermittlung wissenschaftlicher Erkenntnisse beziehen.

Geht man dem in der ersten Fußnote angegebenen Literaturhinweis nach, birgt dies einige Überraschungen. Spitzer ist Inhaber des Lehrstuhls für Psychiatrie an der Universität Ulm sowie Leiter des Psychiatrischen Universitätsklinikums in Ulm und des »Transferzentrums für Neurowissenschaften und Lernen«. Auf dem Umschlag der Taschenbuchausgabe des angeführten Werkes wird er als »einer der populärsten Hirnforscher Deutschlands« angepriesen, was immer diese Kategorisierung besagen mag. Die angeführte Charakterisierung des Fernsehens als »inakzeptables Vermittlungsmedium ohne jeden Nutzen« vermochten wir in dem Buch nicht zu identifizieren; das Auffinden des Zitates wird durch die fehlende Seitenzahlangabe erschwert, was misslich ist, wenn man sich dafür interessiert, wie Spitzer sein harsches Urteil begründet. Das Medium Fernsehen steht in Spitzers Buch nicht im Mittelpunkt, auch wenn er in einem Kapitel mit dem Titel »Gewalt im Fernsehen« (Spitzer 2005, 155–206) die Folgen bestimmter Inhalte von Fernsehsendungen diskutiert. Es geht vielmehr um die »Bildschirmmedien« im Allgemeinen und ihre nachteiligen Auswirkungen auf die frühkindliche Entwicklung im Besonderen. Vereinfacht gesagt, sei das Auseinanderfallen von Bild und Ton bei einem Bildschirm für einen Erwachsenen unproblematisch, weil er aufgrund seiner an der Realität entwickelten Wahrnehmungsverarbeitung die disparaten Signale zu integrieren vermag, für kleine Kinder dagegen schädigend, weil sich bei ihnen die Wahrnehmungsorganisation an dem fragmentierten Input überhaupt erst bilde.[6] Zu einer Klärung der Frage, ob das Fernsehen ein geeignetes Medium zur Vermittlung wissenschaftlicher Erkenntnisse ist, leistet der Text Spitzers keinen Beitrag, was auch nicht sein Anspruch ist. Er nimmt weniger auf die Inhalte als auf bestimmte Voraussetzungen der Übermittlung Bezug, auf Besonderheiten des technischen Arrangements, welches aber nicht fernseh-, sondern bildschirmmedienspezifisch ist. Spitzers Verdikt über das Fernsehen wird von Schöbel angeführt, weil es eine zugespitzte Kritik an diesem Medium enthält, ohne dass aber deren Hintergründe irgendeine greifbare Rolle spielen würden.

Was den Nachweis des von Enzensberger geprägten Begriffes »Nullmedium« angeht, findet sich in der zweiten Fußnote eine Seitenangabe, die gleichfalls ein Suchspiel eröffnet. Zunächst wird nicht direkt auf den Text von Enzensberger verwiesen, der diesen Begriff im Titel führt (»Das Nullmedium oder Warum alle Klagen über das Fernsehen gegenstandslos sind« [Enzensberger 1997]), sondern auf ein Buch von Wolfgang Reinhard, in dem auf diesen Text rekurriert wird.[7] Enzensberger hebt in seiner Untersuchung an mit einer Zusammenfassung der vier gebräuchlichsten Varianten der medientheoretischen These »Fernsehen verblödet« (Enzensberger 1997, 145f.): Die *Manipulationsthese,* die auf die ideologische Dimension der Medien abziele und der zufolge es seine Effekte weniger durch direkte Agitation als vielmehr durch »schwer durchschaubare Verführung« erreiche. Dagegen beziehe sich die *Nachahmungsthese* auf

6 »Bildschirme liefern eine flache, verarmte Realität, insbesondere dann, wenn der Benutzer die Welt noch nicht kennt und Objekte oder Szenen beim Betrachten eines Bildschirms eben gerade *nicht* dauernd aufgrund von Vorerfahrungen ergänzen kann. Daher sind Bildschirme für kleine Kinder eher schädlich – unabhängig vom gerade dargebotenen Inhalt – wegen der Form der durch sie gelieferten Erfahrungen« (Spitzer 2005, 90).

7 Der Zitatnachweis »Reinhard 2004, 349« ist unrichtig, über das »Nullmedium« wird auf Seite 549 gehandelt.

die von dem Medienkonsum ausgehenden sittlichen Gefahren: »Wer sich ihm aussetzt, wird an Libertinage, Verantwortungslosigkeit, Verbrechen und Gewalt gewöhnt« (Enzensberger 1997, 145). Manipulations- und Nachahmungsthese werden nicht als fernsehspezifisch eingestuft, anders als die *Simulationsthese,* nach welcher der Zuschauer durch das Fernsehen außerstande gesetzt werde, stabil zwischen Wirklichkeit und Fiktion unterscheiden zu können. Die drei genannten Thesen konvergieren nach Enzensberger in der *Verblödungsthese.*[8] An dem für das Medium Fernsehen eigentlich Maßgeblichen gehen die genannten Thesen Enzensberger zufolge aber vorbei, und hier kommt der Begriff »Nullmedium« ins Spiel. Für ein solches sei kennzeichnend, dass es auf Programme und Inhalte nicht mehr angewiesen ist: »Erst die visuellen Techniken, allen voran das Fernsehen, sind in der Lage, die Last der Sprache wirklich abzuwerfen und alles, was einst Programm, Bedeutung, ›Inhalt‹ hieß, zu liquidieren« (Enzensberger 1997, 151). Indem Enzensberger auf die eigentümliche Suggestivität des Mediums abhebt, aufgrund derer es sich vor die Inhalte schieben kann, kommt er der Sache nach dem Selbstinszenierungstheorem recht nahe. Das restlose Tilgen jeglichen Inhaltes bezeichne freilich einen kontrafaktischen Grenzfall,[9] und die Tatsache, dass Inhalte überhaupt noch eine Rolle spielen, erklärt Enzensberger mit einem evolutionistischen Modell, nach welchem diese Inhalte funktionslos gewordene Atavismen seien, die von den Fernsehmachern in Verkennung der faktischen Verhältnisse als notwendig angesehen würden. Sie hielten an der überkommenen Vorstellung fest, das Fernsehen müsse wie die älteren Medien auch in erster Linie »Programme« übertragen: »Die evolutionären Eierschalen, die das Fernsehen mit sich schleppt, fallen besonders an gewissen Gattungen auf, die sich wie Fossilien in seinem Sendeschema behauptet haben. So geistern zweckentfremdete Formen wie die Predigt, die Oper, das Kammerkonzert, die Gesellschaftskomödie und der Leitartikel durch das Nullmedium, wo sie nichts zu suchen haben« (Enzensberger 1997, 154). Diese Vorstellung markiert eine

8 Klassifikationssystematisch ist an dieser Zusammenstellung unbefriedigend, dass die »Verblödungsthese« zum einen als Generalthese vorgestellt wird, von der es vier Varianten gibt, und zum anderen als eine dieser vier Varianten.

9 »Man kann sich der Vollkommenen Leere, wie dem absoluten Nullpunkt, nur asymptotisch nähern« (Enzensberger 1997, 156).

Differenz zu der Selbstinszenierungsthese, der zufolge eine gänzliche Verflüchtigung der Inhalte nicht vorstellbar sei, weil um der Selbstinszenierung willen das Fernsehen zwingend auf Inhalte angewiesen bleibe, die es aber eben nicht sachgerecht übermittele, sondern zu seinen eigenen Zwecken vernutze.[10] Struktureller Vorläufer des Nullmediums war nach Enzensberger die künstlerische Avantgarde: »Von Kandinsky bis zum action painting, vom Konstruktivismus bis zu den Niederungen der Op Art und der Computergraphik haben die Künstler getan, was sie konnten, um ihre Werke von jeder ›Bedeutung‹ zu reinigen« (Enzensberger 1997, 151f.). Mit diesem Rekurs auf die Kunst der Moderne vergaloppiert sich Enzensberger in kulturkritische Gefilde, denn seine Aussage präsupponiert, es sei Aufgabe von Kunstwerken, Bedeutungen in Gestalt propositionaler Gehalte zu transportieren. Darin spiegelt sich ein rationalistisches Vorurteil Enzensbergers, das in der Tradition von Brecht den Gehalt von Kunstwerken an Programme assimiliert.[11]

Mit Recht verweist Enzensberger (1997, 154) auf die qualitative Differenz zwischen der Rezeption eines Filmes im Kino und via Fernsehen; zu ergänzen wäre aber, dass diese Differenz sich nicht nur in Phänomenen wie der Miniaturisierung und den Werbeunterbrechungen manifestiert,[12] sie ist primär eine der unterschiedlichen

10 Die Inhalte verschwinden zwar nicht, aber sie werden durch die Struktur der Fernsehkommunikation entscheidend verändert. Bereits Marshall McLuhan bemerkte zu der eigentümlichen Fixierung auf Inhalte: »Die verbreitete Annahme [...], daß die Programmgestaltung oder der Inhalt derjenige Faktor ist, der die Anschauungen und die Handlungsweise beeinflußt, stammt vom Medium des Buches her mit seiner strengen Trennung zwischen Form und Inhalt« (McLuhan 1968, 343).

11 Diesen Sachverhalt hat Adorno prägnant formuliert: »Das Kunstwerk, das den Gehalt von sich aus zu besitzen glaubt, ist durch Rationalismus schlecht naiv: das dürfte die geschichtlich absehbare Grenze Brechts sein« (Adorno 1990, 47).

12 »Manche Fernsehveteranen, die die Zeichen der Zeit nicht erkannt haben, leiden auch unter der Vorstellung, es könnte ihnen der Stoff ausgehen. Die fixe Idee, es müsse etwas und nicht vielmehr nichts gesendet werden, verleitet sie zur Kannibalisierung der Alten Medien. Das führt vor allem zur Ausschlachtung eines Mediums, von dem man glauben mochte, es sei dem Fernsehen verwandt, nämlich des Films. [...] Die ästhetische Faszination des Kinos ist auf dem Bildschirm nicht wiederholbar; sie wird durch das lächerliche Format, die Unterbrechung durch Werbespots und das indifferente, endlose Abspielen zerstört; die Geheimwaffe der

Praxisformen, in denen die Rezeption stattfindet, nämlich einer öffentlichen im Kino und einer privaten beim Fernsehen; aus diesem Unterschied wären die genannten Phänomene abzuleiten.[13]

Alles in allem steht hinter Enzensbergers polemischer Bezeichnung »Nullmedium« ein bedenkenswertes theoretisches Modell, das die strukturellen Implikationen des Fernsehens zu erhellen versucht. Seine Kritik wird aber von Schöbel in keiner Form aufgegriffen und diskutiert, es bleibt bei der plakativen Nennung des polemischen Begriffes, als wäre er selbsterklärend.

> »Befürworter des traditionellen Vermittlungsweges über die authentischen Originalfunde formulieren auch heute noch:«

Diese Ankündigung eines nachfolgenden Zitates ist aufschlussreich, denn während der Text »Fernsehen ist wichtig« durchgängig in einem affirmativen Duktus verfasst wurde, das heißt so, als ob der Autor selbst die in ihm vorgetragenen Thesen vertritt, macht dieser Satz deutlich, dass in dem Text »Wir brauchen kein Fernsehen« die entsprechende Position lediglich referiert wird. Warum bedarf es dann noch der nur scheinbar ausgewogenen Gegenüberstellung der beiden Positionen, und warum geht Schöbel nicht im Haupttext auf die von ihm abgelehnte Meinung referierend und kommentierend ein? Auf diese Weise wird ein Popanz aufgebaut, der entweder in seiner indiskutablen Lächerlichkeit offensichtlich ist oder effektvoll destruiert werden kann.

> »›Den Gegenstand im Museum trennt seine Echtheit von der Reproduzierbarkeit des Gegenstandes Film *im Museum,* es macht ihn (erg. dort im Museum) einmalig‹ (Walter Benjamin). [Fußnote: zitiert nach Öhner 2003, 33.]«

Angeführt wird ein äußerst apokrypher Satz von Walter Benjamin, der die Differenz des im Museum zugänglichen Originalobjektes zu seiner filmischen Reproduktion betont. Rätselhaft ist insbesondere der Teil »Reproduzierbarkeit des Gegenstandes Film im Museum« – diese Verortung ist kaum aufzulösen, denn wieso soll das Gesagte nur für Filme »im Museum« und nicht für Filme generell gelten? Meint dieser Zusatz die Vorführung von Filmen in Museen oder deren

Zuschauer, das gefürchtete Zapping, gibt dem Film den Rest« (Enzensberger 1997, 154).

13 Vgl. Kap. 2.2.2.2.

Aufbewahrung und Ausstellung dort? Aber welcher Sinn könnte die Betrachtung von Filmrollen haben, die ja eben doch nur materiale Träger der jeweiligen Bedeutungen sind? Ebenso könnte man Farbtuben, Pinsel und unbearbeitete Leinwände ausstellen, die nur erst die Möglichkeit der Schaffung eines Kunstwerkes bezeichnen, aber nicht schon dieses selbst. Aufschluss kann eigentlich nur der Kontext dieser merkwürdigen Äußerung bei Benjamin verschaffen, der auch hilfreich für die Beantwortung der Frage wäre, ob mit dem »Gegenstand im Museum« wirklich sämtliche in Museen ausgestellte Objekte oder nicht doch speziell Kunstwerke gemeint sind. Wenn das Benjamin-Zitat in dem Text Schöbels Teil einer konsistenten Argumentation ist, dann hat man davon auszugehen, dass Benjamin nicht nur Kunstwerke meint, denn sonst könnte dieser Satz kaum von den »Befürwortern des traditionellen Vermittlungsweges« in Anspruch genommen werden. Wie vermutet, entwirft Schöbel hier hypothetisch eine Gegenposition, die in der Tat indiskutabel ist, denn sie spricht den Originalen eine auratische Dignität zu, welche allein eine gegenstandsangemessene Erkenntnis gewährleiste. Mag dies im Hinblick auf die sinnliche Suggestivität von Kunstwerken noch nachvollziehbar erscheinen, ist es bei den zumeist der Alltagskultur entstammenden archäologischen Fundstücken abwegig – sie müssen als mögliche Bausteine bei der Rekonstruktion vergangener Lebenswelten sorgfältig dokumentiert, wissenschaftlich bearbeitet und publiziert werden und haben wesentlich einen indikatorischen Wert, sind aber für sich genommen als Objekte von nachgeordneter Bedeutung. Wichtig ist das Anfertigen zuverlässiger Protokolle dieser Objekte, aufgrund derer ihre Ausdrucksgestalt auch dann angemessen rekonstruiert werden kann, wenn sie selbst nicht verfügbar sind. Selbstverständlich können die Objekte auch ästhetische Qualitäten haben, und die Ansehung des Originals mag über die Konsultation von Beschreibungen, Fotographien und Zeichnungen hinaus eine Quelle für Inspirationen sein, aus denen der Möglichkeit nach ernstzunehmende Hypothesen bezüglich des Gegenstandes entstehen können.[14] Dies beruht aber vor allem darauf, dass man das

14 In paradox erscheinender Weise neigen prähistorische Archäologen dazu, ein deutungsbedürftiges Objekt gerade nicht mit der gebotenen Geduld und Ausführlichkeit zu betrachten, sondern vorschnell Vergleichsobjekte heranzuziehen, ohne dass hinreichend bestimmt wäre, was eigentlich woraufhin miteinander verglichen werden soll. Dieses Vorgehen birgt die

Objekt aus wechselnden Perspektiven betrachten und so Details besser als auf den die Perspektive vorgebenden Abbildungen verfolgen kann. Es hat nichts mit einer vermeintlich auratischen Qualität der Objekte zu tun, auch wenn die Kunstfertigkeit lange vergangener Epochen für den Betrachter faszinierend sein mag. Die Differenz zwischen der Betrachtung des Originals und der seiner Reproduktion in einer Publikation bedeutet im Hinblick auf die wissenschaftliche Deutung also keinen Unterschied ums Ganze.

In welchem Zusammenhang hat nun Benjamin diesen eigenartigen Satz niedergeschrieben? Wieder weist die Fußnote das Zitat nur indirekt nach, vermittelt über einen von Vrääth Öhner verfassten Text, der sich mit den Gemeinsamkeiten und Differenzen von Kino und Museum beschäftigt. Da dieser Text bei Schöbel einzig dem Nachweis des Benjamin-Zitates dient, erübrigt sich hier seine inhaltliche Diskussion. Aufschlussreich ist dieser Nachweis aber insofern, als Schöbel ein sehr indirektes Benjamin-Zitat bei Öhner, für das auch keine Belegstelle genannt wird, in ein direktes Zitat verwandelt und dabei eine Entstellung vornimmt, durch welche der Satz nahezu unverständlich wird. Bei Öhner lautet er: »Mit Walter Benjamin gesprochen, trennt den Gegenstand im Museum seine Einmaligkeit und Echtheit von der Reproduzierbarkeit des Gegenstandes Film im Kino« (Öhner 2003, 33). Schöbels nachlässiger Umgang mit Textquellen ist unglücklich, weil gerade Benjamins Aufsatz »Das Kunstwerk in Zeitalter seiner technischen Reproduzierbarkeit«, auf den Öhner wohl anspielt, eine gesteigerte philologische Sorgfalt erfordert, existieren von ihm doch mehrere zum Teil sehr unterschiedliche Versionen.[15] Überdies sind auch die Benjamin-Zitate bei Öhner

Gefahr einer bloßen Subsumtion des Neuen unter das schon Bekannte und Vertraute. Vgl. hierzu ausführlich Jung 2006.

15 Zur Entstehungsgeschichte vgl. die folgenden Erläuterungen von Detlev Schöttker (2007, 118f.): »Benjamin hat den Aufsatz mehrfach umgearbeitet, so daß unterschiedliche Fassungen entstanden sind. Von ihnen wurden vier in unterschiedlichen Bänden der Gesammelten Schriften abgedruckt: Die erste Fassung basiert auf einer handschriftlichen Vorlage, die Benjamin vermutlich im Dezember 1935 abgeschlossen hat (GS I 431–469 [Benjamin 1974a]). Diesem Text fügte er anschließend Anmerkungen hinzu, doch wurde diese erweiterte Fassung erst später entdeckt, so daß sie als ›Nachtrag‹ gedruckt wurde (GS VII 350–384 [Benjamin 1989]). Die Anmerkungen zu dieser Fassung sind zum Teil in die französische Übersetzung eingegangen, die 1936 in der Zeitschrift für Sozial-

unrichtig. Zwar bezieht er sich offensichtlich auf die letzte deutsche Fassung des Benjamin-Aufsatzes, aber er zitiert nicht aus der Ausgabe, welche er angibt, nämlich die 1963 im Rahmen der neugegründeten Edition Suhrkamp erschienene (Benjamin 1963). Deutlich wird dies zum Beispiel an einem längeren Zitat (Öhner 2003, 35), als dessen Quelle »Benjamin 1963, 32« angeführt wird, während es tatsächlich auf Seite 36f. zu finden ist, übrigens auch ohne die Kursivierung größerer Textblöcke, die in der Ausgabe von 1963 nicht übernommen wurde. Der von Schöbel als Benjamin-Zitat ausgegebene Satz von Öhner ist offenbar nicht auf eine bestimmte Textstelle bei Benjamin zurückzuführen, er beschreibt vielmehr einen die gesamte Abhandlung fundierenden Grundgedanken. Dann aber ist festzuhalten, dass Benjamin mit den im Museum befindlichen Gegenständen, von denen er handelt, dezidiert Kunstwerke und eben nicht Gegenstände überhaupt meint, wie dies in dem Titel seiner Abhandlung ja auch unmissverständlich ausgesprochen wird.

Was das Kunstwerk von anderen Gegenständen unterscheidet, ist seine sinnliche Suggestivität, die es mit Phänomenen des Naturschönen teilt und die Benjamin mit dem Begriff der »Aura« (Benjamin 1974b, 477) umschreibt; sie werde durch massenhafte Reproduktion entwertet. Man mag es für richtig halten, das über die Kunstwerke Gesagte auf museale Gegenstände im Allgemeinen zu übertragen, und gewiss finden sich bei Benjamin Stellen, die sich hierfür anführen ließen, etwa seine Betonung der für die auratische Dignität des Kunstwerkes wichtigen Tradition, in welcher es steht.[16] Eine solche Übertragung bedürfte aber allemal einer expliziten Begründung. Und selbst wenn diese geleistet würde, ist zu fragen, was

forschung veröffentlicht wurde (GS I 709–739 [Benjamin 1974c]). Doch hat Benjamin diese wegen der redaktionellen Eingriffe und Streichungen nicht akzeptiert [...]. Deshalb nahm er 1938/39 eine weitere Überarbeitung des deutschen Textes vor, die als letzte autorisierte Fassung gelten kann (GS I 471–508 [Benjamin 1974b])«. Eine weitere, in die »Gesammelten Schriften« Benjamins nicht aufgenommene und erst im Rahmen der »Kritischen Gesamtausgabe« (Benjamin 2012, 7–51) veröffentliche Fassung des Textes ist eine »erste Niederschrift, die wichtige Einblicke in den konzeptionellen Horizont der Abhandlung eröffnet« und »trotz ihres Entwurfcharakters eine eigenständige Ausarbeitung« (Lindner 2012, 378) darstellt.

16 »Die Einzigartigkeit des Kunstwerks ist identisch mit seinem Eingebettetsein in den Zusammenhang der Tradition« (Benjamin 1974b, 480).

damit für das hier diskutierte Problem eigentlich gewonnen werden soll, zumal sich Benjamin ja mit dem Film und nicht mit dem Fernsehen befasst hat. Das Misslingen der Fernsehsendungen zu dem »Steinzeitexperiment« lässt sich entscheidend auf die dispositiven Eigengesetzlichkeiten dieses Mediums zurückführen, die es eben auch von dem Film unterscheiden. Wie schon mit Enzensberger rekurriert Schöbel mit Benjamin auf eine prominente Größe der Kulturtheorie, dies aber nicht argumentativ-substanziell, sondern eher im Sinne eines »Namedroppings«, als wäre die bloße Erwähnung der Namen schon hinreichender Ausweis einer die eigenen Ausführungen stützenden und rechtfertigenden Belesenheit; die Aufnahme eines Hirnforschers in diesen Reigen dokumentiert das Bemühen um eine Integration auch naturwissenschaftlicher Beiträge. Wie aber der Leser diese Versatzstücke, die ihm hier gewissermaßen vor die Füße geworfen werden, in ein halbwegs stimmiges Gesamtbild integrieren soll, bleibt seiner Phantasie überlassen.

> »Sie, die Mediengegner, möchten davon nicht abweichen, da für sie nur der Dialog mit dem Authentischen, mit dem historischen Objekt vertretbar ist.«

Diejenigen, welche das Medium Fernsehen für ungeeignet halten, wissenschaftliche Erkenntnisse zu vermitteln, werden pauschal als »Mediengegner« bezeichnet, was belegt, wie unsauber hier argumentiert wird. Während in dem linken Text Brüche in der Argumentation durch rhetorische Tricks verschleiert worden sind, werden nun die Vertreter einer abweichenden Meinung in der beschriebenen Weise denunziert – und das in einem Text, der doch eigentlich der unvoreingenommenen Darstellung ihrer Position vorbehalten sein sollte. Mit der angeführten Fixierung auf das »Authentische« des historischen Objektes, das nicht preisgegeben werden dürfe, wird das eigentlich Entscheidende vollständig unterlaufen, nämlich die Eigenlogik des Mediums Fernsehens, die es aus den genannten Gründen für eine sachhaltige Informationsübermittlung ungeeignet erscheinen lässt.

> »Dazu kommt, dass nicht nur in Wissenschaftlerkreisen behauptet wird, die Museumswelt sei zuerst der Vermittlung und Bildung verpflichtet und das Fernsehen zuerst der Unterhaltung und Quote.«

Bildung und Unterhaltung werden gegeneinander ausgespielt. Gemeint ist wohl, der Museumsbesuch könne Teil eines umfassenden Bildungsprozesses sein, die vom Fernsehen gebotene Unterhaltung aber sei flüchtig und bleibe folgenlos. Unklar ist, ob dieser Satz lediglich eine Beschreibung empirischer Sachverhalte sein soll oder auch eine normative Forderung nach einer mehr oder weniger strikten Trennung dieser beiden Bereiche. Der Unterschied zwischen einem Museumsbesuch und dem Schauen von Fernsehsendungen liegt auch in den Sozialräumlichkeiten begründet, in welchen die Rezeption jeweils stattfindet. Das Museum stellt der Öffentlichkeit Räume für die soziale Praxis einer Betrachtung von Exponaten in Muße zur Verfügung,[17] die Fernsehrezeption findet dagegen im Normalfall in den »eigenen vier Wänden« und damit in der Privatsphäre des Zuschauers statt, der die Aufmerksamkeit und Muße, für die das Museum die Bedingung der Möglichkeit schafft, selbst herstellen muss, was unter Umständen erheblicher Anstrengungen bedarf.[18] In der ausdrücklichen Erwähnung der »Quote« kommt ein gewisser Elitismus der referierten Position zum Ausdruck, so als ob Bildung per se nur einer Minderheit vorbehalten bleiben kann, während die Mehrheit die Unterhaltung goutiert.

> »Wobei das Museum bei genauerem Hinschauen ja heute auch Quote, und der Film in den entsprechenden Fachabteilungen ja auch Bildung, Kulturvermittlung und Dokumentation beabsichtigt. Mumien und Ägypten, Pop Art und das Grabmal des ersten chinesischen Kaisers sind Ausstellungsthemen, die von London bis Stuttgart zeigen, wie heute Besucher in den großen Museen entsprechend dem Publikumsgeschmack und weniger nach regionalgeschichtlichen oder europäischen Bildungsansätzen generiert werden.«

Das hier zugrunde liegende rhetorische Muster ist das folgende: Ein in seiner Schroffheit relativierungsbedürftiger Gegensatz wird postuliert, der Gegenseite unterstellt und schließlich auch tatsächlich relativiert. Betrachtet man das Gesamtarrangement der hier

17 Vgl. hierzu Fehr 2001.

18 Wie in Kap. 2.2.2.2 ausgeführt, gilt eine vergleichbare Differenz in dem sozialräumlichen Arrangement auch für die Rezeptionssituationen von Filmen im Fernsehen und im Kino, in welchem man durch Teilhabe an einer sozialen Praxis zu einem Verhalten aufgerufen ist, das die anderen Besucher nicht stört und das daher geeignet ist, einen selbst zu einer konzentrierten Betrachtung des Filmes anzuhalten.

inszenierten Gegenüberstellung von Positionen für und gegen eine Wissenschaftsvermittlung im Fernsehen, fällt auf, wie die programmatisch mit »Wir brauchen kein Fernsehen« betitelte These in dem Text, welcher der Darlegung ihrer Schlüssigkeit dienen soll, permanent in Frage gestellt und damit entwertet wird. Es wird darauf aufmerksam gemacht, dass die Museen ihrem Bildungsauftrag nicht mehr gerecht werden und sich an der »Quote«, also dem Besucherzuspruch, orientieren. Bei den genannten Beispielen handelt es sich aber um kulturindustrielle Phänomene, die kaum als Maßstab für Wissensübermittlung brauchbar sind. Der Publikumsgeschmack, an dem sich die Ausstellungsthemen auszurichten haben, wird mit dem Spektakulären und Sensationellen identifiziert, und der Besucherandrang zerstört genau die Voraussetzungen für eine müßige Betrachtung des Ausgestellten, um derentwillen Museen doch existieren. Das Übergreifen der Kulturindustrie auf den Bereich des Ausstellungswesens in eine Rechtfertigung ausgerechnet des Fernsehens als Medium der Wissensvermittlung umzumünzen, ist, auch wenn dies dem Verfasser sicher nicht bewusst ist, objektiv zynisch.[19] Dekuvrierend ist die technokratische Sprache: Es kommt in erster Linie darauf an, Besucher zu »generieren«, und nicht darauf, Bedingungen herzustellen, die es ihnen ermöglichen, sich auf die Exponate in einer ungeschützten ästhetischen Betrachtung auch einzulassen.

> »Bei den wenigen Tagungen zum Thema – wie etwa des Museumsverbandes Baden-Württemberg ›Medien im Museum‹ in Karlsruhe 1995 – wird bei dieser schwierigen Frage gerne wieder der philosophische Standpunkt bemüht.«

Der »philosophische Standpunkt« ist offensichtlich einer, der zu einer Klärung der Strittigkeit nichts beiträgt und der von einer vermeintlich höheren Warte aus handlungspraktisch folgenlose Weisheiten verkündet. Wie das leicht despektierliche »bemühen« anzeigt, ist das Beziehen dieses Standpunktes letztlich ein Ausweichen vor der verbindlichen Beantwortung der in Rede stehenden »schwierigen« Frage.

19 Zur Ausweitung der Kulturindustrie vom Unterhaltungsbereich, an dem Adorno wesentlich seine Kategorien bildete (Adorno 1977c; 1984; Horkheimer/Adorno 1984), auf den Bereich der »ernsten« Kultur vgl. Oevermann 1992.

> »Walter Benjamin, diesmal mit einer Befürwortung der ›laufenden Bilder‹ [,] eignet sich hierzu besonders.«

Das »diesmal« suggeriert, man könne bei Benjamin sowohl Aussagen finden, die sich für eine Wissensvermittlung via Fernsehen verwenden lassen, wie auch solche, die dem widersprechen; Benjamin wird so als eine Art Garant der Beliebigkeit präsentiert. Schlicht unsinnig ist die Implikation, er hätte an anderer Stelle »laufende Bilder« als solche abgelehnt.

> »Schon vor 80 Jahren beim ersten Aufkommen des moderneren Mediums Film stellte er fest, ›dass sich die Sinneswahrnehmung ändert ... und ... ›ungeahnter und ungeheurer Spielraum sich der Wahrnehmung und Erkenntnis auftut.‹« [Fußnote: Zitiert nach Kallinich 1995, 6.]

Auch hier ist der Gehalt des Benjamin-Zitates ohne Kenntnis des Kontextes, aus dem es stammt, nicht zu beurteilen. Zu vermuten wäre, dass sich Benjamin auf die technischen Möglichkeiten der beschleunigten oder verlangsamten Abspielung von Filmen bezieht, also auf die Anwendung von Zeitraffer und Zeitlupe, die in der Tat Vorgänge abbilden können, die der menschlichen Wahrnehmung in dieser Form ansonsten verborgen bleiben und die so die Erkenntnis dieser Vorgänge befördern. Wie soll daraus aber ein Argument für eine Wissensvermittlung durch das Fernsehen gewonnen werden? Allenfalls könnte man aus dem Zitat von Benjamin, wenn wir es denn richtig interpretiert haben, ableiten, bei Bedarf sollte auch in den Museen auf das Medium Film zurückgegriffen werden, was bereits flächendeckend geschieht. Wurde im linken, affirmativen Text das Fernsehen mit dem Internet zusammengezwungen und Aussagen über das Internet unberechtigterweise auf das Fernsehen übertragen, so werden nun in dem rechten Text, der kritisch sein soll, aber nicht minder affirmativ ist, Film und Fernsehen miteinander identifiziert – das Positive, das Benjamin in dem Zitat über den Film sagt, wird so zu einem Argument pro Fernsehen. Die eine sachliche Informationsübermittlung obstruierenden Struktureigenschaften des Mediums werden an keiner Stelle auch nur angedeutet.

In Anbetracht der Überraschungen, die der Versuch der Verifizierung des oben angeführten, vermeintlichen Benjamin-Diktums barg, wird es lohnend sein, auch diesem Zitat auf den Grund zu gehen.

Dabei stellt sich erst einmal die Frage, wo das Zitat überhaupt endet. Seinen Beginn anzeigende Anführungszeichen finden sich gleich zweimal (vor »dass« und vor »ungeahnter«), sein Ende wird aber nicht markiert. Einen Hinweis gibt die zweite Auslassung, nach der das Zitat wohl noch nicht endet, und dann könnte es entweder nach »Spielraum« oder mit dem Satzende schließen. Aufschluss darüber kann man sich von dem angeführten Text Joachim Kallinichs erhoffen. Schon dieser Verweis als solcher macht deutlich, dass auch hier Benjamin nicht im Original zitiert wird, was für den interessierten Leser etwas umständlich, aber im Prinzip unproblematisch ist, wenn sich die originale Textstelle identifizieren lässt. Die Konsultation des Textes von Kallinich aber zeigt, dass das Zitat in der von Schöbel wiedergegebenen Form darin gar nicht vorkommt, es ist vielmehr aus zwei unterschiedlichen Sätzen kompiliert worden. Der Abschnitt lautet bei Kallinich (1995, 6f.):

> »Die Kritik an den Medien hat Tradition: Die Kontroverse zwischen Medienfreaks und Mediengegnern lässt sich kulturtheoretisch auf die Positionen von Benjamin und Adorno zurückführen (s. Kuhlmann 1994). In dem Essay ›Das Kunstwerk im Zeitalter seiner technischen Reproduzierbarkeit‹ geht Benjamin davon aus, daß sich ›innerhalb großer geschichtlicher Zeiträume … mit der gesamten Daseinsweise … auch die Art und Weise ihrer Sinneswahrnehmung‹ ändert. Am Beispiel des Films zeigt er, welch ›ungeahnter und ungeheuerer Spielraum‹ sich der Wahrnehmung und Erkenntnis auftut (Benjamin, zit. nach Kuhlmann 1994, S. 11).«

Benjamins Stilisierung zu einem Stammvater der »Medienfreaks« überrascht, hat Schöbel ihn doch zuvor ausdrücklich als eine Art Wortführer der »Mediengegner« verbucht. Aber zum Zitat. Jetzt wird klar, wo es endet, nämlich nach »Spielraum«. Die Vervollständigung »sich der Wahrnehmung und Erkenntnis auftut« stammt von Kallinich, sie muss aber zumindest sinngemäß auch bei Benjamin vorkommen. Die Schöbelsche Version des Zitates kombiniert eine allgemeine Bemerkung Benjamins zu geschichtlichen Verläufen, dass nämlich einem geschichtlichen Epochenwechsel auch eine Veränderung der Sinneswahrnehmung korrespondiere, mit der Exemplifikation einer derartigen Veränderung. Schöbel tilgt jedoch den Charakter einer allgemeinen geschichtsphilosophischen Anmerkung und bezieht die Feststellung der sich ändernden Sinneswahrnehmung allein auf das Aufkommen des Mediums Film, obwohl dies von dem Text nicht gedeckt ist. Im Übrigen ist auch Schöbels Datierung des »ersten Aufkommens« des Filmes und der angeblich in Reaktion darauf erfolgten Bemerkung von Benjamin seltsam – 80 Jahre vor der Veröffentlichung des Textes von Schöbel, also im Jahre 1927, war der Film ein bereits etabliertes Medium, von einem »ersten Aufkommen« kann daher keine Rede sein. Und wenn man bedenkt, dass Benjamin seinen Kunstwerkaufsatz Mitte der 1930er Jahre konzipierte, besteht eine erhebliche zeitliche Lücke nicht nur zu dem von Schöbel angegebenen Zeitpunkt, sondern erst recht zu dem tatsächlichen »ersten Aufkommen« des Mediums Film. Was das von Kallinich erwähnte »Beispiel des Films« angeht, ist dies, unterstellt man ein Minimum an Folgerichtigkeit, als ein Beispiel für die Veränderungen der Sinneswahrnehmung zu verstehen, wie sie sich im Verlaufe geschichtlicher Epochen vollziehen können. Ein »ungeahnter und ungeheuerer Spielraum« ist aber bei Lichte besehen eine *Erweiterung* der Wahrnehmung, nicht eine *Veränderung,* und insofern sind leise Zweifel daran anzumelden, dass bei Benjamin selbst der Film unmittelbar als Beispiel einer solchen Veränderung im geschichtlichen Verlauf eingeführt wird. Umso fragwürdiger erscheint Schöbels Behauptung, das Aufkommen des Filmes habe Benjamin den Anlass gegeben, über epochenspezifische Sinneswahrnehmungen nachzudenken.

Als ob es nicht bereits vertrackt genug wäre, dem von Benjamin Geschriebenen und von Schöbel entstellt Wiedergegebenen auf die Spur zu kommen, zitiert auch Kallinich Benjamin nur vermittelt über einen anderen Autor, Andreas Kuhlmann. Bei ihm (Kuhlmann 1994, 11) erfährt der Leser endlich, über welche Textstellen aus welcher Fassung des Kunstwerkaufsatzes gesprochen wird, nämlich die 1938/39 überarbeitete, letzte autorisierte Fassung (Benjamin 1974b). Auf den Text von Kuhlmann wollen wir nicht weiter eingehen und uns stattdessen direkt dem Original zuwenden; vermerkt sei allerdings eine von Kallinich vorgenommene erhebliche Verkürzung, folgen doch bei Kuhlmann die Wiedergabe der geschichtsphilosophischen Bemerkung und des Beispiels Film nicht unmittelbar aufeinander, was die Inanspruchnahme des Filmes als Beispiel fragwürdig erscheinen lässt. Der Passus zu den Wahrnehmungsveränderungen lautet im Original:

> »*Innerhalb großer geschichtlicher Zeiträume verändert sich mit der gesamten Daseinsweise der menschlichen Kollektiva auch die Art und Weise ihrer Sinneswahrnehmung.* Die Art und Weise, in der die menschliche Sinneswahrnehmung sich organisiert – das Medium, in dem sie erfolgt – ist nicht nur natürlich sondern auch geschichtlich bedingt (Benjamin 1974b, 478; Hervorhebung im Original, M.J.).«

Wie vollzieht sich bei Benjamin der Übergang von der Veränderung der Sinneswahrnehmung zu dem Beispiel »Film«? Schöbel hat den Eindruck erweckt, als ob Benjamin beide Aspekte in einem Satz, der lediglich durch Auslassungen etwas verkürzt wiedergegeben wird, behandeln würde. In Wirklichkeit liegen zwischen den zitierten Versatzstücken bei Benjamin über 20 Druckseiten, von einem direkten Zusammenhang kann also keine Rede sein. Dazwischen finden sich Überlegungen zur Zerstörung der Aura des Kunstwerkes, die einhergeht mit dem Verlust des Sinnes für das Einzigartige und dem Wachsen des Sinnes für das Gleichartige in der Welt (als dessen Ausdruck Benjamin auch die der Statistik beigemessene Bedeutung interpretiert), zum Wechsel der Fundierung des Kunstwerks in rituellen Bezügen zu einer Fundierung in der Politik, zur Rolle der Fotographie bei der Beantwortung der Frage, wie sich der Gesamtcharakter der Kunst verändert hat, schließlich zu den Besonderheiten des Mediums Film. Die Stelle, an welcher der »ungeheure und ungeahnte Spielraum« erwähnt wird, lautet:

> »Indem der Film durch Großaufnahmen aus ihrem Inventar, durch Betonung versteckter Details an den uns geläufigen Requisiten, durch Erforschung banaler Milieus unter der genialen Führung des Objektivs, auf der einen Seite die Einsicht in die Zwangsläufigkeiten vermehrt, von denen unser Dasein regiert wird, kommt er auf der anderen Seite dazu, eines ungeheuren und ungeahnten Spielraums uns zu versichern!« (Benjamin 1974b, 499).

Die »Spielräume«, so wird jetzt deutlich, sind gar keine der Wahrnehmung, vielmehr beschreiben sie die Handlungsspielräume der Menschen und werden deshalb den das Dasein bestimmenden Sachzwängen gegenübergestellt. Auch wenn Benjamin im Folgenden auf die durch das Medium Film gegebenen Erweiterungen der menschlichen Wahrnehmung eingeht, namentlich auf die durch die Großaufnahme und die Zeitlupe ermöglichten, ist festzustellen, dass bezüglich des Satzes, wie er bei Schöbel steht – »Schon vor 80 Jahren beim ersten Aufkommen des moderneren Mediums Film stellte er fest,

›dass sich die Sinneswahrnehmung ändert … und … ›ungeahnter und ungeheurer Spielraum sich der Wahrnehmung und Erkenntnis auftut« –, nahezu alle postulierten Zusammenhänge in Ansehung des Benjaminschen Originaltextes unrichtig sind: Es stimmt nicht, dass »vor 80 Jahren« der Film aufkam, dass Benjamin anlässlich dessen Feststellungen zur Sinneswahrnehmung formulierte, dass er in diesem Zusammenhang von einem »ungeahnten und ungeheuren Spielraum« für Wahrnehmung und Erkenntnis sprach. Wie ist diese eklatante Verballhornung des von Benjamin Geschriebenen zu erklären? Offensichtlich war eine Art »Stille-Post-Effekt« am Werk: Bei Kuhlmann findet sich der Benjaminsche Text zwar sehr verknappt, der Sache nach aber im Wesentlichen korrekt dargestellt, mit einer Ausnahme allerdings. Er zitiert die Stelle, die den »ungeahnten und ungeheuren Spielraum« behandelt, zwar richtig, doch bleibt ungenannt, um was für einen Spielraum es geht. In einem späteren, die Benjaminsche Position insgesamt resümierenden Satz erscheint das Wort »Spielräume« erneut, hier ausdrücklich auf Wahrnehmung und Erkenntnis bezogen, und es ist kaum zu entscheiden, ob dies ein indirektes Zitat oder eine von Kuhlmann selbst gewählte Formulierung sein soll.[20] Kallinich rückt die im Original durch viele Seiten getrennten Zitate eng zusammen, indem er den Film als ein von Benjamin gewähltes Beispiel zur Erläuterung des Wandels von Wahrnehmungsmodi bezeichnet. Ist bei Kuhlmann noch in der Schwebe, ob der »Spielraum« sich auf die Wahrnehmung bezieht, liest sich dies bei Kallinich durch eine Montage des wörtlichen Benjamin-Zitates und des Satzes von Kuhlmann, in dem von Wahrnehmungsspielräumen die Rede ist, eindeutig: »Am Beispiel des Films zeigt er, welch ›ungeahnter und ungeheuerer Spielraum‹ sich der Wahrnehmung und Erkenntnis auftut (Benjamin, zit. nach Kuhlmann 1994, S. 11)« (Kallinich 1995, 6f.). Die übrigen Entstellungen nimmt dann Schöbel vor, dem es nicht auf den Gehalt der Quellen ankommt, sondern darauf, dass, wie verzerrt auch immer, überhaupt bedeutende Theoretiker zitiert werden, auch wenn dieses dem Muster kulturindustrieller Prominenzfixierung folgende »Namedropping« in der Sache nichts aufschließt. Benjamins Text, immerhin doch einer der zentralen der

20 »Eröffnet für Benjamin die Massenkunst des Films neue Spielräume der Wahrnehmung, der Erkenntnis und damit zugleich des souveränen Verhaltens, so erreicht Adornos Interpretation zufolge die massenmedial verbreitete Populärmusik das exakte Gegenteil […]« (Kuhlmann 1994, 11).

Kulturtheorie, hat Schöbel, der sich zweimal auf ihn beruft, offenbar nicht im Original gelesen und auch nicht die aus anderen Texten übernommenen Zitate am Original überprüft.

Der auf der rechten Seite stehende, angeblich fernsehkritische Text endet folgendermaßen:

> »Lässt sich demnach beides, das authentische materielle Gut aus den Museumsvitrinen, hier der Pfahlbausiedlungen, mit den experimentellen Spielhandlungen einer Dokumentation und der neuen Art von Wissenschaftsvermittlung am Bildschirm verbinden?«

Das »demnach« impliziert eine Notwendigkeit, mit der das Behauptete aus dem zuvor angeführten Satz von Benjamin folgen soll, aus dem sich aber weder eine optimistische Einschätzung von »experimentellen Spielhandlungen einer Dokumentation« noch von »der neuen Art von Wissenschaftsvermittlung am Bildschirm« ableiten lässt. Die hier rhetorisch gestellte Frage wäre gemäß der Überschrift »Wir brauchen kein Fernsehen« eigentlich strikt zu verneinen, der Gang der Argumentation mit dem Rekurs auf Benjamin legt jedoch eine Bejahung nahe. Nicht nur ist in diesem Text wie in dem auf der linken Seite stehenden die Argumentation unpräzise und brüchig, darüber hinaus wird auch ständig die fernsehkritische Position, die in ihm vertreten werden soll, unterlaufen und so unglaubwürdig gemacht. Anders als der Titel es erwarten lässt, werden keine stichhaltigen Einwände gegen die Vermittlung wissenschaftlicher Erkenntnisse durch das Fernsehen vorgebracht, vielmehr dreht sich die angeführte Fernsehkritik ausschließlich um den Aspekt der »Echtheit« der Objekte. Die Frage nach der Möglichkeit einer sachgerechten Wissensvermittlung wird auf ein Nebengleis abgeschoben, auf dem die in sich schiefe Alternative »Originalfunde oder Fernsehen« diskutiert wird.

Damit ist die Spur vorgegeben, an der entlang ergründet werden soll, ob das Fernsehen als Medium für die Verbreitung archäologischen Wissens geeignet ist oder nicht. Schöbel artikuliert diesen Komplex in einer rhetorischen Frage:

> »Lässt sich die ›Reliktauthentizität‹ im Fernsehen vermitteln, die ja gleichzeitig Identifikations- und Reflexionsanlässe bieten kann, Fragen aufwirft und die Menschen dichter an die eigene Geschichte heranrücken lässt, um vergangene Lebenswelten besser und auch emotional zu erfahren? (Schöbel 2006/07, 11).«

Die ominöse »Reliktauthentizität« erscheint als conditio sine qua non der Vermittlung archäologischen Wissens an Laien, und der Satz wirkt wie ein Kondensat verquast-bemühter museumspädagogischer Konzepte, die es dem Besucher nicht zutrauen, sich als autonomes Subjekt aufgrund eines wie auch immer motivierten Interesses mit den Exponaten zu beschäftigen, sondern der, wenn er sich denn schon in einem Museum befindet, agitiert und Programmen unterworfen werden muss. Mystifizierend sind das Ansinnen einer »Identifikation« mit den Objekten und damit den Menschen, die sie einst herstellten und gebrauchten, sowie das eines »emotionalen Erfahrens« der vergangenen Lebenswelten. Zwar kann eine diffuse affektuelle Besetzung bestimmter Objekte oder Sachverhalte die Vorstufe eines sachhaltigen Interesses sein, doch sind die Museumsbesucher nicht darauf angewiesen, durch pädagogische Veranstaltungen emotional aufgeladen und so zu einem Museumsbesuch animiert zu werden, weil sie sich trivialerweise ja bereits im Museum befinden. Worauf es bei der Vermittlung wissenschaftlicher Erkenntnisse in einem Museum ankommt, ist das Verstehen der jeweiligen Gegenstände und Sachverhalte, und bezogen darauf sind mit diesen sich assoziativ verbindende Emotionen und Identifikationen eher Störquellen.[21] Bemerkenswert ist die in dem erweiterten Infinitiv sich ausdrückende Finalität, als wäre es ein Bedürfnis der »Reliktauthentizität«, dass die Menschen die Vergangenheit »besser und auch emotional« erfahren. Hier projiziert offensichtlich ein Museumsdirektor sein eigenes Anliegen auf die Exponate.

Soviel zu Schöbels Gegenüberstellung von Argumenten pro und contra Vermittlung wissenschaftlicher Inhalte durch das Medium Fernsehen. In Zusammenhang mit unserer Fragestellung sind in seiner resümierenden Bewertung des Experimentes besonders die Stellen aufschlussreich, an denen Ein- und Übergriffe von Seiten des Fernsehteams während des Experimentes angesprochen werden. Eindrucksvoll ist beispielsweise die folgende Aufzählung (Schöbel 2006/07, 14):

> »Die glatten Hüttenwände aus Lehm mit weißem Kalkauftrag durch die Museumshandwerker mussten so nach Wünschen des Kameramannes nachträglich rau geputzt und grau überstrichen werden, um

21 Zu Ausstellungskonzepten archäologischer Museen in historischer Perspektive vgl. Beusing 2011, als Fallstudie zum Rezeptionsverhalten vgl. Jung 2013.

> mehr Kontrast und Struktur im Fernsehbild zu erzielen. Alles Gerät wurde von der Requisite, um es optisch altern zu lassen, mit grauer Farbe überstrichen. Die Dachdeckung sollte beim Haupthaus nicht nach bauhandwerklichen Regeln mit glatten Randabschlüssen und kompaktem Aufbau, sondern zottelig, wild, und ›telegen ein bisschen verwegen‹ erfolgen.«

Zwar handelt es sich bei diesen Modifikationen um Kleinigkeiten und Äußerlichkeiten, doch verdichten sie sich zu einem bezeichnenden Bild, das nach Ansicht der Fernsehverantwortlichen von den neolithischen Lebensbedingungen entworfen werden sollte – und dies nicht auf der Grundlage einer begründeten Hypothese über die Beschaffenheit etwa der Häuser, maßgeblich ist allein das »Telegene«, also das im Fernsehen gut Aussehende und damit Präsentable. Als telegen wird im vorliegenden Fall die Anmutung des Rohen, Nichtdomestizierten, Ungeregelten, Ungepflegten und Unordentlichen eingeschätzt, was sich in die stereotypen Klischees über die Steinzeit einfügt, denen entgegenzuarbeiten das Experiment eigentlich angetreten ist – erinnert sei an die derselben Logik folgende Visualisierung des Wortes »Steinzeit« in dem Vorspann der Sendungen, die zugleich eine Art Logo des Experimentes ist. Dies zeigt eindringlich, wie die Eigengesetzlichkeiten des Mediums Fernsehen sich gegen inhaltliche Programmatiken durchsetzen.[22] Eine strukturelle Notwendigkeit des Mediums ist eine unablässige Bilderproduktion auch dann, wenn es sachlich gar nicht erforderlich ist. Damit wird die Entstehung von Interferenzen zwischen Bild und Ton begünstigt, wie sie in den Analysen des Sendungstranskriptes aufgezeigt worden sind: Ganz im Sinne der »Bild-Text-Schere« sind das gesprochene Wort und seine Visualisierung häufig unstimmig und dementieren sich wechselseitig, ohne dass der Zuschauer aber in der Kürze der von dem Medium diktierten Rezeptionszeit die Möglichkeit hätte, sich dies in seinen Einzelheiten zu Bewusstsein zu bringen.

22 In dem von Sénécheau untersuchten Unterrichtsfilm »Völkerwanderung« zeigt sich eine ähnliche Verselbständigung von Bildern mit der Anmutung einer »verwegenen Zotteligkeit«: Zwar hebt der Kommentar die Bedeutung der Körperpflege für die Kimbern hervor, auf die sich auf der Grundlage von archäologischen Funden schließen lässt, zu sehen ist aber »das Überwintern einer fellbehängten, Wildschwein essenden, ungekämmten Germanenhorde in einer Höhle« (Sénécheau 2010, 102). Die Bilder reproduzieren damit entgegen besserem Wissen und in offenem Widerspruch zu dem Kommentar ein Primitivismusklischee.

Ein Aspekt der sich verselbständigenden Bilderproduktion ist das Streben nach »Telegenem«, das nicht mehr rückgebunden ist an die Sachhaltigkeit der wesentlich über das gesprochene Wort erfolgenden Informationsübermittlung.[23] Anders gesagt, führen die Bilder im Medium Fernsehen ein Eigenleben gegenüber den mittels des Tones transportierten Informationen. Zwar kann man im Normalfall einer beliebigen Fernsehsendung auch dann folgen, wenn man nur den Ton hört (während dies kaum möglich ist, wenn nur die Bilder zur Verfügung stehen), dennoch bezieht das Fernsehen seine Suggestivität vor allem aus den bewegten Bildern.

Interessant ist in diesem Zusammenhang eine Bemerkung des ebenfalls als Berater hinzugezogenen Schweizer Archäologen Urs Leuzinger zu einem Kompromiss, mit dem unterstellte Zuschauererwartungen an die Anmutung eines Pfahlbaus befriedigt werden sollten. Auf die Frage, wo sich die Produzenten über seinen Rat hinwegsetzten, antwortet er: »Besonders deutlich ist dies beim Hausbau. Ich wollte ein Haus, das nur wenig über dem Boden steht. Die Produzenten fanden, das sähe nicht so aus, wie man sich einen Pfahlbau vorstelle. Wir mussten also zähneknirschend ein Haus auf hohen Stelzen akzeptieren, obschon das nach den neusten Forschungen nur bedingt richtig ist« (Leuzinger 2007).[24]

23 Das bedeutet jedoch nicht, dass im Falle des »Steinzeitexperimentes« nicht auch der Ton aus dramaturgischen Gründen manipuliert wurde. Die Bilder vom Regen etwa unterlegte man mit Donner, obgleich es gar kein Gewitter gab, und zur Hervorhebung des idyllischen Charakters des Weilers bei Sonnenschein wurde Vogelgezwitscher hinzugemischt, auch wenn in Wirklichkeit keine Vögel zu hören waren (pers. Mitt. M. Burberg).

24 Schon die in den 1920er Jahren produzierten Filme über das Leben in den Pfahlbauten (vgl. Stern 1993, 67f.; Rahemipour 2008, 118–196) visualisierten einen bereits damals überholten Forschungsstand, indem sie den Eindruck erweckten, die Häuser würden auf gemeinsamen Plattformen stehen: »An dem Beispiel der Rekonstruktion der Pfahlbauten mal mit, mal ohne gemeinsame Plattform wurde die Macht der Bilder deutlich. Trotz anders lautender Forschungsergebnisse hatte sich die alte Rekonstruktion in den Köpfen der Öffentlichkeit sozusagen festgesetzt und war nicht mehr austauschbar. Die Bilder hatten sich verselbstständigt. Folgerichtig entsprach die filmische Darstellung dem populären Motiv« (Rahemipour 2008, 354). Das Hinwegsetzen über den Expertenrat im Rahmen des »Steinzeitexperimentes« erinnert an die trübe Rolle, welche beratende Historiker bei der Produktion von Historienfilmen spielen, bei denen freilich keine wissenschaftlich korrekte Darstellung angestrebt

Die beteiligten Archäologen äußerten Schöbel zufolge den Vorschlag, die Probanden mit Trainingsanzügen einzukleiden, damit verhindert wird, dass die Zuschauer die spekulativen Anteile an den Kleiderrekonstruktionen als gesicherte Erkenntnisse missverstehen; die »suggestive Pseudofaktizität« (Junkelmann 2004, 17), den Eindruck einer authentischen Ganzheitlichkeit, hätte dies erheblich gestört, dieser Vorschlag wurde daher mit Heiterkeit quittiert.[25] Den

wird. Zu den Strategien der Authentizitätssuggestion historischer Spielfilme vgl. den Erfahrungsbericht von Martin Zimmermann (2008) sowie die Beiträge in Meier/Slanička 2007. Ausdruck des Zeitgeistes sind, wie Anja Wieber aufgezeigt hat, auch filmische Interpretationen des Ehelebens antiker Paare. So kommt sie anhand verschiedener Verfilmungen von Helenas Schicksal zu dem Schluss: »Dabei folgt die Darstellung der ehelichen Beziehungsmuster offensichtlich den zeitgenössischen Konventionen der Drehzeit und dokumentiert so in der jeweiligen Ausgestaltung eher den Wandel, den die Institution Ehe im Laufe des 20. Jhds. erfahren hat, als mythische Erzähltraditionen oder gesellschaftliche Gegebenheiten der antiken Rezeptionsphasen des Mythos« (Wieber 2010, 184). Die Zeitgeistgebundenheit archäologischer Lebensbilder hat Jörg Petrasch (2006) am Beispiel von Rekonstruktionen jungneolithischer Wohnstätten nachgewiesen: Während für die Rekonstruktionen aus den 1920er Jahren eine gewisse pittoreske »Wildheit« und Unordnung typisch sind, zeichnen sich die aus den 1930er und 1940er Jahren durch Sauberkeit, Ordnung, Nüchternheit sowie eine Betonung der Wehrhaftigkeit aus. Beispiele für die Auswirkungen des Zeitgeistes auf die Rekonstruktion der Beschaffenheit und Ausstattung von Pfahlbauten sowie deren Kategorisierung finden sich in der von Schöbel (2001) verfassten Geschichte des Pfahlbaumuseums Unteruhldingen; exemplarisch verwiesen sei auf die unterschiedlichen Bezeichnungen von Hütte 16 der bronzezeitlichen »Wasserburg Buchau« in den Museumsführern: 1931 wurde sie als »Herrenhaus« angesprochen, 1938 als »Führerhaus« und 1951 als »Haus des Dorfoberhauptes« (Schöbel 2001, 55 Abb. 18). Zur Zeitgebundenheit der Darstellung der Varusschlacht in Dokumentarfilmen vgl. Sénécheau 2013.

25 »Ein Heiterkeitserfolg beim Fernsehen brachte der Vorschlag aus Archäologenkreisen, die Probanden doch nur in Schuhen und Rindenbasthütchen zu zeigen und das etwas unsichere ›Dazwischen‹ mit einfachen blauen Trainingsanzügen zur Veranschaulichung des archäologischen Rekonstruktionsstandes bei den Gewändern zu markieren. Die Textilrequisite des Fernsehens entschied sich für ›Ötzi-outfit‹ und Leinenkleider mit Appliken, da Baströckchen oder Gras- und Lindenbastmäntel sehr aufwändig in der Rekonstruktion und zudem bei genauer Ausführung im Sender auch sehr kostspielig geworden wären« (Schöbel 2006/2007, 9).

Vorstellungen der Verantwortlichen lag er denkbar fern, obwohl er für sich genommen sehr bedenkenswert ist.[26] In Schöbels Ausführungen findet sich auch eine Erklärung der rätselhaften Eingangssequenz der ersten Folge, die ruhige und friedliche Bilder der schneebedeckten Häuser zeigt, deren Kommentierung sich aber in der Andeutung eines Verhängnisses ergeht und nach dem Schicksal der Bewohner fragt, die offensichtlich verschwunden sind. Gerade durch die Kombination mit den beschaulich-idyllischen Winterbildern bekam diese Andeutung etwas Bedrohliches und Doppelbödiges, das, wie sich dann herausgestellt hat, lediglich eine Inszenierung zum Zweck der Spannungserzeugung war. Der Zuschauer wird so auf eine falsche Fährte gelockt, was als Gestaltungsmittel bei einer Dokumentation überaus problematisch ist. Zu den einleitend gezeigten Winterbilder bemerkt Schöbel (2006/2007, 35):

> »Die Zeit bis zur Ausstrahlung im Mai 2007, nach dem Auszug der Probanden am 24.09.2006, war im Winter zunächst vom Warten auf den Schnee bestimmt. Ohne Bilder vom verschneiten Dorf zum szenischen Abschluß sollte nicht abgebrochen werden.«

26 Almut Mainka-Mehling merkt zu vergleichbaren, auf Vollständigkeit bedachten »Lebensbildern« aus prähistorischen Epochen an: »Besonders bei Lebensbildern, die auch für Laien geeignet sein sollen, ist es entscheidend, daß der Betrachter erfährt, was der Archäologe *weiß* und was er *erschließt* bzw. was er *nicht weiß* und *niemals erschließen kann*. Grundsätzlich sollte bei der Lebensbildherstellung diese Information wichtiger sein als der Erlebniswert, ein einheitlicher Gesamteindruck oder die perfekte Illusion« (Mainka-Mehling 2008, 245). Anschließen ließe sich ein Kommentar von Wulf Hein zu der gesteigerten Suggestivität von in Filmen wiedererstehenden prähistorischen Lebenswelten: »Ist der Film von der Ausstattung her schlecht gemacht, können wir vielleicht noch vordergründig darüber lachen, im Hinterkopf jedoch setzen sich ganz schnell, jenseits aller Reflexion, Fellwams und Holzkeule fest. Wenn hingegen ein verantwortungsvoller Regisseur wissenschaftlich akribisch recherchiert und die Requisiten perfekt sind, wird es umso schwieriger. Denn nun wirkt die Inszenierung auch noch glaubhaft, ihr Wahrheitsgehalt nimmt aber nicht zu. So authentisch ein Film auch daherkommt, wird er uns die Steinzeit nicht so zeigen können wie sie wirklich war, weil wir die Lebenswirklichkeit eines Steinzeitmenschen niemals auch nur annähernd erfassen werden, und wenn wir uns noch so viel Mühe mit den technischen Details geben« (Hein 2006, 44).

Keine sachliche Notwendigkeit stand hinter den Aufnahmen der Häuser im Winter, es ging ausschließlich um die Produktion »schöner Bilder«. Sind solche dann vorhanden, können sie auch nicht ungenutzt bleiben, selbst wenn sie für den zu dokumentierenden Gegenstand unbedeutend sind. Dieser Befund bestätigt den Vorrang der sich verselbständigenden Bilder vor der Sache selbst. Ausgerechnet die für das Experiment völlig unnötigen Szenen, welche die Häuser in einer Winterlandschaft zeigen, strukturieren als Anfangssequenz den weiteren Verlauf der Sendung erheblich. Grotesk mutet das monatelange Warten der Filmschaffenden nach der Beendigung des Experimentes an, bis diese überflüssigen Bilder endlich aufgenommen werden konnten.[27]

Abgesehen von dem Effekt der Breitenwirkung, die mit der Vermittlung archäologischer Themen via Fernsehen verbunden ist, muss das Experiment von Archäologenseite danach beurteilt werden, ob es einen Beitrag zum Erkenntnisfortschritt leistete. Zu überprüfen ist dies erstens an den Ergebnissen der durchgeführten Einzelexperimente sowie zweitens an denen der nach dem Rückbau der Häuser erfolgten Gebrauchsspurenanalyse. Schöbel (2006/07, 22–25) nennt Beispiele für »missglückte« Experimente – die Schwierigkeiten beim Feuermachen und beim Entspelzen von feuchtem Getreide, die im Feuer geplatzten Kochtöpfe, den nach unten hin durchgebrannten Backofen, den Untergang des Einbaumes, das undichte Dach des Haupthauses aufgrund abgerutschter Grasbüschel. Hier wäre im Einzelnen zu prüfen, ob die genannten Ereignisse tatsächlich Experimente im Sinne eines geregelten Versuchsaufbaus und eines vorab klar definierten Erkenntnisinteresses waren oder ob es sich um Missgeschicke handelte, für welche die Unvertrautheit der Probanden mit den »steinzeitlichen« Gerätschaften verantwortlich war.[28] Für jedes der genannten Beispiele gilt wohl, dass man mit

27 Ursprünglich war eine zwei Wochen dauernde Wiederaufnahme im Winter geplant, doch während des laufenden Experimentes entschieden sich die Verantwortlichen dagegen. Die Probanden erfuhren erst wenige Tage vor dem Ende, dass es keine Fortsetzung geben wird (pers. Mitt. M. Burberg).

28 Den Untergang des Einbaumes etwa kommentiert Erwin Keefer folgendermaßen: »Ein Boot aus dem Pfahlbaumuseum Unteruhldingen, mit geringem Tiefgang, relativ schwer und ungelenk in der Steuerung, musste bei Schlechtwetter schwerstbeladen auf den Bodensee, damit die beiden Alpenüberquerer schnell weiter kommen konnten. Kein glaub-

der gebotenen Sorgfalt und Zeit in Vorbereitung und Durchführung gehaltvollere Einsichten hätte gewinnen können als in einem »ganzheitlichen« Experiment, in dem der aus mangelnden Erfahrungen und Handlungsroutinen resultierende Stress der Probanden ein Hindernis ist, das die angenommenen Vorteile eines derartigen Großexperimentes hinsichtlich Authentizität wieder in Frage stellt. Zumindest was den Erkenntnisgewinn angeht, spiegelt sich darin auch in aller Deutlichkeit die Unsinnigkeit einer »going native«-Ideologie. Die fehlenden Handlungsroutinen und die daraus entstandenen Folgeprobleme spricht Schöbel unmissverständlich an.[29] Relativ knapp und allgemein äußert er sich zu den »geglückten Experimenten« und weist dabei auf die Bedeutung der allmählich bei den Probanden sich einstellenden Anpassung an die ungewohnten und zum Teil widrigen Lebensbedingungen hin: »Die Tatsache, dass nach 2–3 Wochen modernes zivilisationsgeprägtes Fehlverhalten langsam reflektiert werden konnte und trotz interner Auseinandersetzungen Anpassungen an das andere Leben erfolgten, ist besonders bemerkenswert«

würdiges Szenario für das Medium Museum, den Archäotechniker, Schifffahrtsexperten oder Seewetterdienst – aber ein wunderbarer Plot für die Dramaturgen der Doku-Soap. Hoffnung, Daumendrücken, Enttäuschung und Frust, Verzweiflung ebenso wie Momente des Glücks und Erfolgs sind der Stoff, aus dem die Sendungen gemacht sind: Dies zeigt auch der Kommentar des Sprechers aus dem Off: ›Werden Henning und Ingo es schaffen? Die Bewährungsprobe steht ihnen noch bevor‹. Natürlich sank ihr Einbaum vor laufender Kamera. In der Steinzeit wäre bei diesem ›Sauwetter‹ auch keiner rausgefahren, erst recht nicht mit einem derart tiefliegenden, schweren und etwas plump wirkenden Untersatz. Das ist gute Unterhaltung mit einer ordentlichen Dramaturgie im Medium Fernsehen. Als glaubhaftes Bild eines ›So könnte es damals wohl gewesen sein‹ taugt es dagegen nicht« (Keefer 2009, 247).

29 »Kritisch betrachtet reichte es nicht, Archäotechniker bei Problemen einzubinden. Besser für ein archäologisches Experiment wäre es gewesen, Experimentalarchäologen zur Verbesserung der wissenschaftlichen Ergebnisse gleich von Anfang an in das Team zu integrieren oder aber die Handlung von diesen selbst durchgängig gestalten zu lassen« (Schöbel 2006/07, 22). Wäre es dann aber nicht am besten gewesen, gleich Archäotechniker als Probanden einzusetzen? An anderer Stelle bemerkt Schöbel zu den fehlenden Routinen: »Jedes 15-jährige Kind damals wäre ohne Frage jedem der erwachsenen Probanden von seinen spezifischen Fähigkeiten her überlegen gewesen. Bei der entsprechenden handwerklichen Vorbildung wurde dies allerdings – vielleicht etwas zu blauäugig – als nicht sehr gravierend eingeschätzt« (Schöbel 2008, 117).

(Schöbel 2006/07, 26). In diesem Resümee bekundet sich aber auch, dass die durch das Großexperiment gewonnenen, wissenschaftlich relevanten Erkenntnisse keine archäologischen waren, sondern psychologische und lerntheoretische, welche die menschliche Fähigkeit betreffen, angesichts scheiternder Handlungsroutinen umdenken zu können. Das mag für sich interessant sein, nicht aber für die Vorgeschichtsforschung, da man eine hinreichende, sozialisationsvermittelte Anpassung des neolithischen Menschen an seine natürliche und soziale Umwelt ohnehin unterstellen muss. Die von den Probanden zu meisternden Anpassungsschwierigkeiten hatte er jedenfalls nicht, und deshalb sind diese Schwierigkeiten für den Ablauf des Experimentes hinderliche Störquellen, wenn sie es nicht gar als Ganzes in Frage stellen. Dennoch stellt Schöbel die Dokumentation dieser Schwierigkeiten wie ein für die Archäologie wichtiges Ergebnis vor, was ein wenig wie eine Rationalisierung der ernüchternden Ausbeute an verwertbarem Ertrag wirkt.[30]

Interessante Ergebnisse für die Archäologie erbrachte die Analyse der Gebrauchsspuren, die das Experiment an den einzelnen Objekten wie in der Siedlung insgesamt hinterließ. Unter anderem bot sich die Gelegenheit, das Zustandekommen von materiellen Spuren in Bereichen zu beobachten, die bei Ausgrabungen von Siedlungen als »Aktivitätszonen« angesprochen werden, was die Frage erhellen kann, ob die Annahme des Vollzuges bestimmter Aktivitäten dort gerechtfertigt ist oder ob die Spuren auf andere Weise entstanden. Eindrucksvoll ist in diesem Zusammenhang die Beobachtung, dass man einige Spuren zu Unrecht als Beleg für eine ebenerdige Bauweise der Häuser deuten würde.[31] Haben wir moniert, das Gros der im Rah-

30 Ein unspektakuläres Ergebnis, das aber geeignet ist, die Voreingenommenheiten eines typologisch-komparativ ausgerichteten Vorgehens der Archäologen schlaglichtartig zu beleuchten, liegt in der Erkenntnis der Funktion der Lochreihen, die bei manchen Horgener Töpfen unterhalb des Gefäßrandes angebracht sind: »Bei Erbsenbrei verhinderten die Löcher ein Überkochen der feinen Speise. Funktions- und nicht Verzierungsmerkmale wie seither in der Topfansprache gedacht, zeigten sich hier dem immer zuerst typologisch denkenden Archäologen« (Schöbel 2008, 125). Zu den Fallstricken der primär komparativen und analogisierenden Gegenstandserschließung in der Archäologie vgl. Jung 2006.

31 »Unter den Hütten lagen neben den Resten des Hausbaus wie Schnüren, Gras, Laub und Holzschnipseln auch Haselnussschalen, Apfelreste, Ziegenkot und Textilfetzen, die wohl zum Teil durch die Ritzen des Bodens

men des Gesamtexperimentes unternommenen Einzelexperimente hätte effizienter und aufschlussreicher in einer isolierten, gut vorbereiteten und von einem wohldefinierten Erkenntnisziel geleiteten Versuchsanordnung ohne den Stress angesichts ungewohnter Handlungs- und Entscheidungssituationen durchgeführt werden können, so ist jetzt auch zu konzedieren, dass nichtintendierte Abfallkonzentrationen, wie sie sich unter den Häusern sammelten, tatsächlich nur durch einen längeren und dem ihrer Vorbilder zumindest nahekommenden Gebrauch der Häuser entstehen konnten.

Überblickt man die erzielten Ergebnisse einmal losgelöst von der Frage, ob das Experiment ohne den SWR als Geldgeber überhaupt hätte durchgeführt werden können, fällt das Fazit bescheiden aus. Von vornherein waren die einzelnen Experimente, von denen die beteiligten Archäologen sich neue Erkenntnisse erhofft hatten – sei es im Hinblick auf die Überprüfung bestehender Theorien oder die Emergenz nicht antizipierter Problemlösungen – dem von dem Fernsehen diktierten Setting unterworfen. Dies bedeutete eine enorme Restriktion insofern, als die Experimente nicht unter methodisch und technisch kontrollierten Bedingungen und unter Mitwirkung archäologischer Fachleute stattfinden konnten, sondern die Probanden nach einer unzureichenden praktischen Vorbereitung »ins kalte Wasser« geworfen wurden. Für die Fehler, die Folge der mangelnden Handlungsroutinen waren, ist daher in erster Linie das Fernsehen verantwortlich zu machen, wenngleich zu fragen bleibt, weshalb sich die Archäologen diese Bedingungen aufzwingen ließen und nicht auf eine Mitwirkung verzichteten. Schöbel artikuliert seine Kritik an diesen Bedingungen jedenfalls sehr deutlich:

> »Das Experiment war in seinen äußeren Parametern sorgfältig gesetzt. Nach Drehregel sollte die Beobachtung und Dokumentation des Versuches jetzt vollständig vom Film übernommen werden. Der Zutritt zum Set war nur dem Kameramann mit Assistenz und Ton sowie dem Regisseur gestattet. Ausnahmen gab es für die Exklusiv-Berichterstattung ausgewählter Magazine und Blätter. Allzu gerne hätte die Wissenschaft das Fernsehexperiment jetzt in seinem weiteren Verlauf

des Pfahlbaus gefallen waren. Automatisch würde hier aufgrund der Fundkonzentrationen entlang eines Laufhorizontes bei späteren Ausgrabungen auf ebenerdige Bauweise geschlossen werden« (Schöbel 2006/07, 31).

> verfolgt und dokumentierend begleitet [...]. Die Spielregeln sahen jedoch vor, keine Störung von außen zuzulassen, um ein Höchstmaß an ›steinzeitlicher Wirklichkeit‹ zu generieren. Dies wurde von wissenschaftlicher Seite aus, wenn auch nur schweren Herzens, akzeptiert« (Schöbel 2006/07, 20).

Den Fachleuten war von Anfang an klar, welche Schwierigkeiten diese »Spielregeln« bargen. Sie konnten sich mit ihren Bedenken nicht durchsetzen, machten ihre Mitwirkung aber auch nicht von der Modifikation dieser Bedingungen abhängig. Die ganze konzeptionelle Schieflage des Unternehmens lässt sich an der Vorschrift ablesen, Eingriffe von außen zu untersagen, damit »ein Höchstmaß an ›steinzeitlicher Wirklichkeit‹« entstehen kann – die faktischen »Störungen« traten auf, weil man die Probanden in unvertrauter Umgebung sich selbst überließ, als ob die Routinen der Lebensbewältigung unmittelbar fassbare Universalien wären, auf die ein Proband in potentiell jeder Situation zurückgreifen kann, und nicht in hohem Maße durch naturräumlich wie kulturell spezifische Gegebenheiten vermittelt. Umgekehrt hätten wohldosierte Interventionen seitens der Fachleute Störungen und Verzerrungen der »steinzeitlichen Wirklichkeit« gerade verhindern oder minimieren können. Wie Hohn mutet es daher an, dass es Vertretern der Presse »für die Exklusiv-Berichterstattung ausgewählter Magazine und Blätter« gestattet war, diese Wirklichkeit zu stören – ohne dass diese Eingriffe in den Sendungen dokumentiert wären.

> »Das Thema ›Steinzeit‹ ist für das Fernsehpublikum in Deutschland ›reloaded‹. Neue Bilder unter dem Blickwinkel des 21. Jh. sind entstanden. Man spricht auf der Straße wieder über das Leben in den Pfahlbauten« (Schöbel 2006/07, 41).

Mit diesen Worten eröffnet Schöbel seine abschließende Beurteilung des Experimentes. Er bedient sich zur Kennzeichnung der Wirkung der Sendungen eines Anglizismus (»reloaded«), der sich insbesondere in der Werbesprache einer gewissen Beliebtheit erfreut. Etwas befremdlich ist die Behauptung, man spreche »auf der Straße wieder über das Leben in den Pfahlbauten«, als ob einander fremde, sich zufällig begegnende Personen ein Gespräch beginnen, getrieben von dem Bedürfnis, sich mit jemandem über das im Fernsehen Gesehene auszutauschen. Überhaupt geht Schöbel in seinem Fazit weniger auf die gesendeten Inhalte ein als auf die von den Sendungen erzielten Effekte. Es wäre nicht verwunderlich, wenn das »Steinzeitexperiment« bei manchen Zuschauern das Interesse an der Zeit des Neolithikums geweckt hätte, dieser Effekt oder Erfolg ist aber unspezifisch und unabhängig von der Qualität der Sendungen – ganz abgesehen davon, dass man selbst den größten Unsinn damit legitimieren könnte, dass er doch immerhin zum Gesprächsthema taugt, auch wenn die sich Unterhaltenden nur ihrem Ärger und Verdruss Ausdruck verleihen. Wie der Verweis auf die Menschen »auf der Straße« zeigt, obwaltet auch bei Schöbel die aus der Wirkungsforschung bekannte Neigung, Bekanntheit und Akzeptanz zu verwechseln, als wäre jene ein Indikator für diese.[32] Im Folgenden untermauert er den Effekt des geweckten Interesses durch Zahlen: Das von ihm geleitete Unteruhldinger Pfahlbaumuseum, in dem auch eine Sonderausstellung zu dem »Steinzeitexperiment« gezeigt und die Häuser des Weilers wiederaufgebaut wurden, konnte sich einer Steigerung der Besucherzahl um 15 % im Jahr der Ausstrahlung, 2007, gegenüber dem Vorjahr erfreuen, wobei besondere Steigerungen »bei den schwer zu bewerbenden Einzelbesuchern am Bodensee« (Schöbel 2006/07, 41) zu verzeichnen waren.[33] Aus der Sicht des Museumsdirektors ist das sicher eine erfreuliche Entwicklung. Worauf sich allerdings die optimistische Prognose »Eine Nachhaltigkeit des Interesses ist zu erwarten« (Schöbel 2006/07, 41) stützt, bleibt unausgeführt.

Leise Kritik klingt in der Forderung an, bei künftigen Produktionen solle der Wissenschaft ein größeres Mitspracherecht einge-

32 Das Auseinanderfallen von Bekanntheit und Akzeptanz erklärt Befunde wie den von Udo Göttlich konstatierten, dass Teenager in einer Gruppendiskussion die Reihe »Big Brother« zwar einerseits negativ bewerteten, daraus jedoch keine grundsätzliche Ablehnung folgt, »sondern eine Auseinandersetzung über den ›Reiz‹ des neuen Formats« (Göttlich 2004, 177).

33 Ernüchternd dagegen war die Resonanz des ebenfalls auf das »Steinzeitexperiment« Bezug nehmenden »Stuttgarter Archäologiesommers 2007«: »Die Besucherzahlen bewegten sich mit insgesamt 8871 gezählten Personen (in sieben Wochen) im üblichen Bereich derartiger Veranstaltungen. Da sich aber entgegen unserer ursprünglichen Einschätzung kaum zusätzliches Publikum aus den Fernsehzuschauern rekrutieren ließ, brachten die Erlöse lediglich einen Rückfluss von 15 Prozent der investierten Summe. Eine für uns positive Wechselwirkung von medialem Erlebnis und Museumsangebot war demzufolge nicht herzustellen und bei unseren Besuchern nicht abfragbar« (Keefer 2009, 246f.).

räumt werden, verbunden mit der an die Adresse der Archäologen gerichteten Aufforderung, sich auf »offensive Kooperationen« mit dem Medium Film[34] einzulassen: »Statt Medienaskese in einer Zeit radikal neuer Medienkulturen sind neue Medienkompetenzen wieder stärker gefragt – aber auch ein Nachdenken über die richtigen Anspracheebenen, um die Kunden sachgerecht zu bedienen« (Schöbel 2006/07, 41). »Neue Medienkompetenzen«, was immer man sich darunter vorzustellen hat, werden von Schöbel verbindlich eingefordert, und es waltet eine »Alles oder Nichts«-Rhetorik, als ob es nicht gerade ein Aspekt von Medienkompetenz sein könnte, gegenüber bestimmten Medien begründet Askese zu üben. Seltsamerweise werden auch hier ausgerechnet Film und Fernsehen als »radikal neue Medienkulturen« verbucht.[35] In einem eher beiläufigen Satz artikuliert sich noch einmal das Strukturproblem des »Steinzeitexperimentes«: »Die Probanden hingen weitgehend am Tropf der gewohnten Außenversorgung« (Schöbel 2006/07, 41). Angestrebt wurde eine Selbstversorgung der »Sippe«, aber ob eine solche für die neolithischen Vorbilder unterstellt werden kann, wäre erst einmal zu begründen. Selbst wenn eine so kleine Gruppe für sich siedelte, bedeutet das nicht, dass sie isoliert und ohne jeden Austausch lebte. Wie etwa das Beispiel der von Maurice Godelier (1987) erforschten Baruya in Neuguinea zeigt, lassen sich segmentäre Sozialorganisationen keineswegs mit Autarkie gleichsetzen. Das Überleben der Baruya war vom Gartenbau abhängig, daher benötigten sie Steingeräte, und weil die zu ihrer Anfertigung notwendigen Gesteinsarten sich nicht auf ihrem Territorium fanden, waren sie darauf angewiesen, diese einzutauschen (Godelier 1987, 31f.). Als Tauschmittel produzierten die Baruya pflanzliches Salz, und von sich aus erhöhten sie die Produktion, um das Salz gegen Stahläxte und Macheten zu tauschen, als diese Geräte für sie erreichbar waren (Godelier 1987, 21). Wenn die Berechtigung der Vorgabe einer weitgehenden Autarkie bezweifelt werden kann, stellt sich die Frage nach der Simulation von Tauschbeziehungen. Sie ist schlechthin nicht möglich, und das

34 Das »Steinzeitexperiment« als Modell einer solchen Kooperation aufzufassen, wäre schon deshalb abwegig, weil hier das Medium Fernsehen und eben nicht das Medium Film bestimmend war.

35 Wie die in den 1920er Jahren gedrehten Filme über den Alltag in Pfahlbausiedlungen zeigen, nahm sich das Medium Film schon früh des Sujets »Pfahlbauten« an.

von den Probanden unternommene Tauschen selbstgefertigter Keramik gegen Nahrungsmittel auf dem Wochenmarkt in Weingarten kann kaum als ernsthafter Versuch einer Simulation neolithischer Tauschverhältnisse gelten, es ist vor allem ein kreatives Unterlaufen der von den Veranstaltern des Experimentes gesetzten Regeln.[36] Die Alpenüberquerung von Ingo und Henning wurde in der Sendung mit einem »regen Austausch zwischen Nord und Süd« begründet, mit einer Einblendung wurde gar auf eine »Steinzeit-EU« verwiesen, womit sich eine merkwürdige Diskrepanz auftut zwischen der geforderten Autarkie, was einen Austausch mit der näheren Umgebung angeht, und dem, um die Formulierung Paulsens zu verwenden, »Abziehen« von zwei Probanden, die zum Zwecke des Austauschs große Strapazen auf sich nahmen. Implikat dieses Settings ist auch, dass nicht etwa Händler weite Wege zurücklegten, um die Abnehmer des von Ihnen Feilgebotenen aufzusuchen, sondern die Abnehmer mussten sich zu den begehrten Waren begeben. Grundsätzlich stellt sich die Frage, ob überhaupt Einzelne derartige Wege bewältigten oder ob sich die Distribution der Güter nicht als kleinräumig organisierter Etappenhandel vollzog, an dem zahlreiche Zwischenhändler beteiligt waren.[37]

4.2 Ein Fazit aus Probandensicht

Martin Burberg hat in einem Artikel (Burberg 2006/07) das »Steinzeitexperiment« aus der Perspektive der Probanden bilanziert. Seine Antwort auf die häufig gestellte Frage, ob sie sich denn noch einmal für ein solches Experiment zur Verfügung stellen würden, lautet: »JA! Manchmal allerdings mit dem Zusatz: Aber lieber ohne Fernsehen« (Burberg 2006/07, 46).[38] Die Allgegenwart der Kame-

36 Unterbunden wurde dagegen von dem Fernsehteam der Tausch mit »Nachbarn« der Steinzeitsiedlung, die für Obst und Honig Keramikketten erhielten (pers. Mitteilung M. Burberg).

37 Zu den Modi der Güterdistribution im mitteleuropäischen Frühneolithikum am Beispiel von Silexrohmaterialien und -artefakten vgl. Zimmermann 1995.

38 Freilich hätte das Experiment in dieser Form ohne den SWR als Finanzier nicht stattfinden können, was Burberg ausdrücklich in Rechnung stellt: »Wer sonst könnte die finanziellen Mittel für die Durchführung eines solchen Projektes bereitstellen? Wer sonst hätte die Sondergenehmigungen

ras und Mikrofone habe sich als ungünstig erwiesen, da sie wegen ihrer spontaneitätslähmenden Wirkung das Handeln der Probanden massiv beeinflusst haben. Das Wissen um die Protokollierung von jedem Wort und seine mögliche Präsentation vor einem Millionenpublikum hatte ein Nichtthematisieren von Sachverhalten zur Folge, die ein Konfliktpotential in sich bargen. Kleinere Friktionen seien so zwar vermieden worden, aber: »Das staut sich an und verschafft sich irgendwann Luft, möglicherweise an einer Stelle, wo es überhaupt nicht hingehört. Und das wird natürlich gezeigt. Da zeigt sich die voyeuristische Seite des Fernsehens« (Burberg 2006/07, 46). Zum einen behindere das Fernsehen bei der Aufnahme durch seine Präsenz eine unbefangene Bearbeitung alltäglich-unspektakulärer Konflikte, woraus dem Anlass unangemessene »Entladungen« des aufgestauten Ärgers resultieren, zum anderen kaprizierten sich die Verantwortlichen bei Auswahl und Montage des zu sendenden Materials einseitig auf diese für den Alltag nicht repräsentativen Streitigkeiten. Letzteres ist nicht etwa aus voyeuristischen Dispositionen der Fernsehschaffenden und auch nicht aus einem von ihnen den Zuschauern projektiv unterstellten Voyeurismus heraus zu erklären, es ergibt sich aus den Struktureigenschaften des Dispositivs Fernsehen. Das einseitige Fokussieren des Fernsehens auf Streit und Konflikt wertet Burberg nicht als sporadische, im Gesamtkontext zu vernachlässigende Entgleisung, er sieht darin einen Grundzug der Sendungen: »Die 4-teilige Abendserie ist aus unserer Sicht leider zu sehr in Richtung Doku-Soap abgerutscht, und zwar entgegen den ursprünglichen Beteuerungen des Senders. Das Hauptaugenmerk wurde auf Katastrophen, Versagen und vor allem Konflikte gesetzt, die im Übrigen in jeder guten Ehe vorkommen. Die Lösung der Probleme und die Bewältigung des Alltags waren dann eher uninteressant« (Burberg 2006/07, 46).[39] Diese Einschätzung entspricht dem, was aufgrund der Logik des Mediums zu prognostizieren war,

erwirken können: Zum Beispiel gab es keine Ohrmarken bei den Tieren und der Anbau von Mohn wurde genehmigt« (Burberg 2006/07, 46).

39 Als weitgehend uninteressant wurde zum Beispiel die Nahrungszubereitung eingeschätzt, obwohl es hier im Sinne des Experimentes durchaus Berichtenswertes gegeben hätte, beispielsweise die Herstellung von Frischkäse mit Thymian und Salz oder ein Versuch des Bierbrauens. Stattdessen wurde den Probanden beschieden: »Kochshows gibt's genug im Fernsehen« (pers. Mitt. M. Burberg). Erwähnt werden dagegen von Britta erfundene Steinzeittörtchen mit Äpfeln (3/35'01–35'09), obwohl

die Probanden unterstellten allerdings eine Orientierung des Fernsehens an dem Ideal einer sachhaltigen Informationsübermittlung und bewerten rückblickend das Gesendete als bezüglich dieses Ideals defizitär (»abgerutscht«). Dieses Vertrauen, zusammen mit einer insgesamt als gut eingeschätzten Kooperation mit dem Fernsehteam während der Dreharbeiten (Burberg 2006/07, 46), lässt darauf schließen, dass das »Abrutschen« auf Seifenoperniveau nicht Resultat böswilliger Manipulationen war, sondern aus Zwängen folgte, die mit dem Medium unvermeidlich gesetzt sind. Entsprechend der für es typischen Mechanismen Personalisierung und Stereotypisierung (Adorno 1977b) konstatiert Burberg eine Stilisierung der Probanden zu »klar abgegrenzte[n] Charaktere[n]«: »Das Arbeitstier (Olli), der alternde Held, der sich lungenkrank und fußwund über die Alpen schleppt (Ingo), der edle Wilde (Henning), der arbeitsscheue Querulant (ich)« (Burberg 2006/07, 46). Die Komplexität und Vielschichtigkeit der Realität wird zugunsten griffiger Formeln vereinfacht, und die Stereotypisierung der Probanden steht auch im Dienste einer Dramaturgie, die keine der protokollierten Wirklichkeit ist, sondern auf Auswahl und Montage des Materials beruht.

Inwiefern schon bei der Errichtung des Weilers auf Wünsche des Fernsehens Rücksicht genommen werden musste, ist bereits in dem Text von Schöbel deutlich geworden: Der Häuserverputz musste nachträglich aufgeraut und mit grauer Farbe überstrichen werden, die Requisiteure ließen die Geräte künstlich altern, die Dachabdeckungen sollten die Anmutung des Wilden und Verwegenen bekommen (Schöbel 2006/07, 14). Darüber hinaus orientierte sich auch die Wahl der Örtlichkeit an den Erfordernissen des Fernsehens. Wichtig war eine für die aufnehmende Kamera günstige Position, auch wenn dies mit Nachteilen für die Probanden verbunden war: »Die Lage des Dorfes war zwar kameratechnisch optimal, aber morgens wurde es spät hell und nachmittags kam schnell schon Abendstimmung auf, während es oben auf dem Acker noch helllichter Tag war« (Burberg 2006/07, 49).[40]

kultivierte, auch roh genießbare Apfelsorten erst von den Römern in Mitteleuropa eingeführt wurden.

40 Der Platz, ein ehemaliges Hochmoor, war schattig, feucht und dunkel, er verfügte nur über ein sehr eingeschränktes Spektrum an Flora und Fauna: Es gab es keine Brennnesseln, keinen Giersch, keine Wasservögel, noch nicht einmal Regenwürmer, so dass diese Stelle im Neolithi-

Als einer der Alpenüberquerer war Burbergs Darstellung zufolge ursprünglich ein Freund der Familie im Gespräch, der als Wildnistrainer für diese Aufgabe sicher besser geeignet gewesen wäre als der diesen Part schließlich übernehmende Ingo. »Das ist ja langweilig, der kann ja schon alles« (Burberg 2006/07, 48) begründeten die Verantwortlichen dessen Ablehnung. Bei der Rekrutierung von Probanden kam es nicht darauf an, solche auszuwählen, die bereits über Kenntnisse von Strategien und Techniken zum Überleben unter Bedingungen verfügten, die denen des Experimentes ähnlich sind, im Gegenteil wählte man gerade solche, bei denen, bedingt durch fehlendes Handlungswissen und fehlende Handlungsroutinen, gravierende Krisen zu erwarten waren, und zwar genau solche Krisen, die für eine kontrollierte und erkenntnisgeleitete Durchführung des Experimentes störend und hinderlich waren, für eine »spektakelgeleitete« aber umso erforderlicher. Aus diesem Grund wurden auch keine Experimentalarchäologen oder Archäotechniker als Probanden verpflichtet, sondern mittels eines »Castings« Zeitgenossen ermittelt, die im Hinblick auf ein Bestehen in steinzeitähnlichen Lebenverhältnissen viel unbedarfter waren. Bei der Vorstellung der Probanden in der ersten Sendung wurde diese Unbedarftheit durch Nennen ihrer jeweiligen »steinzeitrelevanten« Spezialkenntnisse kaschiert. Ihre praktische Unwissenheit war durchaus erwünscht, und Burberg deutet sie als Teil der Dramaturgie: »Aus dramaturgischen Gründen sollte auch mal etwas schief gehen« (Burberg 2006/07, 48). Aus der schon während des Experimentes reifenden Erkenntnis, dass man die Probanden ihren Aufenthalt in simulierten Steinzeitbedingun-

kum kaum für eine Siedlung ausgewählt worden wäre (pers. Mitteilung M. Burberg). Diese Nachteile erwiesen sich allerdings erst im Verlaufe des Experimentes, Burbergs erster Eindruck war ein durchaus positiver: »Im ersten Moment dacht' ich ›geil‹, völlig klasse hier, total schön, besser als ich's mir vorgestellt hab', oder schöner, romantischer, man romantisiert das natürlich auch so im Vorfeld en bisschen, ich hab' gedacht, ein wunderschöner Platz, toll gebaut, alles superschön hergerichtet, und ich war schon positiv überwältigt quasi, ja« (1/15'53–16'20). Die Problematik des Standortes hat auch Schöbel benannt: »Das Fernsehteam fand den Ort schön abgeschieden und lauschig – doch Schöbel sah das anders: ›Ein Steinzeitmensch hätte hier seine Hütte wahrscheinlich nicht hingestellt. Wir hocken in einem Sumpfloch mitten im Moor. Wo sind die Ackerflächen, auf denen das Getreide gut wächst? Nur in der Not hätten echte Steinzeitler hier gehaust‹« (Bick 2007, 28).

gen nicht mit der bestmöglichen Vorbereitung antreten ließ, resultierten im Stress der krisenhaften Daseinsbewältigung Anflüge von Paranoia: »Wir hatten das Gefühl, es werden uns – vielleicht aus dramaturgischen Gründen – absichtlich Steine in den Weg gelegt. Wir wurden langsam fast paranoid, wir begannen uns zu fragen, ob das Ganze nicht vielleicht eher ein groß angelegtes soziales Experiment darstellt nach dem Motto: wie verhält sich eine Gruppe in einer Extremsituation? Wie weit kann man es treiben?« (Burberg 2006/07, 49). Selbstverständlich ist den Organisatoren nicht zu unterstellen, sie hätten mit Absicht die Probanden »ins offene Messer« laufen lassen wollen, was schon wegen der beteiligten Kinder Ausdruck einer zynischen, fast schon kriminellen Gesinnung wäre. Vielmehr wurden für eine Inszenierung von Lebendigkeit bestimmte Erschwernisse als gerechtfertigt angesehen, die für das Experiment unnötig waren. Die dann veranstalteten »Rettungsaktionen«, also die Interventionen in das Experiment, waren Burbergs Einschätzung zufolge unverhältnismäßig und nicht effektiv. »Die Expertennothilfe war im Prinzip immer überflüssig. Sie war vielleicht medienwirksam in Szene gesetzt und sollte zeigen, dass wir ohne Hilfe von außen nicht klar kommen, hat uns aber nicht weitergeholfen!« (Burberg 2006/07, 49). Auch diese Eingriffe waren inszenatorische Dramatisierungen, die über das Ziel hinausschossen und eine so nicht vorhandene Krisenhaftigkeit vortäuschten.[41]

Unmissverständlich kritisiert Burberg die in jeder Hinsicht unzureichende Vorbereitung auf das Experiment, die Woche des »Coa-

41 Greifbar wurde dies zum Beispiel in der auf eine Katastrophe anspielenden Schilderung der Folgen des Dauerregens in der ersten Sendung, die einer herannahenden Flutwelle mit unmittelbarer Gefahr für Leib und Leben angemessen wäre, nicht aber der Beschreibung eines undichten Daches. Dieses inszenatorische Moment steht in Widerspruch zu den Intentionen, die hinter dem Konzept der »Expertennothilfe« standen: »Eine Dokumentation des andauernden Scheiterns wie bei klassischen ›Dschungelformaten‹ könnte so [durch die Intervention von Experten, M.J.] verhindert werden – so die Absicht« (Schöbel 2008, 114). Angespielt wird hier auf die RTL-Produktion »Ich bin ein Star – holt mich hier raus!« und ähnliche Sendungen, in denen Kandidaten Prüfungen ausgesetzt werden, bei denen sie an ihre physischen Grenzen stoßen und Ekel überwinden müssen. Allerdings sind diese Sendungen nicht auf ein »andauerndes Scheitern« angelegt, sie sind wesentlich kompetitiv konzipiert, und das heißt, am Ende steht ein Gewinner fest, der gerade nicht gescheitert ist.

chings« durch Archäotechniker.[42] Seine Schilderung der Umstände dieser Vorbereitung erhärtet den Verdacht, dass die aus den unzulänglichen praktischen Kenntnissen und Fertigkeiten erwartbar resultierenden Krisen von den Organisatoren eingeplant waren. So wurden die Probanden nicht Stück für Stück mit der Lebenswelt, in der sie das Experiment zu bestreiten hatten, vertraut gemacht, was der Ausbildung von Handlungsroutinen förderlich gewesen wäre, auch fand das »Coaching« nicht am Ort des Experimentes statt, und so mussten sie in Unkenntnis der faktischen Gegebenheiten die für sie errichteten Häuser beziehen. »Der Anfang war für uns sehr schwer. Sämtliche Umstände, die uns erwarten würden, wurden ja geheim gehalten: Die Ausstattung und Lage der Hütten, die Umgebung des Dorfes, Lage und Größe des Ackers und des Gartens, gibt es eine Weide für die Tiere, sind sie überhaupt eingezäunt? Auf jede Frage unsererseits kam immer nur die lakonische Antwort: Lasst euch überraschen!« (Burberg 2006/07, 47).[43] Sinnvoll wäre es gewesen, erstens die ausgewählten Personen geduldig zu instruieren und sie Erfahrungen im Umgang mit den steinzeitlichen Geräten sammeln zu lassen, damit sie die erforderlichen Routinen hätten ausbilden können, und zweitens einen gleitenden Übergang zu gewährleisten von der Erprobungszeit, die dem Training der handlungspraktischen

42 »Die Coachingwoche hat uns nicht wirklich auf die Situation, mit der wir dann konfrontiert wurden, vorbereiten können« (Burberg 2006/07, 48). Das »Coaching« war zwar einerseits reichhaltig und durchaus lehrreich, aber andererseits zu theoretisch (pers. Mitt. M. Burberg).

43 In welchem Maße die Probanden beim erstmaligen Betreten des Weilers überrascht waren, bezeugt die Dokumentation ihres »Einzugs« (1/14'50–15'53). Ihnen waren nicht nur die Verhältnisse an dem Ort unbekannt, an welchem sich der rekonstruierte Weiler befand, sondern auch dessen Umgebung, was im Sinne des Experimentes wenig sinnvoll war, denn eine Vertrautheit des neolithischen Menschen mit dem Umkreis seiner Siedlungsstätte kann sicher vorausgesetzt werden. Eine Karte der Umgebung, die sich die Probanden »illegal« von Anwohnern besorgt hatten, zog das Fernsehteam umgehend ein. Dieser Vorgang verhalf den Probanden immerhin zu der Einsicht, dass entgegen den Absprachen Mikrofone in und unter den Häusern versteckt angebracht waren (pers. Mitt. M. Burberg). Auch die Darstellung ihrer Bekanntschaft mit dem Weiler in dem Film »Das Dorf« betont die einem Einfinden in neolithische Lebensverhältnisse hinderliche Diskontinuität: »Martin, Britta und Co. müssen sich ganz neu orientieren. Das Dorf und das Vorratshaus sehen sie heute zum ersten Mal« (DD/6'22–6'28).

Fähigkeiten dient, zu der Bewährungszeit, in welcher diese Fähigkeiten gezielt angewendet werden. Alles andere mag ein Bedürfnis nach Situationen der krisenhaften Überforderung und des Scheiterns der Probanden befriedigen, der Vermehrung des Wissens über Lebensbewältigungsstrategien des jungsteinzeitlichen Menschen, dem erklärten Ziel des Ganzen, ist es abträglich. Zu der ungenügenden Vorbereitungszeit bemerkt Burberg dann auch resümierend: »Nach den 2 Monaten [die das Experiment dauerte, M.J.] hätten wir anfangen können. Diese Zeit haben wir einfach gebraucht« (Burberg 2006/07, 50).

4.3 Das Begleitbuch zu der Fernsehreihe

Als Verfasser des Begleitbuches zeichnen Rolf Schlenker, Wissenschaftsredakteur beim SWR, und die Archäologin Almut Bick verantwortlich. Von Schlenker stammt der Haupttext, von Bick die in diesen eingeschalteten ein- bis fünfseitigen Abschnitte, die verdichtet archäologische Hintergrundinformationen enthalten, zum Beispiel zu den Lebensbedingungen im Neolithikum, zu Nahrungsbeschaffung und Wirtschaftsformen, zur archäologischen Altersbestimmung und zu Prospektionsmethoden. Wir analysieren den Titel des Buches sowie den einleitenden Abschnitt des Haupttextes und diskutieren dann einige weitere inhaltlich aufschlussreiche Textpassagen.

4.3.1 Titel und Einleitung

Der Buchtitel lautet:

> »Steinzeit. Leben wie vor 5000 Jahren.«

Der Haupttitel lässt ein Sachbuch über die Steinzeit erwarten, der Untertitel spezifiziert das Thema; die Formulierung »Leben *wie* vor 5000 Jahren« überrascht insofern, als das Experiment als der eigentliche Gegenstand des Buches im Titel nicht erwähnt und durch das »wie« nur auf eine Weise angedeutet wird, die einem Unkundigen kaum erschließt, worum es geht. Wenn dieses Buch das von einem der maßgeblich beteiligten Fernsehredakteure verfasste Begleitbuch zu der Fernsehreihe ist und sein Umschlag auch die zum Logo geronnene Visualisierung des Wortes »Steinzeit« übernimmt, warum trägt es dann nicht auch den Titel »Steinzeit. Das Experiment«, was schon aus Marketinggründen naheliegend wäre? Was immer die Motive hierfür sind: Der Titel des Buches bedeutet gegenüber dem der Fernsehreihe einen Prägnanzverlust.

Das Einleitungskapitel (Schlenker/Bick 2007, 6f.) beginnt mit der Überschrift:

> »Leben wie unsere Vorfahren?«

Es ist immanent nicht ersichtlich, auf welche Kollektivität das Possessivpronomen referiert, vermutlich wird allgemein die Leserschaft adressiert; verbindet man diese Überschrift mit dem Buchtitel, dessen Untertitel sie aufgreift, wird deutlich, dass mit den Vorfahren Menschen des Spätneolithikums gemeint sind. Ob sie in einem buchstäblichen genealogischen, einem kulturellen oder einem irgendwie metaphorischen Verständnis als Vorfahren angesprochen werden, bleibt unklar, ein Bezug zu den Lesern wird aber mit dem Possessivpronomen suggeriert. Die Bedeutung des Fragezeichens schließlich könnte man paraphrasieren mit: »Ist das denn überhaupt möglich?« oder »Wie soll das denn gehen?«.

> »November 2005: Die ARD sucht über ihre aktuellen Fernseh- und Hörfunkprogramme Menschen für ein aufregendes Wissenschaftsexperiment.«

Die Eröffnung des Textes erinnert an ein aus den Analysen des Sendungstranskriptes vertrautes rhetorisches Muster, nämlich die mehr oder weniger markige und aufmerksamkeitsheischende Ankündigung einer Information vor ihrer eigentlichen Nennung.[44] Schriftsprachliche Markierung dieses rhetorischen Gestus ist der zwischen Ankündigung und Angekündigtem stehende Doppelpunkt. Im vorliegenden Fall besteht jene in der topikalisierten Nennung des zeitlichen Rahmens, dem auf diese Weise eine besondere Bedeutung zuzukom-

44 Eine vergleichbare Voranstellung der Jahreszeit bzw. des Monats fand sich in der in Kap. 3.3 analysierten Sequenz aus der ersten Sendung an zwei Stellen: »Sommer 2006: Seit Jahrzehnten war kein August so kalt und so nass. Denkbar schlechte Bedingungen für den Start eines Experiments« (1/0'55–1'04); »Ende Juli 2006: Das Pfahlbaumuseum in Unteruhldingen am Bodensee. Vorbereitung auf den Steinzeitalltag« (1/6'34–6'41).

men scheint. Inhaltlich unterscheidet sich der vorliegende Satz nicht von dem folgenden: »Die ARD sucht im November 2005 über ihre aktuellen Fernseh- und Hörfunkprogramme Menschen für ein aufregendes Wissenschaftsexperiment«. Was die Sätze unterscheidet, ist die durch den Doppelpunkt indizierte künstliche Trennung von Ankündigung und Angekündigtem, er fungiert als Aufmerksamkeit einfordernder Appell.

> »Eine ganze Sippe soll für zwei Monate in die Vergangenheit reisen. Und zwar in eine besonders harte: die Jungsteinzeit, die Zeit Ötzis und der Pfahlbauern.«

»Eine ganze Sippe« lässt eine Vielzahl von Personen vermuten, während es in Wirklichkeit nur 13 Probanden sind, die zudem keine naturwüchsige Sippe bilden, sondern eine aus drei Individuen und zwei Familien mit Hilfe eines »Castings« zusammengestellte Gruppe. Genau genommen reist also nicht eine Sippe in die Vergangenheit, stattdessen konstituiert sich eine simulierte Sippe in einer simulierten Vergangenheit. Wieder wird eine Information, die mühelos in einen Satz gepasst hätte, gestückelt und nur sukzessive preisgegeben. Die pauschale Rede von »der« Vergangenheit verlangt eine genauere Bestimmung, die der folgende Satz nachreicht, obwohl sie auch gleich hätte angeführt werden können. Und auch in diesem Satz wird sie erst nach einer Charakterisierung der Epoche als »besonders harte« und einem Doppelpunkt auch tatsächlich genannt: »die Jungsteinzeit«. Fraglich ist, ob die Apposition »die Zeit Ötzis und der Pfahlbauern« eine weitere Spezifizierung oder lediglich ein Synonym von »Jungsteinzeit« sein soll. Problematisch wäre beides, denn als Synonym wäre sie ungenau, da die Zeitperiode, zu der »Ötzi« und die »Pfahlbauern« lebten, nur einen Abschnitt der Jungsteinzeit ausmacht, und bei einer Spezifizierung wäre es erforderlich, dies auch kenntlich zu machen (wie zum Beispiel »die Jungsteinzeit, genauer die Zeit Ötzis und der Pfahlbauern«). Diese Zeit wird nicht nur als »hart«, sondern sogar als »besonders hart« qualifiziert – was aber bildet die weltgeschichtliche Vergleichsfolie für diese Bewertung der Jungsteinzeit? Die Gegenwart, die Nachkriegszeit, das Mittelalter, die Altsteinzeit? Es ist dies eine argumentlose Dramatisierung, ähnlich denen des Sprecherkommentars der Sendungen. Versucht man aufgrund dieser kurzen Sequenz die dominanten Parameter der Textgestaltung zu bestimmen, dann sind dies Zerstückelungen der Sätze in einzelne Teilsätze, die nach der Logik von Ankündigung und Angekündigtem aufeinander bezogen sind, sowie unnötige, leicht vermeidbare Ungenauigkeiten mit einem dramatisierenden Zungenschlag. Im Übrigen ist der Begriff »Pfahlbauern« in zweierlei Hinsicht eine unsinnige Bildung: Menschen, die Pfahlbauten bauen, sind deshalb noch keine Bauern, der Begriff müsste also eigentlich im Singular wie im Plural »Pfahlbauer«[45] heißen; das wiederum wäre aber absurd, weil sie ja keine Pfähle, sondern Pfahlbauten errichteten, korrekterweise wären sie somit als »Pfahlbautenbauer« zu bezeichnen. Das elliptische »Pfahlbauern« ist nicht unüblich und insbesondere im Sprachgebrauch der Schweizer Archäologie verbreitet, sie bezieht ihre scheinbare Plausibilität nicht zuletzt aus der lange vorherrschenden Forschungsmeinung, die ersten neolithischen Bauern in der Schweiz wären die in den Pfahlbauten Lebenden gewesen.[46] Die Wortbildung als solche ist daher nicht dem Verfasser anzulasten, wohl aber, dass er sie sich als Wissenschaftsredakteur zu eigen macht.[47]

> »Und so sollten unsere Probanden wohnen: Ihr minutiös rekonstruiertes Dorf lag an einem kleinen Weiher im Hinterland des Bodensees.«

Das im Folgenden als »Doppelpunktrhetorik« bezeichnete Muster wiederholt sich, wobei das Angekündigte nicht das hält, was die Ankündigung verspricht. Das »so« verweist auf die Modalitäten des Wohnens der Probanden, die Beschaffenheit der Wohnstätte, der Folgesatz nimmt aber nur auf die Situierung der Häuser Bezug, er

45 So lautet der Titel des schweizerischen Pendants zum »Steinzeitexperiment« »Die Pfahlbauer von Pfyn«.

46 »Die Erforschung des Neolithikums ist in der Schweiz untrennbar mit den zahlreichen Seeufersiedlungen verbunden, die ab Mitte des 19. Jahrhunderts entdeckt und als ›Pfahlbauten‹ bekannt geworden sind. Chronologisch gesehen decken sie vor allem den Zeitrahmen des 4. und 3. Jahrtausends v.Chr. ab. Die wenigen Fundstellen des 6. und 5. Jahrtausends v.Chr. werden hingegen erst viel später entdeckt oder erst durch moderne, absolutchronologische Datierungsmethoden als solche erkannt« (Hafner/Suter 2003, 1).

47 Bezeichnenderweise wird ein den Pfahlbauten gewidmetes Sonderheft der Zeitschrift »Archäologie der Schweiz« mit dem Titel »Auf den Spuren der Pfahlbauer« in dem Literaturverzeichnis des Begleitbuches mit »Auf den Spuren der Pfahlbauern« wiedergegeben (vgl. Schlenker/Bick 2007, 175).

beantwortet die Frage nach dem »wo«, nicht die nach dem »so«. Davon abgesehen, ist für die beiden Häuser nebst Rohbau eine Kategorisierung als »Dorf« ein Euphemismus, genau wie die Bezeichnung »eine ganze Sippe« für die 13 Probanden. Nicht minder euphemistisch ist die Rede von der »minutiösen« Rekonstruktion – zwar hat man versucht, auch im Detail auf moderne Baustoffe zu verzichten und nur Materialien zu verwenden, die auch den Bewohnern eines Pfahlbaus des 4. Jahrtausends v.Chr. zur Verfügung gestanden hätten, doch täuscht das »minutiös« über die spekulativen Anteile der Rekonstruktion hinweg.

> »Dort mussten sie versuchen zu leben und zu überleben, nur mit den Mitteln der Steinzeit.«

Dass die Probanden versuchen mussten, unter nachempfundenen spätneolithischen Bedingungen zu »überleben«, ist eine Dramatisierung, es wird so getan, als ob sie wirklich lebensbedrohliche Situationen wie zum Beispiel eine Hungersnot zu gewärtigen hatten und nicht auf Interventionen des Fernsehteams oder die Möglichkeit eines Abbruches vertrauen konnten. Ungenau ist auch die Aussage, »nur mit den Mitteln der Steinzeit« hätten sie das Experiment bestreiten müssen, denn die Unterschiede in den Ausstattungen eines altsteinzeitlichen und eines jungsteinzeitlichen Menschen waren, wie oben ausgeführt, größer als die der Ausstattungen eines jungsteinzeitlichen und eines mittelalterlichen Bauern. Obwohl die materielle Kultur des Neolithikums wesentlich reichhaltiger und differenzierter war als die des Paläolithikum, fallen diese Epochen gemäß dem von Christian Jürgensen Thomsen (1837) formulierten Dreiperiodensystem, der Unterteilung in Stein-, Bronze- und Eisenzeit, beide in die Kategorie »Steinzeit«. Dieses System, so grundlegend es forschungsgeschichtlich für eine chronologische Ordnung der Vorgeschichte war, ist längst feineren Einteilungen gewichen. Ein Aspekt des Dreiperiodensystems war auch eine Deutung als Abfolge von Stadien einer zivilisatorischen Evolution, die sich im populären Verständnis bis heute gehalten hat. »Steinzeit« steht darin über die Benennung eines chronologischen Abschnittes der Vorgeschichte hinaus für besonders primitive Mentalitäten und Lebensverhältnisse.[48]

48 »Es mutet anachronistisch an, dass die evolutionistische Komponente des Dreiperiodensystems in einer ausgesprochen kruden Form bis heute fortlebt und gerade im populären Kontext sehr gegenwärtig ist. Dies gilt

> »Dazu gehörte übrigens auch ›Einkaufen‹; zwei der Sippenmitglieder sollten Salz, Feuerstein und Kupfer eintauschen.«

Die den Probanden zur Verfügung stehenden »Mittel der Steinzeit« scheinen so limitiert doch nicht zu sein, wenn zu ihnen auch der Gütererwerb durch »Einkaufen« zählt. Allerdings steht dieser Begriff in Anführungszeichen und ist nicht buchstäblich gemeint. Wie er zu verstehen ist, verrät der hinter dem Semikolon stehende Satz: als Austausch nämlich. Mit Salz, Feuerstein und Kupfer werden Rohstoffe genannt, die nicht überall zum Abbau anstehen bzw. nicht überall produziert werden können und die daher eingehandelt werden müssen. Lassen sich die Lebensbedingungen einer weitgehend autarken Siedlungsgemeinschaft vergleichsweise einfach simulieren, ist das bei einer in mannigfachem Austausch stehenden Gemeinschaft unmöglich, solange man keine Kenntnis davon hat, gegen was und auf welche Weise Güter und Rohstoffe getauscht wurden. Darüber hinaus stehen innerhalb des Experimentsettings auch keine potentiellen Tauschpartner zur Verfügung, bei denen man sich in spätneolithischer Manier das Erwünschte und Erforderliche hätte verschaffen können.

> »Nur: diese Dinge mussten vor 5000 Jahren oft aus entlegenen Regionen, zum Beispiel dem heutigen Norditalien, geholt werden, und um dahin zu kommen, musste man die Alpen überqueren. Für unsere Leute hieß das, eine Wanderung in einer Ausrüstung zu bestreiten, wie man sie von Ötzi kennt: in Leder und Fell statt in Goretexjacken und Wanderstiefeln, und das jeden Meter zu Fuß, vom Bodensee bis nach Bozen.«

Die Doppelpunktrhetorik setzt sich fort. Besonders auffällig ist der Versuch, die Aufmerksamkeit des Lesers zu binden, in dem ersten Satz, denn das »nur« impliziert, im Unterschied zu einem »aber«, eigentlich eine geringfügige Einschränkung, während es mit der Alpenüberquerung faktisch eine enorme Erschwernis rahmt. Außerdem enthält dieser Satz eine falsche Implikation. Zwar stammen die genannten Güter und Rohstoffe aus Regionen, die in erheblicher Entfernung vom Bodensee liegen, doch die Unterstellung, sie mussten von dort »geholt werden«, ist in ihrer Einseitigkeit unzutreffend, denn dass sich aus den verschiedenen, im Umland des Bodensees

in einem besonderen Maße für den Begriff ›Steinzeit‹, der nicht nur für Rückständigkeit steht, sondern geradezu das Gegenbild von ›Zivilisation‹ verkörpert« (Eggert 2012, 40).

gelegenen Siedlungsgemeinschaften einzelne Personen auf den Weg nach Norditalien machten, um sich dort, wie es die dem Experiment zugrunde liegende Vorstellung vorsieht, das Gewünschte zu verschaffen, ist nur eine Möglichkeit unter mehreren, und noch nicht einmal die nächstliegende. Alternative Szenarien wären etwa die Bewerkstelligung der Alpenüberquerung durch spezialisierte Händler, die Absatzgebiete aufsuchten, oder ein kleinräumiger Etappenhandel. Der für das Experiment gesetzte Plot mit den beiden Alpenüberquerern, die aus einem kleinen Weiler ausziehen, um dessen Einwohner mit aus der Ferne stammenden Gütern zu versorgen, wäre im Lichte dieser Alternativen erst einmal zu plausibilisieren, nicht als Selbstverständlichkeit vorauszusetzen. Dass die Probanden nicht mit »Goretexjacken und Wanderstiefeln« ausgerüstet waren und »jeden Meter zu Fuß« zurücklegten, wird wortreich dargelegt, obwohl es sich in Anbetracht des vorgegebenen Experimentsettings von selbst versteht. Vermutlich soll die Abenteuerlichkeit der Alpenüberquerung durch die Kontrastierung mit der modernen Ausrüstung, die man zu diesem Zweck verwenden würde, herausgestellt werden.

> »Die Wissenschaftsredaktionen von SWR und BR wollten wissen, ob Menschen von heute noch in der Lage sind, so zu leben wie ihre Vorfahren.«

Diese Bemerkung zu den Motiven der Fernsehschaffenden für die Durchführung des Experimentes ist insofern dekuvrierend, als der Fokus nicht darauf liegt, experimentell zu ergründen, *wie* die Menschen lebten, das heißt auf einer Überprüfung wissenschaftlicher Hypothesen oder einem explorativen Durchspielen verschiedener Möglichkeiten, sondern darauf, ob und wie »Menschen von heute« sich in simulierte jungsteinzeitliche Lebensverhältnisse einfinden können. Das Experiment steht nach dieser Darstellung nicht primär im Dienste archäologischen Erkenntnisgewinns, das Augenmerk liegt vielmehr auf den beteiligten Personen als konkreten empirischen Subjekten. In keinem der bislang besprochenen Dokumente – dem Sendungstranskript, den Resümees von Schöbel und Burberg – hat sich der bereits konzeptionell gesetzte Spektakelcharakter so unumwunden artikuliert wie in diesem Text eines verantwortlichen Fernsehredakteurs. Im Mittelpunkt stehen nach seinen Vorstellungen die Menschen von heute, die sich als Probanden zur Verfügung gestellt haben und diversen Krisen ausgesetzt werden.

> »Des Weiteren wollten sie herausfinden, ob das, was die Wissenschaft über die Steinzeit zu wissen glaubt, im Praxistest auch Bestand haben würde.«

»Zu wissen glaubt« bedeutet eine Distanzierung von dem archäologischen Wissen nicht im Sinne des ohnehin geltenden Falsifikationsvorbehaltes, sondern eines verabsolutierten Vorwurfes der Weltfremdheit. Was die Wissenschaftler, hier die Archäologen, sich so über vergangene Epochen zusammenkonstruieren, muss erst einmal einem »Praxistest« ausgesetzt werden, und an dem Fernsehen ist es, einen solchen durchzuführen. Damit dünkt sich das Fernsehen der Wissenschaft erhaben und maßt sich an, über die Gültigkeit wissenschaftlicher Hypothesen entscheiden zu können. Abgesehen von der Entwertung des wissenschaftlichen Arbeitens dokumentiert sich darin auch die Hybris des die Deutungshoheit beanspruchenden Fernsehens.

> »Und sie machten darüber eine Aufsehen erregende Dokumentation für DAS ERSTE: ›Steinzeit – leben wie vor 5000 Jahren‹.«

Gesagt – getan, so könnte man diesen Satz zusammenfassen. Das Fernsehen geriert sich als Macher, der, anders als die drögen Wissenschaftler, ambitionierte Pläne allen Widrigkeiten zum Trotz umsetzt und damit auch noch Aufsehen zu erregen vermag.

Es folgt eine die beiden Abschnitte des einleitenden Textes trennende Zwischenüberschrift:

> »Ein Angriff auf unsere Klischeebilder«

Diese Ankündigung überrascht angesichts der Tatsache, dass in der Fernsehreihe insbesondere in der optischen Präsentation bis an die Grenze des Erträglichen mit Klischeebildern operiert wurde – erinnert sei an die Visualisierung des Wortes »Steinzeit« und das als Wissenschaftlichkeitssignal eingesetzte Kurvendiagramm.

> »Dies ist die Geschichte der dreizehn, die im Sommer 2006 dieses Experiment gewagt haben.«

Das Experiment wird mit Pathos zu einem Wagnis stilisiert, als ob sein Scheitern tatsächlich empfindliche Konsequenzen für den weiteren Verlauf der Biographien der Probanden hätte haben können. Durch die nackte Zahl »dreizehn« anstelle von »13 Probanden« wird die Kleinheit der Gruppe betont, die den rauen Steinzeitbedingungen ausgesetzt wird.[49]

> »Es ist ein Buch über ein großes Abenteuer, sowohl für die sieben Erwachsenen als auch für ihre sechs Kinder.«

Minimalbedingung für ein Abenteuer ist eine fehlende Planbarkeit, der die Bereitschaft korrespondiert, in der Unmittelbarkeit einer auftretenden Krisensituation riskante, in ihren Folgen nicht absehbare Entscheidungen zu treffen. Ein Abenteuer impliziert immer auch die Gefahr eines folgenreichen Scheiterns. Im Falle des Experimentes kann dagegen in Notfällen stets auf das Intervenieren des Fernsehteams vertraut werden. Auch wenn das Experiment den Probanden subjektiv zuweilen abenteuerlich erschienen sein mag, handelt es sich faktisch allenfalls um ein simuliertes Abenteuer.

> »Es ist ein Bericht über eine exklusive Reise, die man nirgends buchen kann.«

Die ganze Unternehmung ist keine Reise, sondern ein Experiment, und das ist etwas kategorial anderes. Weil es keine Reise sein kann, ist auch die Behauptung unsinnig, man könne sie nirgends buchen. Die Reisemetapher wird ausgedeutet, ohne dass diese Explikation eine Erkenntnis vermitteln würde, sie ist lediglich eine Beschwörung der Exklusivität und Bedeutsamkeit des Experimentes.

> »Und es ist ein Frontalangriff auf das Klischeebildergewitter, das in uns abläuft, wenn wir den Begriff ›Steinzeit‹ hören.«

Dies spielt auf die erwähnte populärevolutionistische Deutung des Dreiperiodensystems an, nach der »Steinzeit« für eine besonders primitive Epoche der Menschheitsgeschichte steht, und das Experiment tritt an, diese Deutung in ihrer Klischeehaftigkeit zu destruieren. »Klischeebildergewitter« ist allerdings ein treffender Terminus

49 Ein gängiges Stilmittel der Dramatisierung in den Sendungen wie auch in dem Buch ist die unmittelbare Gleichsetzung der Lebensbedingungen der spätneolithischen Menschen mit denen der Probanden. So wird in Zusammenhang mit den Schwierigkeiten beim Entspelzen des Getreides die Frage gestellt: »Und wie schafften sie es trotzdem, einer Hungerkatastrophe zu entgehen?« (Schlenker/Bick 2007, 11). Lakonisch könnte man mit Schöbel darauf antworten, die Probanden entgingen der drohenden Hungerkatastrophe, indem sie weiterhin »am Tropf der gewohnten Außenversorgung« (Schöbel 2006/07, 41) hingen.

zur Bezeichnung der optischen Aufbereitung und Umsetzung der Sendungen.

> »Frontalangriff? Hier eine Kostprobe: Die Jungsteinzeitler bauten gewaltige Dörfer mit 50 bis 100 Häusern und betrieben Feuersteinbergwerke, in denen in 200 Schächten parallel gefördert wurde, mit einem industriell anmutenden Materialausstoß, der für 1000 Steinbeile am Tag reichte; ihre Bogen brauchen den Vergleich mit den heutigen Präzisionssportwaffen nicht zu scheuen; sie legten ein Tauschwegenetz durch ganz Europa an und gründeten somit eine Art ›Steinzeit‹-EU; sie nutzten unter anderem bereits den Wirkstoff der Kopfschmerztablette, die in Weidenrinde enthaltene Salicylsäure, und operierten am offenen Schädel mit Erfolg, das heißt mit überlebenden Patienten, wie die verheilten Narben an einigen Schädelfunden beweisen.
>
> Wir reden hier, wohlgemerkt, über eine Welt, die 5000 Jahre zurückliegt.«

Der Verfasser präsentiert eine Art Leistungsbilanz des Neolithikums, die eine Einheitlichkeit dieser immerhin fast 3500 Jahre währenden Epoche vorgaukelt, denn die genannten Beispiele sind aus ganz unterschiedlichen neolithischen Kulturen zusammengetragen. Der plakative Begriff »›Steinzeit‹-EU« impliziert einen Handel über nationalstaatliche Grenzen hinweg und peppt die neolithischen Handels- und Tauschbeziehungen modernistisch auf.[50] Und dass die Patienten die Schädeltrepanationen überlebten, kann für sich genommen kaum schon ernsthaft als Erfolg verbucht werden, ein solcher wäre erst die Beseitigung der Ursache, die einen solchen Eingriff erforderlich machte.

> »Also: Einsteigen und alle Klischees draußen lassen, Ihre Zeitreise in das Neolithikum hat soeben begonnen.«

Die Schlussformel der Einleitung wirkt etwas herbeigezwungen, Schlenker fordert die Leser dazu auf, die Klischees aufzugeben, die sich für sie mit dem Begriff »Steinzeit« verbinden; gleichzeitig ist diese Aufforderung mit dem Bild einer »Zeitreise«, für die man in ein nicht näher spezifiziertes Gefährt »einsteigen« soll, selbst außerordentlich klischeeträchtig. Zudem begibt sich der Leser ja nicht selbst auf eine Zeitreise, sondern liest ein Buch über ein Experiment, das

50 Damit soll nicht die Existenz und Bedeutung sozialer Grenzen im Neolithikum geleugnet werden. Vgl. hierzu Zimmermann 1995, 128.

der Versuch einer solchen Zeitreise war und in dem sich eindrucksvoll deren Unmöglichkeit in einem solch naiven Verständnis zeigte.

4.3.2 Die »Gründungslegende« des Weilers

Zur Erläuterung des Umstandes, dass der Weiler nicht direkt am Bodensee, sondern an einem eher ungünstigen Standort errichtet wurde (vgl. Bick 2007, 28), skizziert Schlenker unter der Überschrift »Land unter! – Die Vorgeschichte ›unseres‹ Dorfes« ein fiktives Szenario seiner Gründung (Schlenker/Bick 2007, 15), dessen Beginn ausführlich wiedergegeben werden soll:

> »Bodensee, Anfang März 3301 v.Chr. Schweigend sitzen die Männer auf dem Boden vor der imposanten Hütte, zu hören ist nur das Plätschern der Wellen, die sich nur wenige Meter von ihnen entfernt an den Pfählen brechen, auf denen die über 50 Häuser des Dorfes stehen. Gestern war das Wasser noch weiter weg gewesen, morgen würde es vielleicht schon den Platz hier vor der Häuptlingshütte überfluten. Alle Anwesenden, die Bauern, Fischer, Jäger und Dorfweisen, ahnen, dass das der Grund ist, warum sie der Chef so früh am Morgen zusammengerufen hatte. Da, die Türe öffnet sich. Ein groß gewachsener Mann, tief in den Dreißigern, mit langen braunen Haaren und einem wilden Bart tritt unter die Männer. Nach einem würdevollen Blick in die Runde erhebt er die Stimme und beginnt zu sprechen.«

Die detaillierte Ausdeutung dieser Geschichte wäre einer eigenen Studie wert, wir beschränken uns auf die Kommentierung einiger Auffälligkeiten. Wollte man das entworfene Szenario auf eine bündige Formel bringen, könnte man von einem »bedrohten Idyll« sprechen. Eine arbeitsteilige Gemeinschaft (»Bauern, Fischer, Jäger und Dorfweise«) wird unterstellt, außerdem gibt es einen Häuptling, was, legt man die ethnologische Definition zugrunde, eine vergleichsweise komplexe Herrschaftsorganisation der Gemeinschaft bedeutet. »Häuptling« meint entweder das Oberhaupt einer Lokalgruppe (»headman«) oder den Leiter eines Verbandes mehrerer Lokalgruppen (»chief«). Der »chief« hat ein etabliertes, von seiner konkreten Person unabhängiges politisches Amt inne, er verfügt über nur begrenzte Machtmittel und hat keinen Verwaltungsstab, deshalb bedarf er der Kooperation mit den Oberhäuptern der anderen Gruppen des von ihm angeführten Verbandes, für die er eine

Integrationsfigur in politischer und zumeist auch in rituell-kultischer Hinsicht darstellt.[51] Im neoevolutionistischen Verständnis bezeichnet »Häuptlingstum« darüber hinaus eine Stufe in der Entwicklung menschlicher Gesellschaften von egalitären Systemen zu Staaten.[52] Die Annahme eines Häuptlingstums jedenfalls ist voraussetzungsreich und begründungsbedürftig.

Der Häuptling wird einerseits mit »langen braunen Haaren und einem wilden Bart« vorgestellt, andererseits mit einem würdevollen, gravitätischen Betragen. Haare und Bart entsprechen dem Bild der pittoresk-verwegenen Zotteligkeit, auf welche seitens des Fernsehens auch bei der Gestaltung der Häuser Wert gelegt wurde (vgl. Schöbel 2006/07, 14), die Kombination mit dem gemessenen und besonnenen Handeln des Häuptlings evoziert das Bild eines »edlen Wilden«[53] und damit eine Klischeevorstellung vergangener Jahrhunderte. Der Anspruch, einen Frontalangriff auf »Klischeebildergewitter« zu vollführen, wird mit solchen Erzählungen konterkariert.

> »Moment! Sprechen, Sprache – gab es vor 5000 Jahren eine Sprache in unserem heutigen Sinne, mit einer richtigen Grammatik zum Beispiel? Und gab es überhaupt so etwas wie einen Häuptling? Beide Fragen lassen sich klar beantworten: Man weiß es nicht genau. Aber man kann wunderbar spekulieren.«

Mit rhetorischem Gestus ermahnt sich der Verfasser selbst zum Innehalten und Überdenken dieses Szenarios. Daran, dass der Homo sapiens auch schon vor 5000 Jahren über eine syntaktische Sprache verfügte, kann kein ernsthafter Zweifel bestehen, und es ist erstaunlich, wenn ausgerechnet ein Wissenschaftsredakteur dies als noch ungeklärte Frage in den Raum stellt. Mit mehr Berechtigung problematisiert Schlenker die Existenz eines Häuptlings, aber wie er dabei vorgeht, ist wiederum bezeichnend. Eine klare Beantwortung der aufgeworfenen Fragen wird angekündigt, doch durch die faktisch erfolgende Antwort – »Man weiß es nicht genau« – umgehend wie-

51 Zur Begriffsgeschichte und Bedeutung von »Häuptling« und »Häuptlingstum« vgl. Steuer 1999.

52 Elman R. Service (1971) postuliert die Abfolge von Horden, Stämmen, Häuptlingstümern und Staaten, Morton H. Fried (1967) die von einfachen egalitären Gesellschaften, Ranggesellschaften, stratifizierten Gesellschaften und Staaten.

53 Zum Topos des »edlen Wilden« vgl. Kohl 1986.

der dementiert. Eine eindeutige Antwort gibt es nicht, aber dass das so ist, lässt sich klar sagen. In diesem flauen Wortspiel spiegelt sich exemplarisch die für den Text typische Formel des Weckens von Aufmerksamkeit und Interesse bei dem Leser durch Fragen und Ankündigungen, die dann aber nicht adäquat beantwortet bzw. gefüllt werden. Es folgt ein Lob der Spekulation, das mit einer auf einen Einwand verweisenden adversativen Konjunktion eingeleitet wird, obwohl doch die Ungewissheit die Bedingung der Möglichkeit der Spekulation ist. Man gewinnt den Eindruck, als käme der Spekulation als solcher schon ein Eigenwert zu. Forschungslogisch gesehen, sind Spekulationen notwendig zur Produktion von Ideen, von »Einfällen«, die sich durch systematische Begründungen möglicherweise in Erklärungshypothesen bezüglich eines interessierenden Sachverhaltes überführen lassen. Zur Generierung solcher Einfälle sind alle Techniken (wie zum Beispiel freies Assoziieren) erlaubt, sofern sie nur einen Ertrag in Form von Einfällen zeitigen, während sich die Formulierung und auch die Überprüfung von Hypothesen in der diskursiven Logik des besseren Argumentes vollzieht.[54] Spekulationen, die nicht zu einer Hypothese führen, sind (wissenschaftlich) genauso unbrauchbar wie Hypothesen, die sich nicht überprüfen lassen, die also nicht falsifizierbar sind. Bezeichnet Schlenker hier offene Fragen beispielsweise zu der Sozialorganisation der spätneolithischen Gemeinschaften als Anlass dafür, »wunderbar spekulieren« zu können, votiert er für ein unverbindliches, mit der falsifikatorischen Logik wissenschaftlichen Handelns unvereinbares Fabulieren.

Im weiteren Verlauf der »Gründungslegende« berichtet der »Häuptling« von einem drängenden Problem, dem Ansteigen des Seespiegels, der absehbar eine Überschwemmung der Äcker und eine Bedrohung der Häuser zur Folge haben wird. Die Alten entsinnen sich ähnlicher Ereignisse zu der Zeit, als sie noch Kinder waren und die Dorfbewohner sich in »kleine, überlebensfähige Einheiten« aufteilten, die jeweils für sich im Hinterland kleine Weiler bauten und nach Ende der Überschwemmungen wieder an den Bodensee zurückkehrten. Darauf beschließt der Häuptling: »Und so machen wir es diesmal wieder«, worauf sich die »Sippe« der Probanden konstituiert. Ihr Zusammenfinden wird folgendermaßen dargestellt (Schlenker/Bick 2007, 16):

54 Vgl. hierzu ausführlich Jung 2003.

»Als sich die Versammlung auflöst, bleiben vier Männer zurück, nennen wir sie der Einfachheit halber Martin, Olliver, Ingolf[55] und Henning. Die vier hatten sich während der Häuptlingsrede immer wieder angesehen und durch Zeichen vereinbart: Wir machen das zusammen! Martin und Olliver haben jeweils Frau und drei Kinder, Ingolf und Henning sind alleinstehende Männer.

›Wisst ihr noch, dieser kleine Weiher im Hinterland?‹, fragt Martin gerade, ›den, an dem wir immer mal wieder Karpfen gefangen haben?‹

›Ja‹, ruft Olli, »ich erinnere mich. Warum fragst du? Was ist mit dem Weiher?‹

›Ich denke, das wäre ein guter Platz für uns‹, sagt Martin, ›es wohnt niemand dort, es gibt Fische, Wildschweine, zum Sammeln ist die Gegend auch okay, nicht berauschend, aber zum Überleben reicht's. Was meint ihr?‹

›Gute Idee‹, der sonst eher bedächtige Henning nickt zustimmend und Ingo fügt hinzu: ›Und lasst uns auch noch Sophia fragen, ob sie mitwill.‹ Keiner hat etwas gegen Sophia, eine Frau von über 60 Jahren, sehr erfahren im Umgang mit Kindern und im Nähen, so ein Talent kann man immer gebrauchen.«

Kann diese Beschreibung der Konstituierung einer steinzeitlichen Wohngemeinschaft und Wirtschaftseinheit als halbwegs realistisch gelten? Der Vorwurf einer unreflektierten Übertragung von Vorstellungen des modernen Menschen auf archaische Gesellschaften ist ein Gemeinplatz und hat häufig die Funktion eines Totschlagargumentes, doch fällt es im vorliegenden Fall nicht schwer, den Nachweis zu führen. Unrealistisch an dem Szenario ist zunächst einmal, dass eine Gruppe mit so deutlichem Männerüberschuss ein neues Dorf gründen möchte. Zwar sind »Singles« im Spätneolithikum durchaus vorstellbar, da das ethnographischen Quellen zufolge verbreitete Phänomen der Polygynie zumindest als Möglichkeit unterstellt werden kann.[56] Bei einer ungefähr gleichen Anzahl heiratsfähiger Männer

55 Auch in dem 90-minütigen Film über die Alpenüberquerung wird Ingo von dem Sprecher als »Ingolf« angesprochen, von seinem Gefährten Henning jedoch als »Ingo«, ohne dass dies aufgelöst wird.

56 Allerdings wäre diese Annahme folgenreich für die Vorstellungen über die Verfasstheit der Gemeinschaft, deren Lebensbedingungen experimentell simuliert werden sollen, denn sie verweist auf eine Hierarchisierung, ist es doch zumeist ein Vorrecht älterer und mächtiger Männer, mehrere

und Frauen können einige Männer keine Heiratspartnerin finden, wenn andere mehrere für sich beanspruchen.[57] Kaum vorstellbar ist aber eine soziale Gleichstellung dieser »Singles« mit den verheirateten Männern und eine Kultivierung ihres Unverheiratetseins als selbstgewählte Lebensform, wie es dem heutigen Sprachgebrauch von »Single« durchaus entspricht, auch wenn dies häufig Züge einer Rationalisierung tragen mag.[58] Weit eher wird ihr »Single«-Dasein Ursache einer Stigmatisierung gewesen sein, weil sie sich an der (sexuellen) Reproduktion der Gemeinschaft, in der sie lebten, nicht beteiligten, außerdem bedeuteten sie eine Gefahr für über Heiraten konstituierte Sozialbeziehungen. Vor einer Beteiligung der beiden als gleichberechtigte Gemeinschaftsmitglieder agierenden Männer an der Dorfgründung hätten sie schon deshalb mit Gattinnen versehen werden müssen, damit sie für die beiden Familienväter keine ständige Konkurrenz darstellen. Wegen der hermetischen Anlage des Experimentes, dem die Vorstellung einer weitgehenden Autarkie der »Sippe« zugrunde lag, war es den alleinstehenden Männern trivialerweise nicht möglich, Frauen von außerhalb zu heiraten, was schlaglichtartig zeigt, wie irreführend ein solches isolationistisches Autarkiemodell ist, das sich spätestens an der Exogamieforderung bricht.

Auch die Rekrutierung von Sophia als »Sippen«-Mitglied wird sich kaum in der beschriebenen Weise zugetragen haben können – ihrer angeführten pädagogischen Qualifikation (»sehr erfahren im

Frauen zu haben. Wenn ein Brautpreis üblich ist, dokumentieren die Frauen die wirtschaftliche Macht des Mannes, der mit ihnen umgekehrt über mehr Arbeitskräfte verfügen kann. Zugleich wird sein politischer Einfluss durch die Allianzen mit den Herkunftsfamilien der Frauen vergrößert. »Jüngere Männer können in polygynen Gesellschaften erst spät heiraten, oder sie heiraten Witwen älterer Männer. Polygynie ist demnach in vielen Fällen Teil eines Systems von Alters- und Geschlechterhierarchien« (Beer 1999, 291).

57 Gewiss gibt es immer auch Mechanismen zur Milderung dieser Ungleichheiten, etwa dadurch, »daß die Mädchen früh, die Männer jedoch spät heiraten. So entsteht, wenn die Frauen mit 14 und die Männer mit 25 Jahren heiraten, ein Überschuß von 11 Ehejahren pro Frau, der sich auf Männer verteilt, die eine weitere Frau erwerben können« (Goode 1967, 92).

58 Denkbar als Legitimation für den Status des Unverheirateten wäre eine Art religiöses Virtuosentum, was aber bei den »steinzeitlichen« Rollen von Ingo und Henning nicht der Fall ist.

Umgang mit Kindern«) zum Trotz wäre eine über 60-Jährige ohne jegliche verwandtschaftliche Einbettung nicht ohne Weiteres angeworben worden, da bereits antizipierbar war, dass sie, zumal unter der Bedingung einer prekären Versorgungslage, in naher Zukunft der »Sippe« zur Last fallen würde.[59]

Die fiktive Gründungsgeschichte veranschaulicht, wohin das von Schlenker so emphatisch beschriebene »wunderbare«, sich souverän über Fakten hinwegsetzende Spekulieren führen kann. Der unverhohlen modernistische Blick auf Gemeinschaften des Spätneolithikums, der den Individuen eine von traditionalen Normen weitgehend gelöste persönliche Autonomie zubilligt, entwirft ein illusorisches und im schlechten Sinne naives Bild von dem Zusammenleben einer archaischen Gemeinschaft. Dieses Bild wird nicht mit einem Augenzwinkern vorgetragen, etwa als Karikierung moderner Lebensverhältnisse durch ihre Projektion auf die Steinzeit, sondern als reale Möglichkeit der Konstitution einer spätneolithischen Siedlungsgemeinschaft festgeschrieben: »Das, was bisher erzählt wurde, ist die gedachte Vorgeschichte, so wie sie hätte passieren können, so wie sie wohl auch immer wieder am Ufer des Bodensees passiert ist – ausgelöst vom ewigen Auf und Ab des Wasserspiegels« (Schlenker/Bick 2007, 17). Was die Realitätsferne angeht, steht das von Schlenker entworfene Szenario der Vorgeschichte des Weilers dem Plot, in welchem die Protagonisten von »Familie Feuerstein« ihr Wesen treiben, nicht nach, mit dem Unterschied allerdings, dass dessen Fiktionalität offensichtlich ist, Schlenkers Geschichte sich aber den Anschein gibt, sie könne sich tatsächlich so zugetragen haben. Die falsche ihr zugrunde liegende Annahme selbstbestimmter Individuen, die nicht eingebunden sind in ein Korsett traditionaler Verhaltensvorschriften – was Freiheitsgrade innerhalb dieser Vorschriften nicht ausschließt –, wird von Schlenker selbst den auf einem Zusammenleben ohne Anführer beharrenden Probanden vorgehalten und als ideologischer Import des 21. Jahrhunderts bezeichnet: »Einen Chef würde diese Gruppe aus Individualisten nicht so einfach akzeptieren. [...] Für uns war das eine hochinteressante Konstellation:

59 Kennzeichnend für eine egalitäre Gemeinschaft sind vergleichsweise große individuelle Freiheitsgrade bei der Wahl der Zugehörigkeit zu sozialen Gruppen (vgl. Woodburn 1982). Eine solche kann das hier beschriebene Szenario aber nicht meinen, da ja ausdrücklich die Existenz eines Häuptlings postuliert wird.

Würde das gut gehen, mit gesellschaftspolitischen Überzeugungen von heute in eine Zeit vor 5000 Jahren zu reisen?« (Schlenker/Bick 2007, 20). Und an späterer Stelle heißt es: »Noch in einer weiteren Hinsicht waren unsere Protagonisten in ihrer Neuzeitdenke verhaftet – und störten damit ihre eigenen Kreise empfindlich: Sie blieben ihren basisdemokratischen Idealen treu« (Schlenker/Bick 2007, 69). Unreflektiert bleibt, in welchem Ausmaß Schlenkers eigenes Szenario Ausfluss derselben »Neuzeitdenke«[60] ist, zudem mit einer inhaltlich ganz ähnlichen Ausrichtung, nämlich der Überbewertung des Individualismus.

4.3.3 »Wunderbare Spekulationen«

Die aus einer wissenschaftstheoretischen Perspektive bedenkliche Feier der Spekulation, die als Vorstufe einer Hypothese eine zwar notwendige Etappe im Forschungsprozess ist, aber eben doch nur eine Etappe und kein Selbstzweck, ist Ausdruck eines sich durch das ganze Buch ziehenden Musters.

Bei dem Versuch der Beantwortung der Frage, wie sich neolithische Alpenüberquerer denn »ohne Kompass und Karte« (Schlenker/Bick 2007, 95) orientieren konnten, verweist Schlenker auf ihr »Naturmenschentum« und eine damit einhergehende Kenntnis unter anderem kosmischer Zusammenhänge.[61] Sie zeige sich in den neolithischen Kreisgrabenanlagen wie der von Goseck (Ldkr. Weißenfels)[62], die zwischen 5000 und 4800 v.Chr., das heißt zu der Zeit der Stichbandkeramischen Kultur, verwendet wurde. Anscheinend konnten mit dieser Anlage die Sonnenwenden markiert werden (vgl. Schlosser 2006), was für sich genommen aber nicht ihre gewalti-

60 »Neuzeitdenke« ist ein Beispiel für den Text durchziehende Formulierungssalopperien und Wortschöpfungen, die in ihrer Anlehnung an die Jugendsprache vermutlich flott und unakademisch klingen sollen. Als weitere Beispiele ließen sich die folgenden anführen: »Er hat null Lust« (Schlenker/Bick 2007, 89); »War die Tour von Ingo und Henning nun 100 Prozent Steinzeit pur? Oder nur ein Retro-Event, inspired by 2006?« (Schlenker/Bick 2007, 154).

61 »Nun: Sie waren Naturmenschen und in der Deutung von Sonne und Sternenhimmel sicher großartig« (Schlenker/Bick 2007, 95).

62 Zu der Kreisgrabenanlage von Goseck vgl. Bertemes/Northe 2006; Bertemes/Schlosser 2004; Bertemes et al. 2004.

gen Ausmaße – der Durchmesser beträgt ca. 71 m – erklären kann. Deshalb wird angenommen, dass sich in oder bei ihr in zyklischen Abständen gemeinschaftsbedeutsame Aktivitäten wie Zeremonien, Rituale oder Feste zutrugen. Im weitesten Sinne hätte die Kreisgrabenanlage von Goseck demnach eine kalendarische Funktion gehabt und im Dienste der Bestimmung der Zeit, genauer von Zeitpunkten im Jahreslauf gestanden.[63] Was aber hat das mit dem Orientierungsvermögen von Alpenüberquerern zu tun, für die ja die Bestimmung des Ortes, an dem sie sich befinden, und des Weges, den sie gehen müssen, wichtig ist, ganz abgesehen davon, dass die Kreisgrabenanlage an einem anderen Ort zu einer anderer Zeit errichtet wurde? Die einzige denkbare Gemeinsamkeit besteht im Angewiesensein sowohl der Zeitbestimmung als auch der räumlichen Orientierung auf eine Beobachtung und Deutung der Himmelskonstellationen. Diese assoziative Zusammenziehung von beidem passt zu der »neolithischen Leistungsbilanz«, wie sie in dem einleitenden Abschnitt des Buches präsentiert wurde, einer plakativen Auflistung von »Höchstleistungen« verschiedener neolithischer Kulturen. Schlenkers Assoziationskette ist offensichtlich die folgende: Wenn die neolithischen Menschen derart beeindruckende astronomische Kenntnisse hatten, wie sie für die Errichtung einer so gewaltigen Anlage wie der von Goseck erforderlich waren, dann konnten sie sich auch bei einer Alpenüberquerung orientieren. Ohne das Wissen und die praktischen Fertigkeiten »Ötzis« als dem Vorbild der Alpenüberquerer des Experimentes in Frage zu stellen zu wollen, erscheint dieser Analogieschluss eingedenk des räumlichen und zeitlichen Hiatus zwischen der Stichbandkeramischen Kultur des Mittelelbe-Saale-Gebietes und der Horgener Kultur im Alpenraum sowie des Unterschiedes von Zeitbestimmung einerseits und Orientierung im Raum andererseits fragwürdig. Wie diese Verbindung hergestellt wird, ist aber instruktiv im Hinblick auf den forschungslogischen Stellenwert, welcher der Spekulation beigemessen wird (Schlenker/Bick 2007, 95):

> »Vielfache Deutungsversuche [der neolithischen Kreisgrabenanlagen, M.J.] gibt es, eine Theorie aber besagt: Von hier aus wurden der Himmel und die Sonne beobachtet. Einmal angenommen, das stimmt, dann stehen wir vor einer weiteren Frage: Diese gewaltigen Anlagen wurden nämlich bereits 2000 Jahre vor der Alpenüberquerung unse-

63 Zur Kritik an der vorschnellen Interpretation archäologischer Funde und Befunde als Kalender vgl. Rohde 2012.

> rer beiden errichtet – kann man denn davon ausgehen, dass dieses Wissen immer noch in der Welt war beziehungsweise überhaupt den Weg vom Norden an den Alpenrand gefunden hatte? Ja! Nein! Man weiß es einfach nicht! Aber vorstellbar wäre es schon«.

Es werden keine Argumente genannt, die für oder gegen die Annahme sprechen, dass das in die Errichtung der Kreisgrabenanlage eingegangene astronomische Wissen auch noch von spätneolithischen Alpenüberquerern geteilt wurde, vielmehr wird diese Annahme emphatisch bestätigt und im Anschluss sogleich verneint (»Ja! Nein!«), dann wird die Unkenntnis dieses Sachverhaltes eingeräumt (»Man weiß es einfach nicht!«) und sogleich ins Affirmative gewendet (»Aber vorstellbar wäre es schon«). Schlenker dreht damit die Beweislast um. Nicht er hat den Nachweis der Gültigkeit der von ihm formulierten Annahme anzutreten, die Beweislast liegt bei demjenigen, der eine Persistenz des astronomischen Wissens über Jahrtausende hinweg aufgrund der fehlenden Belege bezweifelt. Faktisch läuft dies auf eine Immunisierung seiner Ausführungen hinaus, denn auf jeden Einwand könnte er erwidern: »Das mag vielleicht unwahrscheinlich und unplausibel sein, aber vorstellbar ist es eben doch«.

In diesem Zusammenhang verdient auch die folgende Textstelle Aufmerksamkeit (Schlenker/Bick 2007, 164):

> »Das ganze Experiment war gespickt mit solchen Unwägbarkeiten [bei dem Versuch der Wiederherstellung steinzeitlicher Lebensbedingungen, M.J.]. Doch es ist immer eine Frage des Blickwinkels: Ist es schlimm, wenn man bestimmte Dinge nicht weiß oder wenn die Dinge nicht perfekt zusammenpassen? Oder ist es vielleicht sogar aufregend, immer wieder an Punkte zu gelangen, an denen sich auch die Wissenschaftler die Zähne ausbeißen?«

Die Einschätzung, ob die Unkenntnis bestimmter Sachverhalte »schlimm« oder »aufregend« ist, ändert an der Unkenntnis selbst nichts, und außerdem ist es irrelevant, welche psychischen Wertigkeiten jemand mit ihr verbindet. Ein kompetitives Moment im Verhältnis der für das Experiment Verantwortlichen zu den beteiligten Wissenschaftlern kommt hier zum Vorschein. Mit diesen fühlen jene sich auf Augenhöhe, und das kurioserweise im Bereich des Nichtwissens, was für sich genommen ja noch keine besondere Leistung bedeutet, aber wohl die Hoffnung nährt, die Wissenschaftler in ihrem eigenen Fach überbieten zu können.

> »Wir Wissenschaftsredakteure sahen die Mauern, gegen die wir immer liefen, nicht als Hindernisse, sondern als Möglichkeiten.«

Kann man von einer Krise behaupten, sie bedeute immer auch eine Chance als Möglichkeit einer Emergenz neuer Problemlösungsmuster, lässt sich dies nicht auf die Metapher von der Mauer übertragen, denn eine Mauer ist ein Hindernis und nichts anderes. Wenn sie von den Wissenschaftsredakteuren nicht als ein solches wahrgenommen wird, bedeutet das wörtlich genommen eine Realitätsverleugnung im Sinne einer »Positive Thinking«-Ideologie, die man mit den Worten umschreiben könnte: »Es gibt keine Hindernisse, was als ein solches erscheinen mag, ist in Wirklichkeit eine Herausforderung, die auch bewältigt werden kann«. Entsprechend werden die Mauern nicht als Hindernisse, sondern als »Möglichkeiten« kategorisiert. Selbst wenn man konzediert, eine Mauer könne zum Anlass dafür werden, Möglichkeiten ihrer Überwindung zu konzipieren, ist sie doch nicht mit diesen Möglichkeiten identisch.

> »Möglichkeiten, die oft kriminalistisches Nachdenken erforderten, die oftmals aber auch in fröhlichster Spekulation endeten.«

Was unterscheidet ein kriminalistisches Nachdenken von einem nichtkriminalistischen? Der Gegenstand, auf den sich dieses Nachdenken richtet, und der besteht im Falle kriminalistischen Nachdenkens in aufklärungsbedürftigen Straftaten. Diese wörtliche Bedeutung kann in Zusammenhang mit dem Experiment sicher ausgeschlossen werden, allenfalls wäre denkbar, dass eruiert werden soll, unter welchen Umständen »Ötzi« von der für ihn tödlichen Pfeilspitze getroffen wurde, aber das herauszufinden ist Sache der mit der Erforschung der Mumie befassten Facharchäologen und nicht der Wissenschaftsredakteure. Wenn also nicht die Erhellung von Geschehnissen in Zusammenhang mit einer Straftat gemeint sein kann, bleibt nur eine Verwendung von »kriminalistisch« in einem übertragenen Sinne, in welchem sie steht für das Erschließen einer Gesamtgestalt aus wenigen Spuren, für ein besonders subtiles, auch unscheinbaren Details Beachtung schenkendes Nachdenken, das sich zum Beispiel von einem solchen abgrenzt, dessen Aufgabe es ist, in einer Fülle von vorliegenden Daten qua Komplexitätsreduktion eine Gestalt zu erkennen. Die Wissenschaftsredakteure reklamieren für sich, scharfsinnig und detailversessen nachgedacht zu haben, was aber nur zu »fröhlichster Spekulation« geführt hat. Bezeichnet wird damit ein unrestringiertes, mehr von den Befindlichkeiten der Spekulierenden als von der Sache geleitetes Assoziieren und Drauflosdenken, was zugleich eine Distanzierung von dem skeptischen Bedenkenträgertum der Wissenschaftler bezeichnet.

4.3.4 Der dem Experiment zugrunde liegende Regelkatalog

In einem hinsichtlich des Selbstverständnisses der für das Experiment Verantwortlichen aufschlussreichen Kapitel des Buches werden die dem Experimentsetting zugrunde liegenden Normen erläutert. Es ist betitelt: »Living Science – Unsere Regeln bei der Produktion« (Schlenker/Bick 2007, 39–41).

> »Beim Fernsehen ist das ja so eine Sache: Man kann alles ›stellen‹ und Dinge, die nicht so klappten, nochmals drehen, ja, man könnte sogar, wenn einem Regisseur der Lauf der Dinge nicht gefallen würde, im Schnitt das Material so zusammensetzen, dass ein Sachverhalt eine andere Richtung erhält – all dies trägt zu Vorbehalten und Vorurteilen bei, die nicht wenige Zuschauer dem Fernsehen gegenüber haben und die auch jeder Fernsehmacher kennt.«

Dass Einstellungen wiederholt werden können und der Regisseur die Möglichkeit hat, sich nicht nur bei der Aufnahme, sondern auch bei der Nachbereitung einzuschalten, ist durchaus nicht fernsehspezifisch, wie die etwas neckisch-augenzwinkernde Einleitung »Beim Fernsehen ist das ja so eine Sache« vorgibt, vielmehr gilt dies für die Produktion von Filmen generell. Schlenker deklariert diesen Sachverhalt zu einer Art Geständnis. Dieses Vorgehen ist aber nicht per se kritikwürdig, sondern erst dann, wenn eine Sendung vorgibt, als Dokumentation einen Aspekt der Realität zu übermitteln, während es sich faktisch um eine Inszenierung handelt. Von Dokumentationen freilich ist gar nicht ausdrücklich die Rede, es wird von Fernsehproduktionen im Allgemeinen gesprochen. An den genannten Manipulationsmöglichkeiten, die erst einmal nur das Handwerkszeug von Filmschaffenden beschreiben, sollen sich die »Vorbehalte und Vorurteile« der Fernsehzuschauer entzünden, wie ohne Bewertung der Berechtigung dieser Vorurteile festgestellt wird. Wie ist der Hinweis zu verstehen, »auch jeder Fernsehmacher« kenne sie? Bedeutet dies, dass die »Fernsehmacher« häufig mit diesen Vorurteilen konfrontiert werden, oder haben sie in dem Wissen um die Manipulationsmöglichkeiten ein generelles Schuldbewusstsein? Was auch immer gemeint ist: An dem eigentlichen Problem, den aus dem Fernsehdispositiv resultierenden Gestaltungsimperativen, gehen diese Ausführungen vorbei.

> »Nun, wie begegnet man so einem Misstrauen, dass Fernsehen eine Manipulationsmaschine ist?«

Vor dem Hintergrund der Sendungsanalyse ist »Manipulationsmaschine« ein gar nicht unpassender Begriff für die fernsehspezifische Aufbereitung von Realität, weil er nicht nur das Systematische der Eingriffe zum Ausdruck bringt, sondern auch die quasi maschinelle Bewusstlosigkeit, mit der sie vollzogen werden, gründen sie doch in den Struktureigenschaften des Mediums, nicht in einem »bösen Willen« der Beteiligten.

> »Zunächst war uns allen klar: Wichtig war eine klare Experimentalanordnung, in der die Protagonisten keinen Kontakt zur Jetztwelt haben sollten.«

Offensichtlich wird nur das »Steinzeitexperiment« gegenüber diesen Vorwürfen verteidigt, nicht das Medium als solches. Ob es für das Gelingen des Experimentes sinnvoll ist, die Probanden gänzlich von der »Jetztwelt« abzuschotten, sei dahingestellt, aber inwiefern ist diese »Kontaktsperre« dazu geeignet, Manipulationsvorwürfe zu entkräften? Vielleicht denkt der Verfasser daran, die Manipulationsgefahr werde minimiert, wenn keine Außenkontakte bestehen und die Fernsehverantwortlichen so gar nicht erst in Versuchung geraten, diese nachträglich zu vertuschen. Das aber würde ihnen unterstellen, zu manipulierenden Eingriffen grundsätzlich bereit zu sein, und weil bei ihnen nicht auf eine professionsethische Bindung (oder ein Analogon hierfür) vertraut werden könnte, sind explizite Normen erforderlich. Zugleich wäre dies auch ein Beleg für die Berechtigung der angeführten Vorbehalte der Zuschauer. Nicht als »Kontakt zur Jetztwelt« verbucht wird offenbar der Kontakt der Probanden zu den sie umgebenden Kameraleuten und Tontechnikern.[64]

64 Ein Bild in dem Begleitbuch (Schlenker/Bick 2007, 40) zeigt eindrucksvoll, wie nahe diejenigen, welche die Aufzeichnungsgeräte bedienten, den Probanden im »steinzeitlichen« Alltag waren. Entsprechend lautet auch die Bildunterschrift: »Fast immer dabei: Kamera- und Tonmann heften

> »Nur: Unsere Alpenwanderer zum Beispiel würden auf Schritt und Tritt dem Jahr 2006 und seinen Menschen begegnen. Wie sollten wir damit umgehen? Und gab es Situationen, in denen wir als Projektleitung eingreifen würden beziehungsweise müssten?«

Lässt sich die Abgeschlossenheit von der Umwelt bei den in dem nachgebauten Weiler wohnenden Probanden noch halbwegs durchhalten – so fragwürdig die zugrunde liegende Autarkievorstellung auch sein mag –, ist das bei den Alpenüberquerern unmöglich. Da die Fülle der denkbaren Kontaktsituationen während der langen Wanderung nur schwer zu antizipieren ist, wird es entweder eine elaborierte, auf alle Eventualitäten vorbereitete Kasuistik geben, oder aber es wird von dem Fernsehteam jeweils von Fall zu Fall entschieden, wie mit Ingos und Hennings Kontakten mit der Gegenwart »umgegangen« werden soll.

> »Aus den Erfahrungen mit unserer ersten Zeitreise ›Schwarzwaldhaus 1902‹ heraus hatten wir uns eine ›Selbstverpflichtungsbibel‹ auferlegt, einige Grundregeln, an die sich alle – Team, Helfer, Protagonisten – strikt zu halten hatten.«

In der ersten »Zeitreise« lebte eine fünfköpfige Familie zwei Sommer- und zwei Wintermonate in den simulierten Lebensbedingungen Schwarzwälder Kleinbauern des Jahres 1902. Daraus entstand die vom SWR produzierte vierteilige Reihe »Schwarzwaldhaus 1902«, die im Dezember 2002 ausgestrahlt wurde.[65] Aufgrund der dabei gewonnenen Erfahrungen wurde – von wem, wird nicht ausdrücklich gesagt – ein Katalog von »Grundregeln« aufgestellt. Vermutlich haben die »Fernsehmacher« diese Vorgaben sowohl für sich wie für die anderen Beteiligten festgelegt, obgleich die Bezeichnung »*Selbst*verpflichtungsbibel« eigentlich besagt, dass diese Normen von allen selbstgesetzte waren. Objektiv käme darin ein Kryptoautoritarismus des Fernsehens zum Ausdruck, das vordergründig »auf Augenhöhe« mit den Probanden agiert, doch in Wirklichkeit die Fäden in der Hand hält und die Spielregeln bestimmt. Die Bezeichnung des Nor-

sich an die Fersen der Protagonisten«, ohne dass der darin enthaltene Widerspruch zu dem Postulat der grundsätzlichen Unterbindung eines »Kontaktes zur Jetztwelt« kommentiert würde.

65 Auch diesen Probanden wurde eine einwöchige Trainingswoche in einem Freilichtmuseum zuteil. Zum »Schwarzwaldhaus« vgl. die Darstellung der Probandenfamilie Boro (Boro et al. 2003).

menkataloges als »Bibel« stilisiert ihn zu einem ehernen Gesetz, sie hat darüber hinaus noch die Implikation einer prinzipiellen Auslegungsbedürftigkeit für eine Anwendung im Einzelfall. Leicht lässt sich voraussehen, wie vor allem bei der Alpenüberquerung permanent Situationen entstehen, die zu einer Diskussion über die richtige Anwendung dieser »Grundregeln« Anlass geben. Das Problem des »Umgangs« mit solchen Kontaktsituationen ist durch die bloße Kodifizierung noch nicht hinfällig.

Es folgt die Nennung und Erläuterung der sechs »Grundregeln«.

> »1. Unsere Protagonisten führen!
>
> Da ›Steinzeit‹ eine Dokumentation und kein Spielfilm war, arbeiteten wir keinen Drehplan mit unseren Protagonisten ab, sondern wir begleiteten sie in ihrem Alltag. Deshalb kein ›Könntest du gerade noch mal aufstehen und durch die Tür gehen!‹ und auch kein ›Morgen drehen wir Ernten‹. Was geschah, geschah, weil es unsere Protagonisten so beschlossen hatten.«

Diese Ausführungen umschreiben die Minimalbedingungen für eine Produktion mit dokumentarischem Anspruch. Die Betonung der Entscheidungsfreiheit ignoriert das Ausmaß des von dem Fernsehen bestimmten Settings und damit die faktisch sehr eingeschränkten Wahlmöglichkeiten der Probanden, die eben nur in diesem vorgegebenen Rahmen »führen« konnten. Außerdem wäre es durchaus eine Überlegung wert, ob es für das geregelte Durchführen von Experimenten nicht sinnvoller gewesen wäre, wenn Fachleute dann bereits eingegriffen hätten, wenn die Probanden Entscheidungen trafen, die, gemessen an dem archäologischen Wissen über spätneolithische Lebensbedingungen und -vollzüge, falsch sind. Tatsächlich liegt der Fokus auf der Frage, wie Menschen der Gegenwart unter simulierten »Steinzeit«-Bedingungen zurechtkommen, und nicht auf einem (im Rahmen des vorhandenen Wissens) möglichst authentischen Ressourcen- und Gerätegebrauch.

> »Wichtig dabei war: Wenn sie eindeutig fehlerhafte Entscheidungen treffen sollten (weil sie zum Beispiel die herannahende Regenfront auf der Alpentour nicht erkennen), dann würden wir sie auf keinen Fall korrigieren, sondern erst eingreifen, wenn die Lage es unbedingt erfordern würde. Fehler und ihre möglichen Konsequenzen waren unverzichtbare Teile der Experimentanordnung.«

Damit wird die Entstehung von Krisensituationen befördert, mit denen kein greifbarer archäologischer Erkenntnisfortschritt verbunden ist. Den Krisen werden die Probanden als in der Welt der Gegenwart Sozialisierte ausgesetzt, aber eben nicht als Probanden, die bei sich abzeichnenden ernsthaften Schwierigkeiten, deren Anzeichen sie nicht zu deuten wissen, Unterstützung durch Fachleute erhalten. »Unverzichtbare Teile der Experimentanordnung« könnten diese Krisen nur dann sein, wenn das Experiment ein sozialpsychologisches wäre. Die bei den Probanden aufgetretenen Zweifel, »ob das Ganze nicht vielleicht eher ein groß angelegtes soziales Experiment darstellt nach dem Motto: wie verhält sich eine Gruppe in einer Extremsituation?« (Burberg 2006/07, 48), erweisen sich daher als durchaus berechtigt.

> »2. Alles was passiert wird dokumentiert!
>
> Kein Zweifel: Es würde immer wieder vorkommen, dass wir die Steinzeit verlassen müssten; zum Beispiel war klar, dass unsere Protagonisten bei schwereren Krankheiten oder Verletzungen unverzüglich die medizinische Hilfe der Jetztzeit bekommen würden. Aber alle diese Abweichungen würden gefilmt werden, denn für uns war ja auch diese Frage spannend: Inwieweit sind Steinzeitbedingungen in unserer zersiedelten, industrialisierten Welt überhaupt noch herstellbar?«

Das Dokumentieren des ganzen Geschehens in Bild und Ton bedeutet freilich nicht, dass der Zuschauer es in den Sendungen auch zu sehen bekommt. Der Verfasser prätendiert hier, die Aufzeichnung allein wäre schon ein Argument gegen den Manipulationsvorwurf, während gerade das Übergehen der Diskrepanz zwischen Aufgezeichnetem und Ausgestrahltem diesen Vorwurf virulent werden lässt. Aufschlussreich ist das zur Verdeutlichung gewählte Beispiel der »schwereren Krankheiten oder Verletzungen«: Angenommen, einer der Probanden bräche sich ein Bein – dann würde er in ein Krankenhaus gefahren und dort medizinisch versorgt werden, und das Fernsehen wäre die ganze Zeit zugegen und filmte diese »Abweichung«. Der Frage, in welchem Ausmaß sich noch »Steinzeitbedingungen in unserer zersiedelten, industrialisierten Welt« herstellen lassen, käme man mit dem anlässlich dieses Beinbruchs aufgenommenen Material nicht näher. Deutlich wird in dieser verqueren Argumentation der Versuch, aus der Not der Nichtrestituierbarkeit steinzeitlicher Lebensbedingungen eine Tugend durch die Dokumentation dieser Nichtrestituierbarkeit zu machen.

> »3. Was jünger ist als 3300 v.Chr. wird abgegeben!
>
> Sollten unsere Protagonisten an Gegenstände gelangen, die nicht steinzeitlich sind, müssten sie diese beim Kameramann abgeben. Das gesamte Umfeld der Sippe sollte der Steinzeit so nah wie nur irgend möglich kommen. Sie sollte mit den Mitteln von 3300 v.Chr. die Vergangenheit erleben.
>
> Immer wieder war es unvermeidlich, dass Neuzeitliches in das Dorf gelangte; zum Beispiel wird der Bolzenschussapparat beim Schlachten gesetzlich zwingend vorgeschrieben. Lediglich zwei neuzeitliche ›Accessoires‹ waren bereits von Anfang an im Dorf erlaubt: eine Zeckenzange und eine Schachtel Tampons.«

Für das Experiment ist es konstitutiv, die Probanden zunächst einmal mit den Bordmitteln des Spätneolithikums auskommen zu lassen. So einsichtig diese Norm ist, so sehr befremdet ihre Formulierung. Wie ein Vergleich mit einer Alternative wie zum Beispiel: »Was jünger ist als 3300 v.Chr. wird nicht verwendet« zeigt, unterstellt sie eine permanente Neigung der Probanden, sich moderne Gegenstände zu verschaffen und diese zur Erleichterung ihrer Tätigkeiten auch zu gebrauchen. Wie aber hätte dieser Gebrauch unter der Bedingung einer fast ununterbrochenen Aufzeichnung ihres Handelns aussehen können? Und was rechtfertigt das generelle Misstrauen gegenüber den Probanden? Das als Kryptoautoritarismus bezeichnete Syndrom, das sich mit dem jede Vertrauensgrundlage zerstörenden, Lenin zugeschriebenen Diktum »Vertrauen ist gut, Kontrolle ist besser« paraphrasieren lässt, findet hier eine Bestätigung. Kontrollinstanz ist der zwischen den Organisatoren und den Probanden stehende Kameramann, der fast wie ein Kapo agieren soll. An modernen Gegenständen waren nur eine Zeckenzange sowie Tampons zugelassen, man mutete es den Probanden nicht zu, für diese Objekte »steinzeitliche« Substitute zu gebrauchen, während sie beispielsweise für Zahnbürsten und Toilettenpapier funktionale Äquivalente finden mussten.[66]

66 »Wir hatten sogar eine Stecknadel, die wir in einem Balken steckend gefunden haben. Sie wurde von uns sorgfältig vor dem Filmteam verborgen und oft gebraucht, denn Splitter, vor allem in den Füßen, gab es genügend« (Burberg 2006/07, 47). Wie grotesk dieses unwürdige Versteckspiel

»4. Kein Nachrichtenfluss ins Dorf!

Die Kommunikation mit den Protagonisten unterstand während des achtwöchigen Drehs einer strengen Selbstkontrolle. Keine Hinweise, keine News, keine Fußballergebnisse, selbst bei Weltereignissen erst Rücksprache mit der Projektleitung.

Ein Beispiel dazu: Bei den Dreharbeiten zu ›Schwarzwaldhaus 1902‹ hatten wir besprochen, ob und wie wir Familie Boro über den 11. September informieren – und das haben wir dann gedreht.«

Der materiale Sinn dieser Vorgabe kann nur sein, die Probanden nicht durch Nachrichten über Tagesereignisse in ihrem »going native« abzulenken. Würden diese Nachrichten ihre Gespräche in der simulierten Steinzeit bestimmen, wäre das dem angestrebten Anschein von Authentizität abträglich. Dann müsste man konsequenterweise aber auch Unterhaltungen verbieten, die Aspekte der Gegenwart oder auch der Biographien der Probanden betreffen.[67] Illustriert wird diese Regel mit einem Beispiel aus der Produktion von »Schwarzwaldhaus 1902«, während der sich die Terroranschläge vom 11. September 2001 ereigneten. Die Projektleitung musste erst darüber konferieren, ob sie die Probandenfamilie Boro über diese Ereignisse in Kenntnis setzt oder nicht. Unklar ist, ob sich das »und das haben wir dann gedreht« auf die Beratschlagungen der Projektleitung oder auf die Übermittlung der Nachricht an die Probanden bezieht. Beides ist für den Nachvollzug des bäuerlichen Lebens zu Beginn des 20. Jahrhunderts belanglos, für das Fernsehen

war, zeigt sich angesichts der Tatsache, dass den Probanden gleichzeitig »Desinfektionsmittel und Verbandszeug« (Burberg 2006/07, 47) zur Verfügung gestellt wurde.

67 Eine die Fragwürdigkeit dieser Vorgabe offenbarende Folge war auch, dass den Alpenüberquerern Informationen über das Schicksal der in dem Weiler verbliebenen Probanden vorenthalten wurden: »Ingo und Henning versuchten immer wieder herauszubekommen, ob die anderen denn noch im Dorf seien oder ob sie vielleicht doch alles hingeworfen hätten. Aber wir hielten dicht. Schließlich gab es vor 5000 Jahren solche Informationen auch nicht« (Schlenker/Bick 2007, 143). Hierin manifestiert sich die Künstlichkeit des ganzen Arrangements, denn obwohl einerseits auch Wanderer im Neolithikum keine aktuellen Nachrichten aus ihrem Heimatdorf erhalten konnten, hatten dessen Einwohner andererseits auch gar nicht die Möglichkeit, »alles hinzuwerfen« und aus ihren Lebensbedingungen auszusteigen.

aber ein dankbarer Anlass, sich selbst in Szene zu setzen und zum Gegenstand der Berichterstattung zu machen.

> »5. Erfinden dürften sie alles!
>
> Wenn unsere Protagonisten mit ihren steinzeitlichen Mitteln neuzeitliche Produkte herstellen würden, so wäre das von unserer Seite aus in Ordnung gewesen. Rein theoretisch hätten sie einen Satellitenreceiver bauen können, vorausgesetzt sie hätten ihn mit den Materialien Holz, Stein und Horn hingekriegt.
>
> Gerechnet hatten wir allerdings eher mit unspektakuläreren Errungenschaften: neolithische Pizza, Steinzeit-Spaghetti, Wollschwein-Kebab…«

Die Vorstellungskraft der Projektleitung hinsichtlich der Kreativität der Probanden erschöpft sich im Kulinarischen, und in diesem Bereich gibt es auch keine beschränkenden Vorgaben, was eine Orientierung an Gerichten der Gegenwart angeht. Begründet wird die Laxheit dieser Norm, die in Widerspruch zu der Strenge der anderen steht, nicht, es wird lediglich gesagt, Erfindungsreichtum auf der Grundlage des Wissens des 21. Jahrhunderts wäre von »unserer Seite aus in Ordnung« gewesen. Auch diese Begründungslosigkeit belegt das kryptoautoritäre Arrangement, in dem das Fernsehen bei aller ostentativen Liberalität und Fürsorglichkeit faktisch wie ein der Begründungspflicht enthobener Befehlshaber agiert.

> »6. Ernst zu nehmende Schwierigkeiten – erst mal selber helfen!
>
> Tauchten ernste Schwierigkeiten mit den steinzeitlichen Lebensbedingungen auf, so wollten wir stets so vorgehen:
>
> Erster Schritt: Das Problem wird dokumentiert.
>
> Zweiter Schritt: Die Sippe muss zunächst versuchen, diese Probleme steinzeitlich zu lösen.
>
> Dritter Schritt: Erst wenn alles scheitert, greifen wir von außen ein und halten das wiederum mit der Kamera fest.«

Die Doppelpunktkaskade suggeriert eine bei genauerer Betrachtung brüchige Strukturiertheit. Zunächst einmal bezieht sich die Ermahnung »erst mal selber helfen!« auf eine den Probanden unterstellte Bereitschaft, in Krisensituationen das Experimentsetting vorschnell verlassen und auf externe Hilfe zurückgreifen zu wollen. Überhaupt fragt sich, wem eigentlich die Definitionshoheit bezüglich der Frage zukommt, ob eine Schwierigkeit als ernst zu kategorisieren ist oder nicht. Das aus drei Schritten bestehende Vorgehen hebt an mit der Dokumentation des Problems; die ausdrückliche Nennung der Problemdokumentation verwundert ein wenig, da doch ohnehin das ganze Geschehen in Bild und Ton aufgezeichnet werden soll. In einem zweiten Schritt haben die Probanden zu versuchen, »steinzeitliche« Problemlösungen zu finden, wobei »steinzeitlich« heißt: mit der Ausrüstung eines spätneolithischen Menschen, aber ohne sein Know-how. Ob diese Problemlösungsbemühungen auch dokumentiert werden, wird nicht ausdrücklich gesagt, ist aber wohl anzunehmen. Im Falle des Scheiterns dieser Bemühungen greift das Fernsehteam dann in einem dritten Schritt ein. Auch hier ist fraglich, wer festlegt, wann »alles« gescheitert und eine Intervention unumgänglich ist. Die Dokumentation dieser Eingriffe wird wiederum ausdrücklich erwähnt.

Von den sechs »Grundregeln« wird gesagt, dass sich an sie »alle – Team, Helfer, Protagonisten – strikt zu halten hatten«, als ob sie für die genannten Personengruppen in gleicher Weise bindend wären. Tatsächlich sind die Adressaten der einzelnen Bestimmungen verschiedene. Die Regeln 1 (»Unsere Protagonisten führen!«), 2 (»Alles was passiert wird dokumentiert!«) und 5 (»Erfinden dürften sie alles!«) richten sich an das Fernsehteam, die Regel 4 (»Kein Nachrichtenfluss ins Dorf!«) richtet sich an das Fernsehteam und die Helfer, die Regeln 3 (»Was jünger ist als 3300 v.Chr. wird abgegeben!«) und 6 (»Ernst zu nehmende Schwierigkeiten – erst mal selber helfen!«) schließlich wenden sich an die Probanden.

Erinnert sei daran, dass der Kontext, in welchem die sechs »Grundregeln« genannt und erläutert worden sind, gelautet hat: »Nur: Unsere Alpenwanderer zum Beispiel würden auf Schritt und Tritt dem Jahr 2006 und seinen Menschen begegnen. Wie sollten wir damit umgehen? Und gab es Situationen, in denen wir als Projektleitung eingreifen würden beziehungsweise müssten?«. Bezogen darauf hat Schlenker nach einem Verweis auf die in Zusammenhang mit der Produktion »Schwarzwaldhaus 1902« gewonnenen Erfahrungen die sechs »Grundregeln« aufgelistet. Bezieht man sie auf die Frage der Gewährleistung von »Steinzeitlichkeit« insbesondere bei den beiden Alpenüberquerern, dann erscheinen sie in ihrer Allgemeinheit und ihrem Zuschnitt auf die in dem Weiler verbliebenen Probanden als nicht sonderlich nützlich. Im Hinblick beispielsweise auf Situationen des Kontaktes der Probanden mit anderen Menschen und das damit für die Projektleitung verbundene Problem, wann und auf welche Weise ein Eingreifen geboten ist, findet sich unter diesen Vorgaben keine, die dabei hilfreich wäre. Der Erläuterung bedürfte vor allem, wie die Regel 4 (»Kein Nachrichtenfluss ins Dorf!«) sinngemäß auf die beiden Wanderer übertragen werden kann, das heißt wie verhindert werden soll, dass sie Informationen aus der Welt des 21. Jahrhunderts, in der sie sich bewegen, zur Kenntnis nehmen. Die Struktur dieses Abschnittes erinnert an die der interpretierten Passagen des Sendungstranskriptes: Aufmerksamkeitsheischende Fragen und Ankündigungen werden formuliert, die nachfolgenden Antworten und Ausführungen sind aber unbefriedigend: Ankündigungen werden nicht gefüllt, Klammern nicht geschlossen, Übergänge sind weniger diskursiv als assoziativ.

4.3.5 Das Fernsehen als »Befehlshaber«

Das Agieren des Fernsehens haben wir mit dem eines »Befehlshabers« verglichen, der seine Anordnungen ohne Rücksichten auf die von ihnen Betroffenen verkündet. Diese Diagnose mag überpointiert erscheinen, weil ihre Indikatoren bislang doch eher subtil gewesen sind, weshalb wir auch von einem Kryptoautoritarismus gesprochen haben. Ihre Berechtigung zeigt sich in einer von Schlenker berichteten (und bezeichnenderweise nicht ausgestrahlten) Episode (Schlenker/Bick 2007, 111f.), die einen klaren Übergriff des Regisseurs bedeutet. Schlenker schildert sie unter dem Titel »Ein experimentierfreudiger Regisseur und unerwünschte ›Erntehelfer‹«.

> »Als am 17. August zum ersten Mal nach langer Zeit der Himmel zu einem strahlend schönen Sommertag aufreißt, kommt überhaupt keiner aufs Feld. Sie alle hätten nach den harten ersten Wochen einen Erholungstag gebraucht und mal richtig Sonne getankt, erklärt Britta später. Menschlich sei das völlig nachvollziehbar und verständlich, meinte Regisseur Martin Buchholz, aber leider völlig unsteinzeitlich.«

Der Regisseur wird hier als jemand vorgestellt, der intime Kenntnisse davon hat, was als adäquates steinzeitliches Verhalten einzustufen ist und was nicht. So kann er mit Bestimmtheit einen sonnigen Erholungstag nach Wochen der Nässe und Kälte als »völlig unsteinzeitlich« beurteilen. Vielleicht ist damit gemeint, dass das freundliche Wetter von dem spätneolithischen Menschen für dringend anstehende Arbeiten wie das Einbringen der Ernte genutzt worden wäre, nicht zur Regeneration. Andererseits könnte man in der Regeneration auch ein Kräftesammeln für den bevorstehenden Ernteeinsatz sehen. Und selbst wenn Buchholz zu dieser Einschätzung gelangte, müsste sie für das Experiment gemäß der Regel 1 (»Unsere Protagonisten führen!«) folgenlos sein. Wenn diese Regel gilt, dann ist es dem Regisseur freigestellt, sich seinen Teil über die Probanden und ihr Handeln zu denken, aber Einfluss auf den weiteren Experimentverlauf dürfte er nicht nehmen – zumal der Regelkatalog ja ausdrücklich vorsieht, dass die Probanden Probleme, die sie sich selbst »eingebrockt« haben, erst einmal mit den ihnen zur Verfügung stehenden Mitteln zu lösen versuchen sollen.

> »Und außerdem war er auch des tagelangen Argumentierens und Gegenargumentierens leid: Warum und wie man am besten und vor allem sofort ernten sollte contra warum, weshalb und wieso jetzt gerade nicht – dieser Worte waren genug gewechselt, fand Buchholz und er beschloss, einen medialen Erstschlag zu führen.«

Hier bleibt unausgesprochen, ob es sich um einen Austausch von Argumenten zwischen den Probanden handelte, den Buchholz über Tage hinweg verfolgte, oder ob er an dem Austausch selbst beteiligt war. Jedenfalls beschloss er, ganz wie der Direktor in dem »Vorspiel auf dem Theater«, das Goethe seinem »Faust« voranstellte, »der Worte sind genug gewechselt« und es sei nun an ihm, Taten einzufordern. Dies bestätigt die »Befehlshaber«-Lesart nicht nur im Hinblick auf die Deutungs- und Entscheidungshoheit, die, ganz im Gegensatz zu dem von Regel 1 Behaupteten, dem Regisseur zukommt, sondern auch in der Wortwahl. »Erstschlag« ist eine genuin militärische Vokabel, die einen Angriff mit Atomwaffen meint, der das Ziel hat, die Nuklearwaffen des Gegners zu zerstören, damit es ihm unmöglich ist, mit diesen zu reagieren und zu einem »Zweitschlag« anzusetzen. Zu diesem Zweck wurden bestimmte, auch als »Erstschlagwaffen« bezeichnete Waffensysteme wie die amerikanischen Pershing- oder die sowjetischen SS-20-Raketen entwickelt. Man kann in Anbetracht dieser Ankündigungen davon ausgehen, dass der Regisseur auch im übertragenen Sinne »schwere Geschütze« gegen die Probanden auffahren wird. Wie aber könnte ein »medialer Erstschlag« beschaffen sein? Denkbar wäre eigentlich nur ein über ein Medium vermittelt erfolgender Schlag oder aber ein solcher, der von dem Medium selbst geführt wird. Bezogen auf den vorliegenden Fall kann dies nur eine Intervention des Regisseurs meinen: Entweder tritt er selbst vor die Kamera und verkündet im Fernsehen seine Meinung über das Verhalten der Probanden oder er nutzt die Macht des Mediums, um die Probanden mit seiner Kritik in einer Weise zu konfrontieren, mit der sie nicht rechnen, auch weil die Möglichkeit derartiger Machtdemonstrationen im Regelkatalog nicht vorgesehen ist. In jedem Fall liegt eine Asymmetrie zwischen Regisseur und Probanden vor, weil diese sich nicht derselben Mittel wie er bedienen können, anders übrigens als in dem bemühten Bild des nuklearen Erstschlages, bei dem die Kriegsparteien über ähnliche Waffensysteme verfügten, durch die sie im Prinzip beide dazu in der Lage gewesen wären, einen Erstschlag zu führen. Damit wird auch die Brüchigkeit der Metapher vom »medialen Erstschlag« deutlich, die überdramatisierend ist, wenn nur ausgedrückt werden soll, dass der Regisseur offenbar etwas vorhat, womit die Probanden nicht rechnen und was eine Reaktion von ihrer Seite provozieren wird.

> »Er bat drei Leute aus dem Umfeld der Fuchsenlohe auf das Feld, gab ihnen drei große Körbe, drei Sensen und den Auftrag: ›Füllt diese Körbe so schnell, wie ihr könnt‹. Achtzehn Minuten später war die Arbeit getan.«

Ohne dass es den »Grundregeln« gemäß geboten gewesen wäre, ohne dass also ein Notfall vorgelegen hätte, mischt sich der Regisseur von außen massiv in das Experiment ein, indem er ohne Absprache mit den Probanden und ohne sie auch nur davon in Kenntnis zu setzen drei Personen anheuert, die auf dem Getreidefeld ernten sollen. Das bedeutet einen erheblichen Eingriff in die den Probanden durch den Normenkatalog zugesprochene Autonomie, es ist ein klarer, mit planender Bewusstheit vollzogener Normenbruch, und die Probanden werden nicht anders als empört auf ihn reagieren. Wieso diese Initiative als »medialer Erstschlag« bezeichnet wird, erschließt sich nicht – allenfalls könnte man sagen, das Fernsehen spiele seine Macht als Organisator des Experimentes aus. Ziel dieses Übergriffs ist es offensichtlich, die Probanden in ihrer Unfähigkeit, die Getreideernte zu organisieren, vorzuführen und sie bloßzustellen, denn ansonsten hätte man ihnen wenigstens eine Art Ultimatum stellen und mit Konsequenzen drohen können, falls sie die Ernte nach Ablauf einer

Frist noch immer nicht eingebracht haben sollten. Aber auch dieses die Probanden weniger brüskierende Vorgehen hätte einen Verstoß gegen den Regelkanon bedeutet.[68]

> »›Ich ›wollte nur mal wissen, ob und wie schnell das Ernten geht, wenn man es einfach nur entschlossen angeht‹‹«, erklärte Buchholz sein Vorgehen.«

Das »Ich wollte nur mal wissen« betont die Beiläufigkeit des Handelns von Buchholz und hat die Funktion einer Kaschierung der mit der Intervention verbundenen Aggression gegen die Probanden. Er beruft sich nach dem Muster kindlicher Exkulpationsversuche auf ein unschuldiges Erkenntnisinteresse. Die eigentliche Bedeutung der Intervention, eine eklatante Verletzung der selbstgesetzten Normen, die vermutlich eine Unterhöhlung des Vertrauensverhältnisses zu den Probanden zur Folge hatte, wird nicht erwähnt, geschweige denn kommentiert. Diese für das Arrangement des ganzen Experimentes außerordentlich aufschlussreiche Episode wird dem Zuschauer in den vier Folgen vorenthalten, als hätte sie nie stattgefunden – und das, obwohl den Diskussionen in Zusammenhang mit der Ernte doch soviel Sendezeit eingeräumt worden ist.

> »Die Wirkung dieses scheinbar harmlosen Arbeitsexempels war überraschend durchschlagend und explosiv: Britta, die zufällig des Weges kam, registrierte die Aktivitäten auf ›ihrem‹ Feld mit Erstaunen und berichtete natürlich gleich im Dorf davon.«

Wenn der Verfasser das von Buchholz statuierte Exempel als nur »scheinbar« harmlos bewertet, dann kann er seine Wirkung nicht zugleich als überraschend bezeichnen, denn nur wenn er es tatsächlich harmlos fände, könnte ihn die Heftigkeit der Wirkung überraschen. Der Satz hinter dem Doppelpunkt löst nicht ein, was man aufgrund des vor dem Doppelpunkt Stehenden erwartet, nämlich die Darstellung der unmittelbaren, explosiven Reaktionen der Probanden auf das Handeln von Buchholz und der von ihnen gezogenen Konsequenzen. Stattdessen erfährt man, auf welchem Wege die Nachricht von den Ernteaktivitäten die Probanden erreichte. Zwar

68 Im Übrigen waren die Körbe der von dem Regisseur angeheuerten »Erntehelfer« nur deshalb so rasch gefüllt, weil sie die Ähren mit den Halmen ernteten, und nicht nur die Ähren, wie es die Probanden tun sollten (pers. Mitt. M. Burberg).

wird auch mitgeteilt, wie Britta angesichts der von dem Regisseur angeordneten Maßnahme reagierte, aber ihr »Erstaunen« wird man kaum ernsthaft als »explosiv« bezeichnen wollen. Dies bietet ein Exempel dafür, wie sich die »Doppelpunktrhetorik« gegenüber den zu schildernden Sachverhalten verselbständigt und zum Mittel einer mechanistischen Textproduktion wird, was eigentümlich mit der Lebendigkeit kontrastiert, die sie erzeugen soll.

> »Martin Burberg erkannte sofort, was Buchholz da gemacht hatte: Er nahm ihm, Martin, seine Begründungen für den verhaltenen Ernteeinsatz nicht mehr unhinterfragt ab, sondern versuchte, sie in Bild und Ton zu widerlegen. Für die Sippe war das eine Kampfansage.«

Die Bedeutung der Tat des Regisseurs bedarf keiner langwierigen Rekonstruktion, sie ist für Martin unmittelbar evident. Es liegt ein schwerwiegender Verstoß gegen das Arrangement vor, nach dem die Probanden »führen«, also in den simulierten steinzeitlichen Lebensbedingungen so handeln sollen, wie sie es für richtig und angemessen halten, auch wenn sie damit für Außenstehende erkennbar in Krisen geraten werden. Insofern ist nicht erst der Ernteeinsatz durch Personen, die mit dem Experiment nichts zu tun haben, ein Regelverstoß, sondern schon das Einfordern von Begründungen für das Handeln der Probanden. Konsequenterweise werten sie den von Buchholz initiierten Übergriff als »Kampfansage«, was klare Fronten bedeutet: Das Fernsehen ist nicht mehr unterstützender Partner der Probanden, es ist ihr Gegner. Schlenkers sprachliche Darstellung lässt keine Distanz zu Martins Einschätzung der Situation erkennen, er macht sich dessen Deutung anscheinend zu eigen. Außerdem wird Martin hier mit Vor- und Zunamen genannt, nicht wie sonst üblich nur mit seinem Vornamen (wie es im vorangegangenen Satz auch nicht »Britta Matthes«, sondern schlicht »Britta« heißt). Wie ist das zu erklären? Ausgeschlossen werden kann wohl die Lesart, die Nennung des Nachnamens werde zur Vermeidung einer Verwechslung mit dem Regisseur Martin Buchholz als notwendig angesehen, denn zum einen wird Buchholz an keiner Stelle nur mit dem Vornamen genannt, zum anderen ist es aus dem Kontext heraus nicht missverständlich, wer gemeint ist. An dieser Stelle geht es nicht um den Probanden Martin, es geht um Martin Burberg, der für einige Wochen die Rolle des Probanden Martin angenommen hat. Thematisch ist damit die Metaebene des Experimentarrangements, nicht ein Geschehnis innerhalb des Experimentes. Durch dieses unscheinbare Detail wird objektiv zum Ausdruck gebracht, dass durch den Übergriff des Regisseurs das Experiment als solches auf der Kippe stand.

> »Und deshalb knallte es auch. Am nächsten Tag zieht Martin vor der Tagebuchkamera, die 50 Meter vom Dorf entfernt in einer provisorischen Holzhütte aufgebaut ist, so richtig vom Leder, wissend, dass die Aufnahmekassette jeden Abend vom Team geholt und angesehen wird.«

Obwohl Martin die Bedeutung der Aktion des Regisseurs »sofort« erkannt hatte, ereignete sich die angekündigte »Explosion« erst am folgenden Tag. Vielleicht wollte er sich nicht dazu hinreißen lassen, im ersten Zorn Dinge zu sagen oder zu tun, die er später bereuen könnte, vielleicht beratschlagten die Probanden auch erst einmal untereinander das weitere Vorgehen.

Das Wissen um die Existenz einer »Tagebuchkamera« wird bei dem Leser als bekannt vorausgesetzt, weder steht dieser Begriff in Anführungszeichen, noch wird er erläutert. »Tagebuchkamera« ist in sich eine Metapher, die wohl so aufzulösen ist, dass Tagebucheinträge nicht niedergeschrieben, sondern mit dieser Kamera aufgezeichnet werden. Das wiederum kann keinen anderen Zweck haben als den, das Aufgezeichnete später auch – sei es komplett oder in Auszügen – auszustrahlen, was dem Geiste eines Tagebuches widerspricht, denn ein solches führt man im Normalfall nicht um einer Veröffentlichung willen.[69] Außerdem werden die Probanden anders als bei einem echten Tagebuch nach der Abholung der Kassette keinen Zugriff mehr auf das von ihnen Aufgezeichnete haben. Warum bedarf es überhaupt einer solchen »Tagebuchkamera«, warum sprechen die Probanden nicht einfach in die sie ohnehin fast ständig umgebenden Kameras? Wenn kein anderer das Gesagte hören sollte, hätten sie sich mit einem Kameramann kurzzeitig absentieren können. Auch wüsste man gerne, ob die Probanden gehalten waren, jeden Tag einen »Tagebuchkameraeintrag« zu protokollieren oder ob es in ihr eigenes Ermessen gestellt war, wie häufig sie dies tun.

69 Das Argument, die Aufzeichnungen mit der »Tagebuchkamera« seien als Rückmeldung für die Fernsehverantwortlichen und nicht für eine Ausstrahlung angefertigt worden, verfängt nicht, denn zu diesem Zweck wäre eine bloße Audioaufnahme ausreichend gewesen.

Davon abgesehen, bedeutet der Rapport vor der »Tagebuchkamera« ein Herausspringen aus dem simulierten steinzeitlichen Alltag, der dem immer wieder betonten Bemühen um Authentizität zuwiderläuft. Die Dokumentation der alltäglichen Lebensvollzüge wird als nicht ausreichend empfunden, zusätzlich müssen Ausführungen der Probanden zu ihren Einschätzungen und Befindlichkeiten eingebaut werden, auch wenn damit das Experimentsetting ad absurdum geführt wird: Zur Herausbildung der erforderlichen Handlungsroutinen sind Reflexionen über das eigene Handeln sicher wichtig, sie müssen aber innerhalb dieser Praxis stattfinden, nicht wie hier für ein anonymes Publikum.

> »In einer emotional aufgeladenen dreiviertelstündigen Abrechnung wirft er uns vor, dass wir ihn und die Sippe vorgeführt hätten – es reicht ihm. Er kann auch anders. Zornig breitet er seinen Forderungskatalog aus: Er verlangt entspelztes Getreide, Handtücher für die ewig feuchten und deshalb pilzverseuchten Füße aller, er möchte Stoffe für warme Kleidung, Leder für neue Schuhe, Linsen und Haselnüsse... Sonst? Eine Konsequenz bei Nichterfüllung bleibt unausgesprochen, hängt aber deutlich in der Luft: Noch nie war die Sippe so nah dran, alles hinzuwerfen wie in dieser Phase des Projekts.«

Über die Berechtigung des Vorwurfs, die »Sippe« sei vorgeführt worden, kann kein Zweifel bestehen, denn immerhin haben die Verantwortlichen gegen die von ihnen selbst festgelegten Vorgaben verstoßen. War oben von einem Kryptoautoritarismus des Fernsehens die Rede, das sich einerseits als um das Wohl der Probanden bemühter Partner derselben darstellt, andererseits aber die Spielregeln diktiert, so tritt dieser Autoritarismus in dem Hinwegsetzen über die in der »Selbstverpflichtungsbibel« kodifizierten Normen offen zutage. Auch die Empörung Martins, der hier als Sprecher der »Sippe« agiert, ist angesichts dessen leicht nachzuvollziehen. Seine Forderungen schildert Schlenker als von dem Fernsehen zu erbringende Wiedergutmachung. Zur Beurteilung der Berechtigung der einzelnen Posten müsste man deren Begründung kennen; für sich genommen wirken sie zunächst einmal nicht unmäßig oder überzogen. Die Folgen einer Ablehnung der Forderungen bleiben unausgesprochen und wirken daher umso bedrohlicher, sie können eigentlich nur darin bestehen, dass die Probanden ihre Teilnahme an dem Experiment aufkündigen.

> »Jetzt war Freitagnachmittag. Und es war ein drehfreies Wochenende vereinbart worden, endlich mal Zeit für das Team, nach Hause zu fahren und sich auszuschlafen, endlich mal zwei Tage ohne Kameras für die Sippe.«

Etwas umständlich werden die beiden drehfreien Tage gerechtfertigt, was auch notwendig ist, bestimmt doch Regel 2 der »Selbstverpflichtungsbibel«: »Alles was passiert wird dokumentiert!«. An diesem Wochenende ist es aber durch die Abwesenheit des Fernsehteams ausgeschlossen, dass etwas jenseits des eventuell von der »Tagebuchkamera« Aufgezeichneten dokumentiert werden kann, es sei denn, man hätte den Probanden Kameras überlassen, mit denen sie interessante Begebenheiten selbst festhalten können. Dieser Rollenwechsel stünde aber in Widerspruch zu dem das Experiment grundierenden Authentizitätsbemühen. Die angeführte Erklärung, den Angehörigen des Fernsehteams die Gelegenheit verschaffen zu wollen, nach Hause zu fahren und sich einmal auszuschlafen, erstaunt etwas, denn es wäre in diesem Fall eigentlich eine Ablösung durch ein anderes Team oder zumindest die Einrichtung einer Art Notdienst zu erwarten. Nicht nur das Fernsehteam wünschte sich eine Unterbrechung der Aufnahmen herbei, auch, wie in dem Text eher beiläufig zum Ausdruck kommt, die Probanden. Gerade in der gegebenen Situation lässt sich leicht vorstellen, dass sie in der Aussetzung der Beobachtung durch Kameras und Mikrofone eine Chance dafür sahen, unter sich die virulenten Konflikte und ihr weiteres Vorgehen zu besprechen. In seinem Rückblick »Steinzeit – von innen« hat Burberg den negativen Einfluss der permanenten Beobachtung auf die »Streitkultur« der Probanden geschildert: Richtige Diskussionen im Sinne des Austausches von Argumenten kamen kaum vor, stattdessen bissen sich die Probanden gewissermaßen auf die Zunge und trugen kleinere Konflikte nicht aus, der angestaute Ärger artikulierte sich dann in Problemlösungen nicht dienlichen Ausbrüchen (vgl. Burberg 2006/07, 46).

> »Aber wo würde sich die aufgeladene Stimmung im Dorf hinentwickeln? War es richtig oder falsch, in diesen wichtigen Tagen keinerlei Einfluss auf den Meinungsbildungsprozess der Sippe zu haben? Ziemlich ratlos packte das Team um Martin Buchholz die Koffer.«

In etwas technokratisch klingenden Worten (»Einfluss auf den Meinungsbildungsprozess«) wird die von den Verantwortlichen offensichtlich als selbstverständlich angesehene manipulative Beeinflussung der Probanden ausgesprochen – man kontrastiere die Formulierung dieses Satzes nur mit der folgenden Alternative: »War es richtig oder falsch, in diesen wichtigen Tagen des offenen Konfliktes, in denen die Fortführung des Experimentes auf Messers Schneide stand, den Probanden als Ansprech- und Diskussionspartner nicht zur Verfügung zu stehen?«.

Bevor in Schlenkers Buch die Schilderung der Geschehnisse in dem Weiler fortgesetzt wird, unterbricht ein Kapitel über die Alpenüberquerer für elf Seiten die Darstellung, ganz analog zu der Cliffhangerlogik, nach der in der dritten Folge auch die Auflösung des Streites zwischen Martin und Olliver durch einen Bericht über den Fortgang der Alpenüberquerung hinausgezögert wird. Das daran anschließende Kapitel »Die Wende im Dorf« (Schlenker/Bick 2006/07, 124–126) soll nicht ausführlich analysiert und primär auf die Beantwortung der offen gebliebenen Fragen hin betrachtet werden. Beschrieben wird die Verwunderung des Regisseurs, der sich nach dem Wochenende in den Weiler begibt und Olliver und Martin mit Stöcken und unter rhythmischen Gesängen Getreide dreschen sieht.[70] Zur Erklärung des Stimmungsumschwunges kann wegen des drehfreien Wochenendes nicht auf gefilmtes Material zurückgegriffen werden, aber auch von der »Tagebuchkamera« oder bei einer direkten Befragung aufgezeichnete Selbstaussagen der Beteiligten werden nicht herangezogen – stattdessen wird auf eine Einschätzung von Harm Paulsen verwiesen, der zufolge die Eingewöhnungszeit für ein Leben unter simulierten Steinzeitbedingungen mindestens drei Wochen beträgt. Und da jetzt tatsächlich der 21. Tag des Experimentes angebrochen ist, erscheint Paulsens Einschätzung als geradezu prophetische Erklärung für die geänderte Stimmung der Probanden.[71] Auf die Inhalte des um die Getreideernte sich kristallisierenden Konfliktes, der in den Fernsehsendungen ausschließlich als Konflikt zwischen Martin und Olliver, in dem Begleitbuch aber als Konflikt zwischen den Probanden und dem Fernsehteam darge-

70 Das ist vermutlich die Szene, die auch in der dritten Folge zu sehen ist (3/32'33–32'59).

71 Paulsens Deutung wird in dem Text zunächst als nachträgliche angekündigt – »Harm Paulsen deutete die Vorgänge im Dorf ganz anders« (Schlenker/Bick 2006/07, 125) –, während es, wie sich im weiteren Verlauf herausstellt, in Wirklichkeit eine Prognose war.

stellt wird, geht das Buch mit keinem Wort ein – so erfährt man auch nicht, ob die von Martin bei seiner Abrechnung vor der »Tagebuchkamera« gestellten Forderungen erfüllt wurden. Es ist die Kombination der Diskrepanz der Darstellungen in Sendung und Buch, des Verschweigens relevanter Sachverhalte sowie des subkutanen, aber sich immer wieder bemerkbar machenden Autoritarismus des sich über selbstgegebene Regeln hinwegsetzenden Fernsehens, die den Verdacht erhärtet, das Fernsehen sei eine »Manipulationsmaschine« – entgegen den ausdrücklichen Intentionen Schlenkers, der ja angetreten ist, diesen Verdacht zu entkräften.

Entgegen allen Beteuerungen, Abweichungen von dem steinzeitlichen Setting und Interaktionen mit der Gegenwart zu dokumentieren, fand der Konflikt zwischen Regisseur und Probanden in den Sendungen keine Berücksichtigung. Er wurde nicht erwähnt, geschweige denn gezeigt, und es wurde der Eindruck erweckt, die offensichtlichen Spannungen seien allein auf die Friktionen zwischen Martin und Olliver zurückzuführen. Überdies verweist das Buch auf einen heftigen Streit zwischen den Alpenüberquerern und dem sie begleitenden Fernsehteam um die Einhaltung der vorgegebenen Regeln, und weder von diesem Streit noch von dem ihn auslösenden Verhalten der Probanden erfährt der Zuschauer etwas. Nach Schlenker hatten Ingo und Henning »die strengen Steinzeitregeln mehr und mehr zu ihren Gunsten interpretiert« (Schlenker/Bick 2007, 119) – sie ließen sich beispielsweise von sie fotografierenden Touristen mit Proviant entlohnen, sie entwickelten die Neigung, Übernachtungen in Heustadeln dem zeitraubenden abendlichen Lagerbau vorzuziehen, und außerdem wurde Ingo dabei »erwischt«, wie er auf einer Berghütte duschte. Von dem sie begleitenden Regisseur Harold Woetzel darauf angesprochen, warfen die beiden Probanden umgekehrt dem Fernsehteam vor, sich angesichts der offensichtlichen Planungsfehler und der Unmöglichkeit, authentische spätneolithische Bedingungen auf dem Weg über die Alpen herzustellen, »verarscht« (Schlenker/Bick 2007, 122) zu fühlen.[72] Alles in allem wird dieser Streit zwar als »reinigendes Gewitter« (Schlenker/Bick 2007, 121) verbucht, dennoch resümiert Schlenker mit leicht drohendem Unterton: »Die beiden wissen nun aber, dass sie nach Meinung des Teams

72 »›Dann müsst ihr uns halt in Gegenden führen, in denen Touristen nicht alles links und rechts kahl gefressen haben‹, schießt Ingo zurück, ›das hat ja wohl mit Steinzeit auch nichts zu tun‹« (Schlenker/Bick 2007, 122).

Grenzen berührt, ja gedehnt hatten« (Schlenker/Bick 2007, 122). Obwohl die »Regeldehnungen« von Ingo und Henning doch unmittelbar in Zusammenhang mit der als »spannend« kategorisierten Frage stehen, »Inwieweit sind Steinzeitbedingungen in unserer zersiedelten, industrialisierten Welt überhaupt noch herstellbar?«, aus der ja die Notwendigkeit abgeleitet wurde, »alle diese Abweichungen« (Schlenker/Bick 2007, 40) festzuhalten, fanden sie keinen Eingang in die Dokumentation des Experimentes. Offensichtlich selegierte man aus dem gefilmten Material nach der Maßgabe, den Eindruck einer weitgehend unproblematischen Wiederherstellung steinzeitlicher Verhältnisse zu erwecken, weshalb Aufnahmen von Kontakten mit der Gegenwart unterdrückt wurden. Dies gilt im Übrigen auch für eine Begegnung von Ingo und Henning mit einem (neben »Ötzi«) »anderen Weltstar der Berge« (Schlenker/Bick 2007, 146), nämlich Reinhold Messner, der sie zum Vespern einlud, wobei, ganz unneolithisch, auch drei Flaschen Blauburgunder konsumiert wurden.[73]

4.3.6 Zu der Schlussszene

Interessant schließlich sind Schlenkers Bemerkungen zu der Szene, mit der die Fernsehreihe endet. Zur Erinnerung: Paulsen äußerte die Vermutung, die Probanden hätten realistischerweise keine Überlebenschance, wenn das Experiment in den Winter hinein fortge-

73 In den beiden später produzierten, 90-minütigen Filmen ist dies anders, hier werden Begegnungen mit der Gegenwart gezeigt. In dem Film über die Alpenüberquerung bekommt der Zuschauer das als »Kulturschock« bezeichnete Zusammentreffen von Ingo und Henning mit Ausflüglern im Kleinwalsertal zu sehen (AÖ/29'48–30'27), ferner ihren Besuch bei Messner (AÖ/72'55–74'14; 75'16–76'14) und auch ihre Tauschhandelstransaktionen auf dem Markt in Bozen (AÖ/83'49–85'33). In diesem Film wird auch die Unmöglichkeit der Wiederherstellung der spätneolithischen Umwelt deutlich artikuliert; so heißt es in der Kommentierung des vierten Tages der Alpenüberquerung: »Schon jetzt zeigen sich die Grenzen des Experiments. Heute sind die Bäche und Flüsse total überfischt, heute stehen Kühe hier statt Schafe und Ziegen. Und wild (.) dürfen sie nicht jagen« (AÖ/13'16–13'28). Wie bereits erwähnt, fehlen in den Sendungen der Reihe auch die in dem Film über das Leben im Dorf enthaltenen Bilder von dem Abstecher Martins und Claudias zu dem Wochenmarkt von Weingarten, auf welchem sie selbstgetöpferte Kettenanhänger und Gefäße gegen Nahrungsmittel eintauschten (DD/49'44–56'52).

führt worden wäre. Die Konfundierung von Experimentsetting und steinzeitlicher Realität haben wir bereits benannt, und diese Konfundierung gestattet überhaupt erst eine derartige katastrophische Prognose. Die Probanden waren nicht in realer Gefahr, den Winter nicht zu überstehen, weil sie jederzeit das Experiment verlassen konnten, die spätneolithischen Menschen waren ebenfalls nicht in Gefahr, denn sie verfügten über das ihr Überleben sichernde Handlungswissen. Gleichzeitig mit Paulsens Ausführungen wurde durch eine Überblendung das Dorf von einer Sommer- in eine Winterlandschaft transponiert. Damit griff man auch die Anfangssequenz der ersten Folge wieder auf, die den menschenleeren Weiler im Winter zeigte und in Verbindung mit den Andeutungen des Sprechers den Eindruck erweckte, ein dramatisches Geschehen habe sich dort ereignet. Zu den hinter der Schlussszene stehenden Motiven äußert sich Schlenker folgendermaßen (Schlenker/Bick 2007, 160):

> »Sonntag, 24. September. Der letzte Tag. Regisseur Martin Buchholz hat mit den Protagonisten Folgendes besprochen: ›Wenn ihr so weit seid, dann verlasst ihr das Dorf. Wir werden nicht mit euch hinausgehen, die Kamera wird hier bleiben und alles festhalten, was ihr zurückgelassen habt.‹
>
> So will Buchholz auch den Fernseh-Vierteiler beginnen: Mit Bildern aus dem verlassenen Dorf. Und mit Fragen: Wer hat hier gelebt? Welche Geschichte erzählen diese Dinge, die herumliegen oder -hängen? Wie ein Archäologe will er bei seinem Film vorgehen.«

Man könnte fragen, ob derartige Instruktionen nicht dem Geist des Experimentes widersprechen, dessen oberste Regel »Unsere Protagonisten führen!« lautet. Allerdings handelt es sich bei dem vom Regisseur »Besprochenen« weniger um Anweisungen an die Probanden als vielmehr deren Informierung über das Vorgehen des Kamerateams, und außerdem ist der Auszug eine liminale Situation, die nicht mehr ohne Weiteres dem Experiment selbst zugerechnet werden kann. Warum die Probanden bei dem Verlassen des Weilers nicht von der Kamera begleitet werden sollen, harrt einer Begründung; aus dem Zusammenhang kann geschlossen werden, dass die Kamera gewissermaßen unabkömmlich ist, weil sie die Situation in dem nunmehr aufgelassenen Weiler dokumentieren soll. Das aber wäre unsinnig, weil es nicht erforderlich ist, den Zustand dort unmittelbar nach dem Aufbruch der Probanden zu dokumentieren, da ja keine Veränderungen mehr vorgenommen werden. Deshalb könnte die filmische Bestandsaufnahme auch noch Stunden, Tage, sogar Wochen nach dem Auszug erfolgen. Der Entschluss, die erste Folge mit Bildern des verlassenen Weilers zu eröffnen, stand anscheinend schon fest, bevor die entsprechenden Aufnahmen gemacht wurden – eine dramaturgische Idee löst sich von dem zu Dokumentierenden, verselbständigt sich und schiebt sich schließlich verdunkelnd vor die Sache. Gewiss ist es für sich genommen unproblematisch, die Reihe mit Winterbildern des Weilers beginnen zu lassen, kritikwürdig aber an der Ausführung ist die damit einhergehende Spannungsinszenierung mit systematisch gelegten falschen Fährten. Die hinter diesem Beginn stehenden Intentionen werden von Schlenker referiert: Der Regisseur wollte wie ein Archäologe vorgehen und in Ansehung der Hinterlassenschaften der Probanden die Fragen thematisieren, von denen er annimmt, dass auch Archäologen sie sich stellen, wenn sie Ausgrabungsbefunde und -funde deuten müssen. Bevor Archäologen aber damit anfangen können, Fragen wie die genannten überhaupt zu thematisieren, müssen sie umfangreiche Ausgrabungs- und Dokumentationsarbeiten verrichten, außerdem liegt ihre Herausforderung darin, aus höchst fragmentiertem und selektivem Material eine Gestalt zu erschließen, während im vorliegenden Fall die Gesamtheit der materiellen Kultur der Probanden noch vorhanden war. Eine nur oberflächliche Kenntnis des archäologischen Handelns bekundet sich in diesem Ansinnen, und wenn die Fernsehreihe schon unbedingt mit einer Sequenz beginnen soll, die sich an die archäologische Perspektive anlehnt, wäre es sinnvoller gewesen, Bilder von Befundsituationen tatsächlicher Ausgrabungen von Pfahlbausiedlungen zu zeigen. So wird die Archäologie bloß zu einer Metapher für eine weitgehend ungerichtete Neugier.

4.3.7 Zusammenfassung

Das von Schlenker und Bick verfasste Begleitbuch zu der Fernsehreihe ist in unserem Zusammenhang in zwei Hinsichten aufschlussreich. *Zum einen* ist der Modus der Textproduktion interessant, der diverse Analogien zu der fernsehtypischen Erzeugung von Bedeutung durch inszenatorische, nicht in der darzustellenden Sache fundierte Mittel aufweist. Genannt sei die bis zum Überdruss ausgereizte

»Doppelpunktrhetorik«, die durch die Zerstückelung einer Information in Ankündigung und eigentliche Nennung beim Leser Spannung erzeugen soll. Häufig ist eine Missverhältnis zwischen den beiden Elementen zu konstatieren, die Informationen können die durch die Ankündigungen geweckten Erwartungen nicht erfüllen, oder die durch die Ankündigungen geöffneten Klammern werden nicht mehr geschlossen. Im Film wie im Buch dient die »Doppelpunktrhetorik« der Dramatisierung des Geschehens, über das berichtet wird, in beidem herrscht außerdem ein stark personalisierender Zugriff auf das Experiment vor, denn das Interesse besteht darin, herauszufinden, wie Menschen der Gegenwart in simulierten steinzeitlichen Lebensbedingungen zurechtkommen, nicht primär in einem wissenschaftlichen Erkenntnisgewinn über spätneolithische Handlungsvollzüge.

Zum anderen enthält das Buch Informationen, die den Sendungen so nicht entnommen werden können, und stellt daher eine wichtige Ergänzung dar. Von der unrealistischen Gründungsgeschichte des Weilers abgesehen, in welcher sich der Verfasser als derselben »Neuzeitdenke« verhaftet zeigt, die er den Probanden vorwirft, ist insbesondere der von dem Regisseur geführte »mediale Erstschlag« bemerkenswert. In den Sendungen wird der Konflikt um die Erntefrage als einer zwischen Olliver und Martin dargestellt, in dem Buch aber erscheint er als einer zwischen den Probanden mit Martin als ihrem Sprecher und dem Regisseur. Damit wird in dem Buch eine Facette beleuchtet, die in den Sendungen überhaupt nicht, noch nicht einmal andeutungsweise, zur Sprache kommt. In beiden Fällen bleibt weitgehend ausgeblendet, wie die Konflikte bereinigt wurden. Deutlich jedenfalls wird in dem Übergriff des Regisseurs der Kryptoautoritarismus des Fernsehens, das sich partnerschaftlich gibt, sich aber in Wirklichkeit nicht an die eigenen normativen Vorgaben hält. Ist das partnerschaftliche Verhältnis zu den Probanden nur vorgetäuscht, so besteht auch keines zu der Wissenschaft, der das Fernsehen sich überlegen wähnt und deren Vertreter es zu Stichwortgebern degradiert. Das auf die entfesselte Spekulation gesungene Loblied lässt zudem eine erstaunliche Unvertrautheit mit der Logik wissenschaftlichen Handelns vermuten. Und schließlich belegen die Ausführungen zu den Hintergründen des »Steinzeitexperimentes« in vielerlei Hinsicht genau das, was sie dementieren sollen: das Wirken des Fernsehens als eine gigantische Manipulationsmaschine.

5. Hintergründe, Einschätzungen, Kritik 2: Das »Steinzeitexperiment« in der journalistischen Berichterstattung

Über das »Steinzeitexperiment« wurde in den Printmedien viel und ausführlich berichtet.[1] Im Folgenden sollen einige der Artikel exemplarisch daraufhin betrachtet werden, wie die den Fernsehsendungen zugrunde liegenden Strukturgesetzlichkeiten von den Autoren durchdrungen und zur Darstellung gebracht werden. Maßstab der Beurteilung ist dabei nicht, wie sehr sich ihre Texte wissenschaftlicher Analyse angleichen, denn das würde die Eigenlogik journalistischen Handelns verleugnen. Sie sind vielmehr daran zu messen, ob es ihnen gelingt, diese Strukturgesetzlichkeiten gerade mit den Darstellungsmitteln des Journalismus aufzuschließen und in abkürzender Prägnanz zur Darstellung zu bringen. Den Verlust an analytischer Tiefenschärfe, der mit dem Gebrauch der beschreibenden Sprache im Unterschied zu wissenschaftlichen Fachsprachen verbunden ist, kompensieren gelungene journalistische Texte durch die Suggestivität der sprachlichen Gestaltung, die aber nicht, wie bei literarischen Werken, eine eigene fiktionale Realität entwirft, sondern deren Qualität sich daran bemisst, wie prägnant sie die äußere Realität als den Gegenstand der Berichterstattung zu treffen vermag. Ausgewählt wurden vier Artikel, die sich an ein allgemeines Publikum richten und in auflagenstarken überregionalen Zeitschriften bzw. Zeitungen erschienen sind: dem »Spiegel«, der »Bild-Zeitung«, der »Süddeutschen Zeitung« sowie der »Frankfurter Allgemeinen Zeitung«.

1 Schöbel nennt unter Berufung auf eine Analyse des SWR »Berichte in 145 Hauptausgaben von Tages- und Wochenzeitungen mit einer summierten Auflagenhöhe von 63,71 Mio Exemplaren« (Schöbel 2006/07, 5).

5.1 Leerlaufende Dauerironisierung: »Spiegel« (Martin Wolf) und »Spiegel online« (Christian Buß)

Martin Wolfs Artikel vom 26.05.2007 trägt den Titel:

> »Fußkrank im Neolithikum«

Der Titel eines Textes steht unter besonderen Prägnanzanforderungen, weil in ihm das Thema entweder verdichtet oder exemplarisch zum Ausdruck kommen soll. Welch ein Text könnte diesen Titel tragen? Sieht man die Interessantheit des Neolithikums für den heutigen Menschen darin begründet, dass es lange vergangen und aus der Sicht der Gegenwart exotisch ist, dann wäre es befremdlich, wenn sich ein Artikel ausgerechnet einer damals aufgetretenen Fußkrankheit widmet. Ein forciert um Originalität bemühter Text eines Anthropologen, in welchem beispielsweise regelhaft festzustellende Deformationen an den Füßen neolithischer Menschen erläutert werden, könnte so betitelt sein.[2] In dem Wissen, einen Artikel über das »Steinzeitexperiment« vor sich zu haben, erscheint dieser Titel als extreme Reduktion, nicht als Verdichtung. Alles das, was sich in den zwei Monaten des Experimentes ereignete, wird auf eine Fußkrankheit – vermutlich die von Ingo, weil über sie am ausführlichsten berichtet wird – heruntergebrochen. Steht dies exemplarisch für die Gesamtheit des Experimentes, ist damit zugleich unzweideutig markiert, was der Verfasser von ihm hält: Es war, um eine umgangssprachliche Wendung zu gebrauchen, buchstäblich »für die Füße«. Noch bevor der Leser erfährt, was der Gegenstand des Textes ist, weiß er bereits, wie der Verfasser ihn bewertet.

> »Im neuen Historienspektakel ›Steinzeit – Das Experiment‹ schickt die ARD zwei Familien 5000 Jahre in die Vergangenheit. Eine Tortur, nicht nur für die Teilnehmer.«

Diese Sequenz könnte man entweder als sehr ausführlichen Untertitel oder als vor die Klammer gezogenes Resümee klassifizieren. Die Bezeichnung »Historienspektakel« hat leicht despektierliche Kon-

2 Analog etwa zu dem folgenden Titel: »›Working in a saltmine…‹ – Erste Ergebnisse der anthropologischen Auswertung von Muskelmarken an den menschlichen Skeletten aus dem Gräberfeld Hallstatt« (Pany 2005).

notationen, und durch das Adjektiv »neu« wird das »Steinzeitexperiment« zugleich in eine Reihe vorangegangener Spektakel eingeordnet. Etwas unpräzise ist die Rede von den »zwei Familien«, da ja auch drei Personen, die keine Angehörigen der Familien sind, an dem Experiment teilnahmen; dagegen ist die (prä-)historische Epoche durch die Begriffe »Neolithikum« (im Titel) und »Steinzeit« sowie den Hinweis »5000 Jahre in die Vergangenheit« hinreichend beschrieben.

Anspielungsreich ist der Nachsatz »Eine Tortur, nicht nur für die Teilnehmer« – trotz der diversen Eingewöhnungsschwierigkeiten, Krisen und Konflikte der Probanden in der Zeit des Experimentes kann von einer durchgängigen Tortur keine Rede sein. »Tortur« nimmt der Sache nach auch die in der Überschrift genannte Fußkrankheit wieder auf, allerdings kann sie nur ein Aspekt der Tortur sein und nicht das Experiment als Ganzes kennzeichnen. Eine Tortur war dem Text zufolge die Unternehmung nicht nur für die teilnehmenden Probanden, aber für wen noch, wird nicht ausdrücklich gesagt. Zunächst mag man an das Fernsehteam denken, aber es wäre verwunderlich, wenn es dann auch nicht genannt wird; Bezug genommen wird deshalb wohl auf die Zuschauer. Der Duktus dieser Sequenz ist nicht der einer Nennung von Informationen, sondern der einer ironischen Anspielung, die jedoch durch Ungenauigkeit erkauft ist, denn nur die Rezeption der Sendungen kann eine Tortur für den Fernsehzuschauer sein, nicht das Experiment selbst. Die Motivierung der ganzen Konstruktion erschließt sich nun. Auch wenn die Behauptung, das Experiment sei eine Tortur gewesen, in ihrer Einseitigkeit unzutreffend ist und im Hinblick auf den eigentlich interessierenden Gegenstand eher auf Abwege führt, ist sie notwendig, damit der Verfasser seinen Gag, die Anspielung, das Experiment sei auch für den Zuschauer eine Tortur, unterbringen kann. Will man eine erste Hypothese über die den Text determinierenden Gestaltungsprinzipien formulieren, könnte man sagen, einer bemühten Witzigkeit wird Vorrang vor der Darstellung und Erläuterung von Fakten eingeräumt. Vielleicht aber ist diese Gestaltung auch beschränkt auf die Anfangssequenz, den Titel und den erweiterten Untertitel, während der Haupttext von einem Bemühen um Sachlichkeit bestimmt wird.

> »Fernsehen bildet.«

In Anbetracht des Vorangegangenen wäre es erstaunlich, wenn diese Behauptung wörtlich gemeint wäre und nicht als Ironisierung. Im ersten Falle müsste eine Begründung dafür folgen, warum ausgerechnet das Fernsehen, das die öffentliche Meinung je nach Akzentsetzung als Medium der Verdummung, Verrohung oder sinnlosen Zeitverschwendung ansieht, jetzt auf einmal als Medium der Bildung angesprochen wird, was ganz auf der Argumentationslinie des von den öffentlich-rechtlichen Fernsehanstalten reklamierten Bildungsauftrages läge. Im zweiten Fall dagegen wird auf diese Paraphrase des Anspruches und Selbstverständnisses vermutlich eine Sammlung von Beispielen folgen, die diesen Anspruch konterkarieren.

> »In der Steinzeit, das weiß jeder Fernsehzuschauer, trugen die Menschen Kleidung aus Fell, fuhren Autos aus Stein, hielten sich Dinosaurier als Streicheltiere, und die Rüssel der Mammuts dienten als Staubsauger.«

Man benötigt keine Insiderkenntnisse, um hierin eine Anspielung auf die Serie »Familie Feuerstein« zu erkennen. Deren Komik besteht darin, dass eine nicht näher bestimmte »Steinzeit« als Lebenswelt einer amerikanischen Familie der Mittelklasse dargestellt wird, mit deren Mentalität die Protagonisten ihr Steinzeitdasein bewältigen. Konstitutives Element und eine ständige Quelle witziger Einfälle ist die Umsetzung von technischen Geräten des 20. Jahrhunderts mit den Hilfsmitteln einer imaginären Steinzeit, wobei insbesondere Dinosaurier als Helfer rekrutiert werden. Dem Fernsehzuschauer wird unterstellt, das alles für bare Münze zu nehmen, als ob die Fiktionalität der Serie nicht ganz offensichtlich eingeschrieben wäre, er wird kehrseitig dazu als gänzlich verdummt vorgestellt, weil er nicht dazu in der Lage ist, zwischen der fiktionalen Welt, wie sie in der in keiner Weise um Naturalismus bemühten Zeichentrickserie entworfen wird, und der Realität zu unterscheiden. Würde jemand wirklich das in der Serie »Familie Feuerstein« Präsentierte wörtlich nehmen und als Abbild steinzeitlicher Realität verstehen, läge eine Pathologie vor, die empirisch vielleicht anzutreffen, aber nicht als Normalität zu veranschlagen ist. Die Behauptung »Fernsehen bildet« jedenfalls wird so auf drastische Weise ins Lächerliche gezogen.

> »Dieses Wissen vermittelte jedenfalls die US-Serie ›Familie Feuerstein‹, nach den ›Simpsons‹ die populärste Zeichentrickreihe aller Zeiten, und man glaubte diesen Unsinn gern.«

Wer mag mit dem »man« gemeint sein? Ein flächendeckendes Ernstnehmen der Lebensumstände und -gewohnheiten von »Familie Feuerstein« als gültige Repräsentation der Steinzeit käme einer ungeheueren Realitätsverleugnung gleich, die in ihrer Unwahrscheinlichkeit begründungsbedürftig wäre. Generalisiert Wolf hier seine eigene Primärerfahrung? Immerhin hat er selbst ja das in der Zeichentrickserie Gezeigte als »Unsinn« durchschaut. Überhaupt fragt sich, welche Funktion der Rekurs auf die »Feuersteins« in einem Artikel über das »Steinzeitexperiment« erfüllen kann. Vermutlich soll er als Kontrast zu dem von dem Experiment zu Berichtenden dienen, aber da »Familie Feuerstein« ohnehin nicht ernsthaft als relevante Kontrastfolie in Frage kommt, wird sie ein Mittel zur Fortschreibung des bereits angeschlagenen Tones der Lächerlichmachung sein.

> »Fred Feuerstein, seine Gattin Wilma und sein Kollege Barney Geröllheimer waren Steinzeitmenschen wie du und ich.«

Tatsächlich ist ein wesentliches Element des Plots der Serie die permanente Unterstellung, dass, in karikierender Überzeichnung, auch die Menschen der Steinzeit weitgehend denen der US-amerikanischen Gesellschaft des 20. Jahrhunderts entsprachen. Insofern sind die Ähnlichkeiten nicht überraschend, sondern für den Plot grundlegend.

> »Doch nun wird dieser Mythos mit öffentlich-rechtlicher Gründlichkeit zerstört.«

Es wird offenbar, wer lächerlich gemacht werden soll: das öffentlich-rechtliche Fernsehen. Einem Mythos eignet die Dialektik, dass diejenigen, die authentisch an ihn glauben, ihn auch nicht als Mythos bezeichnen können, denn damit würden sie die mit dem Glauben an ihn verbundene unbedingte Überzeugtheit dementieren. Ein Mythos ist für die Praxis einer Vergemeinschaftung konstitutiv, weil er für ihre Mitglieder die Fragen nach ihrer Identität, Herkunft und Zukunft verbindlich – im Sinne einer zwingenden Suggestivität, nicht einer argumentativen Schlüssigkeit – beantwortet. Er ist kein theoretisches Wissenskonstrukt, seine Antworten sind partikularistisch und auf die Bedürfnisse dieser konkreten Vergemeinschaftung bezogen.

Die Aufwertung von »Familie Feuerstein« zu einem Mythos dient hier dem Zweck, die vermeintliche Zerstörung durch das öffentlich-rechtliche Fernsehen als umso gravierender erscheinen zu lassen.[3] Die Rede von der »öffentlich-rechtlichen Gründlichkeit« ist implizit, Wolf appelliert damit an ein Insiderwissen, das er bei dem Leser voraussetzen zu können glaubt. Will man explizieren, worin dieses Einverständnis im Vorurteil besteht, könnte es ungefähr so umrissen werden: Der in den Landesrundfunkgesetzen festgeschriebene Auftrag verpflichtet das öffentlich-rechtliche Fernsehen dazu, neben Unterhaltung auch Information, Bildung und Kultur anzubieten. Dies bedinge ein Selbstverständnis, das von einem Bewusstsein der Superiorität gegenüber den privatrechtlichen Anbietern getragen wird, deren Programme als unterhaltungszentriert und damit als minderwertig angesehen werden. Seinen Bildungsauftrag erfülle das öffentlich-rechtliche Fernsehen diesem Vorurteil gemäß auf eine Weise, die dem Geist von Bildung eigentlich widerspricht, nämlich verbissen, kleinlich und bürokratisch. Kritisiert wird außerdem, dass sich trotz dieses Anspruches das Programm faktisch immer mehr dem der privatrechtlichen Sender, von denen man sich abgrenzen möchte, angleiche. Inwiefern dieses Vorurteil die Realität trifft, sei dahingestellt, in unserem Zusammenhang ist der Umstand von Interesse, dass es nicht explizit genannt wird, es klingt nur an und kann deshalb auch nur von einem Insider, der die Vorurteilsstruktur des Verfassers teilt, verstanden werden. Wolf wendet sich nicht an eine autonome Öffentlichkeit, sondern tendenziell an eine Gesinnungsgemeinschaft, in welcher derart knappe Andeutungen für eine Verständigung ausreichen.

> »In Wirklichkeit war die Steinzeit nämlich gar nicht lustig, und Mammut-Staubsauger gab es auch nicht.«

Die Serie »Familie Feuerstein« ist lustig, aber eben für die Zuschauer, nicht für die Figuren, die allerlei Schwierigkeiten zu bewältigen haben, und auch nicht für die Tiere, die als Ersatz für Haushaltsgeräte herhalten müssen und die in der Sendung oft genug ihren Einsatz in einer Weise kommentieren, die keinen Zweifel daran lässt, dass sie ihn für alles andere als lustig halten. Die hier als falsch ent-

3 Genau genommen würde das öffentlich-rechtliche Fernsehen damit etwas zerstören, was von ihm selbst ins Werk gesetzt wurde, denn die deutsche Erstausstrahlung der Serie begann 1966 in der ARD.

larvte Unterstellung, das »Steinzeitleben« müsse für die Probanden lustig sein, weil es dies für die Protagonisten der »Familie Feuerstein« war, ist von vornherein unstimmig, und die Behauptung, eine Sendung über die Steinzeit müsse für den Zuschauer lustig sein, weil er sich ja auch über »Familie Feuerstein« amüsiert, nicht minder abwegig. Wolf verheddert sich hier in seinen Ironisierungen, die nicht durch das Stilmittel der ironischen Brechung neue, unerwartete Einsichten transportieren, sondern bloß albern sind.

> »Tatsächlich herrschte ein ständiger Kampf ums Überleben, bei dem man kalte Füße, dreckige Fingernägel und schlechte Laune bekam.«

Die Lebensbedingungen der neolithischen Ackerbauern und Viehzüchter sind kaum als »ständiger Kampf ums Überleben« zu beschreiben, es sei denn, man bezeichnet es schon als Überlebenskampf, dass der Mensch auf eine regelmäßige Nahrungszufuhr angewiesen ist und deshalb entsprechende Vorsorge treffen muss. Dieser »Überlebenskampf« wird umgehend wieder ironisiert, denn kalte Füße, dreckige Fingernägel und auch schlechte Laune sind durchaus nebensächlich, wenn es ums Überleben geht. Auch diese Bemerkung soll die überlegene Distanz des Verfassers zu dem Gegenstand markieren, dem er sich schreibend widmet, sachlich ist sie als Dementierung einer selbstgesetzten Dramatisierung so überflüssig wie diese Dramatisierung selbst. Diese Bemerkung charakterisiert, anders gesagt, den Verfasser, nicht seinen Gegenstand.

> »Diese schockierende Erkenntnis bringt die ARD jetzt in vier Folgen à 45 Minuten unters Volk:«

Man gewinnt den Eindruck, als müsse buchstäblich jeder Satz mit mindestens einer Ironisierung aufgeladen werden. Mag dies am Anfang des Textes noch den Anschein der Originalität gehabt haben, wirkt es nun zunehmend bemüht, und mit einem etwas gewagten Sprachbild könnte man sagen, Wolf verliere vor lauter Augenzwinkern die Sache selbst aus dem Blick.

> »›Steinzeit – Das Experiment‹ heißt die aufwendige neue Dokumentationsreihe, für die die Macher zwei Monate lang sieben Erwachsene, sechs Kinder, zwei Wollschweine und diverse andere leidensfähige Tiere 5000 Jahre in die Vergangenheit schickten [Fußnote zu den Sendeterminen].«

Auch wenn der Leser hier vegleichsweise verdichtet Informationen über das Experiment erhält – es werden Titel, Dauer, Anzahl der Personen (noch differenziert in Kinder und Erwachsene) sowie die Epoche genannt, deren Lebensbedingungen nachempfunden werden sollen –, setzt sich der Zwang zum Witz weiter fort. Hier soll der komische Effekt durch die Gleichsetzung von Menschen mit Wollschweinen und »anderen leidensfähigen Tieren« erzielt werden. Wörtlich genommen bedeutet dies, dass die Probanden während des Experimentes entweder wie Tiere agierten oder wie solche behandelt wurden. Ersteres kann auf stressbedingte Regressionen anspielen, wovon aber nach Ausweis des gesendeten Materials keine Rede sein kann; auch der Streit zwischen Martin und Olliver war, selbst wenn es einmal lautstark wurde, eher moderat, jedenfalls kam es zu keinen verbalen Ausfällen oder gar Handgreiflichkeiten. Letzteres dagegen könnte als Anspielung auf die Aufzeichnungssituation verstanden werden, die Probanden würden dann vom Fernsehen tendenziell wie Zootiere behandelt. Was Wolf eigentlich meint, bleibt unausgesprochen.

> »Historisch ist die Sendung eine Zeitreise in die Jungsteinzeit, die Epoche von Ötzi, der Gletscherleiche aus Südtirol; dramaturgisch dagegen ein Rückfall ins öde Fernseh-Neolithikum:«

Die mitgeteilten Informationen müssen unmittelbar nach ihrer Nennung durch Kommentierungen ironisiert werden, hier durch eine Kontrastierung des historischen Anspruches der Sendungen mit ihrem dramaturgischen Aufbau. Sachlich ist diese Gegenüberstellung unbedeutend, ihr Zweck besteht darin, zu dem Wortspiel vom »öden Fernseh-Neolithikum« hinzuführen. Analysiert man diese Metapher für sich, ohne das beigefügte Adjektiv, dann erscheint sie eigentümlich ambivalent – man könnte den Verweis auf das Neolithikum im Sinne einer dem Fernsehen unterstellten Primitivität verstehen, wenn man aber berücksichtigt, dass das Neolithikum die Epoche war, in welcher sich auf der Grundlage der Entwicklung von Ackerbau und Viehzucht die sesshafte Lebensweise herausbildete, die eine Abkehr von dem Jäger- und Sammlerdasein bedeutete und auch eine Ermöglichungsbedingung der weiteren kulturellen Entwicklung der Menschheit war, dann könnte dieser Verweis ganz im Gegenteil einer auf die gesteigerte Innovationsbereitschaft einer Pionierzeit sein. Erst das pejorative »öde« macht deutlich, wie die

Metapher verstanden werden soll. Abgedroschen, aber gleichwohl eindeutig wäre die Formulierung »Fernseh-Steinzeit«, die sich auf den eingeführten Topos der Steinzeit als Synonym für Primitivität beriefe, doch ist Wolf um der Gegenüberstellung willen daran gelegen, zur Kennzeichnung der dramaturgischen Ödnis der Sendungen den Begriff »Neolithikum« aufzunehmen, weil dies die Epoche ist, in deren Lebensbedingungen die Probanden versetzt wurden. Damit hat das Bemühen um eine sich in Wortneuschöpfungen ausdrückende Originalität Vorrang vor der Exaktheit der Begriffe und damit auch vor der Sachhaltigkeit der Information, selbst wenn diese Schöpfungen vermutlich als gesteigert prägnante intendiert sind.[4] »Fernseh-Neolithikum« wird also die Anfangszeit des Fernsehens meinen, und als Gründe für deren Ödnis könnte man die sehr beschränkte Sendezeit, die fehlende Programmauswahl oder die Langweiligkeit der gesendeten Inhalte namhaft machen. Allerdings sind die Produkte dieser Anfangszeit höchstens in der Rückschau öde, nicht aber an sich, konnten sie doch seinerzeit zumindest die Interessantheit des Neuen für sich verbuchen.

> »Die öffentlich-rechtliche Steinzeit-Doku erinnert an ausgestorben geglaubte Prekariat-Shows wie ›Big Brother‹ oder ›Das Dschungelcamp‹.«

Nach dem Doppelpunkt erwartet man weitere Ausführungen zum »Fernseh-Neolithikum« und zu seinen Gemeinsamkeiten mit dem

4 Schon Dieter Just hat als ein hervorstechendes Merkmal der Sprache des »Spiegel« eine »ständige Suche der Redakteure nach Kontrasten und bildhaften Vergleichen« (Just 1967, 157) genannt, für welche die Wortbildung »Fernseh-Neolithikum« ein Beispiel bietet. Außerdem zeigt sich in diesem Begriff die ebenfalls ›spiegel«typische inflationäre Verwendung des Bindestriches: »Mit Hilfe von grammatikalisch oft unkorrekt gesetzten Bindestrichen scheint die Redaktion das Augenmerk des Lesers geradezu auf seine Wortschöpfungen richten zu wollen. Bisweilen werden auch gebräuchliche Zusammensetzungen durch Bindestrich-Gebrauch verfremdet« (Just 1967, 152; vgl. auch Carstensen 1971, 106). Wie vorgreifend gesagt werden kann, lassen sich in dem Text von Wolf zahlreiche nach diesem Muster gestrickte Begriffe ausmachen (»Steinzeit-Doku«, »Prekariat-Show«, »Camp-Kinder«, »Ötzi-Simulation«, »Vulgär-Psychologie«). Den Bindestrichkompositionen korrespondiert Just zufolge auf der syntaktischen Ebene die Verwendung des Doppelpunktes, die den »Eindruck der Prägnanz und Kürze erwecken« (Just 1967, 155) soll. Auch dieses Stilmittel kommt bei Wolf häufig vor.

»Steinzeitexperiment«, stattdessen rekurriert der Verfasser auf »Prekariat-Shows«, als deren Beispiele er »Big Brother«[5] und das »Dschungelcamp«[6] nennt. »Prekariat« ist ein soziologischer Begriff aus den ersten Jahren des 21. Jahrhunderts, der, als Analogiebildung zu »Proletariat«, die Gesamtheit der Arbeitslosen und in

5 Bereits anlässlich der Produktion von »Schwarzwaldhaus 1902« als der ersten »Zeitreise« des öffentlich-rechtlichen Fernsehens wurde in den Printmedien eine Analogie zu »Big Brother« postuliert. So lautete der Titel eines Artikels von Jörg Thomann in der »Frankfurter Allgemeinen Zeitung«: »10 Wochen Einsamkeit. SWR spielt ›Big Brother‹ im Schwarzwald« (Thomann 2001). Dieser Artikel erschien bezeichnenderweise bereits am Tag nach dem Einzug der Probandenfamilie in das Haus und damit über ein Jahr vor der Ausstrahlung der Reihe.

6 Das »Dschungelcamp« firmiert eigentlich unter dem Titel »Ich bin ein Star – Holt mich hier raus!«, der zugleich den »Hilferuf« markiert, mit dem die Kandidaten signalisieren können, dass sie sich der ihnen auferlegten Prüfungen verweigern oder auch unabhängig von konkreten Prüfungen ihre Teilnahme beenden wollen. Eine luzide Analyse des »Dschungelcamp«-Settings hat Kai-Olaf Maiwald (2008) vorgelegt. Aufschlussreich sei bereits der Titel, bedeutet doch »Star« eine positiv besetzte, dem kulturindustriellen Komplex zuzurechnende Fremdzuschreibung, die in Verbindung mit der ersten Person Präsens Aktiv Indikativ eigentlich nicht verwendet werden könne, will man sich nicht objektiv durch die Selbsternennung zum Star der Hybris schuldig machen. (Zu den Bedeutungsdimensionen von »Star« vgl. auch Schneider 2004, 72.) Obwohl diese Selbsternennung den Mitwirkenden von dem Fernsehen in den Mund gelegt werde, erscheine sie dem Zuschauer als Ausdruck der Anmaßung, ohne dass er das Fernsehen selbst als die hierfür verantwortliche Zwangsinstanz wahrnehmen würde: »Wahrgenommen wird nur der Effekt dieser strukturellen Rahmung, die Handlung des Kandidaten so, als sei sie nicht so gerahmt: die Entblößung, das Sich-selbst-lächerlich-Machen« (Maiwald 2008, 380). Aus diesem Grund werde die objektiv gegebene und bereits aus dem Titel abzuleitende Dreierkonstellation – das Fernsehen als Aggressor gegenüber den Kandidaten, diese als Opfer und die Zuschauer als potentielle Retter, die mit ihrer Intervention durch »Voting« den Kandidaten Ungemach ersparen können – nicht erkannt, sondern nur die Dreierkonstellation, wie sie sich innerhalb der von dem Fernsehen gesetzten Rahmung darstellt. Hier erscheinen nun die Kandidaten mit der Anmaßung, ein Star sein zu wollen, als Aggressoren, das Publikum wird zum diese Verfehlung abstrafenden Richter, und an dem Fernsehen ist es schließlich, die vom Publikum verhängten Strafen zu vollstrecken. Das von Maiwald konstatierte Phänomen ist damit eine bemerkenswerte Ausprägung des von uns als »Kryptoautoritarismus« bezeichneten Strukturmusters, das, ungleich subtiler, auch im »Steinzeitexperiment« anzutreffen ist.

unsicheren und ungeschützten Beschäftigungsverhältnissen Arbeitenden bezeichnet. Die Zugehörigkeit zu dem so verstandenen Prekariat ist schichtenübergreifend und umfasst beispielsweise auch in befristeten Beschäftigungsverhältnissen arbeitende Wissenschaftler, umgangssprachlich wird der Begriff jedoch häufig abwertend als Synonym für »Unterschicht« verwendet. An diese Verwendung knüpft »Prekariat-Shows« als Wortschöpfung des Verfassers an. Sie könnte entweder bedeuten, dass sich das in diesen Shows auftretende Personal aus dem Prekariat rekrutiert oder sie überwiegend von Prekariatsangehörigen rezipiert werden. Letzteres mobilisiert das Klischee »abgehängter« Arbeitsloser, die ihre Lebenszeit mit wahllosem Fernsehkonsum, bevorzugt von als minderwertig angesehenen Sendungen des privatrechtlichen Fernsehens, verschwenden und dabei einer zunehmenden Verdummung und Verwahrlosung anheimfallen.[7] In jedem Fall hat der Terminus »Prekariat-Shows« etwas Abschätziges, was aber eigentlich der Bezugspunkt dieser Bewertung sein soll, erfährt der Leser nicht. Wieso die genannten Sendungen als beispielhaft für das »Fernseh-Neolithikum« angesehen werden sollen, ist unverständlich, weil es vergleichsweise neuartige Sendungsformate sind, nicht Produktionen aus den Anfangstagen des Fernsehens.[8] Betont wird die Antiquiertheit durch die Behauptung, dieser Sendungstyp sei als ausgestorben angesehen worden – aber warum sollte man dies annehmen, wenn die Verwendung des Neologismus »Prekariat« doch gerade Aktualität erheischt? Möglicherweise drückt sich hierin entweder eine Abneigung Wolfs gegen diese Sendungen aus, oder aber dies stellt den angestrengten Versuch dar, wenigstens assoziativ noch einen Zusammenhang zum

7 Ungeachtet dessen, wie zutreffend eine Typisierung der Zuschauer als »Prekariat« ist, wäre es aufschlussreich, die Rezipienten und Rezeptionsweisen von Sendungen wie »Big Brother« oder »Dschungelcamp« in den verschiedenen Ländern, in welchen sie produziert und ausgestrahlt werden, zu untersuchen. Zu den Modi kulturspezifischer Aneignungen von Fernsehsendungen, die dem Befund einer durch das Fernsehen bedingten globalen Kulturhomogenisierung widersprechen, vgl. im Allgemeinen Barker 1997, 112–149; Menzel 1998, 30f., zur Rezeption von »Big Brother« in Afrika im Besonderen Dolby 2006.

8 Die erste deutsche Staffel von »Big Brother« wurde 2000, die des »Dschungelcamps« 2004 ausgestrahlt; weitere Staffeln von »Big Brother« folgten 2000, 2001, 2003, 2005, 2006, 2007, 2008, 2008/2009, 2010, 2011 sowie 2015, vom »Dschungelcamp« 2004, 2008, 2009, 2012, 2013, 2014 und 2015.

»Fernseh-Neolithikum« herzustellen, auch wenn sich weder dieser Zusammenhang noch die in ihm zusammengezwungenen Behauptungen aufrechterhalten lassen. Privatistische und unbegründet bleibende Einschätzungen treten an die Stelle von Informationen, wozu der ebenfalls privatistische Charakter der Metaphern und Wortspiele passt, die einen Sachverhalt nicht prägnant verdichten, sondern im Gegenteil in ihrer Unklarheit einem assoziativen Ausufern Vorschub leisten. Je genauer man versucht, die in diesem Satz postulierten Bezüge nachzuvollziehen, umso verworrener erscheinen sie.

> »Das Personal ähnelt jedenfalls stark den Kandidaten aus dem Trash-TV:«

Wolf hebt offensichtlich auf eine Parallelisierung des »Steinzeitexperimentes« mit Sendungen des »Trash-TV«[9] wie »Big Brother« und »Dschungelcamp« ab.[10] Die behauptete Ähnlichkeit der Probanden und der Kandidaten dieser Sendungen lässt offen, ob damit ihr äußeres Erscheinungsbild oder aber ihr Verhalten gemeint ist. Da die Probanden während des Experimentes eine rekonstruierte steinzeitliche Ausstattung und nicht ihre Alltagskleidung trugen (und auch die Kandidaten im »Dschungelcamp« mit ihrer Umgebung angemessener Kleidung ausgestattet sind), scheidet ein Vergleich aufgrund äußerer Merkmale eigentlich aus, denn er könnte sich allenfalls auf Frisuren und Körperschmuck beziehen. So ist davon auszugehen, dass die postulierten Ähnlichkeiten das Verhalten betreffen, und hier ist vor allem an die für den Zuschauer besonders anschaulichen stressbedingten Regressionen zu denken. Ganz beiläufig nennt Wolf indes eine wichtige Differenz: In »Big Brother« und »Dschungelcamp« stehen *Kandidaten* in Konkurrenz zueinander, es wird am Ende jeweils einer übrig bleiben, der zum Gewinner des Wettbewerbes gekürt wird. Dieses für derartige Sendungen konstitutive Moment der Kompetition, aus dem folgt, dass die Kandidaten spezifische Bewährungsproben zu bestehen haben, in denen sie sich vor ihren Konkurrenten auszeichnen können, fehlt im »Steinzeitexperiment«. Während es explizit Teil der Programmatik von »Big

9 Zu der Logik des »Trashfernsehens« vgl. Hickethier 2000.

10 Im Unterschied zu »Big Brother« sind die Kandidaten des »Dschungelcamps« Prominente, jedoch zumeist solche, deren öffentliche Bekanntheit im Schwinden begriffen ist und die mit ihrer Teilnahme die Hoffnung auf einen Popularitätsschub verbinden.

Brother« und dem »Dschungelcamp« ist, voyeuristische Interessen der Zuschauer zu bedienen, erhebt das »Steinzeitexperiment« den Anspruch der Wissenschaftlichkeit. Es kann sich auf ein wissenschaftliches Erkenntnisinteresse berufen und mit ihm den Voyeurismusvorwurf kontern. Die unverkennbare und unverhohlene Absicht hinter »Big Brother« und dem »Dschungelkamp« ist es, Menschen als ganze Personen vorzuführen und der Lächerlichkeit preiszugeben, was den für das »Steinzeitexperiment« Verantwortlichen sicher nicht unterstellt werden kann. Dieser Befund widerspricht nicht dem Ergebnis der Analyse des Sendungstranskriptes, denn nach diesem waren die voyeuristischen Elemente Folgen der dispositiven Struktureigenschaften des Mediums Fernsehen. Wenn sich entgegen der von Wolf mit dem Hinweis auf äußere Ähnlichkeiten der Probanden bzw. Kandidaten angedeuteten Nähe des »Steinzeitexperimentes« zu Sendungen wie »Big Brother« oder dem »Dschungelcamp« nun gewichtige Unterschiede in Konzeption und Durchführung namhaft machen lassen, stellt sich die Frage, ob diese Unterschiede struktureller oder inhaltlicher Natur sind. So gravierend sie auch sein mögen, handelt es sich tatsächlich um inhaltliche Differenzen vor dem Hintergrund einer gemeinsamen Struktur, nämlich dem Dispositiv des Mediums, und die inhaltlichen Differenzen lassen sich auf einem Kontinuum der ansteigenden Explizitheit eintragen, mit der diese Struktur sich artikuliert. In den von Wolf dem »Trash-TV« zugerechneten Sendungen tritt sie offen zutage, und wollte man dies kulturkritisch wenden, dann könnte man sagen, in derartigen Sendungen komme das Medium Fernsehen zu sich selbst, weil in ihnen die Struktur offenbar wird, die auch den im Vergleich dazu »gemäßigt« erscheinenden Sendungen des öffentlich-rechtlichen Fernsehens zugrunde liegt.

> »Einige Teilnehmer tragen dicke Nasenpiercings zu ihren Fellklamotten, der Umgangston schwankt zwischen rustikal (›Wenn's nach mir ginge, wäre das Schwein längst tot‹) und Sozialarbeiterjargon (›Ich bin enttäuscht von dir‹).«

Die mitgeteilten Evidenzen, die sowohl auf Äußerlichkeiten (Nasenpiercings) wie auch auf das Verhalten der Probanden (Umgangston) Bezug nehmen, sind denkbar dürftig. Piercing, zumal an der Nase, ist als Körperschmuck seit einigen Jahren verbreitet, und allenfalls ein besonders auffälliges oder an ungewöhnlicher Stelle angebrachtes Schmuckstück vermag noch Aufmerksamkeit zu erregen. Deshalb wohl bedarf es des ausdrücklichen Hinweises, die Piercings der Probanden seien »dick«. Genau genommen tragen nur zwei der sechs Erwachsenen, Britta und Olliver, diesen Schmuck, und nur Brittas Piercing kann als »dick« bezeichnet werden, was es etwas gewagt erscheinen lässt, darin einen »Trash-TV«-Indikator zu sehen. Auch hier appelliert Wolf an Vorurteile der Leser, welche die Piercings als Bestandteil einer bestimmten Lebensform verstehen sollen. Ursprünglich ein Phänomen von Subkulturen, wurde das Piercing seit der Mitte der 1990er Jahre vermittelt über die Punk- und Technoszene zu einem Teil der Jugendkultur und hat sich von dieser aus etabliert. Dass im Jahr 2006, als das Experiment durchgeführt wurde, Personen im Alter von Olliver (40) und Britta (32) Piercings tragen, ist für sich kein erklärungsbedürftiges Datum. Allenfalls könnte man monieren, ein solcher Schmuck sei unpassend, weil zur Zeit der Horgener Kultur als einziges Metall Kupfer verarbeitet wurde.

Soll die Feststellung bezüglich des Umgangstones eine Nähe zu den »Trash-TV«-Sendungen belegen, hätte dies zur Präsupposition, dass auch in diesen einer herrscht, der zwischen Rustikalität und Sozialarbeiterjargon schwankt. Interpretierend reformulieren kann man diese beiden Pole als etwas ruppiges Vertreten des Eigeninteresses einerseits und einer Verständigungs- bzw. Gemeinschaftsorientierung andererseits. Nun ist die Dialektik von Eigeninteresse und Gemeinwohlbindung für die menschliche Lebenspraxis wesentlich, und nicht das Bemühen um die Vermittlung von beidem, sondern Vereinseitigungen sind bemerkenswert. Es wäre nicht verwunderlich, wenn in Sendungen wie »Big Brother« und dem »Dschungelcamp« diese Dialektik gesteigert zum Ausdruck käme, da die für beide Sendungen geltenden Spielregeln sowohl kooperative als auch kompetitive Elemente vorsehen. So müssen die Kandidaten zwar zusammenarbeiten, um vorgegebene Aufgaben zu bewältigen, sie müssen aber auch versuchen, sich vor den anderen auszuzeichnen, da es am Ende nur einen Gewinner geben wird. Wolf führt das von ihm konstatierte Phänomen nicht auf diese basale dialektische Konstellation zurück, er belässt es bei einer bloßen Feststellung, die gegenüber der einen Zusammenhang erst stiftenden Dialektik indifferent bleibt. Seine journalistische Aufgabe wäre es, diese Struktur stellvertretend für den Leser zu erkennen und adäquat darzustellen, etwa durch treffende Beispiele. Genannt werden zwei Zitate aus den Sendungen, mit denen die Angleichung an das »Trash-TV« und die in ihm waltende Mischung aus Rustikalität und Sozialarbeiterjargon belegt werden sollen. Eigentlich wäre erst einmal darzulegen, warum und inwiefern diese Elemente kennzeichnend für das »Trash-TV« sind; das Unterbleiben dieser Begründungsleistung bekundet den Appell an dem Leser unterstellte Vorurteile.

Dessen ungeachtet sind die Zitate daraufhin zu prüfen, ob sie das zu belegen vermögen, wofür sie herangezogen werden. »Wenn's nach mir ginge, wäre das Schwein längst tot« ist eine Äußerung, die sich ohne Kenntnis des Kontextes einer Beurteilung entzieht. Sie kann Artikulation eines gesteigerten Tötungswillens, aber auch eines berechtigten Interesses sein. Ihr Kontext war der folgende: Zwischen Martin und Ingo kam es zu einer Diskussion über den Zeitpunkt der Schlachtung eines der Schweine, die den folgenden Verlauf nahm:

2/16'42–17'26

'6	[W] Die Häuser, im Vordergrund der Weiher.	Ingo (off): Wenn's nach mit ginge Martin, da wär das Schwein schon eh längst tot. Martin (off): Warum? Ingo (off): Weil wir das Fleisch brauchen, Martin!
'9	[G] Martin in »Steinzeitkleidung«, der Kamera zugewandt, im Hintergrund Wald.	Martin: Es wird schnell laut, also der Lauteste wird am meisten gehört, nach dem Motto. Das mag ich eigentlich nicht. Ich mag lieber in Ruhe drüber reden und dafür ham wir leider zu wenig Zeit.

'39	[W] Die Häuser, im Vordergrund der Weiher.	Ingo (off): Und da kannst Du mir nicht erzählen, ich würde mich jedesmal drüber aufregen, klar reg ich mich drüber auf. Martin (off): Ja ich weiß, sag ich ja. Ingo (off): Ja und warum aber? Martin (off): Ja keine Ahnung. Ingo (off): Wir ham dann zwei Tage Zeit [das vorzubereiten, Martin (off): weiß ich nich] Ingo (off): du sagst, wir haben keine zwei Tage, und ich sage, wir ham zwei Tage. Martin (off): Nein, ham wir nich. Ingo (off): Weil wir uns die Zeit dann nehmen. Martin (off): Nein, kann ich nich! Die Kinder ham auch in den zwei Tagen Hunger und müssen versorgt werden, Mensch, und wir auch! Da müssen wir doch kochen, deswegen haben wir keine zwei Tage Zeit! Kapier's doch mal! Ingo (off): Hör uff, komm, hör uff.

Ingo drängte auf die Schlachtung, da nur noch wenig Zeit bis zum Beginn der geplanten Alpenüberquerung war, für die er sich Reserven »anfuttern« wollte, Martin gab dagegen zu bedenken, die Schlachtung würde zu viele Arbeitsressourcen binden, welche die Probanden zur Aufrechterhaltung der Nahrungsversorgung benötigten. Der Disput wurde auch lautstark ausgetragen, ohne dass es aber zu Verbalinjurien oder Ähnlichem gekommen wäre. Im Verlaufe dieser Auseinandersetzung sagte Ingo zu Martin den Satz, der von Wolf als Ausweis der »Rustikalität« zitiert wird, die er aber nicht auf den Inhalt bezieht, sondern den Ton, in dem er vorgebracht wird. Doch wird dieser Satz von Ingo vergleichsweise ruhig und besonnen artikuliert, weshalb man vermuten kann, dass die diagnostizierte Rustikalität entgegen dem Behaupteten eben doch an dem ausgesagten Inhalt festgemacht wird, der in der Tat vordergründig etwas Rustikales haben mag. Nun war es aber Bestandteil des Experimentsettings, den Probanden aus Gründen der Fleischversorgung die beiden Schweine zur Verfügung zu stellen, und vor diesem Hintergrund erscheint Ingos Ansinnen keineswegs als sonderlich »rustikal« – schließlich ging es im Disput mit Martin auch nicht um die grundsätzliche Frage, ob geschlachtet werden soll oder nicht, sondern darum, wann und wie dies sinnvollerweise getan werden kann. Beide vertreten in diesem Disput ihre Interessen (bzw. Martin als Vater stellvertretend die seiner Kinder), aber dies in einer Weise, die nicht als Ausdruck einer unangemessenen Rustikalität verbucht werden könnte.[11]

Der zweite zitierte Satz – »Ich bin enttäuscht von dir« – wurde von Olliver zu Martin anlässlich des Streites um die Getreideernte gesagt. Allerdings ist diese Szene nicht Teil des gesendeten Materials, man sieht lediglich Olliver, wie er davon berichtet, diesen Satz geäußert zu haben.[12] Mag diese Äußerung als solche noch kein allzu starkes Indiz für einen »Sozialarbeiterjargon« sein, so ließen sich weitere anschließen, die in der Tat von einer gewissen Anfälligkeit Ollivers für diesen Jargon zeugen,[13] der aber nicht die Kommunikation zwischen den Probanden bestimmt hat, sondern offensichtlich eine Idiosynkrasie Ollivers ist.

Insgesamt betrachtet, bestätigen weder die angeführten Zitate noch das Verhalten der Probanden die Unterstellung eines zwischen rustikaler Ruppigkeit und Sozialarbeiterjargon schwankenden Umgangstones. Mit augenzwinkerndem Gestus mobilisiert Wolf Vorurteile, die er bei den Lesern voraussetzen zu können glaubt, und wer das entsprechende Hintergrundwissen nicht teilt, erhält auch keinen Aufschluss über die angedeuteten Bezüge. Er wendet sich an Insider, denen einige wenige Stichworte zur Dechiffrierung des Gemeinten genügen, nicht aber an eine Öffentlichkeit, die informiert werden möchte.

11 Wie bei dem Disput zwischen Martin und Olliver über die Notwendigkeit der Getreideernte wird dem Zuschauer auch bei diesem Streit vorenthalten, wie er letztlich beigelegt wurde und was dafür ausschlaggebend war, das Schwein doch noch zu schlachten.

12 Olliver: »Ich bin enttäuscht von dir, Martin, hab ich ma ziemlich konkret so gesacht, ne, äh hm dass du nicht mehr bringst so ungefähr, ne« (3/18'12–18'20).

13 Olliver: »Das hat mich auch en bisschen schlecht draufgebracht, muss ich ganz ehrlich auch sagen, das hab ich en bisschen auch auf die Gruppe übertragen« (3/19'23–19'29).

> »Die gute Nachricht:«

Der bestimmte Artikel vor der »guten Nachricht« deutet an, es gebe in diesem Zusammenhang überhaupt nur *eine* gute Nachricht, was indirekt ein Werturteil über das Experiment bedeutet. Worin könnte sie bestehen? Nach dem Verlauf der Textsequenz müsste etwas genannt werden, womit sich das Experiment dann doch, zumindest ein wenig, von den »Trash-TV«-Sendungen unterscheidet. Indes lässt sich bereits prognostizieren, dass diese gute Nachricht eine von Ironie durchtränkte sein wird, die in Wirklichkeit das Experiment umso effektvoller diskreditieren soll.

> »Dieter Bohlen macht nicht mit.«

Diese Prognose wird unmittelbar bestätigt. Wenn schon allein die Tatsache einer Nichtbeteiligung des als kulturindustrielle Größe agierenden Musikproduzenten Dieter Bohlen als gute Nachricht präsentiert wird, wie schlecht muss es dann um diese Sendung ansonsten bestellt sein? Bohlen, dessen Omnipräsenz im »Trash-TV« suggeriert wird, ist allerdings weder in einer der Staffeln von »Big Brother« noch einer des »Dschungelcamps« in Erscheinung getreten. Dem Leser wird ein Name mit Signalwirkung präsentiert, der seinen Zweck bei den Eingeweihten auch dann erfüllen mag, wenn der Bezug nicht so klar ist wie behauptet.

> »Statt im Container wie bei RTL II lümmeln die ARD-Freiwilligen, im wahren Leben Töpfer, Krankenschwester, Hausfrau und Schafzüchter, in drei Pfahlhütten herum, die an einem Tümpel im Hinterland des Bodensees errichtet wurden.«

Das Ausbuchstabieren der Analogien zwischen den »Trash-TV«-Sendungen und dem »Steinzeitexperiment« wird mit Informationen verwoben. Die Probanden wohnen in »Pfahlhütten«, nicht »im Container«, was als Verkürzung von »Wohncontainer« die in sich dramatisierende Bezeichnung für den Aufenthaltsort der »Big Brother«-Kandidaten ist, in dem ihre Lebensäußerungen permanent durch Kameras und Mikrofone aufgezeichnet werden. Auch diese Wortwahl bedeutet eine nur für Insider nachvollziehbare Anspielung. Der Unterschied der Örtlichkeiten, so offensichtlich die Differenzen zwischen dem unterstellten naturnahen Primitivismus der »Pfahlhütten« und der für menschliche Wohnbedürfnisse eigentlich unangemessenen Umgebung eines Containers auch zunächst sein mögen, dient Wolf nur als Aufhänger für den Versuch einer Entlarvung der Gemeinsamkeiten beider Sendungen, geschehe doch in den Behausungen dasselbe: Die Probanden bzw. Kandidaten »lümmeln herum«. Dieser despektierliche Ausdruck für ein ostentatives und provokantes Nichtstun tut zumindest den Probanden des Experimentes unrecht. Ihr Verhalten könnte viel eher als umtriebige Geschäftigkeit beschrieben werden, die schon dadurch erzwungen war, dass mit den knappen Ressourcen Zeit und Arbeitskraft die anstehenden Arbeiten ohne die erforderlichen Routinen gemeistert werden mussten.[14] Und selbst für die »Big Brother«-Kandidaten ist das »Herumlümmeln« nicht Hauptbeschäftigung, vielmehr werden sie durch in Tages- oder Wochenfrist zu erledigende Aufgaben, deren Lösung unter anderem über die Zuteilung der Essensrationen entscheidet, »auf Trab gehalten«. Die generalisierende Unterstellung, der Tagesablauf in dem »Big Brother«-Wohncontainer und den Pfahlbauten des »Steinzeitexperimentes« wäre geprägt von demonstrativer Untätigkeit, ist unzutreffend, ebenso wie die Behauptung einer hintergründigen Gemeinsamkeit der beiden Sendungen, die über diese Konstruktion exemplifiziert werden soll.

Die Berufe einiger der Probanden sowie der Ort, an welchem der Weiler errichtet wurde, werden nachgetragen, dabei wirkt die Apposition, in der die Berufe genannt werden, ein wenig erratisch, weil für den Leser nicht klar ist, welche Bedeutung sie in dem gegebenen Kontext hat. Die angeführten Berufe – »Töpfer, Krankenschwester, Hausfrau und Schafzüchter« – taugen jedenfalls kaum als Beleg der zuvor behaupteten Ähnlichkeit der Probanden mit dem »Trash-TV«-Personal, sie lassen eher auf ein linksalternatives Milieu schließen, aus dem »Big Brother«- und »Dschungelcamp«-Kandidaten sicher nicht in nennenswertem Umfang stammen. Ungenannt bleiben die Berufe von Sophia (Schneiderin) und Henning (Landschaftsgärtner), obwohl sie sich in dieses Milieu durchaus einfügen würden.

> »Es regnet.«

Nun folgt in knappster Form eine Zustandsbeschreibung, die nur eine elementare Information enthält. Vielleicht hat die Kürze dieses

14 Die Belastung zeigte sich beispielsweise in Martins enormem Kalorienverbrauch von fast 6500 Kalorien bei der Ausbesserung des beschädigten Ofens (2/14’21–14’54).

Satzes auch eine zäsurierende Bedeutung, dann würde der Verfasser jetzt nach allgemeinen Vorbemerkungen über das »Steinzeitexperiment« zu der Schilderung bestimmter Situationen oder Abläufe übergehen.

»Die Kameras laufen.«

Der Zusammenhang dieses kurzen Satzes mit dem vorangehenden wird nicht explizit hergestellt und teilt sich auch nicht unmittelbar mit. Eine denkbare Lesart wäre, dass mit dieser Reihung ausgedrückt werden soll, die Kameras zeichneten Unwichtiges und Uninformatives wie den niederfallenden Regen auf, was beispielhaft für das sich vorwiegend auf Trivialitäten beschränkende Geschehen insgesamt sei.

»Der Ofen ist aus.«

Ein dritter kurzer Satz schließt sich an, und es wäre erstaunlich, wenn nicht spätestens jetzt eine Ironisierung erfolgen würde. Dem ist auch so, und zwar in Gestalt einer Verschränkung von Sachverhaltsschilderung und spöttischer Kommentierung. Der Backofen glühte seinen hölzernen Unterbau durch, was eine akute Brandgefahr für die Häuser bedeutet hätte, weshalb Olliver einen für Notfälle zur Verfügung stehenden Feuerlöscher zur Hilfe nehmen musste. Dieses Geschehen wird mit dem sprichwörtlichen Diktum »Der Ofen ist aus« beschrieben, das den endgültigen und im Normalfall nicht von Erfolg gekrönten Abschluss einer Unternehmung, also ein Scheitern, bezeichnet. Ein solches Spiel mit der Doppelbödigkeit von Darstellung und Kommentierung ist dann gelungen, wenn es eine überraschende Einsicht eröffnet und die ihm eigene Verdichtung quasi-künstlerische Qualitäten erlangt. Im vorliegenden Fall kann davon aus zwei Gründen nicht die Rede sein. Einmal ist es, bezogen auf die wörtliche Bedeutung des Satzes, dem unwissenden Leser – und ein solcher ist bei einem Artikel zu unterstellen, der eine angekündigte und nicht eine bereits ausgestrahlte Fernsehsendung bespricht – nicht möglich, sich den Kontext zu erschließen, der dazu führte, dass der Ofen nun »aus« ist. Er kann die Bedeutung und Tragweite dieser Tatsache nicht einschätzen und wird genau bei dieser wichtigen Kontextinformation im Stich gelassen. Zu retten wäre diese Verdichtung, wenn es dem Verfasser gelänge, mit der übertragenen Bedeutung als Komplement pointiert dieses Fehlende zum

Ausdruck zu bringen – nicht durch komplexe Argumentationen oder detaillierte Berichte, vielmehr durch eine suggestive und gestaltrichtige Formel. Das aber, und hierin liegt der zweite Grund für das Misslingen der Verdichtung, leistet die übertragene Bedeutung nicht, denn das mit ihr beschworene Ende kann der Leser nur auf das Ende des Experimentes insgesamt beziehen – zwar bedeuteten die Vorgänge um den Ofen eine Krise, auch weil er als Wärmequelle ausfiel, aber nicht den Abbruch des Experimentes. Die wörtliche Bedeutung von »Der Ofen ist aus« ist für einen Leser ohne Vorkenntnisse unverständlich, die übertragene Bedeutung irreführend, und deshalb ist dieser Versuch einer quasi-literarischen Verdichtung misslungen.[15]

> »›Eingreifen werden wir nur im Notfall‹, barmt der Sprecher aus dem Off.«

Das Zitat lässt offen, ob ein solcher Notfall in der umrissenen Situation bereits eingetreten ist. Wird das Fernsehteam intervenieren und den durchnässten und frierenden oder hungernden Probanden[16] zu Hilfe kommen oder nicht? Diese in Richtung einer Dramatisierung weisende Zweideutigkeit ist von dem Verfasser gewollt und keine der Realität, über die er berichtet. Das wird deutlich, wenn man den Kontext der Äußerung betrachtet, mit welcher der Sprecher in der ersten Folge die in den Anfangstagen durch die undichten Dächer entstandene Krise kommentiert: »Oberste Regel: Eingreifen werden wir nur im Notfall, und der ist jetzt da« (1/2'38–2'43). Die Notwendigkeit einer Intervention wird hier unmissverständlich ausgesprochen, allerdings ist diese Bemerkung in keiner Weise auf die Probleme mit dem Ofen bezogen, über die ja erst in der zweiten Folge berichtet wird. Eine interessante Pointe dieser Textstelle liegt darin, dass Wolf sich mit der auf einer unnötigen Zweideutigkeit basierenden Dramatisierung eines Gestaltungsmittels bedient, das für den von ihm kritisierten Gegenstand typisch ist.[17]

15 Eine Aneinanderreihung von Satzbruchstücken wie im vorliegenden Fall ist Broder Carstensen (1971) zufolge ein Stilmittel der »Spiegel«-Sprache. Mittels dieser »›Masche‹ des ›Hackepeter-Stils‹ mit verkürzten Sätzen« soll »ein besonderer Effekt erzielt werden, wie z.B. eine Anspielung auf die Nationalhymne zeigt: ›Der Kanzler sprach. Über alles. Über alles in der Welt‹« (Carstensen 1971, 123).

16 Der Leser weiß nicht, ob der erwähnte Ofen der Wärmeregulierung, der Nahrungszubereitung oder beidem diente.

17 Das hier von Wolf gebrauchte und recht ungewöhnliche Verb »barmen«

»Eines der Camp-Kinder, die zehnjährige Ronja, hat zu Beginn ›ein bisschen Angst‹, ob ihr das Steinzeitessen wohl schmecken werde.«

Ob wirklich ein Notfall gegeben war und eine Intervention in das Experiment erfolgte, erfährt man nicht, und auch das bedeutet eine Parallele zu der die Sendungen dominierenden Dramatisierungsdynamik. Ronjas Bedenken sind ohne Weiteres einsichtig und kaum der Erwähnung wert, ihre Mitteilung wird nur Aufhänger für weitere Ironisierungen sein. Mit Ronjas Bezeichnung als »Camp-Kind« wird eine Analogie zu dem »Dschungelcamp« angedeutet, die umso gravierender erscheint, als sie nahelegt, dass hier auch Kinder vergleichbaren Strapazen und Entwürdigungen wie die Kandidaten dieser Sendung ausgesetzt werden. Diese mit Argumenten nicht einzulösende Anspielung ist kaum anders denn als perfide zu bezeichnen.

»Welches Essen?«

Eine weitere auf einer Zweideutigkeit basierende Ironisierung folgt. Die denkbar knappe Frage kann Auftakt einer sachlichen Erörterung der den Probanden zur Verfügung stehenden Nahrungsressourcen sein, sie kann aber auch auf etwas gehässige Weise in Frage stellen, ob das, was sie zu sich nehmen, überhaupt das Prädikat »Essen« verdient oder nicht eher als ein menschenunwürdiger »Fraß« bezeichnet werden müsste.

»Die Steinzeitler sind Selbstversorger, ob sie wollen oder nicht.«

Dass die Probanden sich selbst Nahrung verschaffen müssen und nur in Notfällen, nicht aber grundsätzlich »von außen« versorgt werden, ist eigentlich selbstverständlich, beansprucht doch die Nahrungszubereitung nicht nur einen großen Teil der täglichen Arbeitszeit, sie ist auch konzeptionell einer der Schwerpunkte des Experimentes. »Ob sie wollen oder nicht« ist ein überflüssiger Zusatz, diese Frage stellt sich den Probanden gar nicht, denn es ist Teil des Experimentarrangements, in das sie einwilligten, um überhaupt Probanden

führt Carstensen (1971, 55) ausdrücklich als Beispiel für die Verwendung der im »Spiegel« beliebten Archaismen an, sie gehören zu der Kategorie der von Just als »Wort-Pretiosen« bezeichneten Vokabeln der »Spiegel«-Sprache, die zumeist altertümliche Ausdrücke und »der Sprache der Exklusivität zuzurechnen« (Just 1967, 147) sind.

werden zu können. Hier impliziert dieser Zusatz eine Situation des Ausgeliefertseins, in der sie nicht mehr ihre eigenen Herren sind und das, was sie wollen, keine Rolle mehr spielt. Faktisch aber handelt es sich lediglich um die Verpflichtung, sich an die vorgegebenen Normen für die Durchführung des Experimentes zu halten, und diese Verpflichtung gingen die Probanden freiwillig ein. Die Kalamitäten, denen sie im Experimentverlauf ausgesetzt werden, sind daher als in diese Freiwilligkeit eingebettete zu verstehen.

> »Die meisten wollen eher nicht.«

Der Grund für den Zusatz »Ob sie wollen oder nicht« wird nun offensichtlich – er ist notwendig, damit diese Pointe angebracht werden kann. In ihr zeigt sich eine weitere inhaltliche Gemeinsamkeit des Textes mit der Sendung, über die er sich mokiert: Ein Interesse an innerpsychischen Prozessen, am Gefühlsleben der Probanden.

> »Gefühlte 5000 Jahre Sendezeit vergehen, in denen man den anderen beim Getreidemahlen zugucken darf.«

Wolf misst die Sendungen nicht an ihrem immanenten Anspruch, die Dokumentation eines wissenschaftlich fundierten Experimentes zu sein, sondern an ihrem Unterhaltungswert, einer für sich fragwürdigen Kategorie. Zu bemängeln wäre eher, dass eine geduldige Dokumentation des Handelns der Probanden, gerade was die Bewältigung im weitesten Sinne handwerklicher Herausforderungen angeht, viel zu knapp ausgefallen ist. Die Darstellung der Abläufe wird zugunsten der personalisierenden Berichterstattung über die Probanden so verkürzt, dass sie nicht mehr nachvollzogen werden können – deshalb sind die Sendungen objektiv uninteressant, nicht aber, weil sie dem Zuschauer zu wenig »Action« bieten, wie es der Verfasser hier einfordert. Die Bilder des Getreidemahlens nehmen außerdem nicht ungebührlich viel Zeit ein, auch in dieser Hinsicht ist das Behauptete unrichtig, aber ohnehin kommt es Wolf vor allem darauf an, die Formulierung »gefühlte 5000 Jahre Sendezeit« einzubauen. Mit ihr wird erneut Originalitätsaspirationen der Vorrang vor Gegenstandsdarstellungen gewährt.

> »Sie mahlen sehr langsam.«

Von der unzureichenden und voreingenommenen Beobachtung des Mahlvorgangs zeugt die falsche Beschreibung des Getreidemahlens:

Die Probanden mahlen nicht *langsam,* sondern wegen der Probleme beim Entfernen der Spelzen vielmehr *lange*.

> »Das Ergebnis sind grobe Fladenbrote, die verdächtig nach Bioladen aussehen.«

Produkt der Getreideverarbeitung sind keine Brote aus aufgehendem Teig, sondern Fladenbrote, deren »Grobheit« im Bereich des zu Erwartenden liegt, weil sich fein gemahlenes Mehl mit den zur Verfügung stehenden Techniken nur mit einem beträchtlichen Mehraufwand herstellen ließe.[18] Sie erinnern Wolf an »Bioladen«-Produkte, diese Ähnlichkeit wird aber nicht einfach nur festgestellt, durch das Adverb »verdächtig« wird ihr zusätzlich der Anschein des Anrüchigen verliehen. Auch die »Bioladen«-Anmutung der Brote ist als Andeutung eines linksalternativen Milieuhintergrundes der Probanden zu verstehen, die wie ein Einwand gegen das Experiment vorgetragen wird, sich aber nur schwer mit der Behauptung in Einklang bringen lässt, die Probanden entstammten derselben Klientel wie das »Trash-TV«-Personal. Es sollen primär Vorbehalte gegen das Experiment und die an ihm beteiligten Personen aufgeboten werden, auch wenn diese Vorbehalte sich nicht zu einem stimmigen Bild zusammenfügen.

> »Irgendwann treibt der Hunger sie rein.«

Wolfs Ablehnung des mit dem Begriff »Bioladen« verbundenen Gesinnungskomplexes wird manifest, denn hier wird ausgesagt, derartige Produkte seien im Grunde ungenießbar und nur in äußerster Not zu verzehren, wenn nämlich Alternativen nicht zur Verfügung stehen und der Hunger so groß geworden ist, dass die Ungenießbarkeit zum kleineren Übel wird.

> »›Am dritten Tag werden die Kinder zum ersten Mal satt‹, verkündet der Sprecher mit apokalyptischem Tremolo in der Stimme.«

Das die Stimme des Sprechers kennzeichnende »apokalyptische Tremolo« mag zwar eine witzige Formulierung sein, zutreffend ist sie nicht – wenn überhaupt ein Tremolo bei der Artikulation dieser Stelle (1/35'43–35'47) ausgemacht werden kann, ist es nicht deutlicher als an anderen Stellen auch, und von »apokalyptisch« kann beim bes-

18 Gleichwohl wäre eine Gewinnung von Feinmehl mit den Mitteln der Probanden im Prinzip möglich (vgl. Währen 1985).

ten Willen keine Rede sein – im Gegenteil wäre die Intonation viel eher als »verhalten optimistisch« zu bezeichnen. Die Originalitätsbemühungen des Verfassers dienen nicht einer stellvertretenden Aufschließung von Realität für den Leser, im Gegenteil verstellen sie die Realität, indem sie Sprachspiele erzeugen, die sich ihr gegenüber verselbständigen. Das erstmalige Sattwerden der Kinder am dritten Tag bedeutet nicht, dass es in den Tagen zuvor gar nichts für sie zu essen gab, die Menge war nur für ein »Sattessen« nicht ausreichend. Außerdem könnte man den aus dem Zusammenhang genommenen Satz aufgrund der ausdrücklichen Erwähnung der Kinder auch so verstehen, dass die erwachsenen Probanden sich selbst üppig mit der vorhandenen Nahrung versorgt und für die Kinder nicht mehr genug übriggelassen hätten.

> »Später wird ein Schwein massakriert, allerdings – beim Tierschutz hört der Spaß auf – per Bolzenschussgerät und unter der Aufsicht eines Amtstierarztes.«

»Massakrieren« spielt auf ein Gemetzel und ein Blutbad an, bei dem das Tier qualvoll zu Tode gebracht wird. In Wirklichkeit verlief die Schlachtung sehr geregelt, wie im zweiten Teil des Satzes auch gesagt wird – das Schwein wurde in Gegenwart eines Amtstierarztes nach seiner Betäubung mit einem Bolzenschussgerät getötet, außerdem verfügt Olliver, der die Schlachtung maßgeblich übernahm, über einschlägige Erfahrungen.[19] Den manifesten Widerspruch in diesem Satz versucht Wolf zu überspielen, indem er ihn als Pointe präsentiert, was aber nichts daran ändert, dass dieser Widerspruch keiner der beschriebenen Realität, sondern ein von ihm konstruierter ist.

> »Denn wie bei ›Big Brother‹ bekommen auch die Insassen des Steinzeitcamps manchmal Besuch aus der sogenannten Wirklichkeit.«

Das »denn« versucht etwas hilflos, eine Folgerichtigkeit zu konstruieren, es bezieht sich auf die Anwesenheit des Amtstierarztes bei der Schlachtung, die aber weniger ein Besuch als vielmehr die Erfül-

19 Einem Plausch des Amtstierarztes mit Olliver, in welchem dieser nach seinen Erfahrungen bei Schlachtungen befragt wird (2/22'50–23'16), ist zu entnehmen, dass Olliver selbst bereits Schafe und Ziegen schlachtete, bei diversen Schweineschlachtungen zugegen war und auch schon sechs Schweine mittels eines Bolzenschussgerätes betäubte.

lung von Dienstpflichten war. Ebenfalls hilflos und in der Hartnäckigkeit seiner Wiederholung mittlerweile penetrant wirkt das Bemühen, Verbindungen zu »Big Brother« und dem »Dschungelcamp« zu postulieren, was hier durch die Ansprache der Probanden als »Insassen des Steinzeitcamps« geschieht sowie durch die Behauptung, wie bei »Big Brother« würden Besucher das Experiment frequentieren. Die Besucher der »Big Brother«-Kandidaten sind jedoch nahezu ausnahmslos Fernsehprominente, und die Unterstellung, bei dem »Besuch« des Amtstierarztes verhalte es sich analog, ist absurd, da seine Gegenwart kaum geeignet ist, das Interesse der Zuschauer zu wecken und so die Einschaltquote zu erhöhen. Während man bei der Rede von einem »Besuch aus der Wirklichkeit« noch vermuten könnte, dies sei kontrastiv zu der artifiziellen Situation des Experimentes gemeint, markiert das »sogenannt« eine Entlarvung dieser Wirklichkeit als in Wahrheit so unwirklich wie die inszenierte Welt des »Steinzeitexperimentes«. Kann man im Hinblick auf die Figuren, welche die »Big Brother«-Kandidaten heimsuchen, dieses »sogenannt« noch als kulturkritische Kommentierung der Künstlichkeiten von Staridolatrie und Prominentenverehrung verbuchen, ist es bezüglich des Amtstierarztes in jeder Hinsicht unpassend.

> »Zwar nicht von Guido Westerwelle, der im Jahr 2000 im RTL-II-Container auf ein Bier vorbeischaute, aber von Menschen wie Harm Paulsen.«

Guido Westerwelle ist zwar in erster Linie Politiker, und sein Status als Fernsehprominenter leitet sich hiervon ab, sein Besuch bei den »Big Brother«-Kandidaten im Jahre 2000 kann aber schon als ein Präludium des vor der Bundestagswahl 2002 von der FDP geführten »Spaßwahlkampfes« verstanden werden. Er hatte das Ziel, auch mit dem Einsatz kulturindustrieller Mittel und Mechanismen der Partei und ihrem Spitzenkandidaten zu einem Popularitätsschub zu verhelfen, der sich in einem Wahlergebnis von 18 % für die FDP niederschlagen sollte. Insofern stand dieser Besuch im Zeichen des Bemühens, Westerwelle als locker und unkonventionell zu präsentieren. Durch die Reduktion auf den Begriff »Besuch« wird nicht mehr unterschieden einerseits zwischen der Inszenierung eines Prominenten, der mit seinem Gastspiel seine eigene Prominenz durch einen weiteren Fernsehauftritt reproduzieren will und der Sendung zu einer gesteigerten, sich in der Zuschauerquote ausdrückenden

Interessantheit verhelfen soll,[20] und andererseits der durch ein unvorhergesehenes Ereignis erforderlich gewordenen Intervention eines Fachmannes wie Paulsen oder der aus rechtlichen Gründen gebotenen Anwesenheit des Amtstierarztes. Paulsen ist dem Leser von dem Verfasser noch nicht vorgestellt worden, dies wird, da sein Name nicht selbstexplikativ ist, wohl sogleich nachgeholt werden, zumal er exemplarisch für eine Gruppe oder Kategorie – nämlich »Menschen wie Harm Paulsen« – steht.

> »Herr Paulsen ist Steinzeitexperte beim Archäologischen Landesmuseum in Schleswig und weiß zum Beispiel, dass ein Lehmofen nicht zum Heizen taugt, weil sonst leicht die ganze Hütte abbrennt.«

Tatsächlich erfolgt Paulsens Vorstellung, und mit seiner Ansprache als Experte ist auch offenkundig, dass seine »Besuche« bei den Probanden ganz anders zu bewerten sind als die der Fernsehprominenz bei den »Big Brother«-Kandidaten. Ohne Kenntnis der Geschehnisse um den Ofen kann sich der Leser die Hintergründe, auf welche hier angespielt wird, nicht entschlüsseln, er kann nur eine Verbindung zu der Feststellung »Der Ofen ist aus« vermuten. Eine Bemerkung Paulsens den Probanden gegenüber zur Untauglichkeit des Ofens als Heizung kommt in den Sendungen nicht vor, vielmehr macht Urs Leuzinger in einem durch das Kurvendiagramm begleiteten wissenschaftlichen Intermezzo (2/12’48–13’05) darauf aufmerksam, dass die Öfen Backöfen, aber keine »Zentralheizungen« seien. Das tut den Probanden insofern unrecht, als der Dauerbetrieb des Ofens der Tatsache geschuldet war, dass das Fladenbrot in ihm nicht richtig gebacken wurde, weshalb Martin den Ofen immer weiter anheizte, worauf sich die Probanden wegen der von ihm ausgehenden Wärme in seiner Nähe niederließen (2/9’46–10’37). Die Funktion als »Heizung« war somit nur ein Nebeneffekt des Brotbackens und nicht als solche intendiert.[21] Paulsen ließ sich denn auch in keiner Weise über

20 Vgl. hierzu auch die Theorie der Prominenz von Ulrich Schneider (2004).

21 Die (bei aufmerksamer Betrachtung bereits aus dem Gesendeten hervorgehenden) Umstände der an dem Ofen entstandenen Schäden benennt Burberg in seinem Resümee ausdrücklich: »Dass wir den Ofen als Dauerbrandofen genutzt hätten, stimmt nicht. Das hat sich in die Köpfe festgesetzt, weil Urs Leuzinger sich zu der Bemerkung hat hinreißen lassen, wir hätten ihn aufgrund des schlechten Wetters als Heizung missbraucht. Die Bilder konnte man ja auch durchaus so interpretieren. Geschehen ist aber folgendes: Ich habe den Ofen angeheizt, um Fladen zu backen, nur

Fehler der Probanden bei der Benutzung des Ofens aus, er gab Hinweise, wie die entstandenen Schäden zu reparieren sind und wie sich zukünftige Schäden vermeiden lassen (2/13'06–13'47).

> »Die Sippe staunt.«

Ebenso wenig wie die angeblichen Belehrungen von Paulsen ist in dem gesendeten Material das Staunen der Sippe dokumentiert, es ist eine bloße Phantasie dies Verfassers, mit der er die Probanden in ein bestimmtes Licht setzt: Sie erscheinen wie begriffsstutzige und leicht beschränkte Zeitgenossen, die schon durch die Darlegung einfachster Zusammenhänge in ungläubiges Erstaunen zu versetzen sind.

> »In Folge zwei werden zwei Teilnehmer auf Wunsch der Redaktion ausgemustert,«

Angedeutet wird hier die Tatsache, dass in der zweiten Sendung unter anderem der Aufbruch von Ingo und Henning zu ihrer Alpenüberquerung gezeigt wird, was der Leser aber nicht wissen kann, da dieser Text ja vor der Ausstrahlung veröffentlicht wurde. Diese Unternehmung war schon vor dem Beginn des Experimentes fest geplant, es ist daher unpassend zu behaupten, die beiden wären »ausgemustert« worden. »Ausgemustert« wird jemand, der in einer Bewährungssituation gescheitert ist oder dem man es gar nicht erst zutraut, in einer solchen Situation zu bestehen. Das Irreführende dieser Wortwahl zeigt sich auch darin, dass die Alpenüberquerung, zu der sie aufbrechen, eine gesteigerte Bewährungssituation ist im Vergleich zu dem Leben der anderen, in dem Weiler verbleibenden Probanden, die allmählich die erforderlichen Handlungsroutinen zur Bewältigung des »steinzeitlichen« Alltags auszubilden beginnen. Die Formulierung des Satzes legt nahe, Ingo und Henning seien erst im Verlaufe des Experimentes »ausgemustert« worden, weil sie den simulierten Steinzeitbedingungen nicht gewachsen waren. Die

reichte die Temperatur nicht aus. Also noch mal angeheizt, wieder war es nicht genügend Hitze. Beim dritten Mal anheizen hat das Backen endlich geklappt, nur war das wohl zuviel für die Ofensohle. Die Auswirkung ist bekannt. Hätte der Ofen, wie es in einem steinzeitlichen Haus üblich war, innen gestanden, hätte die zusätzliche Lehmschicht des Fußbodens für genügend Isolierung nach unten gesorgt« (Burberg 2006/07, 48). Kommentiert wird dieser Konstruktionsfehler jedoch als »neuzeitlicher Bedienungsfehler an einem steinzeitlichen Gerät« (2/12'43–12'47).

Falschheit des hier Behaupteten kann nicht auf eine Nachlässigkeit bei Recherche oder Formulierung zurückgeführt werden, sie ist eine absichtliche Täuschung des Lesers.

> »›rauswählen‹ hieß das bei ›Big Brother‹.«

Das Motiv hinter dieser falschen Darstellung liegt auf der Hand. Um jeden Preis soll eine weitere Gemeinsamkeit mit »Big Brother« konstruiert werden. Eine der Spielregeln von »Big Brother« besagt, dass nach bestimmten und in den unterschiedlichen Staffeln zum Teil wechselnden Modalitäten einige der Kandidaten »nominiert« werden und die Zuschauer via Telefonanruf darüber abstimmen können, wer dieser »Nominierten« die Sendung verlassen muss. Auf diese Weise verkleinert sich die Zahl der Kandidaten immer mehr, bis schließlich der Gewinner als einziger übrig bleibt. Wie schief der Vergleich der so »Rausgewählten« mit den beiden Alpenüberquerern ist, zeigt die Tatsache, dass sie nach ihrer Tour wieder in den Kreis der übrigen Probanden zurückkehren. Die Plumpheit und Gewaltsamkeit, mit der Wolf Analogien zwischen »Steinzeitexperiment« und »Trash-TV«-Sendungen herzustellen versucht, tritt immer unverstellter zutage, und die Hartnäckigkeit, mit der an dieser Parallelisierung festgehalten wird, nimmt fast obsessive Züge an.

> »Ingo Schuster und Henning Fenner, die beiden Junggesellen im Team, müssen das Pfahldorf verlassen und vom Bodensee über die Alpen bis nach Bozen marschieren, Ötzis Heimat.«

Sie »müssen« es tun vor dem Hintergrund ihrer freiwilligen Zustimmung, nicht weil sie den Entscheidungen der Redaktion kommentarlos Folge zu leisten hätten. Die Bezeichnung Bozens als »Ötzis« Heimat ist ungenau, denn er stammt zwar aus dem Gebiet des heutigen Südtirol, nicht aber unmittelbar aus Bozen.[22] Nur metaphorisch könnte man sagen, er habe mittlerweile seine Heimat in Bozen gefunden, als Exponat nämlich in dem dortigen Archäologiemuseum.

> »300 Kilometer, ganz allein in der Wildnis, mal abgesehen von einem Überlebenstrainer und dem mehrköpfigen Kamerateam.«

Der Verfasser verweist lakonisch auf den Umstand, dass die Alpenüberquerer nicht, wie dem Zuschauer eingeredet werden soll, für

22 Zur Herkunft von »Ötzi« vgl. Müller et al. 2003.

die Bewältigung der mit ihrer Tour verbundenen Beschwerlichkeiten auf sich gestellt sind, sondern von mehreren Personen begleitet werden. »Ganz allein in der Wildnis« ist aber auch noch in einer anderen Hinsicht eine ironische Übertreibung, denn von einer Wildnis kann im Grunde nicht mehr gesprochen werden, da entlang der Route die Landschaft fast überall von Eingriffen des Menschen überprägt ist. Das wiederum gemahnt an die Unmöglichkeit, während der Alpenüberquerung »authentische« Steinzeitbedingungen auch nur ansatzweise wiederherstellen zu können.

> »Sie gehen sehr langsam, unter anderem, weil Wandersmann Schuster eine eitrige Wunde am Fuß hat. Die ARD zeigt sie in Großaufnahme.«

Fast bekommt man bei dieser Schilderung den Eindruck, als ob Wolf das langsame Gehen der beiden Probanden über die Alpen in Echtzeit am Fernsehgerät verfolgen müsste. Die Sendung, die es zeigt, dauert aber nicht länger, nur weil beide langsam gehen. Hier drückt sich eine Ungeduld des Verfassers aus, die bereits anlässlich seines Klagens über die Langsamkeit des Getreidemahlens festzustellen war. Die gezeigten Handlungsabläufe sind ihm entschieden zu monoton und zu langweilig. Mit Recht allerdings kann man sich fragen, ob es notwendig ist, Ingos eitrige Wunde sekundenlang in Großaufnahme zu zeigen (2/6'28–6'33).

> »Als RTL II einst bei ›Big Brother‹ einen Teilnehmer beim Fußnägelschneiden filmte, galt das vielen Feingeistern als Ende der Zivilisation.«

Das Zeigen des Schneidens von Fußnägeln ist uninteressant, aber nicht besonders abstoßend. Dass damit eine relevante Geschmacksgrenze überschritten wurde, lässt sich jedenfalls kaum behaupten. Die Kritik richtet sich sowohl gegen die Fernsehverantwortlichen, die derart Belangloses für sendenswert erachten, als auch gegen die ob des Gezeigten sich echauffierenden Zuschauer. Sie werden als hypersensible Feingeister diffamiert, die schon anlässlich der Betrachtung einer Unwichtigkeit wie dem Schneiden von Fußnägeln zu Unglückspropheten werden. Im Übrigen ließe sich hinsichtlich des Überschreitens von Geschmacksgrenzen Drastischeres anführen. So wurde 2006 im Nachmittagsprogramm die Anbringung eines Brustwarzenpiercings bei einer »Big Brother«-Kandidatin gezeigt, was die Kommission für Jugendmedienschutz zu einer Intervention veranlasste.[23] Indem der Verfasser nicht diesen Vorfall, sondern die in sich törichte Empörung über das Fußnägelschneiden erwähnt, dokumentiert er, dass er die Möglichkeit, auch die Zuschauer der Lächerlichkeit preiszugeben, nicht ungenutzt verstreichen lassen möchte. Damit nimmt er eine Position ein, die über allem steht und von der aus alles ironisiert werden kann. Ingos Wunden, so überflüssig Großaufnahmen von ihnen auch sind, stehen doch immerhin in Zusammenhang mit dem Experiment, das Brustwarzenpiercing dagegen soll keine anderen Bedürfnisse als voyeuristische befriedigen. Diese Differenz wird unterschlagen, weil sie sich nicht in die Linie einer permanenten Herausstellung angeblicher Gemeinsamkeiten des »Steinzeitexperimentes« mit den »Trash-TV«-Sendungen fügt. Während deren voyeuristische Adressierungen der Zuschauer aber auf der Ebene der gesendeten Inhalte liegen, ist der den Sendungen zum »Steinzeitexperiment« inhärente Voyeurismus auf der Ebene des Dispositivs des Mediums zu verorten.

> »Jetzt – es lebe der Fortschritt – schwärmt der verantwortliche SWR-Fernsehdirektor Bernhard Nellessen von der ›sozialen Relevanz‹ seines Projekts.«

23 In einer Pressemitteilung der Hamburgischen Anstalt für neue Medien vom 5.12.2006 heißt es: »Der Vorstand der Hamburgischen Anstalt für neue Medien (HAM) hat die Ausstrahlung einer ›Big Brother‹-Sendung im Nachmittagsprogramm des früheren Musiksenders MTV 2 Pop medienrechtlich beanstandet, weil in ihr das Thema Piercing überwiegend unkritisch und verharmlosend dargestellt wurde. Mehrfach thematisierte die Sendung ausführlich das Brustwarzenpiercing der Bewohnerin Daniela im ›Big Brother‹-Haus, ohne auf die besonderen Risiken dieses Piercings einzugehen. Gezeigt wurden u.a. das Losverfahren der Bewohner, ein vorbereitendes Gespräch mit dem Piercer, das Piercing-Verfahren sowie ein schmerzhafter Pflasterwechsel. Nach der Bewertung der Kommission für Jugendmedienschutz (KJM) konnte die Darstellung Zuschauerinnen unter zwölf Jahren sozialethisch desorientieren. Die Sendung vermittelte die Vorstellung, dass Piercing die Attraktivität junger Leute fördere und die damit verbundenen Schmerzen sich lohnen. Da viele junge Mädchen den Gesamteindruck einer solchen Darstellung noch nicht kritisch bewerten können, besteht nach Einschätzung der KJM die Gefahr, dass zuschauende Mädchen später auch selbst zu risikoreichen Eingriffen bereit sein könnten. Die KJM hatte daher der HAM empfohlen, die Ausstrahlung im Nachmittagsprogramm zu beanstanden«.

Die Ironisierungen werden hilfloser und müssen durch Kommentierungen wie »es lebe der Fortschritt« immer expliziter zur Geltung gebracht werden. Vor dem Hintergrund der Zurschaustellung von Ingos Wunde soll die Aussage des Fernsehdirektors als grotesk entlarvt werden, dazu muss aber erst mühsam eine Verbindung zu dem Fußnägelschneiden konstruiert werden. Überhaupt ist für den Leser nicht zu beurteilen, ob die Rede von der »sozialen Relevanz« des Projektes etwas Richtiges trifft, da für ihn Kontext und Referent dieser Äußerung undurchschaubar sind. Und ob Nellessen von dieser Relevanz wirklich »schwärmt« oder ob diese Wortwahl wieder aus dem selbstauferlegten Originalitäts- und Ironisierungszwang des Verfassers resultiert, entzieht sich ebenfalls einer Beurteilung.[24]

24 Aussagen von Nellessen über die »soziale Relevanz« des Projektes finden sich in seinem Betrag in der SWR-Pressemappe zu dem »Steinzeitexperiment«, der auch »Fernseh-Experiment mit sozialer Relevanz« betitelt ist (Nellessen 2007). Darin wird ein angestrengt wirkender Bezug zu Problemlagen der Gegenwart hergestellt: »Unser Fernseh-Experiment hat auch soziale Relevanz: Der Familienverband erweist sich im Überlebenskampf als schärfste Waffe. Uneigennützigkeit, selbstlose Hilfe und gegenseitige Unterstützung – ohne diese Fähigkeiten hätten die ›Steinzeit‹-Protagonisten nie das Zusammenleben auf engstem Raum und in manch heikler Situation bewältigt. Insofern bestätigt sich im Rückblick, was Frank Schirrmacher in seinem Buch ›Minimum‹ für die Zukunft unserer Gesellschaft postuliert: Dass Familien unsere Gesellschaft im Innersten zusammenhalten, dass sie wegen ihrer lebenslangen und solidarischen Selbstversorgung ein Schlüssel unserer gesellschaftlichen Zukunftsfähigkeit sind. Die absehbare demographische Entwicklung lässt soziales Kapital – Beziehungen, Freunde, Verwandte – zum knappen Rohstoff werden. Deshalb können die Erlebnisse unserer ›Steinzeit-Familie‹, ihr Erfolg durch den Zusammenhalt, als positiver Gegenentwurf zum Trend der Vereinzelung und Vereinsamung gelten: Was Familienmitglieder füreinander tun, ist auch für alle getan« (Nellessen 2007, 5). Wie aber sollte eine außeralltägliche, krisenhafte und zugleich zeitlich begrenzte Ausnahmesituation ein praktisch folgenreicher Gegenentwurf zu der diagnostizierten Auflösung traditionaler Vergemeinschaftungsstrukturen sein? »Dass Familien unsere Gesellschaft im Innersten zusammenhalten«, ist eine soziologische Binsenweisheit, denn zum einen sind sie die maßgebliche Instanz bei der Sozialisation von Nachwuchs, zum anderen *der* Strukturort diffuser, gemeinschaftlicher Sozialbeziehungen im Unterschied zu den rollenförmigen gesellschaftlichen. Da diese in jenen fundiert bleiben, ist allem Kulturpessimismus und allen Kassandrarufen über die Auflösung von Familiarität zum Trotz Gesellschaftlichkeit ohne Gemeinschaftlichkeit schlechthin nicht möglich (zur »Unverwüstlichkeit«

»Muss er auch:«

Damit wird eine von dem Fernsehredakteur einzulösende Begründungsverpflichtung angemahnt, auch wenn man nicht weiß, sich ob dieses »Müssen« auf die »soziale Relevanz« oder auf sein »Schwärmen« bezieht. Wenn man überlegt, wer eine solche Begründung berechtigt einfordern könnte, so kann dies nur eine über die Qualität der Produktion wachende Instanz sein (wobei die angeführte »soziale Relevanz« ein eigentümliches Qualitätskriterium für eine derartige Sendung wäre), und diese senderinterne oder -externe Instanz würde letztlich, wie vermittelt auch immer, im Interesse desjenigen handeln, der das Projekt finanziert, und das ist im Falle der öffentlich-rechtlichen Sendeanstalten der Gebührenzahler, dessen sich der Verfasser damit annimmt. Seine Schlussfolgerung aus den gewaltsamen Analogien zwischen dem »Steinzeitexperiment« und dem »Trash-TV« wird darin bestehen, dass diese Sendung dem selbstgestellten Anspruch des öffentlich-rechtlichen Fernsehens nicht genügt. Der Sache nach ist das zutreffend, aber die sich ausschließlich auf die Inhalte kaprizierende Beweisführung bleibt, von ihren Unrichtigkeiten und Unredlichkeiten ganz abgesehen, bei Oberflächenphänomenen stehen und stößt zu der für diese Fragestellung relevanten Ebene der Struktureigenschaften des Mediums gar nicht erst vor.

> »Rund zwei Millionen Euro Gebührengelder hat die famose Ötzi-Simulation gekostet. Einige Zuschauer könnten auf die Idee kommen, das sei vielleicht ein bisschen viel für lauwarme Lagerfeuerromantik, steinalte Vulgär-Psychologie und ein paar durchgelatschte Fellschuhe.«

Ob die Kosten von zwei Millionen Euro im Vergleich zu anderen Produktionen gleicher Länge ungewöhnlich hoch sind, wird nicht erörtert, es bleibt bei der Nennung der schieren Zahl.[25] Mit den in

der Familie als Lebensform vgl. Allert 1998). Für diese Erkenntnis bedarf es nicht der anschaulichen Gemeinschaftlichkeit unter den artifiziellen Bedingungen des »Steinzeitexperimentes«. Die Erwähnung des Buches von Schirrmacher (2006) versucht darüber hinaus, die »Anschlussfähigkeit« des Experimentes an aktuelle Feuilletondiskurse unter Beweis zu stellen. So abstrus aber die von Nellessen postulierten Zusammenhänge auch sein mögen: Ins »Schwärmen« gerät er dabei nicht.

25 Zum Vergleich: Laut dem Bericht der »Kommission zur Ermittlung des Finanzbedarfs der Rundfunkanstalten« (KEF) lagen in den Jahren 2003

ihrem forcierten Originalitätsbemühen matten Wortbildungen »lauwarme Lagerfeuerromantik« und »steinalte Vulgär-Psychologie«, die etwas bezeichnen, was bei aller berechtigten Kritik an den Sendungen nun wirklich nicht ihren Kern ausmacht, schleppt sich der Text mühsam einer Schlusspointe entgegen. Die angeführten Wortbildungen erschließen nichts, ihre Funktion erschöpft sich darin, den Verfasser als Mann mit Durchblick auszuweisen. Die Erwähnung der »durchgelatschten Fellschuhe« nimmt Bezug auf den mit dem Experiment verbundenen Vorsatz, die Rekonstruktionen neolithischer Gerätschaften einem »Praxistest« auszusetzen, und ironisiert ihn zugleich, indem die Frage nach der praktischen Bewährung der Schuhe, für deren Beantwortung relevant ist, in welchem Zeitraum bei welcher Beanspruchung sie sich auf welche Weise abnutzten, auf das bloße Ergebnis »durchgelatscht« reduziert wird. Inwiefern das »Steinzeitexperiment« tatsächlich den eigenen Ansprüchen gerecht wird, wäre sicher diskussionswürdig, doch eine solche immanent ansetzende Kritik ist bei dieser plakativen Bloßstellung des öffentlich-rechtlichen Fernsehens gar nicht beabsichtigt.

> »Dabei hat sich zumindest für einen der Steinzeitler der Selbsterfahrungstrip in die Vergangenheit gelohnt: Ingo Schuster hat sich während der Vorbereitung auf das Experiment das Rauchen abgewöhnt.«

Die Schlusspointe des Textes ist bezeichnenderweise keine gestaltete, sie wird aus der Sendung einfach übernommen (vgl. 4/43'32–43'37). Insgesamt betrachtet, ist das Generalthema des Artikels von Wolf das Aufdecken von Gemeinsamkeiten des »Steinzeitexperimentes« als einer Produktion des öffentlich-rechtlichen Fernsehens mit den Sendungen des von ihm so genannten »Trash-TV«, namentlich von »Big Brother« und dem »Dschungelcamp«. Die dahinterstehende Strategie ist eine der Entlarvung – der von den öffentlich-rechtlichen Sendeanstalten erhobene Anspruch, qualitativ hochwertige Sendungen zu produzieren, soll als nicht eingelöst dekuvriert werden. Zum Nachweis der Übereinstimmungen zwischen »Steinzeitexperiment«

und 2004 die Kosten für die vom SWR produzierten »Tatort«-Folgen zwischen 11 643 und 17 612 Euro pro Minute (KEF 2005, 145). Legt man 15 000 pro Minute zugrunde, beliefen sich die Gesamtkosten für eine 90-minütige Folge auf 1 350 000 Euro. Im Lichte dessen erscheinen die Kosten für die insgesamt vier 45-minütigen Sendungen des »Steinzeitexperimentes« durchaus nicht als exorbitant.

und »Trash-TV« ist keine Evidenz zu dürftig oder zu weit hergeholt, wie etwa die angeblichen Ähnlichkeiten der Probanden mit dem »Trash-TV«-Personal, ihr »Herumlümmeln«, der Besuch aus der »sogenannten Wirklichkeit«, die mit dem »Rauswählen« von »Big Brother«-Kandidaten verglichene vorübergehende Abwesenheit der Alpenüberquerer. Die Konklusion, auf die der Text zusteuert, ist schnell absehbar: Der gebührenzahlende Zuschauer muss diesen Unsinn, der doch in Wirklichkeit nichts anderes als mit Wissenschaftlichkeit und Bildungsanspruch mühsam kaschiertes »Trash-TV« ist, auch noch finanzieren. Das Unschlüssige des Argumentationsganges verbirgt sich hinter dem Gestus einer sich selbst ständig überbietenden Ironisierung, die als Stilmittel nicht erkenntnisfördernd ist (was Ironie als Umrahmung einer Primärbedeutung prinzipiell leisten könnte), sondern im Gegenteil die Sachverhalte und Zusammenhänge verschleiert.[26] Diese Ironie überzieht fast ausnahmslos alles, das Fernsehen, die bei dem Experiment Mitwirkenden und die Zuschauer, einzig der Verfasser, dessen scheinbare Allwissenheit Bedingung der Möglichkeit seiner allumfassenden Ironisierung ist, bleibt davon ausgenommen. Im Lichte dieses Artikels wirkt die von Enzensberger 50 Jahre zuvor formulierte Analyse der spezifischen Sprache des »Spiegel«[27] erstaunlich aktuell, was insbesondere für die schwer entwirrbare Verflechtung von Information und Kommentierung sowie die angestrengte Humorigkeit, den Zwang zum Gag, gilt: »Der verzweifelte Witz eines Alleinunterhalters ist ihm anzuhören, der um jeden Preis sein Publikum bei der Stange halten muß« (Enzensberger 1986, 83).

Am 27.5.2007 wurde in »Spiegel online« von einem anderen Verfasser, Christian Buß, ebenfalls ein Artikel zu dem »Steinzeitexperi-

26 Joachim Stave hat bezüglich der Daueironisierungen in der Textproduktion des »Spiegel« von einer »Sprache mit ironischem Durchschuß« (Stave 1964, 246) gesprochen.

27 »Was an ihrer [der Sprache des »Spiegel«, M.J.] Struktur komplex scheint, ist gerade das Trickhafte, das Taschenspielerische: also das Erlernbare schlechthin. Die Koketterie mit der eigenen Gewitztheit, die rasch applizierte Terminologie, die eingestreuten Modewörter, der Slang der Saison, die hurtige Appretur aus rhetorischen Beifügungen, dazu eine kleine Zahl syntaktischer Gags, die sich meist von angelsächsischen Mustern herschreiben: das sind einige der auffälligsten Spezialitäten der Spiegel-Sprache« (Enzensberger 1986, 82).

ment« veröffentlicht, der kurz auf seine Gemeinsamkeiten mit und Differenzen zu dem soeben besprochenen betrachtet werden soll. Sein Titel »Das dreckige Dutzend« gehorcht augenscheinlich derselben Gaglogik wie »Fußkrank im Neolithikum«: Ein für das Experiment und seine filmische Dokumentation ganz nebensächlicher und unwichtiger Aspekt wird durch die explizite Nennung im Titel zur Hauptsache erklärt, was die überlegene Distanz des Verfassers und seinen verächtlichen Blick auf die Sache zum Ausdruck bringt. Gemessen an den Standards der Gegenwart waren während des Experimentes die Möglichkeiten der Körperhygiene zwar defizitär, was aber in den Sendungen selbst nie explizit als problematisch oder auch nur als unangenehm zur Sprache kommt.[28] Die in dem Titel enthaltene Anspielung auf den gleichnamigen Spielfilm von Robert Aldrich aus dem Jahre 1967 bedeutet darüber hinaus eine Herabsetzung der Probanden (deren Anzahl im Übrigen 13 und nicht zwölf betrug). Das »dreckige Dutzend« besteht aus zwölf Schwerverbrechern, die für einen militärischen Spezialauftrag hinter den feindlichen Linien ausgebildet werden. Nur zwei von ihnen sowie einer ihrer Ausbilder überleben die Ausführung des Auftrages. Weder handelt es sich bei den Probanden um »Galgenvögel«, noch kann man das Experiment ernsthaft mit einem Himmelfahrtskommando vergleichen – für einen bloßen Gag werden die Probanden mit einer Unverschämtheit überzogen.[29] Im Folgenden bietet auch für Buß die Diskrepanz zwischen der für die Legitimierung des Experimentes wichtigen Wissenschaftlichkeit und dem faktischen Geschehen den Plot für Ironisierungen, die allerdings insgesamt moderater ausfallen und ihrem Gegenstand weniger Gewalt antun als bei Wolf, und auch die Darstellung der Sache ist differenzierter. Hat Wolf mit einer an eine fixe Idee erinnernden Hartnäckigkeit das »Steinzeitexperiment« als Veranstaltung zu enttarnen versucht, mit der sich das öffentlich-rechtliche Fernsehen unter dem Deckmantel der Wissenschaft dem »Trash-TV« der privatrechtlichen Sender angleicht, betont Buß die Unterschiede zu einer Sendung wie »Big Brother« (Buß 2007):

28 Allerdings sind im Nachhinein durch mangelnde Zahnhygiene bedingte Probleme aufgetreten, denn der von den Probanden verzehrte Getreidebrei erwies sich als hochgradig kariesfördernd (3/35’47–37’12).

29 Außerdem belegt dieser Titel die schon von Carstensen (1971, 81) hervorgehobene Beliebtheit von Anspielungen auf bekannte Werke der Literatur und des Filmes in »Spiegel«-Texten.

> »Allerdings vermeiden die Verantwortlichen auch tunlichst den Eindruck eines ›Big Brother‹ im Öko-Ambiente: Als die Steinzeit-Urlauber es einfach nicht hinbekommen, das Korn sachgerecht zu bearbeiten, reicht man ihnen ein bisschen Mehl zum Brotbacken. In einer extrem regnerischen Nacht zieht man den Durchnässten eine Plastikplane übers löchrige Schilfdach, und als die überwiegend unbedarften Neu-Ackerbauern und -Viehzüchter sich durchringen, eines der Schweine zu schlachten, hilft man ihnen – schlimm genug für die tierlieben Kleinen – mit einem Bolzenschussgerät.«

Der Argumentationsgang ist etwas indirekt, denn es wird nicht ausdrücklich gesagt, warum die genannten Interventionen eigentlich als Nachweis dafür angesehen werden können, dass das »Steinzeitexperiment« keine Angleichung an »Big Brother« darstellt. Als Begründung ließe sich anzuführen, die genannten Interventionen bekunden eine Behandlung der Probanden tatsächlich auch als Probanden in einem wissenschaftlich angeleiteten Experiment und nicht als Kandidaten, denen Aufgaben gestellt werden, deren Lösung oder Nichtlösung über positive oder negative Sanktionen und ihr weiteres Schicksal entscheiden. Einen kleinen Vorbehalt immerhin hat auch Buß eingebaut, denn die Formulierung, man habe »tunlichst« versucht, den Eindruck einer Nähe zu »Big Brother« zu vermeiden, lässt offen, ob eine solche Nähe auch seines Erachtens faktisch nicht vorliegt oder ob dies eher ein »Vertuschungsversuch« ist. Unrichtig ist außerdem die Behauptung, man habe den Probanden bei der Schlachtung mit einem Bolzenschussgerät »geholfen«, denn die Verwendung eines solchen ist vorgeschrieben, es gab also keinen Handlungsspielraum.

Wolf bezieht sich vorwiegend auf den bloßen Inhalt des Gesendeten und möchte vermittelt über ihn die »Trash-TV«-Affinitäten des »Steinzeitexperimentes« aufzeigen, Buß thematisiert über den Inhalt hinaus auch die zuweilen befremdliche Machart der Sendungen wie beispielsweise das als Wissenschaftlichkeitssignal eingesetzte Kurvendiagramm: »Die Zeitangaben rattern hier wie in einem Hightechthriller als digitale Lettern ins Bild, gelegentlich schmücken ohne ersichtlichen Grund gepixelte Kurvendiagramme den unteren Bildrand« (Buß 2007). Dieses Gestaltungsmittel wird aber nicht als Ausdrucksgestalt analysiert, es bleibt bei einem Konstatieren als Kuriosität.

Der Text zeigt ironisierend auf, wie die Probanden ihren Aufenthalt unter Steinzeitbedingungen an ihnen bekannte Situationen des 21. Jahrhunderts assimilieren.[30] Sie übertragen ihnen lebensweltlich vertraute Gewohnheitsmuster auf die Experimentsituation, was man sehr wohl hätte verhindern können, wenn man von dem vorgegebenen »ganzheitlichen« Setting Abstand genommen und stattdessen gezielt Einzelexperimente durchgeführt hätte. Als zunächst interessant erscheinende Kontextinformation, die in den bislang diskutierten Texten nicht zur Sprache gekommen ist, lässt sich diesem Artikel entnehmen, dass den Probanden mobile Toilettenkabinen zur Verfügung standen,[31] was bei den Beschreibungen des Settings als Abweichung von der simulierten steinzeitlichen Realität doch zumindest hätte erwähnt werden müssen – zumal in einem Interview mit dem Regisseur von einem »nur ›halb‹ steinzeitliche[n], dafür umweltgerechte[n] Plumpsklo der Sippe (mit Moos und Blättern als Klopapier)« (Buchholz 2007, 28) gesprochen wird. Jedoch zeugt die Behauptung, die Probanden hätten Toilettenkabinen benutzen können, von einer nachlässigen Recherche, denn die erwähnten »Dixi-Klos« waren dem Fernsehteam vorbehalten, den Bereich, in dem sie sich befanden, durften die Probanden nicht betreten. Da das Experiment in einem Naturschutzgebiet durchgeführt wurde, mussten die Fäkalien in Behältern gesammelt und entsorgt werden (pers. Mitteilung M. Burberg).

30 »So werden 5000 Jahre Zivilisationsgeschichte zum Katzensprung. Und die TV-Probanden – ›Living science‹ hin, ›Big Brother‹ her – richten sich schließlich in ihrem prähistorisch[en] Umfeld auf irgendwie recht heutige Weise ein: Die Familie rückt ungeduscht wie im Campingurlaub zusammen, Oma darf Gutenachtgeschichten erzählen, die beiden Singles latschen sich in einem Extremsporttrip den Frust von der Seele. Und das alles im Dienst der Wissenschaft« (Buß 2007).

31 »Auch für die Hygiene ist gesorgt: Hinter der urigen Kulisse stehen ein paar Dixie-Klos [sic!]« (Buß 2007).

5.2 Anwalt des empörten Gebührenzahlers: »Bild-Zeitung« (Christoph Wüllner)

Die in dem Artikel von Wolf aufgelisteten vermeintlichen Evidenzen hintergründiger Gemeinsamkeiten von »Steinzeitexperiment«, »Big Brother« und »Dschungelcamp« wurden von der »Bild-Zeitung« aufgegriffen. Nachdem am 23.05.2007 unter dem Titel »13 Deutsche beim ungewöhnlichsten TV-Experiment. Wir lebten wie Ötzi in der Steinzeit« ein weitgehend neutraler Text die Sendetermine ankündigte, folgte eine Woche später ein um Aufgeregtheit bemühter Artikel von Christoph Wüllner.

»Und dafür gibt die ARD unsere Gebühren aus...«

Der Titel paraphrasiert die typische Stellungnahme eines entrüsteten Gebührenzahlers, der den von ihm entrichteten Beitrag nicht adäquat verwendet sieht – mit »seinem« Geld wird etwas produziert, was seinen Interessen und Neigungen nicht entspricht. Diese Wendung ist in der Überschrift bereits generalisiert, der sie Formulierende spricht für ein Kollektiv von Gebührenzahlern, er unterstellt damit auch die eigene Entrüstung als allgemeine. Sinnvoll könnte dieser Satz eigentlich nur als Fazit, als resümierende Kommentierung eines bereits geschilderten Sachverhaltes sein, hier ist er jedoch die Eröffnung einer Sachverhaltsschilderung, bei welcher das den Gegenstand bezeichnende »dafür« erst gefüllt werden muss. Die von ihm ausgelöste Empörung ist vor die Klammer gezogen, ein Urteil wird gesprochen, ohne dass das Verurteilte dem Leser schon bekannt wäre. Der Verfasser vertraut nicht auf die von ihm vorzubringenden Argumente, er muss deren Ergebnis schon vorwegnehmen. Wie bei Wolf ist auch der Adressat des Textes von Wüllner nicht die Öffentlichkeit als solche, sondern nur eine Teilmenge derselben: Wendet sich Wolf mit seinen nur von Insidern zu entschlüsselnden Hinweisen an eine Gesinnungsgemeinschaft, so Wüllner an die mit den gebotenen Programmen chronisch unzufriedenen Gebührenzahler, zu denen er sich selbst ausdrücklich zählt (»*unsere* Gebühren«).

»Wie viel Dschungelcamp steckt im Steinzeit-TV?«

Die Richtung der Kritik gibt das Stichwort »Dschungelcamp« vor: Das gebührenfinanzierte öffentlich-rechtliche Fernsehen wird den besonders berüchtigten Sendungen des privatrechtlichen Fernsehens, in denen Kandidaten gedungen werden, fragwürdige Dinge zu tun, immer ähnlicher und orientiert sich vielleicht sogar bewusst an ihnen. Das wird als Tatsache präsentiert, die als solche nicht fraglich sein kann, fraglich ist allein das Ausmaß der Infiltrierung des »Steinzeitexperimentes« durch Merkmale des »Dschungelcamps«. Bezeichnet wird die Sendereihe als »Steinzeit-TV« und nicht als »ARD-Steinzeitexperiment«, als wäre es ein eigener Fernsehtypus.

> »Stuttgart – Es regnet Sturzbäche, der Wind peitscht, das Feuer will nicht brennen, die Schilfdächer sind undicht. 13 in Pelze gehüllte Gestalten frieren und hungern erbärmlich.«

Es wird das in der ersten Folge gezeigte Krisenszenario beschrieben, ohne dass, bei aller Krisenhaftigkeit, der Episodencharakter dieser Geschehnisse deutlich würde. Die angebliche Erbärmlichkeit des Hungerns und Frierens der Probanden ist in der Sendung selbst nicht dokumentiert, dem Gesendeten zufolge schwankte die Reaktion zwischen Gelassenheit (Ingo, 1/1'13–1'22) und energischer Selbstbehauptung (Martin, 1/2'19–2'24) – davon, dass die Probanden ihrem Schicksal hilflos und resigniert ausgeliefert waren, wie es diese Darstellung nahelegt, kann keine Rede sein.

> »Willkommen in der ARD-Sendung ›Steinzeit – Das Experiment‹!«

Dieser Willkommensgruß ist selbstverständlich ironisch, denn er ist wörtlich genommen unvereinbar mit den soeben geschilderten Zuständen, die damit wie vermutet als Normalfall der Lebensbedingungen während des Experimentes vorgestellt werden. Die ungenaue Bezeichnung »Steinzeit-TV« aus der Überschrift wird hier nicht wiederholt, Sender und Sendungstitel werden korrekt genannt. Für die Überschrift sind sie dem Verfasser anscheinend nicht hinreichend prägnant gewesen, dem Plakativen wird damit Vorrang vor begrifflicher Exaktheit eingeräumt.

> »Ein Experiment?«

Wüllner hat sich mit der Nennung des Sendungstitels selbst ein Stichwort gegeben, dem er nun nachgeht. Die elliptische Frage »Ein Experiment?« kann sich zum einen auf die Beschaffenheit des Experimentes beziehen (»Was denn für ein Experiment?«), zum anderen kann damit aber auch der postulierte Experimentcharakter insgesamt in Frage gestellt werden (»Das soll ein Experiment sein?«). Diese elliptische Form setzt eine Zweideutigkeit, die Wüllner im Folgenden ausräumen wird. Rhetorisch erinnert das an die in den Sendungen waltende Logik des Neugierigmachens durch die Exposition einer Fraglichkeit und deren Beantwortung erst nach einer Verzögerung, obwohl die Information auch direkt genannt werden könnte.

> »Die TV-Doku (montags, 21 Uhr) erhebt den Anspruch, wissenschaftlich zu sein. Christoph Mohr, Sprecher des Südwestrundfunks schwärmt: ›Ein Feldversuch unter wissenschaftlicher Anleitung.‹«

Die Stoßrichtung der Frage wird jetzt klar, es soll der mit dem Experiment verbundene wissenschaftliche Anspruch problematisiert werden. Allerdings erhebt nicht die Dokumentation einen Anspruch auf Wissenschaftlichkeit, sondern deren Inhalt, das Experiment – das mediale Produkt wird hier dem von ihm Übermittelten gleichgesetzt, und etwas polemisch könnte man sagen, in diesem Missverständnis spiegele sich das Grundproblem eines inhaltsanalytisch verkürzten Zuganges. Derartige Ungenauigkeiten sind anscheinend symptomatisch für diesen Text, wie sich schon in der Wortbildung »Steinzeit-TV« angedeutet hat. Dass der SWR-Sprecher von dem Experiment »geschwärmt« haben soll, erinnert an Wolfs Formulierung, der SWR-Fernsehdirektor Nellessen habe von der »sozialen Relevanz« des Projektes »geschwärmt«, was ein unsachliches und damit unangemessenes Verhältnis zum Gegenstand anzeigen würde. Wie dieses Schwärmen sich jeweils Ausdruck verschafft, wird in beiden Fällen nicht beschrieben, was bei Wolfs Darstellung den Verdacht einer bloßen Ironisierung nährte, der sich bei einer Konsultation des entsprechenden Textes von Nellessen bestätigt hat – ein »Schwärmen« ist nicht auszumachen, so eigenartig seine Ausführungen zu der »sozialen Relevanz« des Experimentes auch sein mögen. Wolf wie Wüllner behaupten, ein Fernsehverantwortlicher habe für das Experiment »geschwärmt«, und will man keine unmittelbare Beeinflussung oder Übernahme annehmen, dann wäre diese Vokabel Zeugnis verselbständigter ironisierender Darstellungsroutinen, die mehr oder minder wahllos appliziert werden, und damit von journalistischer Unprofessionalität.

> »Der ›Spiegel‹ sieht's anders, vergleicht die Doku mit dem Dschungelcamp.«

Nun wird explizit auf den »Spiegel«-Artikel Bezug genommen, was die Lesart erhärtet, Wüllner habe die Behauptung eines von dem Experiment schwärmenden Fernsehverantwortlichen von Wolf einfach übernommen. Der »Spiegel« sieht es in der Tat anders, und was von den Begründungen zu halten ist, mit denen Wolf das »Steinzeitexperiment« in die Nähe des »Dschungelcamps« zu rücken versucht, haben wir ausführlich diskutiert. Dass hier nur das »Dschungelcamp«, nicht aber »Big Brother« erwähnt wird, obwohl die vermeintlichen Bezüge dieser Sendung zu dem Experiment in Wolfs Artikel mindestens genauso wichtig sind, lässt vermuten, dass der Fokus des nun anzustellenden Vergleiches auf den widrigen äußeren Bedingungen liegt, welche sowohl die Probanden des Experimentes als auch die »Dschungelcamp«-Kandidaten bewältigen müssen. Während aber die Erschwernisse, mit denen die Probanden zu kämpfen hatten, den simulierten Steinzeitbedingungen geschuldet und damit Teil der experimentellen Anordnung waren (ganz unabhängig von der Frage, ob ein solches »ganzheitliches« Setting für ein geregeltes Erzielen von Erkenntnissen sinnvoll ist), sind die Erschwernisse der Kandidaten im »Dschungelcamp« zur Erzeugung von Krisen willkürlich gesetzte und zumeist mit der Überwindung von Ekel in Zusammenhang stehende.[32]

> »In der RTL-Folter-Show ›Ich bin ein Star – holt mich hier raus!‹ litten und blamierten sich Promis wie Daniel Küblböck und Susan Stahnke.«

So unwürdig und abstoßend die Vorgänge im »Dschungelcamp« auch sein mögen, sie rechtfertigen doch nicht die Bezeichnung »Folter-Show«, denn auch hier handelt es sich um Freiwillige, die mit dem Satz »Ich bin ein Star – holt mich hier raus!« ihre Teilnahme jederzeit beenden können. Was einen Vergleich mit dem »Steinzeitexperiment« angeht, wird man von diesem noch weniger ernsthaft behaupten können, es sei eine »Folter-Show«, denn die Mühen der Alltagsbewältigung in dem Experiment zielten nicht forciert auf Leid und Blamage, außerdem sind die Probanden auch keine »Promis«.

> »Wie viel Dschungelcamp steckt im Steinzeit-TV (Kosten: etwa 2 Mio. Euro) – BILD macht den Vergleich.«

32 Aus diesem Grund wird das »Dschungelcamp« auch mit dem Neologismus »Ekelfernsehen« belegt.

Diese Differenzen zwischen »Dschungelcamp« und »Steinzeitexperiment« werden nicht unmittelbar benannt, stattdessen wird der Titel des Artikels zitiert und damit ein Vergleich der beiden Sendungen explizit angekündigt. Ausdrücklich wird ferner gesagt, wer diesen Vergleich anstellt – notwendig wäre dies nur dann, wenn der Vergleichende nicht mit dem Verfasser des Artikels identisch wäre, wenn also zum Beispiel ein Experte zu Wort käme und Wüllner dessen Ausführungen lediglich referierte. Als Vergleichender wird aber nicht eine Person, sondern redundanterweise die Zeitung angeführt, die dadurch wie eine personalisierte, für derartige Vergleiche zuständige Instanz erscheint. In Parenthese nennt Wüllner die Produktionskosten, ohne sie für den Leser dahingehend zu kommentieren, ob sie in Relation zu anderen Sendungen hoch oder niedrig sind. Auch das ist ein Rückverweis auf den Titel, in welchem bereits die Angemessenheit einer Verausgabung von Fernsehgebühren für das »Steinzeitexperiment« in Frage gestellt worden ist.

> »– Im Dschungelcamp sahen die Zuschauer, wie die Promis Riesenmaden und Känguru-Hoden essen mussten. Im Steinzeit-Camp gibt's vereiterte Fußwunden in Nahaufnahme. Oder man schaut zu, wie ein Schwein geschlachtet wird.«

Der Spiegelstrich zeigt den Beginn einer Aufzählung verschiedener, für einen Vergleich relevanter Punkte an. Die semantische Annäherung von »Dschungelcamp« und »Steinzeitexperiment«, wie sie in der Bezeichnung »Steinzeit-Camp« vollzogen wird, markiert, dass dieser Vergleich auf eine Exposition tatsächlicher oder vermeintlicher Gemeinsamkeiten hinausläuft. Eingenommen wird die Perspektive der Zuschauer, es wird geschildert, was sie sehen, und dies bietet den Anlass für ein Feststellen von Ähnlichkeiten. Beispielhaft für die Zumutungen, die das »Dschungelcamp« für die Zuschauer bereithält, wird das Verspeisen von Riesenmaden und Känguruhoden genannt, ein typisches Element der von den Kandidaten zu durchlaufenden »Dschungelprüfungen«. Kontrastiert werden diese Mahlzeiten mit in Nahaufnahme zu sehenden »vereiterten Fußwunden«. Genau genommen gab es nur eine vereiterte Wunde, nämlich die von Ingo, welche in den vier Folgen zweimal in Großaufnahme (2/6'28–6'33; 3/39'07–39'18) zu sehen ist, insgesamt 17 Sekunden bei einer Sendezeit von drei Stunden.[33] Damit erweist sich die in der Tat wenig

33 In der dritten Folge werden allerdings noch einmal eingehend die von

ansprechende Aufnahme von Ingos Wunde klar als Ausnahme, was der von Wüllner verwendete Plural verschleiert, während die täglich von jeweils einem Kandidaten zu absolvierende »Dschungelprüfung« ein konstitutives Element des »Dschungelcamps« und damit der Normalfall ist. Die Fußwunde ist eine unerfreuliche Begleiterscheinung des »Steinzeitexperimentes«, die Konfrontation der Kandidaten mit Ekelgrenzen dagegen integraler Bestandteil des »Dschungelcamps«. Der Vergleich kann daher eigentlich nur zugunsten des »Steinzeitexperimentes« ausfallen, und dass er es nicht tut, liegt allein in der Beschränkung auf die dem Zuschauer präsentierten unappetitlichen Bilder, wobei noch nicht einmal ihre Frequenz bei der Beurteilung eine Rolle spielt. Ähnliches gilt für die auch als Beleg angeführte Schweineschlachtung, die ein einmaliges Ereignis im Verlaufe des zwei Monate dauernden Experimentes war. Auch waren, von einer Großaufnahme des gerade abgestochenen Schweines (2/25'36–25'42) abgesehen, keine Nahaufnahmen vom Töten und Zerteilen zu sehen, gerade die Vorgänge, welche Zuschauer in diesem Zusammenhang als abstoßend empfinden mögen (wie etwa das Abstechen, Entbluten und Ausweiden), wurden nicht gezeigt.

Schon der erste Punkt in der Aufzählung der Dimensionen, nach denen »Steinzeitexperiment« und »Dschungelcamp« verglichen werden sollen, lässt den manipulativen Charakter des Vergleiches deutlich werden. Das Urteil steht bereits fest. Die beiden Sendungen entsprechen sich weitgehend, mit dem skandalösen Unterschied, dass das »Steinzeitexperiment« auch noch von dem Fernsehgebührenzahler finanziert werden musste.

> »– Im Dschungelcamp mussten sich die Kandidaten in Kakerlaken-Truhen legen, bekamen Panikattacken. In der Steinzeit-Doku frieren die Teilnehmer in von Regen durchweichten Fellen, stapfen auf dünnen Ledersohlen durch den Schlamm. Ingo Schuster (52, lungenkrank) muss sich 300 Kilometer über die Alpen schleppen.«

Als wäre die bloße Gegenüberstellung selbsterklärend, wird hier eine Gemeinsamkeit oder strukturelle Entsprechung noch nicht einmal ausdrücklich behauptet. Offensichtlich ist aber, dass die genannten wetterbedingten Unbilden, denen sich die Probanden aus-

Ingo bei der Alpenüberquerung erworbenen Blasen an den Füßen gezeigt (3/38'49–39'01), und auch in dem Film über diese Wanderung sind seine Fußwunden zu sehen (AÖ/17'46–18'00; 37'01–37'09).

gesetzt sahen, keine künstlich inszenierten waren wie die eigens zum Zweck des Austestens der Ekel- und Selbstüberwindungsgrenzen der »Dschungelcamp«-Kandidaten präparierten »Kakerlakentruhen«. Dramatisierend ist auch die Darstellung der Konstitution des Alpenüberquerers Ingo: Zwar ist, wie sich bei einem Fitnesstest (1/10'48–11'12) herausstellte, seine Lungenfunktion infolge langjährigen Rauchens stark eingeschränkt, doch bedeutet dieser Befund, ohne ihn bagatellisieren zu wollen, etwas anderes als eine akute Lungenkrankheit. In Kombination mit der Behauptung, Ingo »muss« sich über die Alpen »schleppen«, ruft das Gesagte den Eindruck hervor, er sei in unverantwortlicher Weise auf eine Art Todesmarsch geschickt worden. Der Sache nach übernimmt und dramatisiert der Text aus den Sendungen stammende Kommentierungen von Ingos Qualen wie die folgende, sich auf die Durchquerung des Inns beziehende: »Ingos Füße sind wund und voller Blasen. Die Steine im Flussbett sind scharfkantig und glitschig, aber er hat keine Wahl, er muss durch den Fluss« (3/40'39–40'47). Natürlich hat er die Wahl, die Wanderung jederzeit abzubrechen, denn alle Unannehmlichkeiten nahm er freiwillig auf sich. Aufgabe journalistischer Berichterstattung über das Experiment wäre es, die Unsinnigkeit derartiger Kommentare offenzulegen, die hier aber übernommen und sogar noch überboten wird.

> »– Die harten Bedingungen sind ähnlich – sowohl das Dschungelcamp als auch das Steinzeit-Experiment wurden unter freiem Himmel gedreht, ohne fließendes Wasser, ohne Strom, ohne Gas.«

Diese Feststellung ist trivial und nivelliert die Unterschiede zwischen den klimatischen Bedingungen des Ortes in Australien, an welchem das »Dschungelcamp« produziert wird,[34] und dem Hinterland des Bodensees, wo das »Steinzeitexperiment« durchgeführt wurde. Nimmt man darüber hinaus die Formulierung dieses Satzes wörtlich, dann werden die genannten Umstände auf den Akt des »Drehens« bezogen, das heißt auf die filmische Protokollierung des Geschehens, nicht aber auf dieses selbst, was wie ein Reflex eines für die Selbstinszenierung des Fernsehens zentralen Elementes wirkt, nämlich der Selbstthematisierung des Mediums.

34 Der Produktionsort des »Dschungelcamps« befindet sich in der Nähe des 28. südlichen Breitengrades und damit in einer subtropischen Klimazone.

> »Einen Unterschied gibt es aber doch:«

Ein zwischen »Dschungelcamp« und »Steinzeitexperiment« existierender Unterschied präsupponiert eine ansonsten bestehende totale Übereinstimmung, als wäre das durch die angeführten Vergleiche hinreichend belegt. Eingedenk der bisherigen Argumentation Wüllners wird dieser Unterschied keiner sein, der für das »Steinzeitexperiment« spricht, sondern er soll belegen, dass dieses Experiment noch schlimmer als das »Dschungelcamp« ist. Vermutlich wird nun die schon im Titel erwähnte Gebührenfinanziertheit mit Nachdruck herausgestellt.

> »Im RTL-Dschungel litten die Promis freiwillig, im Steinzeitcamp (bezahlt von unseren GEZ-Gebühren!) sind auch Kinder (3–11 Jahre) dabei!«

Auf die Finanzierung des Experimentes mit »unseren« Gebühren wird tatsächlich verwiesen, im Mittelpunkt steht allerdings die Mitwirkung von Kindern. Die Begründung ist, entgegen der ansonsten obwaltenden plakativen Direktheit, etwas umständlich. Zunächst wird die Freiwilligkeit der Teilnahme der Kandidaten am »Dschungelcamp« hervorgehoben, darin kann aber der Unterschied zu dem »Steinzeitexperiment« nicht liegen, denn auch hier wurden die Probanden nicht zur Teilnahme genötigt. Erst der zweite, auf die Kinder Bezug nehmende Satz lässt erkennen, worauf das Argument abzielt: Die Kinder sind eben nicht freiwillig dabei, sie wurden, so die Unterstellung, dazu gezwungen, sich an dem Experiment zu beteiligen. Ein Zusammenhang zwischen den Freiwilligen im »Dschungelcamp« und den Kindern als nicht Freiwilligen bei dem »Steinzeitexperiment« wird aber nicht ausdrücklich hergestellt, die beiden Hauptsätze sind durch ein Komma getrennt und nicht durch eine die Bezüge verdeutlichende Konjunktion verbunden. Das Argument wird mehr angedeutet als ausgeführt, wie überhaupt bei dem Vergleich der Sendungen Sachverhalte nebeneinander gestellt werden, als wäre selbsterklärend, wie sie zu verknüpfen sind. Seinen Schrecken kann die Beteiligung von Kindern nur aus der zuvor unterstellten weitgehenden Übereinstimmung von »Dschungelcamp« und »Steinzeitexperiment« beziehen, denn allein unter der Bedingung, dass die Kinder Ähnliches erleiden müssen wie die »Dschungelcamp«-Kandidaten – als Stichworte seien nur das Verspeisen von Riesenmaden und Känguruhoden sowie das Eintauchen in Truhen voller Kakerlaken genannt –, ist die Entrüstung über ihre Mitwirkung gerechtfertigt. Diese Bedingung ist aber eben nicht erfüllt.[35] Indes rührt die Frage, ob die Teilnahme von Kindern überhaupt geboten ist, an dem »ganzheitlichen« Experimentsetting. Wenn man ein solches für sinnvoll und geboten hält, bedarf es auch der Komplettierung der Gruppe der erwachsenen Probanden um die der Kinder.[36] Nicht ganz korrekt sind die Altersangaben. Zwar war Mitja mit drei Jahren der Jüngste, Ronja und Till als die Ältesten der Kinder waren aber bei der Durchführung des Experimentes beide zehn Jahre alt.

> »Sie hungern, bekommen in den ersten Tagen bis auf ein bisschen Brot, Eicheln und Waldfrüchten nichts Nahrhaftes zu essen. Sie sind am Rande der Erschöpfung, der kleine Taliesin (5) weint: ›Ich will in die heutige Zeit zurück.‹«

Auch das Hungern der Kinder war eine vergleichsweise kurze, den »Anlaufschwierigkeiten« geschuldete Episode, und Taliesins Klage ist Ausdruck dieser anfänglichen Schwierigkeiten. Erstaunlich ist die falsche Altersangabe, die Taliesin um ein Jahr älter macht, denn je jünger er ist, desto gravierender wären die geschilderten Umstände. Zu betonen, wie jung Taliesin tatsächlich ist, läge also eigentlich auf der Argumentationslinie des Verfassers. Vermutlich verwechselt er Taliesins Alter zur Zeit des Experimentes 2006 mit dem bei der Ausstrahlung ein Jahr später.[37]

35 Rein formal erscheint das Kriterium der Freiwilligkeit bezüglich der Kinder im Übrigen schon deshalb als fragwürdig, weil es bei ihnen von vornherein durch die elterliche Sorge gemäß §§ 1626–1698 BGB begrenzt wird.

36 Allerdings ist die Gruppe der Adoleszenten unter den Probanden überhaupt nicht vertreten – so besteht zwischen den Ältesten der Kinder – Ronja und Till, beide zehn Jahre alt – und der jüngsten Erwachsenen – Britta mit 32 Jahren – ein zeitlicher Abstand von immerhin 22 Jahren. Außerdem wäre, wenn denn eine demographische Ausgewogenheit angestrebt wird, zu monieren, dass fünf Jungen nur ein Mädchen gegenübersteht.

37 Die Klage »Ich will in die heutige Zeit zurück« äußerte Taliesin, als Britta und Sophia angestrengt versuchten, das Getreide zu entspelzen (1/31'16–31'20). Unmittelbar zuvor, als Taliesin noch nicht im Bild ist, kann man bereits diesen Satz von ihm hören, und Sophia, deren Gesicht in Großaufnahme zu sehen ist, spricht ihn offensichtlich leise mit (1/31'09–31'12). Entweder war diese Klage von Taliesin wie eine Litanei beständig zu

> »Was sagen die Verantwortlichen dazu? Christoph Mohr: ›Redaktion und Wissenschaftler wollten Realbedingungen – und dazu gehören auch Kinder.‹«

Die Verantwortlichen kommen nur vermittelt über den Sprecher des SWR zu Wort. Dadurch entsteht der Eindruck, sie wollten sich ihrer Verantwortung entziehen, indem sie einen Sprecher vorschicken, der Begründungen nur referiert. Er beruft sich darauf, sowohl die zuständige Fernsehredaktion als auch die beteiligten Wissenschaftler hätten »Realbedingungen« für die Durchführung des Experimentes als notwendig angesehen. Dieser Begriff verschleiert, dass es sich faktisch nur um simulierte Realbedingungen handelt einschließlich der Möglichkeit, jederzeit das Experiment abzubrechen.

Mit dem Zitat des Sprechers bricht der Artikel etwas unvermittelt ab, es folgt weder ein Resümee noch eine abschließende Kommentierung. Das Zitat steht für sich, und der Leser kann sich seinen Teil dazu denken. Zwar hat der Sprecher »das letzte Wort«, was aber hier kein Vorteil im Sinne einer Steigerung der Akzeptanz des von ihm Vorgebrachten ist, denn der Kontext, eine Gleichsetzung des Leidens und der entwürdigenden Behandlung der »Dschungelcamp«-Kandidaten mit den zeitweiligen Strapazen, denen die Probanden ausgesetzt waren, wirft bereits ein bestimmtes Licht auf das von ihm Geäußerte: Die Mitwirkung der Kinder wirkt gänzlich verantwortungslos und kritikwürdig, sie werden den von Fernsehteam und Wissenschaftlern eingeforderten »Realbedingungen« gewissenlos geopfert. Das »Steinzeitexperiment« erscheint als Manifestation der Verrohung sowohl der Wissenschaft als auch des öffentlich-rechtlichen Fernsehens, und zur Finanzierung dieser Auswüchse werden auch noch die Gebührenzahler geschröpft. Waren schon die in dem »Spiegel«-Artikel von Wolf behaupteten Gemeinsamkeiten von »Steinzeitexperiment« und »Trash-TV«-Sendungen hanebüchen, so sind die darauf aufsattelnden Ausführungen von Wüllner schlicht lächerlich. Auf fast kunstvolle Weise werden zwei für diesen Zweck besonders geeignete Felder zur Produktion von Ranküne auf Seiten der Leser miteinander verbunden: Die Frage nach der sinnvollen

hören, oder Sophia spricht soufflierend mit, als er eine Regieanweisung ausführt – was nicht bedeuten muss, dass ihm diese Worte von dem Fernsehteam in den Mund gelegt wurden, wohl aber, dass er aus dramaturgischen Gründen aufgefordert worden sein kann, sie in der gegebenen Situation zu wiederholen.

und sachgerechten Verwendung der Gebührengelder und die Sorge um die an dem Experiment teilnehmenden Kinder. Die Begründungen sind so abstrus und der Gestus, mit dem sie vorgetragen werden, ist so unauthentisch, dass man die hinter diesem Text stehende Haltung des Verfassers wohl am treffendsten mit dem (auf Georg Simmel zurückgehenden) Weberschen Begriff einer »sterilen Aufgeregtheit« (Max Weber 1988, 545) umschreiben kann.

5.3 Argumentlose Sympathie: »Süddeutsche Zeitung« (Claudia Tieschky)

Im Mittelpunkt des Artikels von Tieschky vom 26.05.2007 steht ebenfalls ein Vergleich von »Steinzeitexperiment« und »Dschungelcamp«, ihre Bewertung fällt jedoch ganz anders aus.

»Familienfernsehen im Ziegenfell«

»Familienfernsehen« meint typischerweise ein Programm für Familien, also ein solches, zu dem sich die Familie generationenübergreifend vor dem Bildschirm zur gemeinsamen Rezeption versammeln kann, und nicht etwa Sendungen, die in erster Linie von realen oder fiktiven Familien handeln, auch wenn sicher ein großer Teil des so verstandenen Familienfernsehens Familienleben zum Gegenstand hat. Trivialerweise wird nicht das Fernsehen selbst in Ziegenfell gehüllt sein, sparsamste Lesart ist daher zunächst die Annahme einer Bekleidung der zuschauenden Personen mit Fellen, was überaus konstruiert und unplausibel erscheint. Bezieht man als äußeren Kontext ein, dass dieser Artikel von dem »Steinzeitexperiment« handelt und sein Titel offensichtlich auf die Kleidung der Probanden anspielt, erweist er sich für einen Leser, der über dieses Kontextwissen nicht verfügt, nicht als prägnante Zuspitzung, sondern als nicht auflösbar und damit als misslungen. Er ist Exempel einer typischen journalistischen Pseudoverdichtung, die neugierig machen soll, hier durch die Kombination moderner Technik (Fernsehen) und Archaik (Ziegenfell), aber in assoziativen Bezügen stecken bleibt. Wie auch »Fußkrank im Neolithikum« und »Das dreckige Dutzend« wirkt dieser Titel in seinem Streben nach Originalität eigentümlich lieblos, er ist Ausdruck eines Gestus, mit dem die Verfasserin einem Typus gerecht zu werden versucht. Die genannten Titeln sind in ihrem

Bemühen um Einfallsreichtum steril, denn sie versuchen unter Missachtung der Sachangemessenheit ein Originalitätsmuster zu erfüllen – genau diese Kombination von Originalitätsversprechen und struktureller Standardisierung ist die klassische Erzeugungsformel kulturindustrieller Produkte.

> »Zwei normale deutsche Familien haben für eine ARD-Doku zwei Monate lang ein Leben wie vor 5000 Jahren geführt.«

Dem enigmatischen Titel folgt kein spezifizierender Untertitel, sondern ein wenige Zeilen umfassender Absatz, der typographisch durch Fettdruck hervorgehoben und wohl als Zusammenfassung oder Einleitung zu lesen ist. Der erste Satz trägt Kontextinformationen nach: Zwei Familien lebten zwei Monate unter steinzeitlichen Bedingungen, was von der ARD dokumentiert wurde; der wissenschaftliche Anspruch bleibt unerwähnt. Auffällig ist die Formulierung »zwei normale deutsche Familien« – die Hervorhebung der Normalität kann zum einen betonen, dass die teilnehmenden Familien dem Normalmodell deutscher Familien entsprechen und sich aus Mutter, Vater und Kind bzw. Kindern zusammensetzen, es also keine »Patchwork«-Familien sind, in welchen die genannten elementaren Positionen zum Teil durch andere Personen besetzt werden. Das wäre aber für das Experiment selbst belanglos und nicht bereits im ersten Satz des Artikels mitteilenswert. Zum anderen könnte dies in einem umgangssprachlichen Verständnis eine Anspielung auf die Normalität der Familienmitglieder sein, die so als weitgehend unneurotisch charakterisiert werden, womit möglicherweise antizipierend einem dem Leser unterstellten Vorurteil begegnet werden soll, gemäß dem sich solche Normalität und Bereitschaft zur Mitwirkung an dem Experiment eigentlich ausschließen. Das freilich wäre eine recht voraussetzungsreiche Lesart. In jedem Fall argumentiert der Text implizit, wie sich auch an der Betonung der Nationalität der Familienmitglieder zeigt, was zunächst einmal kaum als relevante Information verstanden werden kann. Vermutlich dient die Formulierung »normale deutsche Familien« dem Zweck, ein Klischeebild der Spießigkeit aufzurufen, das mit den archaischen Lebensbedingungen während des Experimentes kontrastieren soll, doch ist dieser Kontrast ein herbeigezwungener, weil die beiden Familien sicher nicht diesem Klischeebild entsprechen. Um es aufrechterhalten zu können, unterschlägt die Verfasserin auch die drei Probanden, die keine Familienangehörigen sind, und die Zusammenlegung zu einer einzigen »Sippe«. Schon der Titel und dieser erste Satz machen deutlich, dass von diesem Artikel realistischerweise keine sachhaltige Information oder Bewertung zu erwarten ist. Die Sache selbst bildet nur den Anlass für die Reproduktion von Klischees.

> »Das Ergebnis hätte leicht eine Art historisches Dschungelcamp werden können,«

Die Nennung nur des informellen Titels der Sendung »Ich bin ein Star – holt mich hier raus!« setzt bei dem Leser Insiderkenntnisse voraus. Wie schon die augenzwinkernde Rede von den »normalen deutschen Familien« nahegelegt hat, wird, vergleichbar dem Text von Wolf, ein Insiderpublikum adressiert und ein, wie wir es oben genannt haben, »Einverständnis im Vorurteil« unterstellt. Eingebettet in diese gemeinsame Strukturformel der Textproduktion sind aber inhaltlich höchst divergente Einschätzungen des Verhältnisses von »Steinzeitexperiment« und »Dschungelcamp«. Hat Wolf bis an die Grenzen der Lächerlichkeit Evidenzen dafür zu mobilisieren versucht, dass das Experiment in Wirklichkeit nichts anderes als ein verkapptes »Dschungelcamp« ist, so deutet Tieschky mit dem Konjunktiv an, dem sei nicht so, obgleich die Gefahr einer Angleichung bestand. Wir haben oben eine Differenzierung vorgeschlagen, nach der die Gemeinsamkeiten der beiden Sendungen auf der Ebene der dispositiven Struktureigenschaften des Mediums Fernsehen anzusiedeln sind und nicht auf der Ebene der Inhalte, denn während das »Dschungelcamp« als kompetitiver Wettbewerb der Kandidaten zu verstehen ist, sollen die Krisen der Probanden des »Steinzeitexperimentes« im Dienste des Erkenntnisfortschrittes stehen. Wegen dieser grundsätzlichen konzeptionellen Differenzen überrascht die Aussage, das Experiment hätte in seinem Ergebnis »leicht« zu einer Variante des »Dschungelcamps« mutieren können.

> »mit Schlampen, Maden, Psycho-Parcours.«

Es folgt eine Anspielung, die nur für mit den Sendungen dieser Reihe Vertraute verständlich ist. »Schlampen« steht als Chiffre für das Personal des »Trash-TV«, »Maden« für die sogenannten »Dschungelprüfungen«, bei welchen vorzugsweise durch Verspeisen von oder engen körperlichen Kontakt mit allerlei Gewürm und Getier Ekel auszuhalten und zu überwinden ist, »Psycho-Parcours« schließlich steht für das willkürliche Setzen von Stresssituationen und die aus ihnen resultierenden gruppendynamischen Prozesse. Die genannten Elemente – Auswahl des Personals, Prüfungen, psychische Belastungen – sind allesamt solche der Konzeption, und deshalb ist es von vornherein unwahrscheinlich, dass eine Sendung mit einem in dieser Hinsicht ganz anderen Konzept sich dem »Dschungelcamp« phänomenologisch angleicht.

> »Doch heraus kam ein Projekt mit besten Absichten auf Wissensvermittlung, das viel Sympathie verdient hat.«

Der durch Fettdruck hervorgehobene Absatz am Beginn des Textes endet mit diesem Satz. »Viel Sympathie verdient« habe das Projekt schon allein wegen der mit ihm verbundenen Absichten, nicht etwa aufgrund der Gelungenheit der Sendungen. Damit bewertet die Verfasserin die Gesinnungen und Intentionen der Verantwortlichen, nicht das Ergebnis. Für den potentiellen Zuschauer – auch dieser Artikel erschien vor der Ausstrahlung der Reihe – stellt das eine merkwürdige Empfehlung dar, denn er wird interessante, informative, spannende oder unterhaltende Sendungen sehen wollen, und die Absichten der Fernsehmacher sind dabei zweitrangig. Vielleicht will Tieschky darauf hinaus, dass trotz problematischer Sendungen die Intentionen lobenswert sind, in jedem Fall ist die Begründungslast für die Behauptung, das Projekt habe Sympathie verdient, erheblich.

> »Gleich am Anfang kommt der Wettersturz. Tagelang, nächtelang Regen. Rund um den Bodensee stehen die Keller unter Wasser. Und an einem Weiher im Hinterland droht in diesen kalten Augusttagen 2006 der Untergang einer Epoche:«

»Gleich am Anfang« kann sich nur auf den Beginn des »Steinzeitexperimentes« beziehen, während mit den volllaufenden Kellern im Umkreis des Bodensees ein allgemeineres Geschehen umschrieben wird. Der sich anschließende Satz bezieht sich dann aber wieder auf das Experiment, und zwar in einer Weise, als würde es hier mit der räumlichen Verortung allererst eingeführt, ohne dass zuvor bereits von ihm gehandelt worden wäre. Diese Gestaltungsschwäche des Textes ist für sich kaum bemerkenswert, aber dass sie der Aufmerksamkeit der Verfasserin entgangen ist, lässt wie schon der Titel eine nachlässige, womöglich durch Zeitdruck bedingte Textproduktion vermuten. Es folgt eine schier aberwitzig erscheinende, den »Untergang einer Epoche« beschwörende Dramatisierung, welche die vergangene jungsteinzeitliche Realität unmittelbar mit der Simulation des Experimentes gleichsetzt, als ob eine Unterbrechung oder ein Abbruch des Experimentes mit dem Ende einer (prä-)historischen Epoche gleichzusetzen wäre. Trotz der Unannehmlichkeiten, die solche Witterungsbedingungen auch für den spätneolithischen Menschen bedeutet haben, wäre es abwegig, ihnen apokalyptische Dimensionen zuzusprechen. Der unvoreingenommene Leser jedenfalls fragt sich, wie die so beschworene Katastrophe hat abgewendet werden können.

> »Der Südwestrundfunk (SWR) hat von Archäologen ein Dorf aus der Zeit von 3500 vor Christus nachbauen lassen. Der Plan: Zwei normale deutsche Familien werden für eine Fernsehdokumentation zwei Monate lang ein möglichst originalgetreues Leben wie vor 5000 Jahren führen. Zwei Männer der ›Sippe‹ sollen sogar die Alpen überqueren.«

Statt Antworten zu dem Fortgang des Experimentes folgen allgemeine Informationen über das Setting. Die Formulierung »Der Plan:« lässt erahnen, dass jetzt die unerwarteten Abweichungen von diesem Plan in der Durchführung angesprochen werden. Wiederholt wird die klischeeträchtige Behauptung »zwei normale deutsche Familien« aus dem vorangegangenen Absatz, die auch hier nicht näher erläutert wird und durch Repetition zum Stereotyp gerinnt.

> »Doch jetzt tröpfelt es ganz erbärmlich durch die Dächer der Pfahlbauten auf sechs Kinder, auf sieben Erwachsene, Felle feuchteln, die Oma spürt die Hüfte.«

Das adversative »doch« markiert, dass nun der ursprüngliche Plan mit der Realität des Experimentes verglichen wird. Demnach war ein derartiges Wetter in dem Plan nicht vorgesehen, und der unbefangene Leser mag sich wundern, warum die genannten Erschwernisse – undichte Decke, feuchte Felle, Hüftbeschwerden – nicht im Rahmen der Simulation spätneolithischer Lebensverhältnisse liegen sollen und warum diese Unannehmlichkeiten als Beleg für den drohenden »Untergang einer Epoche« angeführt werden.

> »Regisseur Martin Buchholz trifft eine Entscheidung. Er lässt warme Decken bringen, die Dächer werden mit Planen abgedeckt. Das wird später direkt im Film zu sehen sein, gleich am Anfang des Vierteilers Steinzeit – Das Experiment, den die ARD an Pfingsten beginnt. ›Wir

> wollen nur im Notfall eingreifen‹, wird aus dem Off erklärt: ›An diesem Abend ist der Notfall da.‹«

Das Handeln des Regisseurs wird heroisiert, er trifft die Entscheidung, die Probanden nicht weiter dem Regen auszusetzen und Hilfsmittel der Gegenwart zur Verfügung zu stellen. Damit übernimmt die Verfasserin die Selbststilisierung der Fernsehverantwortlichen, um das Wohl der Probanden besorgt und gegebenenfalls dazu bereit zu sein, die Simulation durch Intervention zu unterlaufen. Vielleicht erblickt sie hierin eine bezeichnende Differenz zum »Dschungelcamp«: Die Probanden werden nicht sich selbst überlassen, denn in der Not greift das Fernsehen rettend ein. Wäre dem so, läge eine fundamentale Verkennung der konzeptionellen Unterschiede der beiden Sendungstypen vor – bei dem »Steinzeitexperiment« sollen die Stresssituationen dem Erkenntnisfortschritt dienen, und wenn äußere Umstände einen Abbruch des Experimentes herbeizuführen drohen, ist gerade wegen dieses Zieles ein Einschreiten der Veranstalter geboten.

> »Das Problem beschäftigt Urs Leuzinger. Er hat auf der anderen Seite des Bodensees, den er ›das jungsteinzeitliche Autobahnkreuz‹ nennt, im schweizerischen Frauenfeld einen bedeutenden Pfahlbau-Fund ausgewertet und war Berater im SWR-Projekt.«

Das fragliche »Problem« kann das des undichten Daches oder aber die Frage nach einer Intervention von außen in den Ablauf des Experimentes meinen. Auch die Vorstellung von Leuzinger hilft nicht weiter, denn er ist sowohl Archäologe als auch Berater des »Steinzeitexperimentes«, und in diesen Funktionen kann er mit beiden Problemen befasst sein. Irritierend ist ferner die Verwendung des Tempus, die gleichfalls keinen Anhaltspunkt dafür bietet, auf welches Problem angespielt wird. Es beschäftigt Leuzinger gegenwärtig, von seiner Fundauswertung in Frauenfeld und seiner Beratertätigkeit wird aber in Vergangenheitsformen – Perfekt und Imperfekt – berichtet. Wörtlich verstanden, beriet er das Experiment vor der Auswertung des Fundes, was unwahrscheinlich ist, weil er vermutlich gerade aufgrund seiner Bearbeitung einschlägiger Funde aus Pfahlbauten als Berater hinzugezogen wurde. Leuzinger ist Konservator des Museums für Archäologie des Kantons Thurgau in Frauenfeld, ausgewertet hat er die Funde der von ihm in den 1990er Jahren geleiteten Ausgrabung in Arbon am Bodensee sowie die einer älteren Ausgrabung von Pfyn-Breitenloo. Die Nennung der Fundorte wäre für den Leser allemal interessanter als die des Ortes der Auswertung, zumal bei ihr auch noch der Hinweis auf die institutionelle Rahmung entfällt. Schließlich ist die zitierte Bezeichnung des Bodensees als »das jungsteinzeitliche Autobahnkreuz« für sich wenig erhellend. Der Verkehr auf Autobahnen ist durch eine hohe Dichte, hohe Geschwindigkeit sowie die Unmöglichkeit zu spontanen Richtungswechsel und Variationen der vorgegebenen Strecke gekennzeichnet, ein Autobahnkreuz ermöglicht den Wechsel von einer Autobahn auf eine andere. Wie soll diese Metapher die Verhältnisse am Bodensee im Neolithikum beschreiben können? Wenn das Zusammentreffen zahlreicher Fernwege gemeint ist, wäre das Bild eines »Knotenpunktes« oder einer »Drehscheibe« passender, abgesehen davon, dass der bestimmte Artikel (»*das* jungsteinzeitliche Autobahnkreuz«) nahelegt, es habe überhaupt nur eines gegeben. Diese Metapher vernebelt damit mehr als sie aufklärt.

> »›Schönwetter-Archäologie‹ sei doch, was man bisher getrieben habe, sagt er bei der Film-Präsentation.«

Ein weiteres, ebenfalls ungenaues Sprachbild Leuzingers schließt sich an – »Schönwetter-Archäologie« kann nicht die Archäologie insgesamt meinen, sondern nur Veranstaltungen der experimentellen Archäologie als eines Teilbereiches des archäologischen Handelns. Das »doch« macht einen Vorwurf geltend, der nicht ausgeführt wird, aber man kann erschließen, dass bislang Experimente nur unter vergleichsweise günstigen Bedingungen durchgeführt wurden. Mit dem plakativen Schlagwort von der »Schönwetter-Archäologie« wird aber das wesentliche Problem der Durchführung des »Steinzeitexperimentes« übergangen, nämlich das der fehlenden Handlungsroutinen der Probanden, deren Kenntnisse und praktische Fähigkeiten zunächst tatsächlich nur dazu ausreichten, die anstehenden Herausforderungen bei »schönem Wetter« und ohne zusätzliche Komplikationen wie Kälte, Regen und Sturm zu meistern. Damit wird zugleich das Strukturproblem des »Steinzeitexperimentes« auf die Archäologie als Wissenschaft projiziert, als wäre es deren Aufgabe, den Rahmen für solche Veranstaltungen bereitzustellen, womit sie dann auch noch kläglich scheitert.

> »Regisseur Buchholz sagt so: ›Die Theorie war nach drei Tagen völlig erledigt. Ich habe furchtbar überschätzt, was die Archäologen darüber wissen.‹«

Die Kritik an der Wissenschaft wird in der Aussage des Regisseurs manifest. Die Wissenschaft hat versagt, ihre Theorien taugen nicht als Grundlage des von dem Fernsehen veranstalteten Experimentes. Auch wenn man diese Aussage nur auf das undichte Dach bezieht, ist die Kritik massiv. Die Archäologen erscheinen fast wie Hochstapler, die den Regisseur so zu blenden wussten, dass er sie »furchtbar« überschätzte und nun seiner Enttäuschung hierüber Ausdruck verleihen muss.

> »Wissenschaft im TV-Test – dafür haben sie beim cleveren SWR jetzt den Begriff ›Living Science‹ erfunden.«

Die Hybris des Fernsehens, sich als Instanz zu gerieren, dem die Überprüfung wissenschaftlicher Theorien obliegt, findet in der Formel »Wissenschaft im TV-Test« ihren gültigen Ausdruck. Eine Kennzeichnung des SWR als »clever« spielt auf das gängige Klischee einer typisch schwäbischen Gewitztheit an, die sich auch in der Wahl der Bezeichnung »Living Science« zeige.

> »Der Südsender hat einst mit dem Schwarzwaldhaus das Zeitreisen-Fernsehen (›Living History‹) zum Renner entwickelt. Allerdings hat sich die Idee nach diversen Kostümfesten im Gutshaus, der Sommerfrische und bei Windstärke 8 auch abgenutzt. Als vorigen Sommer die Aufbauten zum Steinzeit-Projekt begannen, war (unter Beteiligung des SWR) gerade die Bräuteschule 1958 abgedreht worden, strenger Drill, pastellfarbene Lockenwickler, verklärte weibliche Einfalt. Das Motto ›Leben wie vor 5000 Jahren‹ schien da als Fortsetzung erschreckend logisch.«

Es folgt ein Rückblick auf in der Anlage ähnliche Produktionen. Wieso ausgerechnet das »Steinzeitexperiment« als »logische« Fortsetzung der »Bräuteschule« angesehen werden könnte, bleibt rätselhaft, denn sicher sind »pastellfarbene Lockenwickler« und »verklärte weibliche Einfalt« keine naheliegenden Assoziationen in Zusammenhang mit dem Spätneolithikum. Durch die Verwendung des Konjunktivs und der Bezeichnung dieser Konstellation als »erschreckend« hat die Verfasserin bereits die Nichterfüllung dieser Erwartung signalisiert, und die Pointe läuft offensichtlich darauf hinaus, dass das »Steinzeitexperiment« doch keine Fortsetzung der genannten anderen Sendungen und insbesondere der Bräuteschule ist. Diese Pointe ist aber erschlichen, weil erst einmal der hypothetisch behauptete Fortsetzungscharakter begründet werden müsste. Damit reproduziert sich die bereits konstatierte Kurzschlüssigkeit der in dem Text hergestellten Verknüpfungen und Folgerungen.

»Anders – und besser«

Es folgt eine Zwischenüberschrift, die ankündigt, dass das »Steinzeitexperiment« sich erstens signifikant von den erwähnten »Living History«-Produktionen unterscheidet und diese Differenzen zweitens eine Qualitätsverbesserung bedeuten.

> »Tatsächlich hätte man rund um die Sippe im Schlamm auch eine Art historisches Dschungelcamp inszenierten [sic!] können, mit Schlampen, Maden, Psycho-Parcours.«

Wieder ist der Text inkonsistent, denn die Vergleichsfolie ist jetzt das »Dschungelcamp«, nicht mehr sind es die SWR-Produktionen, zu deren »erschreckend logischer Fortsetzung« das »Steinzeitexperiment« hätte werden können. Die Gefahr, welche die Verantwortlichen zu umschiffen wussten, ist jetzt die einer Angleichung an das »Dschungelcamp« und nicht die einer Fortsetzung der »Bräuteschule«. Eine Adaption des »Dschungelcamps« ist, wie bereits erörtert, wegen der konzeptionellen Differenzen ohnehin nicht zu erwarten. Immer deutlicher tritt ein grundlegendes Muster der Textgestaltung zum Vorschein: Auf der einen Seite wird Erklärungsbedürftiges argumentlos normalisiert, auf der anderen eigentlich Selbstverständliches wie ein überraschender Befund präsentiert.

> »Aber der SWR leistet sich noch eine eigene Abteilung für Wissenschaft und Bildung. Dort hat man dann offensichtlich doch vieles anders und besser gemacht, und zeigt jetzt mit durch und durch bürgerlichem Bildungsauftrag Familienfernsehen im Ziegenfell.«

Bemerkenswert ist hier die Implikation, der zufolge das »Steinzeitexperiment« zwar im Prinzip eine Sendung wie das »Dschungelcamp« ist, bei der aber dank der eigenen Abteilung des SWR für Wissenschaft und Bildung vieles anders und besser gemacht wurde. Die behauptete Differenz ist damit eine graduelle und keine prinzipielle, die man beispielsweise an den unterschiedlichen Sendungskonzepten festmachen könnte.[38] Die untergründigen Gemeinsamkeiten der beiden Sendungen liegen dagegen auf der hier gar nicht thematischen Ebene des Fernsehdispositivs. Die Verfasserin ironisiert den »Bildungsauftrag« zwar leise als »durch und durch bürgerlich«, ohne ihn aber wie Wolf als plumpen und leicht durchschaubaren Versuch einer Abgrenzung der öffentlich-rechtlichen Fernsehanstalten von den privatrechtlichen demaskieren zu wollen. Der Ironisierung zum Trotz begrüßt sie den »Bildungsauftrag« im Namen der Qualitätssicherung, als deren Ergebnis »Familienfernsehen im Ziegenfell« gesendet werde, was die misslungene Formel des Titels zitiert.

> »An dem Vierteiler wirkte ein ganzes Netzwerk von Forschern und Museen: Das Pfahlbaumuseum in Unteruhldingen am Bodensee sorgte für die Ausstattung, vom Institut für Archäologie der Uni Innsbruck, wo der Gletschermann ›Ötzi‹ erforscht wurde, kam die Route zur Alpenüberquerung – speziell entlang jungsteinzeitlicher Fundstellen. Wissenschaftler der Uni Freiburg nahmen das Schlafverhalten in der Sippe und ihre Zahnbakterien in den Blick, ein Spezialgerät wertet die Energiebilanz aus.«

Soll diese Einbindung verschiedener Forscher und Institutionen die Qualität des »Steinzeitexperimentes« im Unterschied zum »Dschungelcamp« ausmachen, wäre dem zu entgegnen, dass ihre Beteiligung am »Dschungelcamp« wegen des gänzlich anderen Konzeptes ohnedies unsinnig wäre. Ein Vergleich in dieser Hinsicht ist einer von Äpfeln und Birnen, denn das Ausmaß der wissenschaftlichen Begleitung und der neu gewonnenen wissenschaftlichen Erkenntnisse kann sicher kein Kriterium sein, an dem die Qualität einer Sendung wie des »Dschungelcamps« zu messen wäre.

> »›1,5 Millionen Euro plus‹ kostete das Projekt laut SWR-Fernsehkulturchef Egon Mayer, woran zum kleinen Teil auch der Bayerische Rundfunk beteiligt war. Nebenbei entstanden ein Dreiteiler für Kinder, Hörfunkbeiträge, Specials für W wie Wissen (ARD) und für SWR-Sendungen.«

Die Produktionskosten werden nicht kommentiert, auch hier bleibt es dem Leser überlassen, diesen Betrag als hoch oder niedrig einzuschätzen. Durch die Aufzählung der »nebenbei« entstandenen Fernseh- und Hörfunksendungen wird allerdings nahegelegt, die Kosten

38 Indirekt wird damit auch das »Dschungelcamp« zu einem Maßstab der Beurteilung anderer Sendungen aufgewertet.

in Anbetracht dieses reichhaltigen Gesamtpaketes zumindest nicht als überzogen zu bewerten. Hilfreich wäre es immerhin zu wissen, welche finanziellen Dimensionen sich hinter dem »plus« verbergen.

> »Außerdem soll das Experiment Publikum in 20 deutsche Landesmuseen ziehen, in denen eine Wanderausstellung die Fernseh-Steinzeit mit regionalen Exponaten kombinieren wird. Kurzum, ein Projekt mit besten Absichten auf Wissensvermittlung, das viel Sympathie verdient hat.«

Als weiterer Effekt des »Steinzeitexperimentes« wird eine Wanderausstellung angeführt, die, aufbauend auf dem durch die Sendungen geweckten Interesse der Zuschauer, jeweils regionaltypische Ausprägungen der Epoche präsentieren soll. Die daraus »kurzum« folgende Bewertung der Verfasserin ist dem Leser bereits aus der Synopse in dem ersten Textabschnitt vertraut, sie gewinnt durch bloße Wiederholung aber nicht an Plausibilität, denn warum sollen die Absichten des Projektes mit Sympathie prämiert werden und nicht seine Ergebnisse?

> »Bekommen wird es sie vor allem, weil es in dem Dorf am Weiher sehr oft zugeht wie in einem großartigen Ferienlager mit Fischfang, Kinderabenteuern und überirdisch gelassenen Eltern. Die Familien Burberg und Matthes kennen sich seit Jahren, die Kinder Till, Roman, Mitja, Ronja, Merlin und Taliesin streifen als Bande in tollen Kostümen durchs Abenteuerland.«

Eine merkwürdige Differenzierung schließt sich an: Sympathie verdiene das Experiment wegen seiner Absichten bezüglich Wissensvermittlung, Sympathie bekommen werde es aber wegen des Ferienlagercharakters. Offenbar dient der Begriff der Sympathie an dieser Stelle als Überleitung zu der Beschreibung des kindlichen Abenteuerlandes, was aber durch eine Bedeutungsverschiebung und eine daraus resultierende Pseudokontinuität erkauft wird. Inhaltlich stellt diese Bewertung des »Steinzeitexperimentes« als Paradies für die Kinder einen starken Kontrast zu den Ausführungen Wüllners dar, der die Teilnahme von Kindern wertet als Indikator für die Verantwortungslosigkeit der Beteiligten und dafür, dass mit dieser Sendung nicht nur eine Angleichung des gebührenfinanzierten Fernsehens an das »Trash-TV« vollzogen wird, sondern sie sogar noch verwerflicher ist als »Big Brother« und »Dschungelcamp«, in denen wenigstens keine Kinder zum Mitwirken gezwungen werden. Seine Darstellung des Ergehens der Kinder während des Experimentes hat rein gar nichts von einem Ferienlageridyll: »Sie hungern, bekommen in den ersten Tagen bis auf ein bisschen Brot, Eicheln und Waldfrüchten nichts Nahrhaftes zu essen. Sie sind am Rande der Erschöpfung, der kleine Taliesin (5) weint: ›Ich will in die heutige Zeit zurück‹« (Wüllner 2007). Der Behauptung der Verfasserin von den »überirdisch gelassenen Eltern« ließen sich Szenen entgegenhalten, in denen die Kinder zum Teil recht rabiat zum Mitarbeiten angehalten werden.[39] Und selbst wenn das »Steinzeitexperiment« ein zauberhaftes Abenteuerland für die Kinder war, kann das nicht ernsthaft ein Kriterium für die Beurteilung dieses mit wissenschaftlichem Anspruch antretenden Experimentes sein. Immanent, das heißt aus dem ganzheitlichen Experimentsetting heraus argumentierend, könnte man im Gegenteil monieren, dass die Kinder nicht viel stärker in die anstehenden Arbeiten einbezogen wurden, gerade wegen der auftretenden Krisen und des apokalyptisch beschworenen sicheren Todes der Sippe im Winter wegen der unzureichenden Vorräte.

»Versunken hinter der Mole«

Worauf kann sich diese Überschrift beziehen? Die Kombination von »versunken« und »Mole« verweist auf Geschehnisse in der Nähe eines Hafens, diese Annahme ist jedenfalls sparsamer als die eines gedankenverlorenen, »versunkenen« Menschen, der sich hinter einer Mole befindet, denn diese Bedeutung wäre eine von der wörtlichen abgeleitete. Andererseits könnte in einem so forciert um Anschaulichkeit und Verdichtung bemühten Text im Sinne der Pointenmaximierung die übertragene Bedeutung gemeint sein, zumal dies eine Überschrift ist. Für die Behauptung eines seinen Gedanken an einer Mole nachhängenden Menschen gibt es in dem gesendeten Material aber keinen Referenten, für die wörtliche Bedeutung schon, nämlich das Volllaufen des Einbaumes bei dem Versuch der Bodenseeüberquerung von Ingo und Henning. Vermutlich wird nun also von den Alpenüberquerern berichtet werden. Die Wortwahl »versunken« ist dann jedoch unpassend, eben weil es kein Untergang, sondern lediglich ein Volllaufen war, das sich außerdem auch nicht unmittelbar hinter der Hafenmole ereignete.

39 Vgl. beispielsweise 2/20'34–21'14.

> »Morgens treten die Erwachsenen mit zerknautschen Gesichtern an erloschener Feuerstelle ihre Beine zurück ins Leben.«

Ein Bericht über Ingo und Henning folgt (zunächst) nicht, es geht vielmehr weiter um die Probanden in dem Weiler. Ihre »zerknautschen Gesichter« und die Notwendigkeit, sich die Beine zu vertreten, lassen einen wenig erholsamen Nachtschlaf vermuten. Auch das Feuer ist erloschen, als Wärmequelle fällt es damit ebenso aus wie als Kochgelegenheit. Ein Zusammenhang mit der Überschrift ist nicht zu erkennen, allenfalls könnte man eine Gemeinsamkeit des vollgelaufenen Einbaumes mit der Morgenszene darin sehen, dass zu überwindende Widrigkeiten thematisch sind.

> »Man muss den Reiz daran nicht völlig verstehen, aber Harm Paulsen tut es, weil er sein Leben lang solche Sachen gemacht hat – die Ostsee im Einbaum überqueren zum Beispiel.«

Der »Reiz daran« wird nicht dem Leser zu vermitteln versucht, er dient dazu, die Person Paulsens einzuführen – er kann diesen Reiz nachvollziehen, und das genügt. Genau genommen ist auch diese Überleitung wieder erschlichen, denn natürlich hat nicht die beschriebene Morgenszene für die Probanden einen Reiz, die mit ihr umrissenen Unannehmlichkeiten werden vielmehr für etwas anderes, von dem für sie ein Reiz ausgeht, in Kauf genommen.

> »Der Archäotechniker am Archäologischen Landesmuseum Schleswig trägt seinen ergrauten Rundschnitt zum Pferdeschwanz gebunden, kann auf 43 Arten Feuer machen und trainierte die Familien gemütvoll, bevor sie in das Dorf zogen.«

Diese skizzenhafte Charakterisierung Paulsens ist prägnant, sie benennt seine Tätigkeit und die Institution, in der er sie ausübt, umreißt sein Äußeres und kennzeichnet exemplarisch seine Qualifikation sowie seine Funktion im Rahmen des »Steinzeitexperimentes«. Insofern liegt hier das Beispiel einer gelungenen journalistischen Verdichtung vor. Als Leser weiß man nicht, welche Richtung der Text einschlagen wird, vermutlich folgt eine Vorstellung der hinter den Kulissen des Experimentes Agierenden. Ein erkennbarer Zusammenhang mit der Zwischenüberschrift ist ebenfalls nicht zu erkennen.

> »Dann musste er oft auf Abruf in den Süden kommen, wenn denen dort die Steinzeit mal wieder über den Kopf wuchs. Das Emmer-Getreide ließ sich mit keiner bekannten Methode entspelzen. Der Einbaum versank mit den Alpenüberquerern kurz hinter der Hafenmole im Bodensee. Solche Sachen.«

Paulsen wird als Retter in der Not präsentiert. Dass er während des Experimentes »oft« von Schleswig an den Bodensee reisen musste, geht aus den Sendungen nicht hervor, und schon durch diese Distanz war seine Intervention nur bei mittel- oder längerfristig zu bearbeitenden Problemen wie zum Beispiel dem Entspelzen des Getreides möglich, nicht in unmittelbar akuten Krisensituationen. Das Volllaufen des Einbaumes gehörte sicher zu Letzteren, wird aber in einer assoziativen Pseudofolgerichtigkeit als Anlass seines Eingreifens verbucht. Immerhin bestätigt sich, dass die Zwischenüberschrift auf dieses Ereignis anspielt, das dramatisierend dargestellt wird – wie oben dargelegt, kann von einem Versinken, einem Untergang des Einbaumes keine Rede sein, schon gar nicht »mit den Alpenüberquerern«. Der Verfasserin zufolge waren die Probanden regelmäßig (»mal wieder«) überfordert und auf Paulsens Eingreifen angewiesen; dem steht Burbergs bereits zitierte Einschätzung entgegen, nach welcher die Expertennothilfe »im Prinzip immer überflüssig« war (Burberg 2006/07, 49).

> »Auffällig, dass das ZDF am Montag eine Dokumentation über die Himmelsscheibe von Nebra (4000 Jahre zurück) sendet. Urs Leuzinger soll als nächstes das Schweizer Fernsehen SF beim Projekt Pfahlbauer von Pfyn beraten – ›Living Science‹ mit eidgenössischer Steinzeit.«

Etwas unvermittelt endet der Text mit der Feststellung von Auffälligkeiten, zunächst einer anstehenden ZDF-Dokumentation über die bronzezeitliche »Himmelsscheibe von Nebra«. Was soll daran auffällig sein? Vielleicht möchte die Verfasserin suggerieren, das »Steinzeitexperiment« sei eine Art Pioniertat des SWR gewesen, der nun zahlreiche Nachahmer folgen. Die Annahme, das Experiment habe eine Art Archäologieboom im Fernsehen ausgelöst, ist schon deshalb abwegig, weil zum Zeitpunkt des Erscheinens dieses Artikels die Ausstrahlung der Folgen noch gar nicht begonnen hatte und damit die Resonanz noch nicht absehbar war. Anders liegt der Fall bei dem anschließend genannten schweizerischen Pendant zu dem

»Steinzeitexperiment«, als dessen einzige Gemeinsamkeit aber nur die beratende Funktion von Leuzinger erwähnt wird. Hat der Artikel mit einer um Verdichtung bemühten Überschrift begonnen, deren erratischer Charakter nicht aufzulösen gewesen ist, so endet er mit der Herausstellung einer Auffälligkeit, die unkommentiert bleibt und in ihrer Bedeutsamkeit nicht für die Leser erschlossen wird.

Der einleitende, fett gedruckte Absatz hat typographisch die Anmutung einer Exposition, der dann eine Durchführung zu folgen hätte, doch dem ist nicht so – der Haupttext ist zwar ungleich umfangreicher, eine Begründung für die eine positive Bewertung des »Steinzeitexperimentes« anzeigende Behauptung, es habe Sympathie verdient, bleibt er aber schuldig. Der Leser kann höchstens vermuten, dass die Verfasserin erstens die Differenz zum »Dschungelcamp« sympathisch findet, die aber nur residual bestimmt wird (keine »Schlampen«, keine »Maden«, keine »Psycho-Parcours«) und sich zudem ausschließlich auf Oberflächenphänomene bezieht, zweitens die Tatsache der Intervention in das laufende Experiment, auch wenn dies Zeitreiseillusionen abträglich ist, und drittens schließlich der Ferienlagercharakter für die Kinder. Diese Indikatoren erscheinen sämtlich fragwürdig und beliebig. Ohne eine erkennbare argumentative Linie zu verfolgen, mäandriert der Text dahin, er reißt Einiges an, ohne es in eine stimmige Gesamtgestalt zu integrieren. Seine Gestaltungsmittel sind Dramatisierung, Pseudoverdichtung, Assoziativität, und ohne so reißerisch zu sein wie der Artikel von Wüllner oder so forciert ironisierend wie der von Wolf, hat der Text von Tieschky doch diese Gestaltungsmittel mit ihnen gemeinsam, was insbesondere vor dem Hintergrund der ganz unterschiedlichen Bewertungen des »Steinzeitexperimentes« auffällig ist. Während der Vergleich des Experimentes mit dem »Dschungelcamp« bei Wolf und Wüllner explizit ist und – so bizarr die Schlussfolgerungen auch sein mögen – in dem Artikel der »Bild-Zeitung« sogar die Form einer Gegenüberstellung scheinbarer Gemeinsamkeiten annimmt, bleibt die Argumentation von Tieschky implizit. Sie nennt die Gründe nicht ausdrücklich, die sie zu ihrer Einschätzung führen, das »Steinzeitexperiment« habe die Gefahr einer Angleichung an das »Dschungelcamp« glücklich umschifft. Die Behauptung, es habe als »Projekt mit besten Absichten auf Wissensvermittlung [...] viel Sympathie verdient«, wird nicht am Gegenstand selbst belegt.

5.4 Das »Steinzeitexperiment« als Rollenspielersatz: »Frankfurter Allgemeine Zeitung« (Heike Hupertz)

Zu diskutieren ist schließlich ein von Heike Hupertz verfasster und in der »Frankfurter Allgemeinen Zeitung« vom 26.5.2007 erschienener Artikel (Hupertz 2007) mit dem Titel:

»In Ötzis Welt.«

Der Titel greift den »ganzheitlichen« Anspruch des Experimentes auf. Es geht nicht darum, Hypothesen zu bestimmten Aspekten der spätneolithischen Lebenswelt zu formulieren und/oder einer Überprüfung zu unterziehen, thematisch ist vielmehr »Ötzis Welt« in ihrer Totalität. Es ist eine Welt für sich, und um in sie zu gelangen, muss man seine eigene Welt verlassen. Ganz anders als bei den Titeln der Artikel von Wolf, Buß und Wüllner sind hier keine Ansätze von Kritik oder Ironisierung zu verzeichnen, die Verfasserin nimmt das Experiment und seine filmische Dokumentation ernst. Dieser Titel verheißt dem Leser Einblicke in eine ihm fremde Welt.

»Leben wie vor fünftausend Jahren: ›Steinzeit – das Experiment‹«

Der Untertitel setzt keinen Kontrapunkt[40] zu dem Titel, er spezifiziert ihn. Das »Leben wie vor fünftausend Jahren« wird nicht dahingehend problematisiert, ob es denn überhaupt möglich ist, wieder so zu leben, sei es aufgrund der Unkenntnis vieler Aspekte des damaligen Lebens oder der Unmöglichkeit der Restituierung der Lebensverhältnisse. Eine solche Problematisierung kann freilich in Titel und Untertitel nicht ausgeführt werden, doch wäre immerhin eine Andeutung denkbar, zum Beispiel durch die Setzung eines Fragezeichens anstelle des Doppelpunktes. Zunächst einmal hat der Leser davon auszugehen, dass es nach Ansicht der Verfasserin auch im 21. Jahrhundert prinzipiell vorstellbar ist, wie vor 5000 Jahren zu leben, und dies leitet über zu den Umständen, unter denen dies ermöglicht wird, nämlich im Rahmen eines Experimentes.

»In den Achtzigern, mit sechzehn oder siebzehn, hatten wir den Zeitreisefimmel, wie wir alle die Masern hatten.«

40 Einen solchen Kontrapunkt böte beispielsweise ein Titel wie »Ötzis Welt. Oder was das Fernsehen dafür hält«.

Eine Besonderheit der Generation, der die Verfasserin angehört, wird angesprochen. Durch die Wahl der ersten Person Plural macht sie sich zu einer Sprecherin der, so kann aus den Zeitangaben erschlossen werden, um 1970 Geborenen. Die Besonderheit besteht in dem »Zeitreisefimmel«, der epidemisch wie die Masern war und dem sich die Angehörigen dieser Generation nicht entziehen konnten. Da trivialerweise Zeitreisen technisch nicht möglich sind, wird es allerdings kein reales, sondern nur ein gedankliches Hineinversetzen in vergangene Zeiten gewesen sein, befördert zum Beispiel durch Lektüre oder die Rezeption von Filmen.

> »Ganze Wochenenden verbrachten wir mit dem Rollenspiel ›Das schwarze Auge‹. Manche verlegten sich auf ›Dungeons & Dragons‹.«

Als Mittel für die »Zeitreisen« werden zwei bekannte Rollenspiele genannt, was offen lässt, ob sich der »Zeitreisefimmel« weitgehend auf Rollenspiele (oder gar diese beiden Rollenspiele) beschränkte oder ob deren Beliebtheit nur *ein* Ausdruck dieses Fimmels war. Das 1974 (und 1983 erstmals in deutscher Übersetzung) erschienene Spiel »Dungeons & Dragons« war das erste seiner Art, »Das schwarze Auge«, erschienen 1984, ist das in Deutschland beliebteste Rollenspiel. Beide sind sogenannte »Pen-&-Paper-Rollenspiele«, im Unterschied zu am Computer zu spielenden und zu solchen, bei denen die Spieler ihre Rollen physisch ausagieren (»Live-Rollenspiele«). Geleitet werden sie von einem Spielleiter, der Rahmen, Schauplätze sowie, interagierend mit den die Rollenvorgaben ausfüllenden Spielern, den Verlauf bestimmt. Das Neue an diesen Spielen war die Kombination des klassischen Gesellschaftsspiels mit schauspielerischen Elementen und einer erst im Spielverlauf entstehenden Handlung. Solche Spiele eröffnen freilich nicht die Möglichkeit einer »Zeitreise«, dies ist nur eine Metapher für eine fiktionale Welt, in der Versatzstücke historischer Epochen, besonders des Mittelalters, zitiert und mit Fantastischem verknüpft werden. Daher verwundert es nicht, dass sich das Rollenarsenal typischerweise aus Gestalten wie Magiern, Elfen, Druiden, Barden, Hexenmeistern, Schamanen etc. zusammensetzt.

> »Als Magier, Zwerge oder Händler saßen wir mit rotgeränderten Augen in muffigen Zimmern, aus denen der Tag sorgfältig ausgesperrt worden war, hatten weder eine Vorstellung vom World Wide Web noch von ›Second Life‹, folgten aber dem Spielleiter auf tausend ge-

> heimnisvollen Wegen, überstanden lebensbedrohende Zauberei oder auch nicht, wurden reich und verloren alles und gingen am Ende mit dem Gefühl nach Hause, die Versuchsanordnung unseres zweiten Lebens gänzlich selbst bestimmen zu können.«

Exemplarisch werden drei Rollen genannt und die äußerlichen Voraussetzungen eines solchen Rollenspieles beschrieben, nämlich eine weitgehende Abschottung von der Außenwelt. Die rotgeränderten Augen und muffigen Zimmer sind wohl als Folge der unter Umständen langen Spieldauer zu verstehen. Vom »World Wide Web« und »Second Life« hatten die Spieler nicht deshalb keine Vorstellung, weil sie im Sog des Spieles von der Außenwelt so abgeschnitten waren, dass sie diese Neuerungen verpassten, sondern weil es beides in den 1980er Jahren noch nicht gab.[41] Worin der Reiz der Rollenspiele liegt, wird klar artikuliert: Es sind die Möglichkeiten einer kreativen Gestaltung der Rollen, die emphatisch als »zweites Leben« bezeichnet werden. Dies sind sie aber allenfalls in der Immanenz der von dem Spiel entfalteten fiktionalen Welt, das »zweite Leben« ist keine Alternative zu dem »ersten«, eigentlichen, in das es stets eingebettet bleibt.

> »In dieser vergangenen Steinzeit der neuen Medien fühlten wir uns als Avantgarde unter den Aussteigern auf Zeit.«

Ähnlich wie Wolf mit seinem Begriff des »Fernsehneolithikums« lässt auch Hupertz die Gelegenheit einer metaphorischen Verwendung von »Steinzeit« nicht ungenutzt und spricht von den 1980er Jahren als der »Steinzeit der neuen Medien«. Man mag einwenden, die genannten Rollenspiele seien doch gar nicht den neuen Medien zuzurechnen, aber das Gesagte ist wohl so zu verstehen, dass die Generation der Verfasserin sich als Avantgarde begriff, weil sie sich mit diesen Spielen und nicht etwa mit den seinerzeit noch recht primitiven Computerspielen beschäftigte. Das Bewusstsein der Zugehörigkeit zu einer Avantgarde speiste sich vermutlich aus den intellektuellen und kreativen Fähigkeiten, die das Ausfüllen der Rollen in einem Rollenspiel erfordert. Begrifflich exakter werden die Spieler

41 Das »World Wide Web« als über das Internet abzurufendes Hypertextsystem wurde 1991 freigegeben, »Second Life«, verstanden als technische Voraussetzung für die von den Benutzern auszugestaltenden fiktionalen Welten, in welchen sie mittels fiktionaler Stellvertreter (»Avatare«) interagieren, steht seit 2003 zur Verfügung.

als »Aussteiger auf Zeit« und nicht mehr als »Zeitreisende« bezeichnet, die fiktionale Welt der Spiele kann demnach keine Alternative zu der wirklichen sein, denn sie ist, ähnlich wie ein Tagtraum, eine vorübergehende Distanzierung von ihr und ihren Forderungen an eine selbstverantwortliche Lebensführung.

> »Wir waren klassische Eskapisten: zum Auswandern zu jung und viel zu bequem, um wirklich alternativ leben zu wollen. In der Freizeit, die blieb, lasen wir Fantasy- oder Science-Fiction-Bücher.«

Unausgesprochen bleiben die Hintergründe dieser eskapistischen Neigungen, sie werden als nicht weiter erklärungsbedürftig unterstellt: eine für die ganze Generation als selbstverständlich angesehene tiefgreifende Unzufriedenheit mit ihren faktischen Lebensverhältnissen. Entweder liegt darin tatsächlich ein Spezifikum dieser Generation, das sie von allen anderen Generationen unterscheidet, oder der Eskapismus ist in einem bestimmten Lebensalter dieser Generation begründet, nämlich der Adoleszenz, genauer in einer adoleszenztypischen, müßigen Reflexion über den Lauf der Welt und den eigenen Platz darin. Derartige Reflexionen werden durch das den Adoleszenten zugestandene Moratorium ermöglicht, in dem sie unter der Bedingung, praktischer Verantwortung enthoben zu sein, verschiedene Lebensentwürfe durchspielen können. Die weitgehende handlungspraktische Folgenlosigkeit dieses Eskapismus zeigt sich darin, dass Auswandern und alternative Lebensformen keine wirklich gewählten Optionen waren, der Eskapismus wurde vielmehr durch Rollenspiele sowie die Lektüre von Fantasy- und Science-Fiction-Literatur ausgelebt. Wie damit auch deutlich wird, war die Beliebtheit der Rollenspiele nur *ein* Ausdruck des Syndroms des »Zeitreisefimmels«.

> »Spätestens mit dem Abitur war das vorbei. Einige lebten ihre Rollen am Computer weiter. Andere machten mit dem Zweitleben maßvoll Ernst. Als authentisch ›Gewandete‹ ziehen sie am Wochenende über nachgestellte mittelalterliche Märkte.«

Es bestätigt sich die zweite Lesart. Das Abitur wird als eine das Moratorium beendende Zäsur dargestellt, nach der man sich im Sinne des Realitätsprinzips den Anforderungen der Autonomie stellen und ein eigenständig-eigenverantwortliches Leben führen muss. Die Gemeinschaften der Rollenspieler lösten sich offensichtlich auf, das Spiel derjenigen, die in veränderter Form daran festhalten wollten, transformierte sich entweder in eine Fortsetzung mit Computerrollenspielen oder ein Ausagieren der selbstgewählten Rollen auf Mittelaltermärkten. Der »Zeitreisefimmel« als Generationenphänomen hatte sich überlebt, lediglich insulare Restbestände sind noch hier und da ausmachen.

> »Seit dem Erfolgsformat ›Schwarzwaldhaus‹ hat auch das Fernsehen der Zeitreisefimmel nachhaltig erfasst.«

Immer schon gab es Fernsehproduktionen, die in der Vergangenheit (und auch in der Zukunft) spielten. Neu an der Sendereihe »Schwarzwaldhaus 1902« war, dass Probanden für einige Wochen in die simulierten Lebensverhältnisse einer vergangenen Epoche versetzt wurden und man filmisch dokumentierte, wie es ihnen dort erging. Das Fernsehen wurde diesen Ausführungen zufolge zu einer Zeit von dem »Zeitreisefimmel« affiziert, als dieser als Generationenphänomen bereits wieder weitgehend verschwunden war. Eine Zusammenhang ist nicht zu erkennen, der dem Fernsehen zugeschriebene »Zeitreisefimmel« hat andere Gründe, und es fragt sich, weshalb überhaupt der Umweg über die Schilderung der Eigentümlichkeit einer bestimmten Generation genommen und nicht das Fernsehen direkt thematisiert wird. So erscheint diese Einleitung merkwürdig privatistisch.

> »In seiner Billigvariante präsentiert er sich als vordergründige Geschichte des Scheiterns und nennt sich Auswanderer-Soap. Vorgeführt werden Menschen, die sich im Glauben wiegen, dass weit weg alles besser ist.«

»Zeitreise« ist, wie hier manifest wird, lediglich eine Chiffre für den Wunsch nach einer (wenn auch nur vorübergehenden) Veränderung der eigenen Lebensumstände. Auswanderer reisen trivialerweise räumlich und nicht in der Geschichte, es handelt sich auch nicht um ein temporäres Ereignis in einer virtuellen oder simulierten Wirklichkeit, nach dem sie wieder in ihr normales Leben zurückkehren, sondern um eine mit allen Risiken des praktischen Scheiterns behaftete, außerordentlich folgenreiche Entscheidung in eine offene Zukunft hinein. Eine Auswanderung ist keine »Zeitreise«, nicht in der wörtlichen und auch nicht in einer übertragenen Bedeutung. Weder werden vergangene oder zukünftige Zeiten bereist, noch ist sie eine Simulation oder ein Spiel, mit dem man sein gewöhnliches Leben vorübergehend verlassen kann. Das Auswandern wird per se mit einer »Geschichte des Scheiterns« gleichgesetzt, die Protagonisten erscheinen reichlich unbedarft und werden in ihrer Unbedarftheit und dem daraus resultierenden Scheitern »vorgeführt«. Ob dies ein generelles Urteil über Auswanderungswillige ist oder ob sich das Fernsehen aus voyeuristischen Gründen einseitig mit solchen beschäftigt, bei denen ein Scheitern auch zu erwarten steht, ist nicht zu entscheiden. Derartige Sendungen – gemeint ist wohl die Reihe »Goodbye Deutschland! Die Auswanderer«, die bei »Vox« zu sehen war[42] – werden vermutlich als »Billigvariante« von Produktionen des aktuellen »Zeitreisefimmel«-Genres angesprochen, weil sie entweder von minderer Qualität oder weil ihre Produktionskosten vergleichsweise günstig sind, muss doch kein Aufwand für die Simulation von Lebensbedingungen anderer Zeiten betrieben werden, es genügt die Dokumentation des realen Geschehens um die Auswanderer.

> »Die anspruchsvollere, teurere Variante ist die Zeitreise-Dokusoap, und von Ausnahmen – wie dem ›Burg‹-Spektakel bei Pro Sieben – abgesehen, ist sie Lieblingskind der Öffentlich-Rechtlichen. Wo sonst ließe sich der Bildungsauftrag so anschaulich mit dem Unterhaltungsbedürfnis vereinbaren?«

Dass »Zeitreise-Dokusoaps« nicht nur teurer, sondern darüber hinaus auch noch anspruchsvoller als Dokumentationen über Auswanderer sein sollen, klingt wie eine Paraphrase des Selbstverständnisses des öffentlich-rechtlichen Fernsehens. Bildungsauftrag und Unterhaltung gehen hier scheinbar eine organische Verbindung ein, weshalb sich dieses Genre geradezu aufdrängt. Kaum aber kann die »Pro Sieben«-Produktion »Die Burg – Prominent im Kettenhemd« mit den »Zeitreise-Dokusoaps« des öffentlich-rechtlichen Fernsehens gleichgesetzt werden, denn ihr Konzept, für das die Rekrutierung Prominenter als Kandidaten wesentlich ist, erinnert eher an das »Dschungelcamp«.[43]

42 Bei demselben Sender gab es auch eine Reihe, die sich mit rückkehrwilligen Auswanderern befasste: »Die Rückwanderer«.

43 Welches Niveau hier erreicht wird, zeigt die folgende Episode: Prinz Frédéric von Anhalt urinierte in das Badewasser einer Mitkandidatin; die Moderatoren zeigten den Kandidaten diese Szene, worauf ein Tumult losbrach, in dessen Verlauf es auch zu Handgreiflichkeiten kam.

> »Man nehme eine historisch verortete Versuchsanordnung, sorge mit wissenschaftlicher Beratung für ein präzises ›Setting‹ – und filme die Teilnehmer bei der Arbeit und sozialen Interaktion. Nach dem ›Schwarzwaldhaus‹ ging es ins ›Gutshaus um 1900‹, auf ein Auswandererschiff und zur unsäglichen ›Bräuteschule‹ der fünfziger Jahre.«

Nach Rezeptmanier werden die Zutaten für und das Vorgehen bei »Zeitreise-Dokusoaps« genannt. Dieses Rezept lässt sich offenbar mühelos auf unterschiedliche Lokalitäten, Zeiten und soziale Arrangements anwenden. Allerdings führten die genannten Reisen in Zeiten, die, von der Gegenwart aus betrachtet, nicht lange zurückliegen: Das »Schwarzwaldhaus« soll im Jahr 1902 spielen, das »Gutshaus« (»Abenteuer 1900 – Leben im Gutshaus«) 1900, das »Auswandererschiff« (»Windstärke 8«) um 1850, die »Bräuteschule« 1958. Aufgrund dieser zeitlichen Nähe wird den Probanden auch das Einleben in die jeweiligen Lebensverhältnisse leichter gefallen sein als denen des »Steinzeitexperimentes«.

> »Der Erkenntnisgewinn liegt vor allem in einer Fülle klitzekleiner Details der Lebensweise vergangener Generationen. Im größeren Maßstab gesehen schwant einem, dass früher nicht alles besser war.«

Die »Fülle klitzekleiner Details« macht den Erkenntnisgewinn aus, weil die Lebensweise als solche (verstanden als alltägliche Handlungsvollzüge) im Prinzip bekannt ist und so Überraschungen auf dieser Ebene kaum zu erwarten sind. Das unterscheidet diese »Zeitreisen« grundsätzlich von dem »Steinzeitexperiment«. Merkwürdig ist die den Zuschauern angesonnene und durch die Sendungen enttäuschte Erwartung: Warum sollte früher alles besser gewesen sein? Im Gegenteil könnte man doch nach kurzem Nachdenken viele Erleichterungen des alltäglichen Lebens nennen, welche die Gegenwart vor vergangenen Epochen auszeichnet. Die Naivität, die sich in dieser enttäuschten Erwartung ausspricht, ist wohl auch ein Nachhall der zuvor beschriebenen eskapistischen, mit einer idealisierenden Verklärung vergangener Epochen einhergehenden Neigungen, die zwar nicht mehr (oder nur sehr eingeschränkt) praktisch ausgelebt werden, aber offenbar doch ihren Niederschlag in den Deutungsmustern der ehemaligen Rollenspieler gefunden haben. Wieder überrascht hier die Selbstverständlichkeit, mit der ein Generationenspezifikum verallgemeinert wird.

> »Weshalb Peter Voß, der inzwischen pensionierte SWR-Intendant, im Grußwort zu dem Projekt ›Steinzeit‹ enthusiastisch von einem ›neuen Format‹ spricht, bleibt schleierhaft.«

Für die Neuheit des »Steinzeitexperimentes« könnte man immerhin anführen, dass zum ersten Mal eine »Zeitreise« in eine Epoche simuliert wird, von welcher das zur Verfügung stehende Wissen ausgesprochen lückenhaft ist, was durch spekulative Ergänzungen und Interpolationen kompensiert werden muss. Dies könnte, ungeachtet der Fragwürdigkeit eines solchen Vorgehens, von den Fernsehverantwortlichen durchaus auch als »neue« Herausforderung begriffen und propagiert werden. Voß spricht in seinem Vorwort in der Pressemappe zu dem »Steinzeitexperiment« von der Notwendigkeit einer Erneuerung der Formen der Vermittlung wissenschaftlicher Erkenntnisse: »Wissensvermittlung gehörte schon in der ›Steinzeit des Fernsehens‹ zu unserem Auftrag. Daran hat sich bis heute nichts geändert – lediglich die Formen müssen immer wieder erneuert werden« (Voß 2007). Der Versuchung, die mit dem Experiment gegebene Kombination des Mediums Fernsehen mit der mit Archaismen assoziierten Steinzeit für Metaphern wie »Fernsehneolithikum« (Wolf), »Steinzeit der neuen Medien« (Hupertz) »Steinzeit des Fernsehens« (Voß) auszubeuten, vermögen Journalisten anscheinend kaum zu widerstehen, was eine interessante Gemeinsamkeit von Texten bedeutet, die in sehr unterschiedlichen Printmedien erschienen sind. Auch die Behauptung, Voß spreche »enthusiastisch« über das »Steinzeitexperiment«, erinnert an das von Wolf und Wüllner in Zusammenhang mit dem Experiment konstatierte »Schwärmen« anderer Fernsehverantwortlicher. Was ironisch und originell daherkommen soll, ist doch nur eine standardisierte Floskel mit fragwürdiger Realitätshaltigkeit.

> »In insgesamt sieben – drei für Kinder, vier für Erwachsene – Dokumentationen, etlichen Begleitsendungen im ›Kika‹ und im Radio sowie in Ausstellungen gibt das Erste zu Pfingsten Einblick in die Zeit von ›Ötzi‹ – das Neolithikum. Zwei Monate lang lebte im vergangenen Sommer eine ›Sippe‹ mit sieben Erwachsenen und sechs Kindern am Bodensee so, wie Menschen in der Jungsteinzeit, vor 5000 Jahren, gelebt haben könnten. Zwei von ihnen überqueren mit einer ›Ötzi‹-Ausrüstung die Alpen, während die anderen sich um Vieh, Korn und Feuer kümmern.«

Die hier mitgeteilten Fakten sind hinreichend bekannt und bedürfen keiner Kommentierung. Zu bemerken ist aber, wie ungenau für einen Unwissenden die Zeit, deren Bedingungen simuliert werden sollen, bestimmt wird. Die Errungenschaften des Neolithikums im Vergleich zu vorangegangenen Epochen kommen ebenso wenig zur Sprache wie das, was den speziellen Abschnitt des Neolithikums ausmacht, in dem »Ötzi« lebte, und die Besonderheiten des Lebens in an Seeufern gelegenen Pfahlbauten.

> »Martin und Claudia Burberg mit ihren Kindern Till, Roman und Mitja; Olli Junker-Matthes und Britta Matthes mit den Kindern Ronja, Merlin und Taliesin sind die befreundeten Familien. Auch im gewöhnlichen Alltag führen sie ein Leben, das man landläufig ›alternativ‹ nennt. Sie haben Kenntnisse, ohne die das steinzeitliche Überleben nicht denkbar wäre. Sie sind Töpfer, Heilkundige, Krankenschwester, Pflanzenkenner.«

Damit wird die missverständliche Unterstellung reproduziert, die auf einer alternativen Lebensführung beruhenden »Steinzeitqualifikationen« der Probanden seien für die Alltagsbewältigung während des Experimentes notwendig gewesen – im Gegenteil könnte man in Ansehung der Sendungen eher feststellen, wie wenig diese Kenntnisse und Fähigkeiten letztlich bei der Lösung der anstehenden Probleme zu helfen vermochten. Ambivalent ist auch die Formulierung »ohne die das steinzeitliche Überleben nicht denkbar wäre«, die Bezug auf die Gegenwart nimmt, das heißt auf das Experiment, in dem ein Überleben natürlich gesichert ist, weil es sich eben nur um ein Experiment handelt, nicht um authentische neolithische Lebensformen. Ohne Distanz übernimmt die Verfasserin die Dramatisierung der Vorgänge aus den Darstellungen der Fernsehverantwortlichen.

> »Ergänzt wird die Gruppe durch die Freunde Ingo Schuster und Henning Fenner und ›Ersatzoma‹ Frauke Sophia Peters. Nach vier Monaten Vorbereitung und einer Woche Überlebenstraining im Pfahlbaumuseum Unteruhldingen bezieht die ›Sippe‹ ihr Quartier. Was sich als Campingurlaub gut anlässt, wird zum Albtraum: Kinder und Erwachsene erleben den kältesten und nassesten August seit Jahrzehnten.«

Auch hier bleibt die Schilderung farblos, die Personen werden namentlich genannt, aber nicht als Individuen oder in ihrer Funktion für die Durchführung des Experimentes vorgestellt. Und albtraumhafte Ereignisse während des Augustes werden nur angedeutet, jedoch nicht weiter erläutert.

> »Besonders überzeugend sind Regisseur Martin Buchholz und den Koautoren Rolf Schlenker und Gerolf Karwath die Sendungen der ›Steinzeit-Kinder‹ geraten. Sie lassen die Zehnjährigen Ronja und Till zu Wort kommen, die ›Steinzeit‹- und ›Jetztzeit‹-Erlebnisse schildern – Kinderfernsehen, wie man es sich wünscht. Die wichtigsten Themen sind für Ronja, Till und die anderen der karge Speiseplan und der Dauerzwist mit den Erwachsenen, weil jede helfende Hand, und sei sie noch so klein, rund um die Uhr gebraucht wird. Für Kinder, deren häusliche Pflichten sich im Ausräumen der Spülmaschine erschöpfen, eine ganz neue Erfahrung.«

Weshalb die Verfasserin ausgerechnet die Sendungen für Kinder überzeugend findet (und kehrseitig dazu die für Erwachsene weniger überzeugend), lässt sich nur vermuten. Begründet ist dies wohl darin, dass Ronja und Till selbst häufig zu Wort kommen und die von ihnen angestellten Vergleiche ihres Lebens als Probanden mit ihrem »normalen« Leben eine gesteigerte Anschaulichkeit besitzen – der Plot der Kindersendungen besteht wesentlich darin, das ganze Experiment in der Wahrnehmung der Kinder darzustellen, die beständig ihre Lebenswelt den Lebensbedingungen in der simulierten Steinzeit gegenüberstellen. Die starke Personalisierung[44] befördert eine Identifikation mit den kindlichen Probanden, was bei einer Kindersendung durchaus angemessen sein kann, im Unterschied zu einer Sendung für Erwachsene, die dem Anspruch der Wissenschaftlichkeit genügen soll. Das Urteil »Kinderfernsehen, wie man es sich wünscht« könnte allerdings die spöttische Bemerkung herausfordern, ob dies ein Kinderfernsehen ist, wie es sich Kinder oder wie es sich Erwachsene für Kinder wünschen.

> »Die Dokumentationen, in denen Archäologen, Zahnmediziner, Sportärzte, Psychiater und Schlafforscher auftreten, zeigen, warum das ›Steinzeit‹-Projekt ein fortgeschrittenes Format ist.«

Die implizite Kritik an den Sendungen für Erwachsene, die in dem Sonderlob für die Kindersendungen steckt, wird nicht ausgeführt, im Gegenteil werden nun die Erwachsenensendungen (nur in diesen kommen Archäologen, Zahnmediziner, Sportärzte, Psychiater und Schlafforscher zu Wort) als »fortgeschrittenes Format« charakteri-

44 Zwei der drei Folgen stellen explizit Ronja bzw. Till in den Mittelpunkt des Interesses: »Ronja – Mit Seifenkraut geht's auch« (Folge 2), »Till – Der Traum von Wurst und Fritten« (Folge 3).

siert. Wenn dies nicht Auftakt für eine Ironisierung der von den Verantwortlichen selbst reklamierten Fortschrittlichkeit des »Steinzeitexperimentes« ist – und das zu vermuten, gibt der Text von Hupertz bislang keinen Anlass – liegt ein Widerspruch insofern vor, als kurz zuvor ja die Gründe für die von dem Intendanten Voß mit Enthusiasmus vorgetragene Behauptung, es handele sich um ein »neues Format«, als »schleierhaft« bezeichnet worden sind.

> »Nachdem der Dauerregen das Schilfgrasdach in ein Sieb verwandelt hat, korrigieren die Bautechniker ihre Annahmen: Wenig wahrscheinlich sei es, dass die Vorfahren so gebaut hätten. Den Fachleuten ist auch ein Rätsel, wieso die Menschen des Neolithikums das kaum zu entspelzende Korn Emmer nahmen. Der ›Sippe‹ wird schließlich gestattet, Weichweizen zu verarbeiten.«

Die Verfasserin deutet Gründe für die Bezeichnung des »Steinzeitexperimentes« als »fortgeschrittenes Format« allenfalls an. Anscheinend verbucht sie als neuartig, dass das Experiment nicht nur innerhalb vorgegebener Rahmenbedingungen durchgeführt wurde, sondern auch diese Rahmenbedingungen selbst im Experimentverlauf modifiziert und revidiert werden konnten; in Anbetracht der in die Definition des Settings eingegangenen spekulativen Anteile ist das aber nicht überraschend. Als »fortgeschritten« mag auch die bewusste Beeinträchtigung der Zeitreiseillusion durch die erkennbaren Eingriffe seitens des Fernsehteams empfunden werden. Doch hatte die Bereitschaft hierzu enge Grenzen, wie der von Schöbel (2006/07, 9) berichtete Heiterkeitserfolg bezeugt, den die Archäologen erzielten, als sie wegen der Unsicherheiten bei den Kleidungsrekonstruktionen eine Einkleidung der Probanden mit Trainingsanzügen vorschlugen. Das in der Heiterkeit sich manifestierende Unverständnis gegenüber diesem Vorschlag scheint in Widerspruch zu der hier gerühmten Haltung des Fernsehens zu stehen, die Illusion gegebenenfalls preiszugeben. Dieser Widerspruch löst sich auf, wenn man bedenkt, dass das Fernsehen dann effektvoll interveniert, wenn es sich damit selbst als fürsorglich inszenieren kann. Die Authentizitätsprätentionen des Mediums haben dort ihre Grenzen, wo sie mit der Selbstinszenierungslogik kollidieren.

»Weichweizen« als eine eher unübliche Bezeichnung für Nacktweizen ist dem Leser im gegebenen Zusammenhang keine Verständnishilfe, weil er ohne einschlägige Vorkenntnisse nicht wissen kann, weshalb die Verwendung von »Weichweizen« das Problem des Entspelzens löst.

> »Immer wieder müssen die ›Coaches‹ korrigieren. Bald haben die Teilnehmer Plastikplanen, Frischwasserleitung, Feuerlöscher und Daunendecken. Je mehr Hilfsmittel nötig sind, um das Scheitern zu verhindern, desto mehr steigt paradoxerweise der Respekt vor der Unternehmung.«

Die genannten Gegenstände stören in der Tat das »steinzeitliche« Ambiente. Warum aber mit der Anzahl der Objekte der Gegenwart, die für die Fortsetzung des Experimentes benötigt werden, der Respekt vor diesem wächst und worin das Paradoxe daran liegt, wird nicht weiter ausgeführt. Den ganzen Text durchziehen vergleichbar erratische Stellen, an denen Hupertz begründungslos Urteile und Verallgemeinerungen formuliert. Sie kommuniziert damit aus einer Haltung heraus, die ihre eigenen Werturteile wie selbstverständlich auch den Lesern unterstellt, weshalb eine umständliche Explikation nicht erforderlich ist. Damit adressiert auch sie den Leser als Mitglied einer Gesinnungsgemeinschaft und nicht als Teil einer Öffentlichkeit. Während sich aber Wolf an eine Gemeinschaft wendet, der durch mechanische Witzigkeit beständig ein Einverständnis in der höhnischen Geringschätzung der Sache signalisiert werden muss, ist Hupertz jeder ironische Gestus fremd. Sie nimmt das »Steinzeitexperiment« ernst und erkennt darin den Ausdruck des ihr selbst aus der Zeit ihrer Adoleszenz vertrauten Bedürfnisses, eskapistischen Impulsen nachzugeben und sich vorübergehend auf eine »Zeitreise« – verstanden als Metapher für ein Hineinversetzen in eine Phantasiewelt – zu begeben.

> »Im Gegensatz zu anderen Fernsehzeitreiseformaten wird hier nicht so naiv getan, als könne man in eine Zeitkapsel steigen und an beliebiger Stelle in der Geschichte als Individuum aussteigen. Wo historisches Wissen, Glaube und Vorstellen geschieden werden wie hier, da kann getrost mit dem Etikett ›Living Science‹ für ein ›neues‹ Format geworben werden. Es ist jedenfalls eines, das Lust macht auf mehr.«

Allmählich wird deutlich, was die Verfasserin dem »Steinzeitexperiment« abgewinnen kann und was die Hintergründe ihrer positiven Bewertung sind. Anders als andere »Zeitreiseformate« geht es hier nicht um das bloße Ausagieren eines »Zeitreisefimmels«, sondern um die sublimierte Form einer »Zeitreise«, eine durch größere

Ernsthaftigkeit geprägte Fortführung eines ursprünglichen Interesses. Eine solche »Zeitreise« ist nicht naiv, sie reflektiert vielmehr ihre eigene Unmöglichkeit und legt sich Rechenschaft über ihre fiktionalen Anteile ab. Die Berechtigung der Verantwortlichen, darin ein »neues Format« zu sehen, wird mit Nachdruck betont, obwohl diese Berechtigung dem Intendanten zuvor abgesprochen worden ist.

> »Und vielleicht sollten wir das mit dicker Staubschicht bedeckte ›Schwarze Auge‹-Spiel auch einmal wieder vom Dachboden holen.«

Die in dem Schlusssatz vorgenommene Verklammerung mit der Einleitung, in der Rollenspiele als typischer Ausdruck der eskapistischen Wünsche der in den 1980er Jahren ihre Adoleszenz durchlebenden Generation exponiert worden sind, ist inkonsistent. Die Reaktivierung des genannten Rollenspiels nach langer Zeit wäre eine Regression, ein Unterschreiten des zwischenzeitlich Erreichten, nämlich des Akzeptierens einer sublimierten Form der »Zeitreise«, wie sie nach Ansicht der Verfasserin das »Steinzeitexperiment« repräsentiert. Das Bemühen um eine kompositorische Geschlossenheit des Textes geht zu Lasten einer konsistenten Argumentation.

Gemessen an der umständlichen, auf den adoleszenten »Zeitreisefimmel« der Angehörigen ihrer Generation rekurrierenden Einleitung sind die eigentlichen Informationen zu dem Experiment spärlich – Fakten werden genannt, ohne Hintergründe und Zusammenhänge zu beleuchten. Der Text ist mit Privatismen durchsetzt, überhaupt spielt die Subjektivität der Verfasserin eine große Rolle, denn sie verschwindet nicht in einer Unterordnung unter die Sache, über die der Leser informiert werden soll, vielmehr wird die Sache so geschildert, wie sie sich in ihrer Subjektivität spiegelt.

5.5 Zusammenfassung der Analysen der journalistischen Kommentare

Die diskutierten journalistischen Artikel über das »Steinzeitexperiment«, so unterschiedlich sie in Form und Inhalt auch sind, versagen vor dem Gegenstand: In keinem Fall wird dieser stellvertretend für die Leser aufgeschlossen, er stellt jeweils nur den Anlass für assoziativ anknüpfende Ausführungen dar, welche mehr über die Autoren und die Publikationsorgane aussagen als über das »Steinzeitexperiment«. Sofern den Texten Informationen zu dessen Verlauf entnommen werden können, bleiben sie auf der Ebene der manifesten Inhalte des Gesendeten, ohne dass die einbettenden Struktureigenschaften des Fernsehens als Medium auch nur annähernd in den Blick kämen. Um ein den von Wolf verwendeten Metaphern in ihrer Gewagtheit ebenbürtiges Bild zu gebrauchen, könnte man sagen, dass das Feuerwerk der von ihm abgebrannten Ironisierungen und Wortspiele den Gegenstand nicht illuminiert, sondern bis zur Unkenntlichkeit überstrahlt. Er wendet sich an Insider, die seine Anspielungen verstehen und goutieren und die gleichgültig gegenüber den zuweilen bizarren Entstellungen sind – erinnert sei an den geradezu zwanghaft erscheinenden Versuch, das »Steinzeitexperiment« als öffentlich-rechtliche Version des »Dschungelcamps« und von »Big Brother« zu entlarven. Bezeichnet man Wolfs Entstellungen als bizarr, dann sind die auf den seinen aufbauenden von Wüllner nur als monströs zu bewerten. Wolfs Ironisierungen sind albern, Wüllners Versuch einer Skandalisierung des »Steinzeitexperimentes« aber ist in seiner journalistischen Unlauterkeit infam.

Von den beiden affirmativen Artikeln hebt der von Tieschky gleichfalls auf einen Vergleich mit dem »Dschungelcamp« ab, doch hat es ihrer Einschätzung nach das »Steinzeitexperiment« verstanden, die Gefahr einer Angleichung zu vermeiden. Durch Argumente gestützt wird diese Einschätzung nicht, und trotz des moderaten Tones und der positiven Bewertung des Experimentes ist dieser Text in der Wahl seiner Gestaltungsmittel – Subsumtion unter ein Originalitätsmuster, Pseudoverdichtung – denen von Wolf und Wüllner durchaus ähnlich. Gleichfalls wohlwollend wie der Text von Tieschky, aber im Unterschied zu diesem und den anderen beiden enthält sich Hupertz jeglicher Ironisierungen und Wortspiele. Aber nicht aus diesem Grund muten ihre Kontemplationen zu dem »Steinzeitexperiment« etwas naiv an – im Gegenteil wirkt ihre auf Effekthascherei verzichtende Sprache nach der Lektüre der anderen Texte wohltuend unaufdringlich –, sondern wegen des privatistischen Zugangs zu dem Experiment, das sie als zeitgemäße Gestalt eines »Zeitreisefimmels« interpretiert. Immerhin wird hier zumindest der Versuch unternommen, sich auf den Gegenstand einzulassen, wenn auch auf eine durch Subjektivismen vermittelte Weise.

Das zwiespältige Bild, das die angeführten journalistischen Kommentierungen des »Steinzeitexperimentes« hinterlassen, mag aufgrund der kleinen Zahl der berücksichtigten Artikel keine Rückschlüsse gestatten, die Repräsentativität für sich beanspruchen können, doch bemerkenswert bleiben angesichts der Heterogenitäten der in ihnen sich artikulierenden Bewertungen ihre strukturellen Gemeinsamkeiten, vor allem die Beschäftigung mit bloßen Oberflächenphänomenen.[45]

45 Auf der Grundlage einer Analyse von Kommentaren zu der Reihe »Die Bräuteschule 1958« kommt Christa Klein zu ganz ähnlichen Ergebnissen: »Die Kommentare zeigen, dass hier keine intensive, offene Auseinandersetzung mit dem Medium stattgefunden hat, die Konstitutionsbedingungen, der Anspruch und die Potentiale somit unberücksichtigt bleiben« (Klein 2010, 137 Anm. 9).

6. »Die wussten genau, was sie tun, und wir wissen des halt net.« Zusammenfassung und Fazit

Die Sendereihe »Steinzeit. Das Experiment« ist die Dokumentation eines Experimentes, in dessen Rahmen 13 Personen zwei Monate lang in einer nachgebauten spätneolithischen Seeufersiedlung lebten. Auf diese Weise erhoffte man sich, Erkenntnisse zu der Beschaffenheit alltäglicher Lebensvollzüge in einer solchen Siedlung zu erlangen. Den dokumentarischen Anspruch vermag die Serie nicht einzulösen, analog zu anderen »Living-History«-Produktionen »handelt es sich um ein hybrides Genre aus Reality TV (Konzeption), Dokumentation (Material) und Spielfilm/Serie (Dramaturgie)« (Klein 2010, 126). Schon das Experiment als solches hat einen wissenschaftlich fragwürdigen Wert, denn es wäre weit instruktiver, gezielt einzelne Experimente in einer vorab bezüglich des Erkenntnisinteresses klar definierten Versuchsanordnung durchzuführen, als die Probanden ohne Kenntnis der Handlungsroutinen des spätneolithischen Menschen dessen Lebensverhältnissen auszusetzen. Auf diese Weise lassen sich vielleicht Einsichten gewinnen bezüglich der Persönlichkeitsstruktur der Probanden, ihrer Stresstoleranzen und Adaptionsfähigkeiten unter ungewohnten Bedingungen sowie über stressbedingte gruppendynamische Prozesse, aber man wird kaum etwas über den spätneolithischen Alltag erfahren, das über das hinausginge, was an archäologischem Wissen bereits in den Nachbau der Häuser und Gerätschaften sowie in die Simulation der Subsistenzgrundlagen eingegangen ist. Auf die fehlenden Handlungsroutinen hat insbesondere Harm Paulsen immer wieder in treffenden Sprachbildern hingewiesen,[1] die in ihrer Lakonie prägnanteste Formulierung dieses Strukturproblems des Experimentes stammt indes von Ingo: »Die wussten genau, was sie tun, und wir wissen des halt net« (1/20'57–20'59).

1 »Diese Steinzeit, die sie dann machen werden, ist keine echte Steinzeit, sondern ich nenn' sie ›Robinson-Crusoe-Steinzeit‹« (1/15'10–15'16); »Die Hardware, die stimmt, aber die Software, die ist eine andere« (2/14'18–14'22).

Das Fernsehen protokolliert und übermittelt nicht Geschehnisse aus der äußeren Realität, wie es einem Medium gemäß wäre, es erzeugt die gesendeten Inhalte, und dies bezogen auf das »Steinzeitexperiment« in zwei Hinsichten: Zum einen initiierte, organisierte und finanzierte das Fernsehen dieses Experiment, es ist nicht Resultat eines wissenschaftlichen Projektes, das unabhängig von ihm unternommen worden wäre, zum anderen überträgt es nicht einfach das faktische Geschehen, sondern selegiert und bereitet das Gefilmte auf spezifische Weise auf. Selbstverständlich ist eine Selektion aus der Fülle des Materials und seine gestaltende Aufbereitung für eine Dokumentation unumgänglich, problematisch ist aber die in ihr zum Ausdruck kommende Prioritätensetzung. Nicht im Hinblick auf den spätneolithischen Alltag aufschlussreiche Problemlösungs- und Krisenbewältigungsstrategien stehen im Mittelpunkt, sondern die Probanden als konkrete empirische Subjekte – und eben nicht als bloße Probanden. Wer diese Menschen sind, wie sie ihr »normales« Leben meistern, welche Wünsche, Einschätzungen, Erwartungen, Befürchtungen etc. sie mit ihrer Teilnahme an dem Experiment verbinden, ist für das Experiment selbst belanglos, es wäre allenfalls in einer eigenen Sendung über die Probanden für diejenigen von Interesse, die wissen wollen, was den Reiz an einer Teilnahme ausmachen kann und welche konkreten lebensgeschichtlichen Konfigurationen den Hintergrund hierfür bilden.

Hier greift der für die Kulturindustrie zentrale Mechanismus der Personalisierung von Sachverhalten im Sinne einer metonymischen Exemplifizierung (vgl. Held 2007, 107), hinter welcher der Gehalt der Information unsichtbar zu werden droht. Dazu passt die konfuse und uninformative Vorstellung der Teilnehmer, bei der man für sich kaum verständliche Äußerungen aus dem Zusammenhang genommen hat, wodurch sich der Eindruck aufdrängt, es sei inhaltlich ohnehin unwichtig, was die Probanden sagen, solange das Gesagte irgendwie als lebendige Manifestation ihrer Subjektivität begriffen werden kann.

Der Aspekt der fernsehtypischen Selbstinszenierung zeigt sich in der unnötigen inszenatorischen Überhöhung des Eingreifens der Verantwortlichen bei dem anhaltenden Regen und der ostentativen Besorgnis um die Gesundheit der Probanden, als ob sie dem Fernsehen auf Gedeih und Verderb ausgeliefert gewesen wären und nicht von sich aus das Experiment hätten abbrechen können – eine Möglichkeit, die von Martin auch artikuliert wird (1/2'19–2'24). Das mit der demonstrativen Fürsorge auf den ersten Blick nicht zu vereinbarende Phänomen, dass das Fernsehen wie ein Befehlshaber agiert, dessen Entscheidungen bindend sind, ohne begründungsbedürftig zu sein, erweist sich als andere Seite derselben Medaille: Die Probanden werden tendenziell wie Unmündige behandelt, gegenüber denen das Fernsehen als fürsorgliche oder eben strafende Instanz auftritt. Wunderlichster Ausdruck seiner Selbstinszenierung ist die Prätention, für die Überprüfung der Geltung von wissenschaftlichen Erkenntnissen zuständig zu sein.

Bei der Aufbereitung des gefilmten Materials für die Ausstrahlung ist ein durchgängiger Zug, dass die Abfolge der Einstellungen sich nicht nach der realzeitlichen Sequenz des Geschehens richtet, diese wird aus Gründen der Dramaturgie durch Rückblenden und Vorverweise, die zumeist nicht als solche gekennzeichnet werden, beständig unterlaufen. Gerade zu Beginn der Sendung ist die Präsentation derart verwirrend, dass kaum ein Hauptfaden auszumachen ist. Zu den dramaturgischen Eingriffen zählt neben der Auflösung der realzeitlichen Abfolge auch die Zerstückelung der Informationen, die nur häppchenweise[2] preisgegeben werden, sowie das absichtliche Legen »falscher Fährten«. Der Zuschauer wird im Ungewissen gelassen, ohne dass dies sachlich erforderlich wäre, es soll permanent Spannung erzeugt und aufrechterhalten werden, und zu diesem Zweck werden willkürlich Irritationen gesetzt und Neugier weckende Köder ausgelegt. Damit behandelt das Fernsehen die Zuschauer wie Kinder, die ständig agitiert und bei Laune gehalten werden müssen, damit sie nicht das Interesse verlieren und sich abwenden, was eine Infantilisierung derjenigen bedeutet, die aus einem sachlichen Interesse heraus die Sendungen anschauen wollen. Bedeutung wird durch inszenatorische Eingriffe überhaupt erst erzeugt, sie ist keine der äußeren Realität, über die berichtet wird. Damit inszeniert das Fern-

2 Fast ironisch muten angesichts dessen die Worte an, mit denen der damalige SWR-Intendant Voß sein Vorwort zu der Pressemappe des »Steinzeitexperimentes« eröffnet: »Das Schlagwort ›Häppchenjournalismus‹ ist nicht mehr neu, wird aber immer wieder gern verwendet, wenn es gilt, Kurzatmigkeit und Oberflächlichkeit zu kritisieren, gerade im Fernsehen. Das Projekt ›Steinzeit‹ ist ein schönes Beispiel dafür, was wir dem entgegensetzen können: Wir schnüren Pakete, statt Häppchen zu verabreichen« (Voß 2007).

sehen sich selbst als Medium, und die Inhalte, über die es berichtet, werden zu Mitteln zum Zweck dieser Selbstinszenierung.

Wie wenig den Verantwortlichen an einer sachhaltigen Übermittlung des realen Geschehens während des Experimentes gelegen ist, hat die Darstellung des Streites zwischen Martin und Olliver gezeigt, der sich eigentlich um die Frage drehte, ob das reife Getreide geerntet werden soll oder nicht. Zwar wurde diesem Streit einerseits viel Sendezeit eingeräumt und offensichtlich auch große Bedeutung beigemessen, sein Verlauf und seine Lösung kann der Zuschauer aber nicht verfolgen, denn von dem Streitverlauf selbst werden nur Szenen gezeigt, bei denen nicht zu entscheiden ist, worum es geht und ob die Heftigkeit der verbalen Auseinandersetzungen eine dramatische, die Fortsetzung des Experimentes gefährdende Entwicklung aufzeigt oder nicht. Zwar wird der initiale Konflikt benannt, aber weder der Verlauf der Auseinandersetzung noch seine Beilegung sind für den Zuschauer transparent. Ihm werden nicht die faktischen Ereignisse präsentiert, sondern nachträgliche Einschätzungen, aus denen aber gleichfalls nicht hervorgeht, wie das streitauslösende Sachproblem, das Ernten und Lagern des Getreides, behoben wurde. Der Sprecher beschwört die Krisenhaftigkeit der Situation, als ob die Probanden faktisch vom Hungertod bedroht wären, und mittels eines inszenatorischen Kunstgriffes wird sogar das bevorstehende Scheitern des Experimentes angekündigt, verbunden mit der Andeutung, dies wäre »einem«, Martin nämlich, »sogar ganz recht« (3/19'55–19'57). Seine anschließend gezeigte Bemerkung rechtfertigt diesen Schluss zwar in keiner Weise, tatsächlich liegt damit eine grob verfälschende Missdeutung des von ihm Gesagten vor, die dramatische Musik signalisiert gleichwohl höchste Brisanz der Situation. Ein Szenenwechsel folgt, mehr als elf Minuten wird über das Ergehen der Alpenüberquerer berichtet, und in dieser Zeit wird der Zuschauer im Ungewissen darüber gelassen, ob Martin das Experiment verließ oder ob es gar gänzlich abgebrochen werden musste. Die nächsten Bilder aus dem Weiler zeigen die Probanden in ausgelassener Stimmung, es ist aber nicht ersichtlich, wie sich diese erstaunliche Veränderung vollzogen hat. Vage Eindrücke und Stimmungsbilder treten an die Stelle der Information über das reale Geschehen. Nachgerade gespenstisch mutet aber ein Vergleich der Schilderung des Streites um die Ernte in der Fernsehreihe mit der in dem Begleitbuch an, in dem er als Auseinandersetzung zwischen den Probanden und dem

Regisseur Buchholz erscheint, der durch das mit den Probanden nicht abgesprochene Anheuern dreier Personen, die einen Teil des Getreides ernteten, gegen den selbstgesetzten und für das Experiment konstitutiven Normenkatalog verstieß. An der Diskrepanz der beiden Darstellungen und dem Verschweigen der Intervention des Regisseurs wird schlaglichtartig klar, dass das Fernsehen genau das ist, als was es der Verfasser des Begleitbuches gerade nicht erscheinen lassen möchte: eine »Manipulationsmaschine« (Schlenker/Bick 2007, 39). In klassischen Historienfilmen stand hinter Personalisierungen die Intention, »dass persönliche Probleme für historische Problemlagen stehen und die Lösung der persönlichen Probleme auch als Lösung der historischen Konflikte erscheint« (Hoffmann 2009, 139). So problematisch eine durch den Mechanismus der Personalisierung gebrochene Inszenierung historischer Konfliktlösungen auch sein mag, so wird doch immerhin überhaupt eine solche zur Darstellung gebracht, während bei der Aufbereitung der Auseinandersetzung von Martin und Olliver in einer dokumentarischen Darstellungsform weder die Lösung der sachlichen noch die der persönlichen Probleme für den Zuschauer nachvollziehbar ist.

Ein besonders eindrucksvolles Beispiel für den Einsatz sachferner und informationsloser Elemente zur Bindung der Aufmerksamkeit der Zuschauer und einer daraus resultierenden verwirrenden Überlagerung und wechselseitigen Dementierung von Bild- und Wortinformationen bietet die Bearbeitung des Statements von Gunter Schöbel, in dem er die Erwartungen der Archäologie an das Experiment formulierte (1/4'22–4'42). Die Verantwortlichen vertrauten nicht auf die Interessantheit des von ihm Gesagten, es musste durch optische Effekte angereichert werden – und das, obwohl Schöbels Ausführungen eigentlich die volle Aufmerksamkeit erfordern würden, da die Frage, auf die er antwortet, selbst nicht dokumentiert ist und der Zuschauer erst einmal die Kontextuierungen rekonstruieren muss, um die Einbettung der Ausführungen verstehen zu können. Die »Aufpeppung« ist so beschaffen, dass, während der sprechende Schöbel in der rechten Bildhälfte zu sehen ist, in der linken auf bestimmte Stichwörter hin Bilder erscheinen, die das Gesagte illustrieren sollen. So folgt auf die Erwähnung des prähistorischen »Menschen« eine Kamerafahrt entlang der Gletschermumie »Ötzi«, die auf das Stichwort »Kunstwerke« hin überblendet wird mit einem Felsbild, das, wie der Zuschauer aber nicht erfährt, in keinem Zusammenhang mit »Ötzi« steht. Die Aussage, es gäbe keine »Zeitmaschine, die uns zeigen könnte, wie haben die Menschen eben vor 5000 Jahren gelebt«, wird mit einer die rekonstruierte Ausrüstung von »Ötzi« tragenden Puppe bebildert, als wäre in Widerspruch zu dem Gesagten eine Zeitreise eben doch möglich, und schließlich erscheint während der Kamerafahrt ein rotierendes, lanzettförmiges Steingerät, das nicht erläutert wird – zu »Ötzis« Ausrüstung gehörte es jedenfalls nicht, was nur ein Zuschauer wissen kann, der mit ihr bereits vertraut ist. Das rotierende Steingerät transportiert keine verwertbare Information, es eine bloße Spielerei, die aber Aufmerksamkeit bindet und das Aufnehmen der relevanten Informationen sabotiert.

Das Ende der vierten und letzten Folge verdeutlicht das Bemühen um eine narrativ geschlossene Gestalt des Gesendeten, endet die Reihe doch mit Bildern derselben Winterlandschaft, mit der sie auch eröffnet wurde. Das Eigenleben der Bilder gegenüber dem Gegenstand, über den es zu berichten gilt, zeigt sich hierin, denn sie haben mit dem in den Sommermonaten durchgeführten Experiment selbst nichts zu tun. Während sie am Anfang der ersten Sendung einen Anlass für Andeutungen eines dramatischen Geschehens boten, sind sie nun Aufhänger für haltlose Krisenbeschwörungen, in denen Simulation und Simuliertes zusammenfallen.

Die Betrachtung der Kommentare beteiligter Personen zu dem Experiment haben wir mit dem Text von Schöbel (2006/07) eröffnet. Das Augenmerk lag zum einen auf Informationen, die den Sendungen selbst nicht zu entnehmen sind, und zum anderen auf seiner Einschätzung des Experimentes und der Rolle des Fernsehens. Die Beurteilung des »Steinzeitexperimentes« als »ein großer Erfolg für alle Beteiligten und für die vor- und frühgeschichtliche Archäologie in Deutschland« (Schöbel 2006/07, 5) fällt fast euphorisch aus, und die Bewertung des Fernsehens gibt sich den Anschein der Differenziertheit: Zwei Textblöcke werden einander antithetisch gegenübergestellt, von denen der eine »Fernsehen ist wichtig«, der andere »Wir brauchen kein Fernsehen« betitelt ist. Der bezüglich der Beteiligung des Fernsehens affirmative Text ist eher appellativ als argumentativ, der angeblich fernsehkritische erweist sich als ebenfalls affirmativ, die Kritik an dem Fernsehen wird nicht offensiv vertreten, sondern lediglich referiert und sogleich in ihrer Unhaltbarkeit bloßgestellt. Das Vorgebrachte ist in der Tat indiskutabel, was offenkundig aber auch gewollt ist – es ist keine zwar strittige, aber für sich bedenkenswerte Position, vielmehr erscheint es als in seiner Absurdität von vornherein diskreditiert. Dabei schreckt Schöbel auch nicht vor bedeutungsverzerrenden Eingriffen in die Texte zurück, die er als Belege anführt. Aufschlussreich sind seine Anmerkungen zu den Vorgaben der Fernsehverantwortlichen bezüglich der Aufbereitung der Häuser und Geräte, denen künstlich der Anschein einer »telegenen Verwegenheit« verliehen werden sollte.

Kritik an dem Agieren des Fernsehens hat Martin Burberg als einer der beteiligten Probanden geübt. Er beschreibt die Folgen, welche die allgegenwärtigen Kameras und Mikrophone für das Verhältnis der Probanden zueinander hatten. Kleinere Konflikte wurden unterdrückt, nicht ausgetragen und bereinigt; der Ärger staute sich an und entlud sich dann in Zusammenhängen, in denen ein solcher Ausbruch unangebracht war. In der Auswahl des gefilmten Materials für die Ausstrahlung wählten die Verantwortlichen vorzugsweise solche Szenen aus, auch wenn sie für das Experiment selbst irrelevant waren. Burberg zufolge wurden »Katastrophen, Versagen und vor allem Konflikte« (Burberg 2006/07, 46) gezeigt, und gerade nicht Facetten der für die Archäologie aufschlussreichen Nachzeichnung der Lebensvollzüge des spätneolithischen Menschen. Deutlich wird in Burbergs Ausführungen auch, wie seitens der Verantwortlichen Krisen- und Konfliktträchtiges noch forciert wurde, etwa durch die mangelhafte Vorbereitung der Probanden, und wie bei der Aufbereitung des Gefilmten die inszenatorischen Mechanismen der Stereotypisierung und Personalisierung eingesetzt wurden. Sein Fazit lautet denn auch, die Fernsehreihe sei, entgegen den erklärten Absichten, »zu sehr in Richtung Doku-Soap abgerutscht« (Burberg 2006/07, 46).

Für das Begleitbuch zu der Fernsehreihe zeichnet maßgeblich der SWR-Wissenschaftsredakteur Rolf Schlenker verantwortlich, die Archäologin Almut Bick hat für es sogenannte »Wissensfenster« erstellt, komprimierte Texte mit Informationen über die Epoche, deren Lebensbedingungen im Experiment nachvollzogen werden sollten. Das Buch ist als Quelle für Informationen instruktiv, die bestimmte Aspekte des Experimentes erhellen und aus den Sendungen selbst nicht ersichtlich sind. Ausführlich haben wir die fiktive Gründungsgeschichte des Weilers besprochen, die im schlechten Sinne naiv ist und das Verhaften des Verfassers in der Vorstellungswelt des 21. Jahrhunderts dokumentiert, die er zugleich den Probanden zum Vorwurf macht. Auch die Herausstellung der Bedeutung von Spekulationen ist befremdlich, als wären sie das Ziel wissenschaftlichen Handelns und nicht nur eine Etappe im Forschungsprozess. Eine gewisse Rankünе gegenüber der Wissenschaft und ihren Vertretern artikuliert sich in dem Ansinnen, in einem »Praxistest« überprüfen zu wollen, ob es stimmt, »was die Wissenschaft über die Steinzeit zu wissen glaubt« (Schlenker/Bick 2007, 6) – als ob es Sache des Fernsehens wäre, über wissenschaftliche Theorien zu richten. Bereits erinnert haben wir an die im Vergleich zu dem in den Sendungen Präsentierten abweichende Darstellung des Konfliktes um das Einholen der Ernte – in den Sendungen wurde der im Buch als »medialer Erstschlag« bezeichnete Übergriff des Regisseurs schlicht verschwiegen. In diesem »Erstschlag« zeigt sich das das Experimentarrangement grundierende kryptoautoritative Gebaren des Fernsehens, welches Regeln vorgibt, über die es sich selbst hinwegsetzt. Ein partnerschaftliches Verhältnis zu den Probanden wie zu den beteiligten Wissenschaftlern wird behauptet, aber nicht eingelöst, sie werden nicht als Partner ernstgenommen, sondern instrumentalisiert. Auffällig sind schließlich die formalen Gemeinsamkeiten des Sprechertextes in den Sendungen mit dem Duktus des Begleitbuches. Genannt sei die »Doppelpunktrhetorik«, die Zerlegung einer Information in ihre eigentliche Nennung und eine vorgeschaltete Ankündigung, als wäre der Verfasser auch in Bezug auf die Rezeption des Buches von derselben »Umschaltangst« getrieben wie der Fernsehmacher.

Außerdem haben wir exemplarisch vier Artikel zu dem »Steinzeitexperiment« aus unterschiedlichen Printmedien auf ihre Gemeinsamkeiten und Unterschiede hin betrachtet. Dabei ist die Frage leitend gewesen, ob die Strukturlogik der Sendungen, wie sie anhand des Transkriptes rekonstruiert werden konnte, von den Verfassern erkannt und wie sie gegebenenfalls dargestellt worden ist. Der von Martin Wolf stammende und im »Spiegel« publizierte Text überzieht, wie schon der Titel »Fußkrank im Neolithikum« andeutet, das Experiment mit Ironisierungen, die Sache selbst bietet nur den Anlass für Wortspiele, die selbstgenügsam sind und keine Einsichten in diese Sache transportieren. Adressat ist ein Publikum von Insidern, das sich die Bedeutung der augenzwinkernden Andeutungen dechiffrieren kann, nicht eine an Sachinformationen interessierte Öffentlichkeit. Der ambitionierten Witzigkeit werden zuweilen die Fakten geopfert, die Darstellung ist um des Gags willen teilweise grob verfremdend bis verfälschend. Fast an eine fixe Idee lässt der Versuch des Nachweises denken, dass das »Steinzeitexperiment« letztlich nichts anderes als eine »Trash-TV«-Sendung wie das »Dschungelcamp« oder »Big Brother« sei. Die Gemeinsamkeiten liegen aber nicht auf der konzeptionellen Ebene, sondern derjenigen der dispositiven Struktureigenschaften des Mediums, die der Artikel trotz seines prononciert kulturkritischen Gestus nicht zu erhellen vermag.

Die von Wolf postulierten Gemeinsamkeiten des »Steinzeitexperimentes« mit den Hervorbringungen des sogenannten »Trash-TV« hat Christoph Wüllner in der »Bild-Zeitung« aufgegriffen – auf die Ironisierung im »Spiegel« folgt die Skandalisierung, die sich auf die Unterstellung einer Verschwendung der Gelder der Gebührenzahler und auf die Mitwirkung von Kindern an dem Experiment stützt. Der angestellte Vergleich zwischen »Dschungelcamp« und »Steinzeitexperiment« setzt allein auf oberflächlichste Ähnlichkeiten und eine grelle Suggestion vermeintlicher Zusammenhänge.

Ebenfalls auf einem Vergleich von »Steinzeitexperiment« und »Dschungelcamp« basiert der in der »Süddeutschen Zeitung« erschienene Artikel von Claudia Tieschky, der ganz im Gegensatz zu dem von Wolf und Wüllner Behaupteten die Differenz und die Qualitätsunterschiede der beiden Sendungen betont, ohne dies aber belegen zu können – für den Leser ist nicht nachvollziehbar, weshalb ihrer Einschätzung nach das »Steinzeitexperiment« »viel Sympathie verdient« hat. Trotz seiner abweichenden Bewertung des Experimentes weist dieser Text hinsichtlich seiner Gestaltungsmittel Gemeinsamkeiten mit denen von Wolf und Wüllner auf, wenn auch diese Mittel subtiler eingesetzt werden.

Einen gänzlich unironischen und eigentümlich privatistisch anmutenden Zugang zu der Sendereihe versucht Heike Hupertz in der »Frankfurter Allgemeinen Zeitung« herzustellen, indem sie eine Beziehung zu dem »Zeitreisefimmel« postuliert, wie er in der Adoleszenz der um 1970 Geborenen virulent war. Ausgelebt wurde dieser Fimmel vorzugsweise mit Rollenspielen wie »Das schwarze Auge« und »Dungeons & Dragons«. Gerade weil im Gegensatz zu den Texten von Wolf und Wüllner das »Steinzeitexperiment« hier überwiegend positiv-wohlwollend und ohne Ironisierungen und Skandalisierungen als Ausweis der intellektuellen bzw. moralischen Superiorität der Autorin dargestellt wird, sind die Gemeinsamkeiten mit diesen

Texten interessant, die in einer sich verselbständigenden Metaphernproduktion und der Adressierung einer Gemeinschaft, nicht einer Öffentlichkeit, liegen.

Zu der Erkenntnis, dass eine Fernsehdokumentation des »Steinzeitexperimentes« aufgrund der dispositiven Verfasstheit des Mediums fast zwangsläufig scheitern muss und sich dieses Medium damit als für eine Vermittlung wissenschaftlichen Wissens ungeeignet erweist, stößt keiner der besprochenen journalistischen Texte vor, ungeachtet ihrer Unterschiedlichkeit verbleiben sie auf der Ebene der manifesten Inhalte. Ihren Gegenstand, das »Steinzeitexperiment«, vermögen sie nicht stellvertretend für den Leser aufzuschließen.

Bei der Betrachtung der journalistischen Kommentierungen des »Steinzeitexperimentes« war eine Affinität der Gestaltungsmittel bei der Textproduktion zu denen der Sendungen auffällig, deren maßgebliche, mit einem dokumentarischen Anspruch unvereinbare Struktureigenschaften die folgenden sind: eine sich gegenüber der Sache verselbständigende Aufbereitung des gefilmten Materials, deren Priorität nicht sachangemessene Informationsübermittlung, sondern Erzeugung und Aufrechterhaltung von Spannung bei dem Zuschauer und die Befriedigung eines ihm unterstellten Unterhaltungsbedürfnisses ist; das absichtliche Vorenthalten von Informationen und das Legen »falscher Fährten«; die starke Personalisierung und ein durch die subjektive Sicht der Probanden gebrochener Blick auf das Experiment.

Das Buhlen um die Aufmerksamkeit des Lesers ist in dem Artikel von Wolf offensichtlich, es schlägt sich nicht nur in der Form nieder, sondern affiziert auch den Inhalt, das heißt die über das Experiment mitgeteilten Informationen. Stets wird einer sterilen Witzigkeit Vorrang vor der Darstellung und Erläuterung von Fakten eingeräumt, »falsche Fährten« werden insbesondere durch Wortspiele und Neologismen gelegt, Klischees (»mit öffentlich-rechtlicher Gründlichkeit«) werden mobilisiert. Auch bedient er sich des fernsehtypischen Mechanismus eines Vergemeinschaftungsangebotes, das in den Sendungen zum »Steinzeitexperiment« eher indirekt und vermittelt über Personalisierungen war, sich aber einer unmittelbaren Adressierung der Zuschauer enthielt. Wolf wendet sich nicht an eine zu informierende Leserschaft, sondern an eine Gesinnungs- oder Vorurteilsgemeinschaft, die seine Andeutungen und Anspielungen versteht und goutiert. Er kritisiert die an dem Experiment beteiligten Personen, aber nicht den personalisierenden Zuschnitt der Sendungen, und Referenzpunkt seiner Beurteilung ist eben nicht der legitimatorisch stets angeführte Erkenntnisgewinn, sondern der mangelnde Unterhaltungswert.

Das bereits bei Wolf unglaubwürdige, von einem aufklärerischen Gestus getragene Postulat von Ähnlichkeiten des »Steinzeitexperimentes« mit dem »Dschungelcamp« nimmt bei Wüllner obsessive und realitätsverzerrende Züge an. Auch er adressiert eine Gemeinschaft, nämlich die der chronisch eine missbräuchliche Verwendung ihrer Gelder befürchtenden Gebührenzahler. Für sich genommen bilden diese freilich keine Gemeinschaft, sie werden aber wie eine solche angesprochen (»Und dafür gibt die ARD unsere Gebühren aus…«). Man mag einwenden, es sei bei Wüllners Text schon der publizistischen Aufmachung abzulesen, dass man einen ernstzunehmenden Beitrag über die Hintergründe des »Steinzeitexperimentes« nicht zu erwarten hat, sondern eine Präsentation von Stereotypen, Klischees und Vorurteilen. Umso aufschlussreicher sind aber dann die Parallelen insbesondere zu Wolfs Ausführungen, von denen sich Wüllners nur graduell unterscheiden, nicht in der grundsätzlichen Wahl der stilistischen Mittel.

Stereotypenbildung, Klischeeproduktion und Originalitätsdemonstration kennzeichnen auch den Text von Tieschky, die im Unterschied zu Wolf und Wüllner das »Steinzeitexperiment« grundsätzlich positiv bewertet. Ihre Begründung dieser Bewertung bleibt weitgehend implizit und assoziativ, es wird eher etwas signalisiert als argumentativ durchgearbeitet.

Die für die filmische Gestaltung der Geschehnisse während des Experimentes wichtige Brechung durch subjektive Einschätzungen der Probanden findet ihre Entsprechung vor allem in den durch das Experiment angestoßenen Überlegungen von Hupertz, die mit dem rollenspielinduzierten Interesse ihrer Generation an »Zeitreisen« einen ungewöhnlich privatistischen Zugang wählt, der eher im Zusammenhang einer Beschreibung von Befindlichkeiten dieser Generation aufschlussreich sein könnte. Aus der generationengebundenen Perspektive ergeben sich jedenfalls keine Erkenntnisse bezüglich des Experimentes.

In allen Fällen ist die Schilderung des Gegenstandes mit seiner interpretierenden Bewertung aufs Engste verschränkt, in allen Fällen wird die Strukturlogik des »Steinzeitexperimentes« nicht stellvertretend für den Leser aufgeschlossen, es bildet nur den Anlass zum Ausagieren von Originalitätsansprüchen. Die fehlende Sachhaltigkeit und die der Originalität verpflichtete Textproduktion bedingen sich insofern, als eine sachliche Schilderung mit einem rhetorischen Schaulaufen zur Demonstration des eigenen Einfallsreichtums kaum vereinbar ist. In dieser Konstellation offenbart sich die fundamentale Gemeinsamkeit der Machart der Zeitungsartikel mit der Machart der Sendungen: Die Sache selbst ist nicht Zweck, sondern wird zu einem Mittel für eine veraußeralltäglichende Darstellung degradiert. Damit sind sowohl die Sendungen über das »Steinzeitexperiment« als auch seine vier exemplarisch betrachteten journalistischen Aufbereitungen Ausdrucksgestalten dieser allgemeinen kulturindustriellen Erzeugungsformel. Während allerdings bei den Fernsehsendungen die Zurichtung der Inhalte aus dem Dispositiv dieses Mediums und nicht dem Unwillen oder Unvermögen der Verantwortlichen abzuleiten ist, liegt im Falle der journalistischen Kommentierungen die Verantwortung für die zum Teil eklatanten Abweichungen von dem Gebot der Sachhaltigkeit bei den Autoren selbst. Zugleich zeigt sich hierin auch das Übergreifen der Mechanismen der Kulturindustrie auf andere, um einen klassischen soziologischen Begriff zu gebrauchen, Wertsphären, nämlich solche, für die das Prinzip der Sachhaltigkeit konstitutiv ist, und die damit einer Erosion preisgegeben werden, deren langfristige Folgen nicht abzuschätzen sind.

Literatur

Adorno 1973: Th.W. Adorno, Jargon der Eigentlichkeit. Zur deutschen Ideologie. In: Ders., Gesammelte Schriften 6 (Frankfurt am Main 1973), 413–526.

Adorno 1977a: Ders., Prolog zum Fernsehen. In: Ders., Eingriffe. Neun kritische Modelle. Gesammelte Schriften 10,2. Kulturkritik und Gesellschaft 2 (Frankfurt am Main 1977), 507–517.

Adorno 1977b: Ders., Fernsehen als Ideologie. In: Ders., Eingriffe. Neun kritische Modelle. Gesammelte Schriften 10,2. Kulturkritik und Gesellschaft 2 (Frankfurt am Main 1977), 518–532.

Adorno 1977c: Ders., Résumé über Kulturindustrie. In: Ders., Ohne Leitbild. Parva Aesthetica. Gesammelte Schriften 10,1. Kulturkritik und Gesellschaft 1 (Frankfurt am Main 1977), 337–345.

Adorno 1977d: Ders., Filmtransparente. In: Ders., Ohne Leitbild. Parva Aesthetica. Gesammelte Schriften 10,1. Kulturkritik und Gesellschaft 1 (Frankfurt am Main 1977), 353–361.

Adorno 1984: Ders., Das Schema der Massenkultur. Kulturindustrie (Fortsetzung). In: Ders., Gesammelte Schriften 3^2 (Frankfurt am Main 1984), 299–335.

Adorno 1988: Ders., Fernsehen und Bildung. Radiogespräch mit H. Becker und G. Kadelbach. In: Ders., Erziehung zur Mündigkeit^{11} (Frankfurt am Main 1988), 50–69.

Adorno 1990: Ders., Ästhetische Theorie. Gesammelte Schriften 7^5 (Frankfurt am Main 1990).

Allert 1998: T. Allert, Die Familie. Fallstudien zur Unverwüstlichkeit einer Lebensform (Berlin, New York 1998).

Amann 2002: A. Amann, Reflexive Vergemeinschaftung. Zu Struktur und Prozess gruppendynamischer Praxis. Diss. Frankfurt am Main 2002.

Amann 2003: Ders., Vergemeinschaftungsmuster – Zugehörigkeit und Individualisierung im gruppendynamischen Raum. Gruppenpsychotherapie und Gruppendynamik. Beiträge zur Sozialpsychologie und therapeutischen Praxis 39, 2003, 201–219.

Anders 1956: G. Anders, Die Antiquiertheit des Menschen. Über die Seele im Zeitalter der zweiten industriellen Revolution (München 1956).

Anderson 1984: J. Anderson, Time Machines. The World of Living History (Nashville 1984).

Ansorg 2012: R.-A. Ansorg, Dokufiction? Living History? Histotainment? Der Archäologe im Fernsehen zwischen Reenactment und Computeranimation (Hamburg 2012).

ARD-Jahrbuch 2008: Arbeitsgemeinschaft der öffentlich-rechtlichen Rundfunkanstalten der Bundesrepublik Deutschland (ARD) (Hrsg.), ARD-Jahrbuch 08 (Hamburg 2009).

Arnheim 2004: R. Arnheim, Parallelismus und Kontrapunktik. In: Diederichs 2004, 373–380.

Austin 1988: B.A. Austin, Immediate Seating. A Look at Movie Audiences (Belmont/California 1988).

Ballhaus/Engelbrecht 1995: E. Ballhaus/B. Engelbrecht (Hrsg.), Der ethnographische Film. Einführung in Methoden und Praxis (Berlin 1995).

Ballstaedt 1990: St.-P. Ballstaedt, Wenn Hören und Sehen vergeht: Grenzen der audiovisuellen Integration. In: Meutsch/Freund 1990, 29–46.

Barbash/Taylor 1997: I. Barbash/L. Taylor, Cross-Cultural Filmmaking. A Handbook for Making Documentary and Ethnographic Films and Videos (Berkeley, Los Angeles, London 1997).

Barck et al. 1990: K. Barck/P. Gente/H. Paris/St. Richter (Hrsg.), Aisthesis. Wahrnehmung heute oder Perspektiven einer anderen Ästhetik. Essais (Leipzig 1990).

Barker 1997: Ch. Barker, Global Television. An Introduction (Malden/Massachusetts 1997).

Bäumer 1996: R. Bäumer, Parodien dokumentarischer Authentizitätskonventionen. In: D. Ertel/P. Zimmermann (Hrsg.), Strategie der Blicke. Zur Modellierung von Wirklichkeit in Dokumentarfilm und Reportage. Close Up. Schriften aus dem Haus des Dokumentarfilms 5 (Konstanz 1996) 83–103.

Baudrillard 1978: J. Baudrillard, Requiem für die Medien. In: Ders., Kool Killer oder Der Aufstand der Zeichen (Berlin 1978), 83–118.

Baudrillard 1990: Ders., Videowelt und fraktales Subjekt. In: Barck et al. 1990, 252–264.

Baudry 1994: J.-L. Baudry, Das Dispositiv: Metapsychologische Betrachtungen des Realitätseindrucks. Psyche 48, 1994, 1047–1074.

Bauer et al. 1976: W. Bauer/E. Baur/B. Kungel (Hrsg.), Vier Wochen ohne Fernsehen. Eine Studie zum Fernsehkonsum (Berlin 1976).

Beer 1999: B. Beer, s.v. Polygamie. In: Wörterbuch der Völkerkunde (Berlin 1999), 290f.

Behrend 2012: O. Behrend, Kulturtourismus und innere Verschwörung. Zur soziologisch-sequenzanalytischen Rekonstruktion von *the limits of control* von Jim Jarmusch als Beispiel einer Werkanalyse. In: C. Heinze/St. Moebius/D. Reicher (Hrsg.), Perspektiven der Filmsoziologie (Konstanz, München 2012), 101–124.

Benjamin 1963: W. Benjamin, Das Kunstwerk im Zeitalter seiner technischen Reproduzierbarkeit. In: Ders., Das Kunstwerk im Zeitalter seiner technischen Reproduzierbarkeit. Drei Studien zur Kunstsoziologie. Edition Suhrkamp 28 (Frankfurt am Main 1963), 7–63.

Benjamin 1974a: Ders., Das Kunstwerk im Zeitalter seiner technischen Reproduzierbarkeit. Erste Fassung. In: Ders., Gesammelte Schriften 1,2 (Frankfurt am Main 1974), 431–469.

Benjamin 1974b: Ders., Das Kunstwerk im Zeitalter seiner technischen Reproduzierbarkeit. Zweite Fassung. In: Ders., Gesammelte Schriften 1,2 (Frankfurt am Main 1974), 471–508.

Benjamin 1974c: Ders., L'Œuvre d'Art à l'Époque de sa Reproduction Mécanisée. In: Ders., Gesammelte Schriften 1,2 (Frankfurt am Main 1974), 709–739.

Benjamin 1989: Ders., Das Kunstwerk im Zeitalter seiner technischen Reproduzierbarkeit. Zweite Fassung. In: Ders., Gesammelte Schriften 7,1 (Frankfurt am Main 1989), 350–384.

Benjamin 2012: Ders., Das Kunstwerk im Zeitalter seiner technischen Reproduzierbarkeit. Werke und Nachlaß. Kritische Gesamtausgabe (Berlin 2012).

Bente/Backes 1999: G. Bente/M. Backes, Vielsehen, parasoziale Interaktion und zwischenmenschliche Verständigung. Eine explorative Studie zum Zusammenhang von Fernsehkonsum und interpersonellem Verhalten jugendlicher Zuschauer. In: Vorderer 1996, 181–202.

Benz/Maise 2006: M. Benz/Ch. Maise, Archäologie. Theiss Wissen kompakt (Stuttgart 2006).

Berg 1981: J. Berg, Die Fiktion der Nichtfiktionalität. Zur Abbildtheorie von Klaus Wildenhahn. In: Biedermann/Haardt 1981, 47–52.

Berg 1982: Ders., Wirklich und wahrhaftig – Zu Mythos und Geschichte des Dokumentarfilms. In: K. Kreimeier/J. Schnelle (Red.), Dokumentarfilm in der Kritik – Kritik des Dokumentarfilms (Berlin 1982) 57–72.

Berghaus 1974: M. Berghaus, Inhaltsanalyse von Fernsehsendungen. Anmerkungen zu ihrer Bedeutung und Darstellung eines Instruments zur Interaktionsanalyse. Rundfunk und Fernsehen 22, 1974, 330–357.

Bertemes/Schlosser 2004: F. Bertemes/W. Schlosser, Der Kreisgraben von Goseck und seine astronomischen Bezüge. In: H. Meller (Hrsg.), Der geschmiedete Himmel. Die weite Welt im Herzen Europas vor 3600 Jahren. Ausstellungskatalog Halle 2004 (Stuttgart 2004), 48–51.

Bertemes et al. 2004: F. Bertemes/P.F. Biehl/A. Northe/O. Schröder: Die neolithische Kreisgrabenanlage von Goseck, Landkreis Weißenfels. Archäologie in Sachsen-Anhalt NF 2, 2004, 137–145.

Bertemes/Northe 2006: F. Bertemes/A. Northe, Neolithisches Heiligtum in prähistorischer Kulturlandschaft – die Abschlussuntersuchungen in der Kreisgrabenanlage von Goseck und weitere Grabungen in deren Umgebung. Archäologie in Sachsen-Anhalt NF 4, 2006, 269–281.

Beusing 2011: R. Beusing, Archäologie im Schaukasten. Untersuchungen zur Präsentation vor- und frühgeschichtlicher Archäologe in deutschen Museen. Archäologie & moderne Gesellschaft 2 (Rahden/Westf. 2011).

Bick 2007: A. Bick, Steinzeit als Reality-TV. Bild der Wissenschaft 5/2007, 26–30.

Biedermann/Haardt 1981: W. Biedermann/A. Haardt (Hrsg.), Bilder aus der Wirklichkeit. Aufsätze zum dokumentarischen Film und Dokumentation 4. Duisburger Filmwoche '80 (Duisburg 1981).

Bleicher 1993: J. Bleicher, Fernsehnachbarn, Kochstunden und Showstars im

Zauberspiegel. Grundzüge des Fernsehprogramms der fünfziger Jahre. In: Felix/Heller 1993, 114–118.

Bohnsack 2009: R. Bohnsack, Qualitative Bild- und Videointerpretation. Die dokumentarische Methode (Opladen, Farmington Hills 2009).

Bolz 1991: N. Bolz, Eine kurze Geschichte des Scheins (München 1991).

Boro et al. 2003: I. Boro/M. Boro/R. Boro/S. Boro/A. Boro, Wir Boros und das »Schwarzwaldhaus« (Bergisch Gladbach 2003).

Bourdieu 1998: P. Bourdieu, Über das Fernsehen (Frankfurt am Main 1998).

Brather 2004: S. Brather, Ethnische Interpretationen in der frühgeschichtlichen Archäologie. Geschichte, Grundlagen und Alternativen. Ergänzungsbände zum Reallexikon der Germanischen Altertumskunde 42 (Berlin, New York 2004).

Bromley et al. 1999: R. Bromley/U. Göttlich/C. Winter (Hrsg.), Cultural Studies. Grundlagentexte zur Einführung (Lüneburg 1999).

Buchholz 2007: M. Buchholz, Interview mit Martin Buchholz. Regisseur von »Steinzeit – Das Experiment«. In: SWR-Pressemappe Steinzeit. Das Experiment (Baden-Baden 2007), 28–29.

Bührmann/Schneider 2008: A.D. Bührmann/W. Schneider, Vom Diskurs zum Dispositiv. Eine Einführung in die Dispositivanalyse (Bielefeld 2008).

Burberg 2006/07: M. Burberg, Steinzeit – von innen... Plattform 15/16, 2006/2007, 45–50.

Burkholz et al. 2001: R. Burkholz/Ch. Gärtner/F. Zehentreiter (Hrsg.), Zur Sache Kultur – im Diskurs mit Ulrich Oevermann (Weilerswist 2001).

Buß 2007: Ch. Buß, »Steinzeit«-Soap in der ARD. Das dreckige Dutzend. Spiegel online, Artikel vom 27.5.2007.

Camus 1959: A. Camus, Der Mythos von Sisyphos. In: Ders., Der Mythos von Sisyphos. Ein Versuch über das Absurde (Hamburg 1959), 98–101.

Carstensen 1971: B. Carstensen, Spiegel-Wörter, Spiegel-Worte. Zur Sprache eines deutschen Nachrichtenmagazins (München 1971).

Charlton/Neumann-Braun 1992: M. Charlton/K. Neumann-Braun, Medienkindheit – Medienjugend. Eine Einführung in die aktuelle kommunikationswissenschaftliche Forschung (München 1992).

Childe 1951: V.G. Childe, Man makes himself (New York, Scarborough/Ontario 1951).

Dadek 1968: W. Dadek, Das Filmmedium. Zur Begründung einer Allgemeinen Filmtheorie (München, Basel 1968).

Deleuze 1991: G. Deleuze, Was ist ein Dispositiv? In: F. Ewald/B. Waldenfels (Hrsg.), Spiele der Wahrheit. Michel Foucaults Denken (Frankfurt am Main 1991), 153–162.

Denzin 1995: N.K. Denzin, The Cinematic Society. The Voyeur's Gaze (London u.a. Sage 1995).

Diederichs 1994: H. Diederichs, Zur Verständlichkeit von Wissenschaftssendungen. Ein Vergleich von Produkt- und Rezipientenanalyse an fünf ausgewählten Sendungen. LUMIS-Schriften Sonderreihe 5 (Siegen 1994).

Diederichs 2004: H.H. Diederichs (Hrsg.), Geschichte der Filmtheorie. Kunsttheoretische Texte von Méliès bis Arnheim (Frankfurt am Main 2004).

Diller 1980: A. Diller, Rundfunkpolitik im Dritten Reich. Rundfunk in Deutschland 2 (München 1980).

Dimbath 2013: O. Dimbath, Methodologischer Voyeurismus. Überlegungen zu einer Neuausrichtung soziologischer Filmanalyse. Soziale Welt 64, 2013, 401–415.

Dolby 2006: N. Dolby, Popular Culture and Public Space in Africa: The Possibilities of Cultural Citizenship. African Studies Review 49/3, 2006, 31–47.

Ebersbach 2002: R. Ebersbach, Der Pfahlbauer – ein Bauer? Zur Darstellung von Landwirtschaft und Umwelt in prähistorischen Rekonstruktionszeichnungen. In: Jud/Kaenel 2002, 61–70.

Egg/Spindler 2009: M. Egg/K. Spindler, Kleidung und Ausrüstung der kupferzeitlichen Gletschermumie aus den Ötztaler Alpen. Monographien des Römisch-Germanischen Zentralmuseums 77. Der Mann im Eis 6 (Mainz 2009).

Eggert 2012: M.K.H. Eggert, Prähistorische Archäologie: Konzepte und Methoden[4] (Tübingen, Basel 2012).

Eibl-Eibesfeldt 2004: I. Eibl-Eibesfeldt, Die Biologie des menschlichen Verhaltens. Grundriß der Humanethologie[5] (München 2004).

Emele 1994: M. Emele, Archäologische Simulation zwischen linearen Medien und virtuellem Museum. In: Hoffmann 1997, 189–198.

Enzensberger 1986: H.M. Enzensberger, Die Sprache des Spiegel. In: Ders., Einzelheiten I. Bewußtseins-Industrie[12] (Frankfurt am Main 1986) 74–105.

Enzensberger 1997: Ders., Das Nullmedium oder Warum alle Klagen über das Fernsehen gegenstandslos sind. In: Ders., Baukasten zu einer Theorie der Medien. Kritische Diskurse zur Pressefreiheit. Ex Libris Kommunikation 8 (München 1997) 145–157.

Faber 2001: M. Faber, Medienrezeption als Aneignung. In: W. Holly/U. Püschel/J. Bergmann (Hrsg.), Der sprechende Zuschauer. Wie wir uns Fernsehen kommunikativ aneignen (Wiesbaden 2001), 25–40.

Fabian 1993: Th. Fabian, Fernsehen und Einsamkeit im Alter. Eine empirische Untersuchung zu parasozialer Interaktion. Fortschritte der Psychologie 7 (Münster, Hamburg 1993).

Fehr 2001: M. Fehr, Krise der Muße im Museum. In: Burkholz et al. 2001, 331–352.

Felix/Heller 1993: J. Felix/H.-B. Heller (Hrsg.), 3. Film- und Fernsehwissenschaftliches Kolloquium/Marburg '90 (Münster 1993).

Fischer/Wirtz 2008: Th. Fischer/R. Wirtz (Hrsg.), Alles authentisch? Popularisierung der Geschichte im Fernsehen (Konstanz 2008).

Fiske 1987: J. Fiske, Television Culture (London, New York 1987).

Fiske 2000: Ders., Populäre Nachrichten. In: Ders., Lesarten des Populären. Cultural Studies 1 (Wien 2000), 204–217.

Fiske/Hartley 1978: J. Fiske/J. Hartley, Reading Television (London, New York 1978).

Flusser 1991: V. Flusser, Digitaler Schein. In: Ders., Medienkultur (Frankfurt am Main 1997) 202–215.

Freud 1940: S. Freud, Vorlesungen zur Einführung in die Psychoanalyse. Gesammelte Werke 11 (London 1940).

Freud 1943: Ders., Zur Dynamik der Übertragung. In: Ders., Gesammelte Werke VIII 1909–1913 (London 1943), 363–374.

Freud 1946: Ders., Der Moses des Michelangelo. In: Ders., Gesammelte Werke X (London 1946), 171–201.

Freund/Köck 1994: B. Freund/W.K. Köck, Wissenschaftsvermittlung durch Fernsehen zwischen Information und Unterhaltung. In: Ludes et al. 1994, 175–201.

Fried 1967: M.H. Fried, The Evolution of Political Society. An Essay in Political Anthropology. Studies in Anthropology 7 (New York 1967).

Friedrich et al. 1984: M. Friedrich/A. Hagemann-Doumbia/R. Kapfer/W. Petermann/R. Thoms/M.-J. van de Loo (Hrsg.), Die Fremden sehen. Ethnologie und Film (München 1984).

Foucault 1978: M. Foucault, Ein Spiel um die Psychoanalyse. Gespräch mit Angehörigen des Départements de Psychanalyse der Universität Paris VIII in Vincennes. In: Ders., Dispositive der Macht. Über Sexualität, Wissen und Wahrheit (Berlin 1978) 118–175.

Galtung/Ruge 1965: J. Galtung/M.H. Ruge, The Structure of Foreign News: The Presentation of the Congo, Cuba and Cyprus Crises in Four Norwegian Newspapers. Journal of Peace Research 2, 1965, 64–90.

Gärtner 2001: Ch. Gärtner, Medien als Multiplikator von Massenwirksamkeit und als Produzenten des Medienintellektuellen. Das Phänomen Drewermann. In: A. Franzmann/S. Liebermann/J. Tykwer (Hrsg.), Die Macht des Geistes. Soziologische Fallanalysen zum Strukturtyp des Intellektuellen. Forschungsbeiträge aus der Objektiven Hermeneutik 3 (Frankfurt am Main 2001), 451–490.

Genette 1994: G. Genette: Die Erzählung (München 1994).

Ginzburg 2002: C. Ginzburg, Spurensicherung. Der Jäger entziffert die Fährte, Sherlock Holmes nimmt die Lupe, Freud liest Morelli – die Wissenschaft auf der Suche nach sich selbst. In: Ders., Spurensicherung. Die Wissenschaft auf der Suche nach sich selbst (Berlin 2002), 7–57.

Girtler 1984: R. Girtler, Methoden der qualitativen Sozialforschung. Anleitung zur Feldarbeit. Studien zur qualitativen Sozialforschung 1 (Wien, Köln, Graz 1984).

Glaser et al. 2009: M. Glaser/B. Garsoffky/St. Schwan, Narrative-based Learning: Possible Benefits and Problems. Communications 34, 2009, 429–447.

Glaser et al. 2012: Dies., What do we learn from Docutainment? Processing Hybrid Television Documentaries. Learning and Instruction 22, 2012, 37–46.

Gleich 1996: U. Gleich, Sind Fernsehpersonen die »Freunde« des Zuschauers? Ein Vergleich zwischen parasozialen und realen sozialen Beziehungen. In: Vorderer 1996, 113–144.

Gleich 1997: Ders., Parasoziale Interaktionen und Beziehungen von Fernsehzuschauern mit Personen auf dem Bildschirm. Ein theoretischer und empirischer Beitrag zum Konzept des Aktiven Rezipienten (Landau 1997).

Godelier 1987: M. Godelier, Die Produktion der Großen Männer. Macht und männliche Vorherrschaft bei den Baruya in Neuguinea (Frankfurt, New York, Paris 1987).

Göttlich 2004: U. Göttlich, Kreativität in der Medienzezeption? Zur Praxis der Medienaneignung zwischen Routine und Widerstand. In: K.H. Hörning/ J. Reuter (Hrsg.), Doing Culture. Neue Positionen zum Verhältnis von Kultur und sozialer Praxis (Bielefeld 2004), 169–183.

Goode 1967: W.J. Goode, Soziologie der Familie. Grundfragen der Soziologie 8 (München 1967).

Gregor 1978: U. Gregor, Was heißt »dokumentarisch«? Annäherungen an eine Begriffsbestimmung. Zum Verhältnis Dokumentarfilm/Spielfilm. In: Wolf 1978, 25–29.

Greulich 1975: H. Greulich, Manipulation im Fernsehen. In: J. Paech (Hrsg.), Film- und Fernsehsprache I. Texte zur Entwicklung, Struktur und Analyse der Film- und Fernsehsprache (Frankfurt am Main, Berlin, München 1975) 69–73.

Greulich 1994: Ders., Ansichten eines Abtrünnigen. In: P. Zimmermann (Hrsg.), Fernseh-Dokumentarismus. Bilanz und Perspektiven. Close Up. Schriften aus dem Haus des Dokumentarfilms 1 (Konstanz 1994) 139–148.

Habermas 1988: J. Habermas, Theorie des kommunikativen Handelns 2. Zur Kritik der funktionalistischen Vernunft[4] (Frankfurt am Main 1987).

Härke 1993: H. Härke: Vergangenheit und Gegenwart. In: Wolfram/Sommer 1993, 3–11.

Hafner/Suter 2003: A. Hafner/P.J. Suter, Das Neolithikum in der Schweiz. www.jungsteinSITE.de, Artikel vom 27. November 2003.

Hallenberger 1988: G. Hallenberger, Kennzeichen U – Unterhaltende Elemente in politischen und Kulturmagazinen. In: Kreuzer/Schumacher 1988, 149–159.

Handler/Saxton 1988: R. Handler/W. Saxton, Dyssimulation: Reflexivity, Narrative, and the Quest for Authenticity in »Living History«. Cultural Anthropology 3, 1988, 242–260.

Hanel 1994: Th. Hanel, Naturwissenschaften und Technologie im Fernsehen des deutschsprachigen Raumes. TV-Wissenschaftsmagazine im Vergleich. Diss. München 1994.

Hattendorf 1994: M. Hattendorf, Dokumentarfilm und Authentizität. Ästhetik und Pragmatik einer Gattung. Close Up. Schriften aus dem Haus des Dokumentarfilms 4 (Konstanz 1994).

Hein 2006: W. Hein, Zurück in die Eiszeit. Von Sinn und Unsinn der »Living History«. In: Erwin Keefer (Hrsg.), Lebendige Vergangenheit. Vom archäologischen Experiment zur Zeitreise (Stuttgart 2006), 37–45.

Held 2007: G. Held, Personalisierung als multimodale Strategie des Infotainment – Beobachtungen auf Magazin-Covers. In: M. Klemm/E.-M. Jacobs (Hrsg.), Das Vergnügen in und an den Medien. Interdisziplinäre Perspektiven. Bonner Beiträge zur Medienwissenschaft 6 (Frankfurt am Main u.a.: Peter Lang 2007), 107–126.

Heller 1990: H.-B. Heller, Dokumentarfilm und Fernsehen. Probleme aus medienwissenschaftlicher Sicht und blinde Flecken. In: Heller/Zimmermann 1990, 15–22.

Heller 1994: Ders., Dokumentarfilm im Fernsehen – Fernsehdokumentarismus. In: Ludes et al. 1994, 91–100.

Heller/Zimmermann 1990: H.-B. Heller/P. Zimmermann (Hrsg.), Bilderwelten, Weltbilder. Dokumentarfilm und Fernsehen. Aufblende. Schriften zum Film 2 (Marburg 1990).

Hepp 1998: A. Hepp, Fernsehaneignung und Alltagsgespräche. Fernsehnutzung aus der Perspektive der Cultural Studies (Opladen, Wiesbaden 1998).

Hepp 1999: Ders., Cultural Studies und Medienanalyse. Eine Einführung (Opladen, Wiesbaden 1999).

Hickethier 1990: K. Hickethier, Die Welt ferngesehen. Dokumentarische Sendungen im frühen Fernsehen. In: Heller/Zimmermann 1990, 23–48.

Hickethier 1991: Ders., Apparat – Dispositiv – Programm. Skizze einer Programmtheorie am Beispiel des Fernsehens. In: K. Hickethier/S. Zielinski (Hrsg.), Medien/Kultur. Schnittstellen zwischen Medienwissenschaft, Medienpraxis und gesellschaftlicher Kommunikation. Knilli zum Sechzigsten (Berlin 1991), 421–447

Hickethier 1993: Ders., Dispositiv Fernsehen, Programm und Programmstrukturen in der Bundesrepublik Deutschland. In: Ders. (Hrsg.), Institution, Technik und Programm. Rahmenaspekte der Programmgeschichte des Fernsehens. Geschichte des Fernsehens in der Bundesrepublik Deutschland 1 (München 1993), 171–243.

Hickethier 1995: Ders., Dispositiv Fernsehen. Skizze eines Modells. Montage A/V 4,1, 1995, 63–83.

Hickethier 1996: Ders., Film- und Fernsehanalyse[2] (Stuttgart, Weimar 1996).

Hickethier 1997: Ders., Das Erzählen der Welt in den Fernsehnachrichten. Überlegungen zu einer Narrationstheorie der Nachricht. Rundfunk und Fernsehen 45, 1997, 5–18.

Hickethier 2000: Ders., Trashfernsehen und gesellschaftliche Modernisierung. In: U. Bergermann/H. Winkler (Hrsg.): TV-Trash. The TV-Show I Love to Hate (Marburg 2000), 23–37.

Hippel 1992: K. Hippel, Parasoziale Interaktion. Bericht und Bibliographie. Montage/AV 1,1, 1992, 135–150.

Hippel 1996: Ders., Personae. Zu einer texttheoretischen Interpretation eines vernachlässigten Konzepts. In: Vorderer 1996, 53–66.

Hippel 1998: Ders., Prolegomena zu einer pragmatischen Fernsehtheorie. Diss. Berlin.

Hochbruck 2013: W. Hochbruck, Geschichtstheater: Formen der »Living History«. Eine Typologie (Bielefeld 2013).

Hörisch 2004: J. Hörisch, Eine Geschichte der Medien. Von der Oblate zum Internet (Frankfurt am Main 2004).

Hörmann/Heimbucher 1981: G. Hörmann/A. Heimbucher, Dokumentarfilm trifft schon immer auf inszenierte Wirklichkeit. Filmfaust 23, 1981, 47–57.

Hoernes 1923: M. Hoernes, Prähistorische Archäologie. In: G. Schwalbe/ E. Fischer (Hrsg.), Anthropologie. Die Kultur der Gegenwart. Ihre Entwicklung und ihre Ziele 3. Teil, 5. Abt. (Leipzig, Berlin 1923), 339–434.

Hoff 1991: P. Hoff, »...das Bild des Führers in alle deutschen Herzen!« Das frühe deutsche Fernsehen als Gegenstand und als Medium der nationalsozialistischen Propaganda – eine »nicht bestellte Erfindung«. In: W. Uricchio (Hrsg.), Die Anfänge des deutschen Fernsehens. Kritische Annäherungen an die Entwicklung bis 1945. Medien in Forschung und Unterricht Serie A, 30 (Tübingen 1991), 208–234.

Hoffmann 2009: H. Hoffmann, Geschichte und Film – Film und Geschichte. In: S. Horn/M. Sauer (Hrsg.), Geschichte und Öffentlichkeit. Orte – Medien – Institutionen (Göttingen 2009), 135–143.

Hofmann 1997: K. Hoffmann (Hrsg.), Trau-Schau-Wem. Digitalisierung und dokumentarische Form. Close Up. Schriften aus dem Haus des Dokumentarfilms 9 (Konstanz 1997).

Hohenberger 1983a: E. Hohenberger, Der Blick auf das Fremde. Zum Vorverständnis des ethnographischen Films. Zelluloid 16/17, 1983, 43–55.

Hohenberger 1983b: Dies., Feindbilder. Thesen zum Dokumentarfilm. Medium 13/12, 1983, 40f.

Hohenberger 1985: Dies., Das Fremde, die Wissenschaft und der Film. Zelluloid 23, 1985, 20–26.

Hohenberger 1988: Dies., Die Wirklichkeit des Films. Dokumentarfilm. Ethnologischer Film. Jean Rouch. Studien zur Filmgeschichte 5 (Hildesheim, Zürich, New York 1988).

Hohenberger 2000: Dies., Dokumentarfilmtheorie. Ein historischer Überblick über Ansätze und Probleme. In: Dies. (Hrsg.), Bilder des Wirklichen. Texte zur Theorie des Dokumentarfilms. Texte zum Dokumentarfilm 32 (Berlin 2000) 8–34.

Holtorf 2006: C. Holtorf, Über archäologisches Wissen. Ethnographisch-Archäologische Zeitschrift 47, 2006, 349–359.

Horkheimer/Adorno 1984: M. Horkheimer/Th.W. Adorno, Dialektik der Aufklärung. Philosophische Fragmente. In: Th.W. Adorno, Gesammelte Schriften 3^2 (Frankfurt am Main 1984), 7–296.

Horton/Strauss 1957: D. Horton/A. Strauss, Interaction in Audience-Participation Shows. American Journal of Sociology 62, 1957, 579–587.

Horton/Wohl 1986: D. Horton/R.R. Wohl, Mass Communication and Para-Social Interaction: Observations on Intimacy at a Distance. In: G. Gumpert/ R. Cathcart (Hrsg.), Inter/Media: Interpersonal Communication in a Media World[3] (New York, Oxford 1986), 185–206.

Hupertz 2007: H. Hupertz, In Ötzis Welt. Leben wie vor fünftausend Jahren: »Steinzeit – das Experiment. Frankfurter Allgemeine Zeitung, 26.5.2007, 25.

Husmann 1987: R. Husmann (Hrsg.), Mit der Kamera in fremden Kulturen. Aspekte des Films in Ethnologie und Volkskunde (Emsdetten 1987).

Jäckel 1997: M. Jäckel, Interaktion. Soziologische Anmerkungen zu einem Begriff. In: M. Gottschlich/W.R. Langenbucher (Hrsg.): Publizistik- und Kommunikationswissenschaft. Ein Textbuch zur Einführung. Studienbücher zur Publizistik- und Kommunikationswissenschaft (Wien 1997), 91–103.

Jauss 1982: H.R. Jauss, Der Gebrauch der Fiktion in Formen der Anschauung und Darstellung der Geschichte. In: R. Koselleck/H. Lutz/J. Rüsen (Hrsg.), Formen der Geschichtsschreibung. Beiträge zur Historik 4 (München 1982), 415–451.

Jacomet 2009: St. Jacomet, Plant Economy and Village Life in Neolithic Lake Dwellings at the Time of the Alpine Iceman. Vegetation History and Archaeobotany 18, 2009, 47–59.

Jud/Kaenel 2002: P. Jud/G. Kaenel (Hrsg.), Lebensbilder – Scènes de vie (Zug 2002).

Jung 2003: M. Jung, Bemerkungen zur Interpretation materieller Kultur aus der Perspektive der objektiven Hermeneutik. In: U. Veit/T.L. Kienlin/ Ch. Kümmel/S. Schmidt (Hrsg.), Spuren und Botschaften: Interpretationen materieller Kultur. Tübinger Archäologische Taschenbücher 4 (Münster u.a. 2003) 89–106.

Jung 2004: Ders., Befreiung vom Begriff oder zum Begriff? Marginalie zu einer Fehlleistung Adornos beim Zitieren Hegels. Sozialer Sinn 5, 2004, 273–277.

Jung 2006: Ders., Zur Logik archäologischer Deutung. Interpretation, Modellbildung und Theorieentwicklung in der Urgeschichtswissenschaft am Fallbeispiel des späthallstattzeitlichen »Fürstengrabes« von Eberdingen-Hochdorf, Kr. Ludwigsburg. Universitätsforschungen zur Prähistorischen Archäologie 138 (Bonn 2006).

Jung 2013: Ders., Zwischen Sachhaltigkeit und Projektion. Ergebnisse einer Besucherbefragung in der Ausstellung »Keltenland am Fluss« im Schlossmuseum Aschaffenburg. In: R. Karl/J. Leskovar (Hrsg.), Interpretierte Eisenzeiten. Fallstudien, Methoden, Theorie. Tagungsbeiträge der 5. Linzer Gespräche zur interpretativen Eisenzeitarchäologie. Studien zur Kulturgeschichte von Oberösterreich 37, 2013, 315–324.

Jung 2014: Ders., Die Eigenlogik traditionaler Sozialbeziehungen und ihre Folgen für intergenerationale Transmissionsprozesse. In: H. Weiss/G. Ateş/

Ph. Schnell (Hrsg.), Zwischen den Generationen. Transmissionsprozesse in Familien mit Migrationshintergrund (Wiesbaden 2013), 243–260.

Jung/Schmidtke i.Vorb: M. Jung/O. Schmidtke, Religiosität in der säkularisierten Gesellschaft. Fallstudien zu einer katholischen Diasporagemeinde sowie zu kirchlichen Webseiten.

Junkelmann 2004: M. Junkelmann, Hollywoods Traum von Rom. »Gladiator« und die Tradition des Monumentalfilms. Kulturgeschichte der antiken Welt 94 (Mainz 2004).

Just 1967: D. Just, Der Spiegel. Arbeitsweise – Inhalt – Wirkung (Hannover 1967).

Kallinich 1995: J. Kallinich, Zum Verständnis des Museums in der Welt der Medien. Museumsblatt, Mitteilungen aus dem Museumswesen Baden-Württemberg 17, 1995, 6–8.

Kammann 1989: U. Kammann, Glücksfall um halbelf. Hanns Joachim Friedrichs (Tagesthemen). In: Ders. (Hrsg.), Die Schirm-Herren. 12 politische TV-Moderatoren (Köln 1989), 151–180.

Kaupp 1979: P. Kaupp, Presse – Hörfunk – Fernsehen. Funktion, Wirkung. Ein medienkundliches Handbuch (Frankfurt am Main 1979).

Keefer 2009: E. Keefer, Paddeln für die Archäologie: Mit dem Einbaum in die Steinzeit. In: B. Korte/S. Paletschek (Hrsg.), History Goes Pop. Zur Repräsentation von Geschichte in populären Medien und Genres. Historische Lebenswelten in populären Wissenskulturen 1 (Bielefeld 2009), 231–250.

KEF 2005: Kommission zur Ermittlung des Finanzbedarfs der Rundfunkanstalten, 15. KEF-Bericht 2 (Mainz 2005).

Keppler 1985: A. Keppler, Präsentation und Information. Zur politischen Berichterstattung im Fernsehen (Tübingen 1985).

Keppler 1988a: Dies., Das Bild vom Zuschauer. Überlegungen zum Verhältnis von Konzeption und Rezeption im Fernsehen. In: H.-G. Soeffner (Hrsg.), Kultur und Alltag. Soziale Welt Sonderbd. 6 (Göttingen 1988), 229–241.

Keppler 1988b: Dies., Konventionen der Weltwahrnehmung. Thesen zur Dramaturgie des Magazinfilms im Fernsehen. In: Kreuzer/Schumacher 1988, 111–128.

Keppler 1994: Dies., Wirklicher als die Wirklichkeit? Das neue Realitätsprinzip der Fernsehunterhaltung (Frankfurt am Main 1994).

Keppler 2003: Dies., Für eine Ästhetik des Fernsehens. Zeitschrift für Ästhetik und Allgemeine Kunstwissenschaft 48, 2003, 285–296.

Keppler 2006: Dies., Mediale Gegenwart. Eine Theorie des Fernsehens am Beispiel der Darstellung von Gewalt (Frankfurt am Main 2006).

Keppler 2010: Dies., Perspektiven einer kultursoziologischen Medienanalyse. In: M. Wohlrab-Sahr (Hrsg.), Kultursoziologie. Paradigmen – Methoden – Fragestellungen (Wiesbaden 2010) 101–126.

Keppler/Seel 2008: A. Keppler/M. Seel, Adornos reformistische Kulturkritik. In: G. Kohler/St. Müller-Doohm (Hrsg.), Wozu Adorno? Beiträge zur Kritik und zum Fortbestand einer Schlüsseltheorie des 20. Jahrhunderts (Weilerswist 2008), 223–234.

Kiener 1999: W. Kiener, Die Kunst des Erzählens. Narrativität in dokumentarischen und ethnographischen Filmen. Close Up. Schriften aus dem Haus des Dokumentarfilms 12 (Konstanz 1999).

Kircher 2012: M. Kircher, Wa(h)re Archäologie. Die Medialisierung archäologischen Wissens im Spannungsfeld von Wissenschaft und Öffentlichkeit. Historische Lebenswelten in populären Wissenskulturen 7 (Bielefeld 2012).

Klein 2010: Ch. Klein, Reflexive Authentizitätsfiktionen als situierte Geschichtsversionen am Beispiel des Living History-Formats »Die Bräuteschule 1958«. In: Pirker/Rüdiger et al. 2010, 123–146.

Klöppel 2008: M. Klöppel, Infotainment. Zwischen Bildungsanspruch und Publikumserwartung – Wie unterhaltsam darf Information sein? (Marburg 2008).

Kluge 1981: A. Kluge, Zu Klaus Wildenhahn, »Industrielandschaft mit Einzelhändlern«. Antwort auf ein Diskussionsangebot. In: Biedermann/Haardt 1981, 26–38.

Knilli/Reiss 1971: F. Knilli/E. Reiss, Einführung in die Film- und Fernsehanalyse. Ein ABC für Zuschauer (Steinbach bei Gießen 1971).

Kob 1984: J. Kob, Der Kommunikationsmythos und die Massenpublizistik. Communications. Internationale Zeitschrift für Kommunikationsforschung 10, 1984, 3–14.

Kocka/Nipperdey 1979, J. Kocka/Th. Nipperdey (Hrsg.), Theorie und Erzählung in der Geschichte. Beiträge zur Historik 3 (München 1979).

Köck 1990: W.K. Köck, Wissenschaftstransfer durch Fernsehen: Ein Forschungsprojekt. In: Meutsch/Freund 1990, 131–148.

Kohl 1986: K.-H. Kohl, Entzauberter Blick. Das Bild vom Guten Wilden und die Erfahrung der Zivilisation (Frankfurt am Main 1986).

Kossinna 1920: G. Kossinna, Die Herkunft der Germanen. Zur Methode der Siedlungsarchäologie. Mannus-Bibliothek 62 (Leipzig 1920).

Kozloff 1987: S.R. Kozloff, Narrative Theory and Television. In: R.C. Allen (Hrsg.), Channels of Discourse. Television and Contemporary Criticism (Chapel Hill, London 1987) 42–73.

Kracauer 2006: S. Kracauer, Theorie des Films. Die Errettung der äußeren Wirklichkeit[6] (2006).

Kreimeier 1976: K. Kreimeier, Joris Ivens. Ein Filmer an den Fronten der Weltrevolution (Berlin 1976).

Kreimeier 1980: Ders., »Darstellen und Eingreifen«. Deutsche Dokumentarfilme auf der Duisburger Filmwoche/Gewerkschafter machen mit. Filmfaust. Zeitschrift für den Internationalen Film 20, 1980, 17f.

Kreimeier 1981: Ders., Plädoyer für das politische Subjekt. Offener Brief an Klaus Wildenhahn und zweimal Widerrede in Sachen Romantik und Realismus. In: Biedermann/Haardt 1981, 12–25.

Kreimeier 1983: Ders., Chronische Heimatlosigkeit. Der ethnographische Film und seine Probleme. Zelluloid 16/17, 1983, 5–16.

Kreimeier 1990: Ders., Fernsehen als Wiederaufbereitungsanlage. Von der Scherbenwelt zum Chaos-Kino. In: Heller/Zimmermann 1990, 143–151.

Kreimeier 1993: Ders., Dokumentarfilm 1892–1992. Ein doppeltes Dilemma. In: W. Jacobsen/A. Kaes/H.H. Prinzler (Hrsg.), Geschichte des deutschen Films (Stuttgart, Weimar 1993), 391–416.

Kreimeier 1997: Ders., Fingierter Dokumentarfilm und Strategien des Authentischen. In: Hoffmann 1997, 29–46.

Kreuzer/Schumacher 1988: H. Kreuzer/H. Schumacher (Hrsg.), Magazine audiovisuell. Politische und Kulturmagazine im Fernsehen der Bundesrepublik Deutschland (Berlin 1988).

Krieg 1981: P. Krieg, Das blinde Auge der Kamera oder »die Spiegel täten besser daran, etwas nachzudenken, bevor sie die Bilder zurückgeben« (Jean Cocteau). Zur Debatte über dokumentarischen und »synthetischen« Film. In: Biedermann/Haardt 1981, 53–56.

Kubitz/Sasse 2006: P.-P. Kubitz/S. Sasse, Ein Raum für unser visuelles Gedächtnis. Das Fernsehmuseum Berlin wird am 31. Mai eröffnet. Museumsjournal. Berichte aus den Museen, Schlössern und Sammlungen in Berlin und Potsdam 20,2, 2006, 84–85.

Kuchenbuch 2005: Th. Kuchenbuch, Filmanalyse. Theorien, Methoden, Kritik[2] (Wien, Köln, Weimar 2005).

Kuhlmann 1994: A. Kuhlmann, Einleitung. In: Ders. (Hrsg.), Philosophische Ansichten der Kultur der Moderne (Frankfurt am Main 1994), 7–29.

Kull 2006: V. Kull, Einleitung. Notizen zur Rezeption von Dokumentarfilmen. In: V. Teissl/V. Kull (Hrsg.), Poeten, Chronisten, Rebellen. Internationale DokumentarfilmemacherInnen im Porträt (Marburg 2006), 14–35.

Kutschera/Müller 2003: W. Kutschera/W. Müller, »Isotope Language« of the Alpine Iceman investigated with AMS and MS. Nuclear Instruments and Methods in Physics Research B 204, 2003, 705–719.

Lampe 1990: G. Lampe, Keine Kost für Futterverwerter. Über die Versuche Klaus Wildenhahns, Ansätze des Dokumentarfilms in das Fernsehmagazin zu integrieren. In: Heller/Zimmermann 1990, 155–168.

Lampe 2000: Ders., Panorama, Report und Monitor. Geschichte der politischen Fernsehmagazine 1957–1990. Close Up. Schriften aus dem Haus des Dokumentarfilms 15 (Konstanz 2000).

Lenk 1996: C. Lenk, Das Dispositiv als theoretisches Paradigma der Medienforschung. Überlegungen zu einer integrativen Nutzungsgeschichte des Rundfunks. Rundfunk und Geschichte 22, 1996, 5–17.

Lenssen/Aufenanger 1986: M. Lenssen/St. Aufenanger, Zur Rekonstruktion von Interaktionsstrukturen. Neue Wege zur Fernsehanalyse. In: M. Lenssen/St. Aufenanger (Hrsg.), Handlung und Sinnstruktur. Bedeutung und Anwendung der objektiven Hermeneutik (München 1986), 123–204.

Lersch 2008: E. Lersch, Zur Geschichte dokumentarischer Formen und ihrer ästhetischen Gestaltung im öffentlich-rechtlichen Fernsehen. In: Fischer/Wirtz 2008, 109–136.

Leuzinger 2007: U. Leuzinger, »Die wären im Winter verhungert«. Interview. Neue Züricher Zeitung am Sonntag, 22.07.2007.

Lichardus 1991: J. Lichardus, Die Kupferzeit als historische Epoche. Eine forschungsgeschichtliche Einleitung. In: Ders. (Hrsg.), Die Kupferzeit als historische Epoche. Saarbrücker Beiträge zur Altertumskunde 55 (Bonn 1991).

Lindner 2012: Burkhardt Lindner, Kommentar. In: Benjamin 2012, 315–698.

Longolius 1967: Ch. Longolius (Red.), Fernsehen in Deutschland. Gesellschaftspolitische Aufgaben und Wirkungen eines Mediums (Mainz 1967).

Ludes et al. 1994: P. Ludes/H. Schumacher/P. Zimmermann (Hrsg.), Informations- und Dokumentarsendungen. Geschichte des Fernsehens in der Bundesrepublik Deutschland 3 (München 1994).

Luhmann 2009: N. Luhmann, Die Realität der Massenmedien[4] (Wiesbaden 2009).

Lüning 1972: J. Lüning, Zum Kulturbegriff im Neolithikum. Prähistorische Zeitschrift 47, 1972, 145–173.

Lüning 1996: Ders., Erneute Gedanken zur Benennung der neolithischen Perioden. Germania 74, 1996, 233–237.

Mainka-Mehling 2008: A. Mainka-Mehling, LebensBilder. Zur Darstellung des ur- und frühgeschichtlichen Menschen in der Archäologie. Frühgeschichtliche Studien 1 (Remshalden 2008).

Maiwald 2008: K.-O. Maiwald, »Holt mich hier 'raus!« – Neue Entwicklungen in der kulturindustriellen Fernsehkommunikation. Sozialer Sinn 9, 2008, 371–382.

Maletzke 1963: G. Maletzke, Psychologie der Massenkommunikation. Theorie und Systematik (Hamburg 1963).

McLuhan 1968: M. McLuhan, Die magischen Kanäle. »Unterstanding Media« (Düsseldorf, Wien 1968).

Meier/Slanička 2007: M. Meier/S. Slanička, Antike und Mittelalter im Film. Konstruktion, Dokumentation, Projektion. Beiträge zur Geschichtskultur 29 (Köln, Weimar, Wien 2007).

Menzel 1998: U. Menzel, Globalisierung versus Fragmentierung (Frankfurt am Main 1998).

Merten 1977: K. Merten, Kommunikation. Eine Begriffs- und Prozeßanalyse. Studien zur Sozialwissenschaft 35 (Opladen Verlag 1977).

Merten 1984: Ders., Vom Nutzen des »Uses and Gratifications Approach«. Anmerkungen zu Palmgreen. Rundfunk und Fernsehen 32, 1984, 66–72.

Meutsch/Freund 1990: D. Meutsch/B. Freund (Hrsg.), Fernsehjournalismus und die Wissenschaften (Opladen 1990).

Mikos 1994: L. Mikos, Fernsehen im Erleben der Zuschauer. Vom lustvollen Umgang mit einem populären Medium (Berlin, München 1994).

Mingot 1993: K.M. Mingot, Die Struktur der Fernsehkommunikation – der objektive Gehalt des Gesendeten und seine Rezeption. In: W. Holly/U. Püschel (Hrsg.), Medienrezeption als Aneignung. Methoden und Perspektiven qualitativer Medienforschung (Opladen 1993) 151–172.

Mingot 1998: Ders., Personale Integrität und Fernsehkommunikation. Diss. Frankfurt am Main 1998.

Mitscherlich 1981a: Th. Mitscherlich, Von der Gleichzeitigkeit der Ungleichzeitigkeit beim Dokumentarfilm. Der Anlaß: Klaus Wildenhahns Umwälzung der Romantik. Filmfaust 21, 1981, 50–55.

Mitscherlich 1981b: Ders., Von der Gleichzeitigkeit der Ungleichzeitigkeit beim Dokumentarfilm 2. Teil. Wir sind der Realitätskitt unserer Filme. Filmfaust 22, 1981, 50–58.

Müller et al. 2003: W. Müller/H. Fricke/A.N. Halliday/M.T. McCulloch/J.-A. Wartho, Origin and Migration of the Alpine Iceman. Science 302, 2003, 862–866.

Neckermann 2000: G. Neckermann, Kinobranche im Umbruch. Filmbesuch und Kinostruktur in Deutschland 1991 bis 1999. Mediaperspektiven 9, 2000, 406–413.

Nellessen 2007: B. Nellessen, Fernseh-Experiment mit sozialer Relevanz. In: Steinzeit. Das Experiment. SWR-Pressemappe (Baden-Baden 2007) 5.

Netenjakob 1978: E. Netenjakob, Dokumentarfilm – Sprache der Betroffenen. In: Roth 1978, 14–16.

Netenjakob 1984: Ders., Liebe zum Fernsehen und ein Portrait des festangestellten Filmregisseurs Klaus Wildenhahn (Berlin 1984).

Niemeyer/Czycholl 1994: H.-G. Niemeyer/J.M. Czycholl, Zapper, Sticker und andere Medientypen. Eine marktpsychologische Studie zum selektiven TV-Verhalten (Stuttgart 1994).

Oeggl 1999: K. Oeggl, Die letzte Mahlzeit des Mannes aus dem Eis. In: Südtiroler Archäologiemuseum (Hrsg.), Die Gletschermumie aus der Kupferzeit. Neue Forschungsergebnisse zum Mann aus dem Eis. La Mumma dell'Età del Rame. Nuove Ricerche sull'Uomo venuto dal Ghiaccio (Bozen, Wien 1999) 97–110.

Öhner 2003: V. Öhner, »Das ist kein Rot, das ist Blut.« Das Museum vom Kino aus betrachtet. In: H.-Ch. Eberl/J.T. Friehs/G. Kastner/C. Oesch/H. Posch/ K. Seifert (Hrsg.), Museum und Film. Museum zum Quadrat 14 (Wien 2003), 31–50.

Östgaard 1965: E. Östgaard, Factors Influencing the Flow of News. Journal of Peace Research 2, 1965, 39–63.

Oevermann 1983: U. Oevermann, Zur Sache. Die Bedeutung von Adornos methodologischem Selbstverständnis für die Begründung einer materialen soziologischen Strukturanalyse. In: L. v. Friedeburg/J. Habermas (Hrsg.), Adorno-Konferenz 1983 (Frankfurt 1983), 234–289.

Oevermann 1991: Ders., Genetischer Strukturalismus und das sozialwissenschaftliche Problem der Erklärung der Entstehung des Neuen. In: St. Müller-Doohm (Hrsg.), Jenseits der Utopie. Theoriekritik der Gegenwart (Frankfurt am Main 1991) 267–336.

Oevermann 1992: Ders., Einführung. Über die Sache der Kultur. In: A. Hansert, Bürgerkultur und Kulturpolitik in Frankfurt am Main. Eine historisch-soziologische Rekonstruktion. Studien zur Frankfurter Geschichte 33 (Frankfurt am Main 1992).

Oevermann 1993: Ders., Die objektive Hermeneutik als unverzichtbare methodologische Grundlage für die Analyse von Subjektivität. Zugleich eine Kritik der Tiefenhermeneutik. In: Th. Jung/St. Müller-Doohm (Hrsg.), »Wirklichkeit« im Deutungsprozeß. Verstehen und Methoden in den Kultur- und Sozialwissenschaften (Frankfurt am Main 1993), 106–189.

Oevermann 1996a: Ders., Der Strukturwandel der Öffentlichkeit durch die Selbstinszenierungslogik des Fernsehens. In: C. Honegger/J.M. Gabriel/R. Hirsig/J. Pfaff-Czarnecka/E. Poglia (Hrsg.), Gesellschaften im Umbruch. Identitäten, Konflikte, Differenzen. Hauptreferate des Kongresses der schweizerischen Sozialwissenschaften 1995 (Zürich 1996), 197–228.

Oevermann 1996b: Ders., Theoretische Skizze einer revidierten Theorie professionalisierten Handelns. In: A. Combe/W. Helsper (Hrsg.), Pädagogische Professionalität. Untersuchungen zum Typus pädagogischen Handelns (Frankfurt am Main 1996).

Oevermann 1998: Ders., Zur soziologischen Erklärung und öffentlichen Interpretation von Phänomenen der Gewalt und des Rechtsextremismus bei Jugendlichen. Zugleich eine Analyse des kulturnationalen Syndroms. In: H.-D. König (Hrsg.), Sozialpsychologie des Rechtsextremismus (Frankfurt am Main 1998), 83–125.

Oevermann 2000: Ders., Die Methode der Fallrekonstruktion in der Grundlagenforschung sowie der klinischen und pädagogischen Praxis. In: K. Kraimer (Hrsg.), Die Fallrekonstruktion. Sinnverstehen in der sozialwissenschaftlichen Forschung (Frankfurt am Main 2000), 58–156.

Oevermann 2001: Ders., Der Intellektuelle – soziologische Bestimmung des Komplementär von Öffentlichkeit. In: A. Franzmann/S. Liebermann/J. Tykwer (Hrsg.), Die Macht des Geistes. Soziologische Fallanalysen zum Strukturtyp des Intellektuellen. Forschungsbeiträge aus der Objektiven Hermeneutik 6 (Frankfurt am Main 2001), 13–75.

Oevermann 2003: Ders., Regelgeleitetes Handeln, Normativität und Lebenspraxis. Zur Konstitutionstheorie der Sozialwissenschaften. In: J. Link/Th. Loer/H. Neuendorff (Hrsg.), »Normalität« im Diskursnetz soziologischer Begriffe. Diskursivitäten 3 (Heidelberg 2003), 183–217.

Oevermann/Tykwer 1991: U. Oevermann/J. Tykwer, Selbstinszenierung als reales Modell der Struktur von Fernsehkommunikation. Eine Analyse der »Tagesthemen« vom 2. Oktober 1990. In: St. Müller-Doohm/K. Neumann-Braun (Hrsg.), Öffentlichkeit, Kultur, Massenkommunikation. Beiträge zur Medien- und Kommunikationssoziologie (Oldenburg 1991), 267–315.

Oevermann et al. 1979: U. Oevermann/T. Allert/E. Konau/J. Krambeck, Die Methodologie einer »objektiven Hermeneutik« und ihre allgemeine forschungslogische Bedeutung in den Sozialwissenschaften. In: H.-G. Soeffner

(Hrsg.), Interpretative Verfahren in den Sozial- und Textwissenschaften (Stuttgart 1979), 352–434.
Ohler 1994, P. Ohler, Zur kognitiven Modellierung von Aspekten des Spannungserlebens bei der Filmrezeption. Montage/AV 3, 1994, 133–141.
Oppitz 1989: M. Oppitz, Kunst der Genauigkeit. Wort und Bild in der Ethnographie (München 1989).

Palmgreen 1984: Ph. Palmgreen, Der »Uses and Gratifications Approach«. Theoretische Perspektiven und praktische Relevanz. Rundfunk und Fernsehen 32, 1984, 51–62.
Pansegrau 2009: P. Pansegrau, Zwischen Fakten und Fiktion – Stereotypen von Wissenschaftlern in Spielfilmen. In: B. Hüppauf/P. Weingart (Hrsg.), Bilder als Medium der Popularisierung von Wissenschaft (Bielefeld 2009), 373–386.
Pany 2005: D. Pany: »Working in a saltmine…« – Erste Ergebnisse der anthropologischen Auswertung von Muskelmarken an den menschlichen Skeletten aus dem Gräberfeld Hallstatt. In: R. Karl/J. Leskovar (Hrsg.), Interpretierte Eisenzeiten. Fallstudien, Methoden, Theorie. Tagungsbeiträge der 1. Linzer Gespräche zur interpretativen Eisenzeitarchäologie. Studien zur Kulturgeschichte von Oberösterreich 18, 2005, 101–111.
Petrasch 2006: J. Petrasch, Bilder der Vorgeschichte: Der Einfluß des politischen Systems und der Kultur auf die Rekonstruktionen prähistorischer Lebenswelten. In: H.-P. Wotzka (Hrsg.), Grundlegungen: Beiträge zur europäischen und afrikanischen Archäologie für Manfred K.H. Eggert (Tübingen 2006), 51–63.
Pinseler 2003: J. Pinseler, Die heile Welt und das Böse von außen. Zur Inszenierung von Authentizität in Aktenzeichen XY… ungelöst. In: Th. Knieper/M.G. Müller (Hrsg.), Authentizität und Inszenierung von Bilderwelten (Köln 2003), 42–55.
Pirker/Rüdiger et al. 2010: E.U. Pirker/M. Rüdiger/Ch. Klein/Th. Leiendecker/C. Oesterle/M. Sénécheau/M. Uike-Bormann (Hrsg.), Echte Geschichte. Authentizitätsfiktionen in populären Geschichtskulturen. Historische Lebenswelten in populären Wissenskulturen 3 (Bielefeld 2010).
Plake 2004: K. Plake, Handbuch Fernsehforschung. Befunde und Perspektiven (Wiesbaden 2004).
Postman 2006: N. Postman, Wir amüsieren uns zu Tode. Urteilsbildung im Zeitalter der Unterhaltungsindustrie[17] (Frankfurt am Main 2006).
Prokop 1972: D. Prokop (Hrsg.), Massenkommunikationsforschung 1. Produktion (Frankfurt am Main 1972).
Prokop 1973: Ders. (Hrsg.), Massenkommunikationsforschung 2. Konsumtion (Frankfurt am Main 1973).
Prokop 1977: Ders. (Hrsg.), Massenkommunikationsforschung 3. Produktanalysen (Frankfurt am Main 1977).
Prokop 1985a: Ders. (Hrsg.), Medienforschung 1. Konzerne, Macher, Kontrolleure (Frankfurt am Main 1985).

Prokop 1985b: Ders. (Hrsg.), Medienforschung 2. Wünsche, Zielgruppen, Wirkungen (Frankfurt am Main 1985).

Prokop 1986c: Ders. (Hrsg.), Medienforschung 3. Analysen, Kritiken, Ästhetik (Frankfurt am Main 1985).

Prokop 1995: Ders., Medien-Macht und Massen-Wirkung. Ein geschichtlicher Überblick (Freiburg 1995).

Prommer 2010: E. Prommer, Das Kinopublikum im Wandel: Forschungsstand, historischer Rückblick und Ausblick. In: P. Glogner/P.S. Föhl (Hrsg.), Das Kulturpublikum. Fragestellungen und Befunde der empirischen Forschung (Wiesbaden: VS 2010) 195–237.

Pudovkin 1958: V.I. Pudovkin, Film Technique and Film Acting (London 1958).

Pudovkin 2004: Ders., Asynchronität als Prinzip des Tonfilms. In: Diederichs 2004, 381–388.

Rahemipour 2008: P. Rahemipour, Archäologie im Scheinwerferlicht. Die Visualisierung der Prähistorie im Film 1895–1930. Diss. Berlin 2008.

Reiche 2001: R. Reiche, Was ist virtuell am virtuellen Raum? Eine Untersuchung der Hauptmetapher in Video-Installation und Computerkunst. In: Burkholz et al. 2001, 235–269.

Reinhard 2004: W. Reinhard, Lebensformen Europas. Eine historische Kulturanthropologie (München 2004).

Rieger 2009: St. Rieger, Schall und Rauch. Eine Mediengeschichte der Kurve (Frankfurt am Main 2009).

Rohde 2012: C. Rohde, Kalender in der Urgeschichte. Fakten und Fiktion. Archäologie & moderne Gesellschaft 3 (Rahden/Westf. 2012).

Ronge 1984: V. Ronge, Massenmedienkonsum und seine Erforschung – eine Polemik gegen »Uses and Gratifications«. Rundfunk und Fernsehen 32, 1984, 73–82.

Roth 1978: W. Roth (Red.), Der Dokumentarfilm – ein Modell-Seminar. Materialien zur Filmgeschichte 10 (Berlin 1978).

Roth 1982: Ders., Der Dokumentarfilm seit 1960 (München, Luzern 1982).

Ruoff 1978: R. Ruoff, Engagement an der Wirklichkeit. Anmerkungen zu einem Dokumentarfilm-Seminar. In: Roth 1978, 42–61.

Rubin et al. 1985: A.M. Rubin/E.M. Perse/R.A. Powell, Loneliness, Parasocial Interaction, and Local Television News Viewing. Human Communication Research 12, 1985, 155–180.

Ruge 1975: P. Ruge, Praxis des Fernsehjournalismus. Ein Handbuch für Zuschauer, Kritiker und Publizisten. Alber-Broschur Kommunikation 2 (Freiburg, München 1975).

Samida 2009: St. Samida, Zwischen Scylla und Charybdis: Digitale Visualisierungsformen in der Archäologie. In: M. Hessler/D. Mersch (Hrsg.), Logik des Bildlichen. Zur Kritik der ikonischen Vernunft (Bielefeld 2009), 258–274.

Sennett 1986: R. Sennett, Verfall und Ende des öffentlichen Lebens. Die Tyrannei der Intimität (Frankfurt am Main 1986).

Scherzler 2005: D. Scherzler, »Es geht uns nicht um Gold und Sensationen.« Pressearbeit für Archäologen. Archäologische Informationen 28, 2005, 153–159.

Schier 1993: W. Schier, Das westliche Mitteleuropa an der Wende vom 5. zum 4. Jahrtausend: Kulturwandel durch Kulturkontakt? In: A. Lang/H. Parzinger/H. Küster (Hrsg.), Kulturen zwischen Ost und West. Das Ost-West-Verhältnis in vor- und frühgeschichtlicher Zeit und sein Einfluß auf Werden und Wandel des Kulturraums Mitteleuropa (Berlin 1993), 19–59.

Schiffauer 1991: W. Schiffauer, Die Migranten aus Subay. Türken in Deutschland: Eine Ethnographie (Stuttgart 1991).

Schirrmacher 2006: F. Schirrmacher, Minimum. Vom Vergehen und Neuentstehen unserer Gesellschaft (München 2006).

Schlenker/Bick 2007: R. Schlenker/A. Bick, Steinzeit. Leben wie vor 5000 Jahren (Stuttgart 2007).

Schlosser 2006: W. Schlosser, Lichtblicke – geometrisch-astronomische Analyse der Kreisgrabenanlage von Goseck, Ldkr. Weißenfels. Archäologie in Sachsen-Anhalt NF 4, 2006, 282–284.

Schlumpf 1987: H.-U. Schlumpf, Warum mich das Graspfeilspiel der Eipo langweilt. Gedanken zur Wissenschaftlichkeit ethnologischer Filme. In: Husmann 1987, 49–65.

Schmidtke/Schröder 2012: O. Schmidtke/F. Schröder, Familiales Scheitern. Eine familien- und kultursoziologische Analyse von Stanley Kubricks »The Shining« (Frankfurt, New York 2012).

Schneider 2004: U.F. Schneider, Der Januskopf der Prominenz. Zum ambivalenten Verhältnis von Privatheit und Öffentlichkeit (Wiesbaden 2004).

Schöbel 2001: G. Schöbel, Pfahlbaumuseum Unteruhldingen Museumsgeschichte. Teil I: 1922–1949 (Unteruhldingen 2001).

Schöbel 2006/07: Ders., Steinzeit – das Experiment. Plattform 15/16, 2006/07, 4–44.

Schöbel 2008: Ders., Erfahrungen und Erkenntnisse eines Filmprojektes. Die ARD/SWR Filmdoku »Steinzeit – Das Experiment. Leben wie vor 5000 Jahren« aus der Sicht des Pfahlbaumuseums Unteruhldingen. Experimentelle Archäologie in Europa. Bilanz 2008, 2008, 111–130.

Schönbach 1984: K. Schönbach, Ein integratives Modell? Anmerkungen zu Palmgreen. Rundfunk und Fernsehen 32, 1984, 63–65.

Schöttker 2007: D. Schöttker, Kommentar. In: W. Benjamin, Das Kunstwerk in Zeitalter seiner technischen Reproduzierbarkeit und weitere Dokumente (Frankfurt am Main 2007) 99–254.

Schröder/Tykwer 1994: A. Schröder/J. Tykwer, Mit Vorurteilen gegen Vorurteile – wie eine Fernsehsendung gegen Ausländerfeindlichkeit ankämpft. Eine Fallstudie. In: W. Benz (Hrsg.), Jahrbuch für Antisemitismusforschung 3 (Frankfurt am Main 1994) 26–50.

Schulz 1976: W. Schulz, Die Konstruktion von Realität in den Nachrichtenmedien. Analyse der aktuellen Berichterstattung (Freiburg, München 1976).

Schulze 2002: A.-K. Schulze, Spannung. Erklärungsansätze eines Phänomens. In: W. Früh, Unterhaltung durch das Fernsehen. Eine molare Theorie (Konstanz 2002), 49–64.

Schumacher 1988: H. Schumacher, »Durch die Sendung führt«: Überlegungen zur Moderation im Magazin. In: Kreuzer/Schumacher 1988, 129–140.

Schumacher 1994: Dies., Ästhetik, Funktion und Geschichte der Magazine im Fernsehprogramm der Bundesrepublik Deutschland. In: Ludes et al. 1994, 101–174.

Sénécheau 2006: M. Sénécheau, Archäologie im Schulbuch. Themen der Ur- und Frühgeschichte im Spannungsfeld zwischen Lehrplanforderungen, Fachdiskussion und populären Geschichtsvorstellungen. Schulbücher, Unterrichtsfilme, Kinder- und Jugendliteratur. Diss. Freiburg i.Brsg.

Sénécheau 2010: Dies., Der Fund als Fakt? Zur Rolle und Funktion archäologischer Funde in Dokumentarfilmen. In: Pirker/Rüdiger et al. 2010, 93–121.

Sénécheau 2013: Dies., »Römische Katastrophe« oder germanischer Freiheitskampf«? Die Varusschlacht in Dokumentarfilmen und die Wiederbelebung eines deutschen Nationalmythos. In: N. Elia-Borer/C. Schellow/N. Schimmel/B. Wodianka (Hrsg.), Heterotopien. Perspektiven der intermedialen Ästhetik. Medienanalysen 15 (Bielefeld 2013), 549–572.

Service 1971: E.R. Service, Primitive Social Organization. An Evolutionary Perspective. Studies in Anthropology 32 (New York 1971).

Sierek 1993: K. Sierek, Aus der Bildhaft. Filmanalyse als Kinoästhetik (Wien 1993).

Spitzer 2005: M. Spitzer, Vorsicht Bildschirm! Elektronische Medien, Gehirnentwicklung, Gesundheit und Gesellschaft (Stuttgart 2005).

Staab 1990: J.F. Staab, Nachrichtenwert-Theorie. Formale Struktur und empirischer Gehalt (Freiburg, München 1990).

Stanzel 2001: F.K. Stanzel, Theorie des Erzählens[7] (Göttingen 2001).

Stave 1964: J. Stave, Zweierlei Garn. Über den Spiegel und seine Sprache. In: Ders., Wie die Leute reden. Betrachtungen über 15 Jahre Deutsch in der Bundesrepublik (Lüneburg 1964), 240–255.

Stern 1993: Th. Stern, Archäologie im Film. In: Wolfram/Sommer 1993, 66–74.

Stern/Tode 2002: T. Stern/Th. Tode, Das Bild des Archäologen in Film und Fernsehen – eine Annäherung. In: Ministerium für Städtebau und Wohnen, Kultur und Sport des Landes Nordrhein-Westfalen (Hrsg.), Archäologie virtuell. Projekte, Entwicklungen, Tendenzen seit 1995 (Bonn 2002), 71–80.

Steuer 1999: H. Steuer, s.v. Häuptling, Häuptlingstum. In: Reallexikon der Germanischen Altertumskunde 132 (Berlin, New York 1999), 291–311.

Suciu 2008: J. Suciu, Kubrick dechiffrieren. Eine objektiv hermeneutische Analyse von Eyes Wide Shut (Saarbrücken 2008).

Sutter 2001: T. Sutter, Sinnstrukturen der Medienkommunikation. In: T. Sutter/M. Charlton (Hrsg.), Massenkommunikation, Interaktion, und soziales Handeln (Opladen 2001), 21–45.

Taureg 1983: M. Taureg, Wissenschaftlicher Film und Ethnographie. Die Entwicklung von Standards. Zelluloid 16/17, 1983, 26–42.

Thomann 2001: J. Thomann, 10 Wochen Einsamkeit. SWR spielt »Big Brother« im Schwarzwald. Frankfurter Allgemeine Zeitung 177, 2.8.2001, 42.

Thomsen 1837: Ch.J. Thomsen, Kurzgefasste Übersicht über Denkmäler und Alterthümer aus der Vorzeit des Nordens. In: N.M. Petersen/Ch.J. Thomsen, Leitfaden zur Nordischen Alterthumskunde (Kopenhagen 1837), 25–64.

Tieschky 2007: C. Tieschky, Familienfernsehen im Ziegenfell. Süddeutsche Zeitung, 26.5.2007.

Troller 1981: G.St. Troller, Wie man Welt zu Bild macht. Anmerkungen zur Diskussion Realismus und Fiktion im Film. Filmfaust 22, 1981, 59f.

Truffaut/Scott 1999: F. Truffaut/H.G. Scott, Truffaut/Hitchcock. Vollständige Ausgabe (München, Zürich 1999).

Tykwer 1992: J. Tykwer, Distanz und Nähe. Zur sozialen Konstitution ästhetischer Erfahrung. Eine soziologische Sinnexplikation der ersten Szenen des Spielfilms »Rote Sonne«. Diss. Frankfurt am Main 1992.

Veit 2006: U. Veit: »Digging for Symbols«: Ur- und Frühgeschichtliche Archäologie als Kulturwissenschaft? Ethnographisch-Archäologische Zeitschrift 47, 2006, 145–162.

Virilio 1990: P. Virilio, Das letzte Fahrzeug. In: Barck et al. 1990, 265–276.

Voß 2007: P. Voß, Vorwort. In: Steinzeit. Das Experiment. SWR-Pressemappe (Baden-Baden 2007), 4.

Vorderer 1996: P. Vorderer (Hrsg.), Fernsehen als »Beziehungskiste«. Parasoziale Beziehungen und Interaktionen mit TV-Personen (Opladen 1996).

Vorderer 1998: Ders., Unterhaltung durch Fernsehen: Welche Rolle spielen parasoziale Beziehungen zwischen Zuschauern und Fernsehakteuren? In: W. Klingler/G. Roters/O. Zöllner (Hrsg.), Fernsehforschung in Deutschland. Themen – Akteure – Methoden 2 (Baden-Baden 1998), 689–707.

Währen 1985: M. Währen, Die Entwicklungsstationen vom Korn zum Brot im 5. und 4. Jahrtausend. Neueste Untersuchungsergebnisse von Ausgrabungsfunden. Getreide, Mehl und Brot 39, 1985, 373–379.

Wagenknecht 2008: A. Wagenknecht, Wenn Fledermäuse Walzer tanzen. Zur inszenatorischen Verwendung von Musik in dokumentarischen Formen des Fernsehens. Kieler Beiträge zur Filmmusikforschung 1, 2008, 75–85.

Warnke 1979: M. Warnke, Zur Situation der Couchecke. In: J. Habermas (Hrsg.), Stichworte zur »Geistigen Situation der Zeit« 2. Politik und Kultur (Frankfurt am Main 1979), 673–687.

Weber 1988: M. Weber, Politik als Beruf. In: Ders., Gesammelte Politische Schriften[5] (Tübingen 1988), 505–560.

Wegener 2001: C. Wegener, Informationsvermittlung im Zeitalter der Unterhaltung. Eine Langzeitanalyse politischer Fernsehmagazine. Studien zur Kommunikationswissenschaft 47 (Wiesbaden 2001).

Weischenberg 1997: S. Weischenberg, Neues vom Tage. Die Schreinemakerisierung unserer Medienwelt (Hamburg 1997).

Weise/Wendl 1988: D. Weise/T. Wendl, Das reduzierte Gegenüber. Erfahrungen bei der Bearbeitung ethnographischer Filme im IWF. Trickster 16, 1988, 36–45.

Wember 1972: B. Wember, Objektiver Dokumentarfilm? Modell einer Analyse und Materialien für den Unterricht (Berlin 1972).

Wember 1976: Ders., Wie informiert das Fernsehen? (München 1976).

Wember 1993: Ders., »Die Bauch-Kopf-Schere«. Oder: Was machen Menschen mit Informationen? Medium Spezial, 1993, 31–36.

Wernet 2000: A. Wernet, Einführung in die Interpretationstechnik der Objektiven Hermeneutik. Qualitative Sozialforschung 11 (Opladen 2000).

White 1991: H. White, Metahistory. Die historische Einbildungskraft im 19. Jahrhundert in Europa (Frankfurt am Main 1991).

Wieber 2010: A. Wieber, Sicher im Hafen der Ehe? – Antike Paare im Film. In: B. Heininger (Hrsg.), Ehe als Ernstfall der Geschlechterdifferenz. Herausforderungen für Frau und Mann in kulturellen Symbolsystemen. Geschlecht – Symbol – Religion 7 (Berlin 2010), 175–195.

Wildenhahn 1975: K. Wildenhahn, Über synthetischen und dokumentarischen Film. Zwölf Lesestunden (Frankfurt am Main 1975).

Wildenhahn 1980: Ders., Industrielandschaft mit Einzelhändlern. Nachtrag zu den Duisburger Debatten um den Dokumentarfilm. Filmfaust. Zeitschrift für den Internationalen Film 20, 1980, 3–16.

Wildenhahn 2000: Ders., Dokumentarfilm hat nichts mit Objektivität zu tun. In: N. Schröder (Red.), Klaus Wildenhahn, Dokumentarist. Kinemathek 92 (Berlin 2000), 43f.

Winker 1994: K. Winker, Fernsehen unterm Hakenkreuz. Organisation, Programm, Personal. Medien in Geschichte und Gegenwart 1 (Köln, Weimar, Wien 1994).

Wolf 2006: F. Wolf, Fiktionalisierung des Dokumentarischen. Der Trend zu Docutainment und Serialisierung. In: P. Zimmermann/K. Hoffmann (Hrsg.), Dokumentarfilm im Umbruch. Kino – Fernsehen – Neue Medien. Close up 19 (Konstanz 2006), 105–137.

Wolf 2007: M. Wolf, Fußkrank im Neolithikum. Der Spiegel 22/2007, 76.

Wolfram/Sommer 1993: S. Wolfram/U. Sommer (Hrsg.), Macht der Vergangenheit – Wer macht Vergangenheit? Archäologie und Politik. Beiträge zur Ur- und Frühgeschichte Mitteleuropas 3 (Wilkau-Hasslau 1993).

Woodburn 1982: James Woodburn, Egalitarian Societies. Man, New Series 17, 1982, 431–451.

Wortmann 2003: V. Wortmann, Authentisches Bild und authentisierende Form (Köln 2003).

Wotzka 1993: H.-P. Wotzka, Zum traditionellen Kulturbegriff in der prähistorischen Archäologie. Paideuma. Mitteilungen zur Kulturkunde 39, 1993, 25–44.

Wüllner 2007: Ch. Wüllner, Und dafür gibt die ARD unsere Gebühren aus... Wie viel Dschungelcamp steckt im Steinzeit-TV? Bild-Zeitung, 30.5.2007.

Wulff 1993: H.J. Wulff, Parasoziale Interaktion als Teil der Fernsehkommunikation? Notizen zu einem fernsehtheoretischen Projekt. In: Felix/Heller 1993, 42–47.

Wuss 1993: P. Wuss, Grundformen filmischer Spannung. Montage/AV 2,2, 1993, 101–116.

Zeutschner 1995: H. Zeutschner, Die braune Mattscheibe. Fernsehen im Nationalsozialismus (Hamburg 1995).

Zielinski 1989: S. Zielinski, Audiovisionen. Kino und Fernsehen als Zwischenspiele in der Geschichte (Reinbek bei Hamburg 1989).

Zimmermann 1995: A. Zimmermann, Austauschsysteme von Silexartefakten in der Bandkeramik Mitteleuropas. Universitätsforschungen zur Prähistorischen Archäologie 26 (Bonn 1995).

Zimmermann 2008: M. Zimmermann, Der Historiker am Set. In: Fischer/Wirtz 2008, 137–160.

Danksagung

Das vorliegende Buch geht zurück auf meine Antrittsvorlesung als Privatdozent am Fachbereich Gesellschaftswissenschaften der Goethe-Universität Frankfurt im Dezember 2008. Wegen anderer Verpflichtungen haben sich Fertigstellung des Manuskriptes und Drucklegung verzögert, so dass zwar der Gegenstand im engeren Sinne, das »Steinzeitexperiment« des SWR, etwas an Aktualität eingebüßt hat, nicht aber der Gegenstand in einem weiteren Verständnis, die Frage nach den Möglichkeiten einer Präsentation von Wissenschaft im Fernsehen.

Zu danken habe ich Dr. Oliver Schmidtke, der sich freundlicherweise den Mühen einer gründlichen Lektüre unterzogen hat, Dr. Stefanie Samida für Hinweise zum Komplex »Living History/Reenactment« und Dr. Tanja Zerl für diverse archäobotanische Auskünfte. Claudia und Martin Burberg nahmen sich dankenswerterweise die Zeit für ein ausführliches Gespräch über ihre Teilnahme an dem »Steinzeitexperiment«.

Vorträge zum Thema konnte ich auf der 19. Arbeitstagung der Arbeitsgemeinschaft Objektive Hermeneutik, im Colloquium Praehistoricum des Instituts für Archäologische Wissenschaften der Goethe-Universität Frankfurt sowie am Zentrum für Zeithistorische Forschung in Potsdam halten. Für die hilfreichen Diskussionen im Anschluss danke ich ebenso wie für die in einem von mir im Wintersemester 2010/11 veranstalteten Seminar an der Goethe-Universität Frankfurt zum Thema »Struktureigenschaften der Fernsehkommunikation«.